决策参考(9)

中国经济转型战略研究

王 敏 著

中国言实出版社

图书在版编目（CIP）数据

中国经济转型战略研究 / 王敏著. —— 北京：中国
言实出版社, 2013.10
ISBN 978-7-5171-0216-8

Ⅰ. ①中… Ⅱ. ①王… Ⅲ. ①中国经济－转型经济－
研究 Ⅳ. ①F12

中国版本图书馆 CIP 数据核字（2013）第 242471 号

责任编辑：郭江妮

出版发行　中国言实出版社
　　　　　地　址：北京市朝阳区北苑路 180 号加利大厦 5 号楼 105 室
　　　　　邮　编：100101
　　　　　电　话：64966714（发行部）　51147960（邮　购）
　　　　　　　　　64924853（总编室）　64963107（三编部）
　　　　　网　址：www.zgyscbs.cn
　　　　　E-mail: zgyscbs@263.net
经　　销　新华书店
印　　刷　北京画中画印刷有限公司
版　　次　2013 年 10 月第 1 版　2013 年 10 月第 1 次印刷
规　　格　710 毫米 × 1000 毫米　1/16　23.75 印张
字　　数　386 千字
定　　价　46.00 元　　ISBN 978-7-5171-0216-8

《决策参考》书系出版前言

决策是对未来工作行动的目标、途径和方法所作出的选择和决定，是做好一切工作的必经步骤和前提条件。决策水平是衡量领导水平、执政水平的重要标准。决策上差之毫厘，工作中就会失之千里。决策是否科学和正确，不仅事关经济社会发展的成败兴衰，而且事关党和国家的前途命运。正因为如此，党中央、国务院历来高度重视决策能力建设，特别是党的十六大以来，更是把提高科学民主决策能力作为提高党的执政能力和领导水平的重要方面，要求各级领导机关"树立科学决策意识，健全决策机制，完善决策方式，规范决策程序，强化决策责任，保证决策的正确有效"。党的十八大报告进一步明确指出，要"坚持科学决策、民主决策、依法决策，健全决策机制和程序，发挥思想库作用，建立健全决策问责和纠错制度"。

在中央大政方针的指引下，在党和政府率先科学决策、民主决策、依法决策的示范带动下，各地区、各部门把提高决策科学化民主化水平作为落实科学发展观的具体体现，作为推动依法行政的重要环节，作为促进社会和谐的重要举措，不断健全决策机制、完善决策程序、强化责任追究制度，加快推进决策的科学化民主化。各级党政部门、企事业单位的政策研究和决策咨询部门，不仅自觉发挥推动科学决策的思想库作用，还主动围绕提高科学决策水平深入开展调查研究，为推进决策科学化民主化提供了大量重要参考依据。综观党和政府近些年来作出的正确决策，不论是全面建设小康社会、构建社会主义和谐社会等重大任务和科教兴国、可持续发展、人才强国等重大战略的提出，还是农民工权益保护、土地管理制度改革、农业补贴、能源价格、社会保障、科技、文化、教育、医疗卫生事业发展等具体政策措施的制定出台，都是在深入调查研究基础上作出的科学决策，也都凝聚着政策研究和决策咨询工作者的智慧和汗水。本套丛书所收录的书稿，就是国务院政策研究和咨询部门——国务院研究室同志，以及各地党委、政府、企事业单位的政策研究部门围绕中心工作，独立或与其他部门同志合作调查研究后形成的优秀调研成果。其中，很多成果得到了国务院领导同志，省、部领导同志的重视和批示，为相关政策制定和实施发挥了重要推动作用，为党和政府科学决策、民主决策、依法决策提供了重要参考。总的看，这些决策参考成果主要有三个特点：一是把调查研究作为提出决策参考的基本方法和必经程序，充分体现了我们党坚持实事求是、与时俱进，运用马克思主义的立场、观点和方法积极探索建设中国特色社会主义的科学精神；二是把调查研究作为把握工作主动权、推动工作创新的重要抓手，针对经济社会发展中的重点、难点、热点问题，集中力量深入研究，提出解决问题的目标和措施，创造性地推动工作；三是把调查研究作为密切联系群众的基本实现形式，坚持问政于民、问需于民、问计于民，既认真总结群众在实践中创造的好经验、好做法，又注重倾听群众对现行政策措施的看法和意见，提出的政策建议最终都受到群众的欢迎和拥护。

我们相信，认真分析研究这套丛书中的决策参考成果和其推动出台的政策措施，对于及时跟踪和发现经济社会发展中的热点、难点问题，深入开展调查研究，提出具有针对性、操作性的政策建议，更好地推动科学民主决策将具有重要作用。

编　者

2012 年 12 月

转型的阵痛与曙光
（代序）

中国经济迅速崛起是当今世界最具震撼力的伟大事件。改革开放 35 年，中国国内生产总值年均增长近 10%，2010 年跃升为全球第二大经济体，创造了人类经济史上的奇迹。中国经济奇迹，不仅展示为一系列亮丽辉煌的数字，更聚焦为大规模现代化建设带来的日新月异与勃勃生机，凝结为显著增强的经济实力、综合国力与国际影响力。虽然中国经济占世界经济比重至今不高，但其贡献率与日俱增。新世纪以来，"中国速度"、"中国模式"更是引发全球广泛关注。

如同高速行驶的列车在转弯时发生变速，中国经济在总量增大的同时结构性矛盾逐渐积累，增速明显放缓。如何看待中国经济减速？是增长潜力已尽还是转型曙光初现？正在引发新一轮国内外热议、激辩。

深入观察，中国经济减速早在国际金融危机前已经开始。从 2007 年三季度到 2008 年三季度，经济增速连续五个季度回落；只是由于国际金融危机突然爆发，暂时掩盖了经济减速趋势；而政府迅速实施应对危机一揽子计划，又强力阻止了经济下行；但随着 2010

年经济刺激政策退出，从 2011 年开始经济减速再现。勿庸置疑，本轮经济减速是周期性、结构性、政策性、体制性因素共同作用的结果。一是潜在增长率下降，经济增长周期性减速。潜在经济增长率是一国或地区在资源充分配置条件下所能达到的最大增长率。资源、环境、资本、劳动、技术等多种因素决定潜在增长率。一般情况下，实际增长率围绕潜在增长率波动。上世纪 80 年代以来，我国潜在增长率持续上升，其中全要素生产率对经济增长贡献高于国际平均水平，这是中国经济能够连续 30 多年保持快速增长的重要原因。近年来，随着资源环境约束强化，经济增长动力不足。二是出口减缓，经济增长结构性减速。需求下降是国际金融危机后全球经济面临的最大挑战。近两年我国高端出口产品密集遭遇来自发达国家的贸易摩擦，部分行业产能过剩加剧，外需对经济增长拉动力明显减弱。这是本轮经济减速最突出的结构性因素。三是加强房地产市场调控，经济增长政策性减速。国家采取一系列调控措施，抑制房地产价格过快上涨，在抑制不合理需求的同时带来经济增长放缓。四是企业活力下降，经济增长机制性减速。突出表现在企业创新能力不强，小微企业、实体企业生产经营困难，微观经济动力下降。

应当看到，经济减速客观上为经济转型提供了契机，成为经济转型的倒逼机制；但经济转型并非必然导致经济减速；相反，一旦经济转型成功将为新一轮高质量增长增添动力。

回眸历史，自 1995 年 9 月中共十四届五中全会首次提出"两个根本性转变"即：经济增长方式从粗放型向集约型转变、经济体制由传统计划经济向社会主义市场经济转变，至今已过去整整 18 年。18 年来，国际经济风云变幻，中国经济风雨兼程。先后经受了 1997 年亚洲金融危机和 2008 年国际金融危机的严峻考验，经历了 2001

年加入世界贸易组织的严峻挑战，经历了几次加强宏观调控的洗礼。在政府与市场的双重作用下，中国经济这艘巨轮一直沿着"两大转变"的航线破浪前行。这期间，虽然中国经济总量不断迈上新台阶，但由于传统经济体制和增长方式所能容纳的生产力仍在释放，"两大转变"步履维艰、进展迟缓。现在，中国经济已经抵达粗放型增长的最后阶段。面对经济减速带来的困难和风险，面对多年快速发展积累的矛盾和问题，必须痛下决心，加快推进"两大转变"。

作为一名宏观经济学者，我有幸在中国高层智囊机构工作多年，亲身参加、全力推动了波澜壮阔的中国发展与改革进程，直接参与、承担了一系列重大国家发展战略、重大宏观经济政策、重大经济体制改革的研究，许多研究成果已经融入决策。现在收入本书的 69 篇文稿，是我过去数年从事宏观经济决策研究的主要成果，这些文稿清晰刻划了新世纪以来我国宏观经济运行和政策沿革的轨迹，并从五个方面，构成了《中国经济转型战略研究》的逻辑框架和主要内容。

一、经济转型是关系中国发展全局的战略抉择

从 1979 年末中国改革开放的总设计师邓小平首次提出建设小康社会目标，到本世纪初研究部署全面建设小康社会总体战略和步骤，加快转变经济发展方式始终是贯穿其中的主线。近年来，国内经济学界又将转变发展方式统称为经济转型，使表达更为直观。实践证明，应对经济全球化和空前激烈的国际竞争，全面建成小康社会，建设富强民主文明和谐的现代化国家，是中国经济转型最大的宏观背景和战略制高点；增强经济发展的平衡性、协调性、可持续性，推动经济增长由主要依靠出口和投资拉动，转变为依靠出口投资消费协同拉动，从"中国制造"转变为"中国创造"，从中低端技术转变为中高端技术，从低成本劳动力转变为高素质劳动力，从过多消

耗能源资源转变为节能低碳环保，是中国经济转型最核心的战略目标；从偏重经济增长速度转变为更加重视经济增长质量，从偏重经济发展转变为更加重视经济社会协调发展和改善民生，是中国经济转型最重要的本质特征。经济转型首先是市场行为，市场机制是推动经济转型的内在源泉和深层动力。推动经济转型将使中国居民消费比重上升，显著提高人民生活水平；将有效改善资源环境紧张状况，实现可持续发展；意义极为重大深远。

由于传统经济体制和发展方式具有强大的惯性阻力，由于新旧体制交替必然发生摩擦碰撞，由于既得利益群体顽强阻挠，中国经济转型不可能一蹴而就、轻而易举，更不可能和风细雨、平静顺利，必然经历剧烈的阵痛和艰难的调整。只有坚决忍受住短期的阵痛和痛苦，下决心在转变体制机制和发展方式上实现质的飞跃和"惊险的一跳"，才能真正跨越危险的"中等收入陷阱"，推动中国经济走上长期持续健康发展的轨道。这是一场前所未有的深刻变革，是中国从经济大国走向经济强国、从传统大国走向复兴大国的必由之路。

二、经济转型的关键是解决发展中的深层次矛盾

中国在改革开放35年快速发展中，积累了大量深层次矛盾；经济转型能否成功，关键取决于能否有效解决这些深层次矛盾。

（一）产业结构矛盾。一、二、三产业发展不协调，各次产业内部结构不合理是最突出的供给结构矛盾。主要表现在：农业基础薄弱，工业大而不强，服务业发展滞后。主要工业行业关键基础材料、核心基础零部件、先进基础工艺和产业技术基础十分脆弱，高档数控机床、航空发动机、风电和高速铁路控制系统等关键设备仍然依赖进口。更严峻的是，以大数据、智能制造和无线网络为代表的全球新一轮产业革命，正在引领生产方式发生巨大变革，催生范围广泛的智能制造业。如果我国跟不上这一轮世界产业革命浪潮，不仅无法实现"中国制造"向"中国创造"转型，而且很可能失去"世界工厂"地位。同时，农业生产方式落后，农业基础设施、农业生产经营组织、农民科技文化素质与现代农业相差甚远；服务业占国民经济比重不仅低于发达国家水平，也低于中等收入国家水平。尤其是，能源消耗高、环境污染重已经成为制约我国经济发展的最大瓶颈。主要资源产品对外依存度过高，单位产值能耗高于世界平均水平，一些城市大气污染严重。如果再不抓紧节能环保，不仅经济运行难以维持，而且严重影响人民生活。

（二）需求结构矛盾。内需外需不平衡、投资消费关系不合理，是我国经济结构不合理的又一突出表现。多年来，经济增长过度依靠出口和投资拉动，投资过度依靠房地产拉动；投资率偏高、消费率偏低；投资效益低，出口产品附加值低。其主要原因，经济增长没有真正立足扩大国内需求，扩大内需没有立足扩大居民消费需求，尤其是农民消费增长缓慢，消费比例下降；社会投资过度向城市建设和房地产业倾斜，农业农村投资比例偏低，教育、卫生等社会事业投资不足。这既造成了大量盲目投资和低水平重复建设，也使经济社会发展的薄弱环节难以得到加强。

（三）地区结构矛盾。资金、人才过度流向东部地区，中西部地区发展缓慢。社会投资过度向东部地区集中，中西部地区投资比重偏低。来自西部地区的高校毕业生大多不愿回家乡就业，城市和东部地区的高校毕业生和专业技术人才，大多不愿到西部地区工作；归国留学人员大多不愿到西部地区创业；同时，西部地区人才不断外流。教育事业落后，本地难以培养大批所需人才，尤其是农村缺乏优质中小学教师，基础教育质量低。缺乏人才是西部地区经济社会发展缓慢、西部开发难度大的重要深层原因，也是统筹地区发展的最大障碍。

（四）城乡结构矛盾。城市建设过度超前，农村发展过于缓慢，城镇化滞后。一些地方的城市建设严重脱离国情，尤其是盲目建设各类开发区，盲目修建大广场、宽马路、高档商场、豪华饭店、中央商务区、会展中心及高档商品住宅等，郊区大片耕地被征用建造富人别墅、高尔夫球场，而危房改造、市政道路、垃圾处理、下水管道等关系群众切身利益的城市基础设施建设欠账很多，不少居民区垃圾遍地、尘土飞扬。在推进城镇化过程中，不少地方出现了盲目扩大城市拆迁规模，"人为造城"和"摊大饼"式扩张，导致一边高楼林立、一边棚户连片。目前，许多农村地区水、电、道路、通讯等基础设施依然短缺，教育、医疗卫生等公共服务设施严重不足，少数贫困地区生态环境恶化，甚至不具备起码的生存条件。如果农村经济社会发展长期缓慢，必然加剧城乡发展失衡，导致城乡差距越来越大，直接影响全面建成小康社会进程。

（五）收入分配结构矛盾。高收入群体与中低收入群体差距过大，加剧收入分配不公和社会心理失衡。少数群体采用非法和不正当手段暴富，包括：低价收购国有企业和国有资产，利用境外投资转移国有资产，违规操纵股市交易，设立各种私募基金"以钱生钱"，利用银行贷款搞房地产开发谋取暴利，开办"地下钱庄"发放高利贷，发包建筑工程中索取巨额回扣，偷逃骗税、收受贿赂、贪污腐败。凡此种种，已经成为社会反映最强烈的问题。与此同时，部分国有企业员工收入过多高于其它行业员工收入，部分国企高管人员收入过度高于同级国家公务员收入，成为最突出的体制内收入分配不公问题。值得注意的是，在物价持续上涨的情况下，近年来中低收入群体收入增长缓慢，生活水平下降。虽然低收入群体最低工资收入每年都有增加，但扣除物价上涨因素，实际生活仍维持在低水平。一些工薪阶层工资增长低于经济增长，国家公务员连续数年没有增加工资。总之，收入分配领域积累了大量深层次矛盾，成为影响经济发展和社会稳定的突出问题。

三、经济转型的核心是推进经济结构战略性调整

（一）加强基础产业、基础设施建设是最大、最重要的结构调整。基础产业、基础设施建设是一国经济起飞的必要条件。现阶段，我国加强基础产业、基础设施建设，是经济发展的内在要求。基础产业、基础设施投资额度大、建设周期长，产业关联度高，可直接增加就业、扩大消费，带动经济增长，并增强经济发展后劲和潜力。加强基础产业，首先是调整优化能源结构，构建安全、稳定、经济、清洁的现代能源产业体系。特别要加大开发清洁能源、治理环境污染的投资。加强基础设施建设，重点要加大对农业、水利、铁路、公路、城乡基础设施的投资，加快形成网络设施配套衔接、技术装备先进适用、运输服务安全高效的综合交通运输体系，推动跨地区、跨国界的大交通、大流通。基础设施建设与其他建设一样，必须遵循经济规律，量力而行，循序渐进，不能过度超前。以高速公路建设为例，发达国家达到目前水平，大约花了 30~40 年的时间。如美国高速公路建设于上世纪 40 年代起步，大规模建设高速公路则从 1956 年开始，到 80 年代末基本建成 80%。日本、德国等高速公路建设，从上世纪 60 年代起步，到 90 年代中期才基本建成。我国基础设施建设应与整个国民经济发展相协调。近年来，少数地方基础设施建设出现了盲目上马、相互攀比和闲置浪费的现象。基础设施建设是百年大计，必须坚持质量第一，建设速度过快，难以保证工程质量。必须健全项目法人责任制和工程质量终身责任制，形成严格完善的质量

监督保证体系。

（二）加快产业结构转型升级，抓紧改造提升制造业，积极发展战略性新兴产业，着力加强农业，大力发展服务业。推广应用先进制造系统、智能制造设备及大型成套技术装备，发展高端装备制造业，加快制造业的数字化、网络化、智能化、绿色化、精致化，推动高质工业集聚和产业链条延伸。以市场需求为导向，抓紧培育扩大节能环保、生物医药、新能源、电动汽车等新兴产品市场，加快形成一批先导性、支柱性产业。进一步强化农业基础，加大国家对粮食主产区政策支持力度，发展壮大优势特色农业，建立一批国家级现代农业示范区。服务业是最大的就业容纳器。应面向扩大就业和居民消费升级，加快发展各类生活性服务业；面向第一、二产业升级，加快发展全产业链的生产性服务业，不断提升服务业质量和水平，力争到"十二五"期末，服务业增加值和就业的比重比"十一五"时期明显上升。

（三）均衡推进工业化、城镇化和现代化，重在提高质量和水平。工业化、城镇化是一个长期的历史过程。我国工业化还有很长的路要走。新型工业化是工业化与信息化深度融合，不是重化工业化。现代化必须是城市和农村共同现代化，不是单一的城市现代化。必须遵循经济规律，坚持走工业与农业、重化工业与轻工业、工业与服务业、城市与农村协调发展的道路，正确发挥工业对农业、城市对农村、工业化对城镇化的带动作用。应切实改变重化工业脱离农业和第三产业盲目发展、自我循环的状况；切实克服脱离农业和农村、片面发展工业和城市的倾向。城镇化既要积极推进，又要循序渐进，旧城拆迁改造应量力而行、分阶段实施，不能盲目搞大规模拆迁改造；应根据不同城市类型，制定不同的城市规划标准，以规模合理、标准适中、适度超前但不过分超前为原则；应从实际出发，防止并制止"乡乡建镇"、盲目推进的偏向，注重城镇特色，建设田园、宜居城镇。实行最严格的耕地保护制度，无论工业化或城镇化，都要节约集约利用土地。加快消除统筹城乡发展的体制障碍，抓紧建立有利于农村劳动力转移和农民增收的劳动就业制度、户籍管理制度、义务教育制度，有序推进农业转移人口市民化，解决好进城务工人员的子女就学、医疗、住房、社保等基本需求。通过综合施策，逐步缩小城乡差距。

（四）加快推进需求结构调整和转型，把扩大居民消费作为促进经济增长的基本立足点，把增加农民收入、提高农民消费能力，作为扩大居民消费的重点。在我国全面建设小康社会、推进工业化与城镇化过程中，存在两类国内需求：一类是，以加强农业、改变农村生产生活条件、加强教育和卫生特别是农村教育和卫生等薄弱环节为重点的需求；另一类是，以城市建设为中心、以发展重化工业和房地产业为重点、快速推进城市现代化的需求。正确处理这两类需求的关系，实质是能否均衡推进现代化的问题。只有平衡把握两类需求，才能合理配置资源。一是逐步提高最终消费在国内生产总值中的比重，提高居民消费占最终消费的比重，提高农民消费占居民消费的比重。二是国民收入分配要大幅度向"三农"倾斜（因为即使城镇化率达到60%，仍有数亿人口生活在农村），大幅度提高农业支出占财政支出的比重，加大中央财政对农业和农村的转移支付力度。中央和地方财政的教育、卫生、科学、文化支出新增部分主要用于农村，逐步做到用于农村的支出比重占到一半以上。国家预算内资金的固定资产投资，也应主要投向农业和农村。进一步加大扶贫开发投入。三是完善鼓励居民消费、特别是有利于扩大中低收入居民消费的财税、信贷政策。研究实施促进信用消费政策，落实带薪休假制度，加快改善消费环境。四是密切跟踪国内外新技术、新产品、新服务，不断扩大信息消费、节能环保消费、智能家电消费、文化创意消费、网络购物消费、健身、旅游、休闲、养老等服务消费，注重开发消费新领域、新热点，不断引领、创造消费需求。

（五）加大收入分配调节力度，坚决打击非法收入，有效调节不合理高收入，增加中低收入者收入，抑制收入分配差距扩大趋势。一是坚决清理取缔房地产、金融、证券等领域不合理收入，对各种私募基金"以钱生钱"获取的高收入，应高额征税；对从事高利贷、洗钱、倒卖外汇等暴利和违法经营谋取的收入，应依法查处和取缔。坚决依法查处贪污腐败获取的非法收入。二是抓紧规范石油、石化、电力、电信以及其他垄断行业的高收入。国有及国有控股的石油、石化、电力、电信公司，国有商业银行，国有控股的保险、证券、财务公司，职工实际年均工资收入不应过分高于全社会职工实际年均工资收入；高层管理人员年均实际工资收入不应过多超过同级国家公务员收入，逐步建立合理的收入分配关系。三是强化税收调节，加强对高收入者个人所得税征管。尽快建立个人所得税征管系统工程，选择符合我国国情的个人所得税制模式。进一步调高个人所得税起征点，调整级距和税率，切实加大对高收入者的收入调节力度，减轻中等收入者税负。四是改进并严格执行进城务工农民最低工资制度，完善城市居民最低生活保障制度，健全城乡特殊困难群体社会救助制度。

（六）加快建立引导全社会资金、人才向农业、农村和西部地区流动的体制、机制和政策环境。一是实行富有吸引力的政策措施，鼓励社会资金投向农业、农村和西部地区。凡投资绿色农业、出口农业、农业产业化、农村基础设施、农村基础教育和公共卫生事业的企业，特别是投资西部地区上述领域的企业，应给予税收优惠政策。二是实行更大力度、更有弹性的人才"下乡"和"西进"政策。应鼓励高校毕业生从事农村和西部地区基础教育工作。对去农村担任中小学教师特别是去西部地区农村担任中小学教师的高校毕业生，可实行定期志愿服务；根据服务时间长短和服务地区艰苦程度，确定优惠政策和待遇。应建立中央国家机关干部轮流到西部地区任职、中央和省级党政机关干部轮流到县、乡基层任职的制度。三是积极发展农民教育培训组织，加强农业技术教育，培养大批农业技术人才。应由国家教育部门、农业部门和地方政府一道，在中西部地区或农业大省，设立若干所农民实用技术教育学院，专门培训农业技术人员、农业产业化龙头企业经营管理人员。四是长期开展面向农村的教育、医疗卫生义务服务。应由国家有关部门和群众团体，组织农村义务教育服务团、农村医疗和公共卫生义务服务队，由城市中小学和市级以上医院轮流选派有经验的教师、医生到农村和贫困地区短期服务，并负责培训乡村教师和医生。经过不懈努力，帮助广大农村培养建立一支长期为农民服务的教师和医生队伍。

四、经济转型的必要条件是相机抉择搞好宏观调控

宏观调控是现代市场经济体制下政府的重要职能。即使在自由市场经济体制下，完全自由的市场经济也是不存在的；即使在发达的市场经济国家，宏观调控也是必要和重要的。中国作为发展中国家和新兴经济体，在经济转型时期更需要相机抉择，加强和改善宏观调控，以保持宏观经济稳定。宏观调控需要从国情出发，遵循市场经济规律。政府宏观调控是否有效，最根本的要看宏观经济运行是否平稳，是否实现了充分就业和经济内外平衡，是否不断增进全体国民福利、促进社会公平正义。市场的决定性作用与国家宏观调

控是并行不悖、相辅相成的。政府宏观调控的重要目标是熨平经济周期，实现低通胀率、低失业率和经济持续稳定增长，实现城乡、地区之间经济均衡增长。政府履行宏观调控职能，主要运用相机抉择的财政政策和货币政策，为经济发展创造良好环境，激发市场主体创新创造活力。

强化市场监管、创造公平竞争的市场环境和法治秩序，是市场经济健康发展的必要条件，是市场经济体制下政府必须认真履行的重大职能。鉴于市场自发盲目性是造成市场秩序混乱的根源，即使在发达市场经济国家，良好的市场环境和秩序也不会自然形成，需要政府依法加强监管。最重要的是，建设法治政府，完善法制，严格执法；严格市场准入条件，加强行业自律；建立健全社会信用体系，实行信用监督和失信惩戒。特别是，在市场经济体制建立初期和不完善阶段，加强市场监管、创造公平竞争的市场环境和法治秩序，是政府最迫切、最重要的任务。经过几个世纪探索，西方发达国家在履行政府市场监管职能方面积累了比较成熟、完善的法律制度，在全社会范围内基本形成了诚信文明的市场环境和公平竞争的法治秩序。尽管如此，发达国家政府仍把加强市场监管作为重要职能，制定严格的安全、卫生、环保、技术、质量等市场准入标准，依法监督市场主体行为。对带有垄断性质的基础产业和公用事业，如电力、铁路、天然气等，制定专门监管法案和条款。我国市场经济仍处于初级阶段，部分市场主体法治意识淡薄，必须把加强市场监管、建立维护良好的市场环境和法治秩序，作为政府宏观调控的重要职能和基本任务。

社会管理和公共服务是市场经济体制下政府的另外两项重要职能。政府需要从满足全体公民利益出发，遵循社会管理和公共服务的内在规律。政府提供公共服务并非完全由政府直接承担或包揽一切具体事务，需要正确引入市场竞争机制，建立社会参与机制。有的公共服务由政府直接提供，有的则转给私营机构或社会组织完成。无论采取哪种方式，都要确保全体国民享受高质量服务。通过政府机构与非政府机构的相互补充、充分竞争，不断提高整个国家的社会管理和公共服务水平。

五、经济转型的根本途径是全面推进改革开放

改革开放是决定当代中国命运的关键抉择，是推动中国经济社会发展的强大动力。推动经济转型必须以更大的勇气和智慧加快推进经济体制改革和其它各项改革。目前中国改革进入攻坚期和深水区，全面推进改革极为紧迫、刻不容缓。处理好政府与市场的关系仍然是新一轮经济体制改革的核心。必须坚决破除一切阻碍生产力发展的思想观念和体制机制弊端，充分发挥市场在资源配置中的决定性作用；大幅减少政府对微观经济活动的干预，着力营造公平竞争的市场环境，激发市场主体创造活力；加快转变政府职能，大幅简政放权，把该放给市场的权利放到位，把政府该管的事务管好；坚决依法行政，建设法治政府，用法治思维和法治方式履行政府职能，让行政权力在法律和制度的框架内运行；创新政府管理方式，提高政府治理能力，建设现代政府，依法保障各类市场主体合法权益，依法规范企业、社会组织和个人的行为，加快建立市场经济法治秩序。加快推进财税、金融、国有企业、收入分配、城镇化、农村产权、开放型经济体制等重点领域改革。促进社会公平正义是新一轮改革的核心目标。必须坚决改革不合理的利益关系，以改革促进社会机会公平、收入分配公平，加快推进教育、科技、医药卫生等社会领域体制改革。正确总结改革经验，正确处理改革发展稳定

三者关系，加强改革顶层设计，尊重群众实践创造，推进新一轮对外开放，以开放促进改革。

除上述五个方面外，借鉴国际经验、加强理论思维对于经济转型也十分重要。在当今全球化时代，中国经济与世界经济深度融合，国际经济对中国经济的影响越来越大。必须善于用国际视野观察分析国内问题，借鉴国际经验解决国内发展改革难题。同时，思想是行动的先导。经济转型、改革攻坚必须加强理论思维，以增强主动性、前瞻性。

"无边落木萧萧下，不尽长江滚滚来"。以经济建设为中心是兴国之要。推动中国经济成功转型，筑牢国家繁荣富强、人民幸福安康的坚实基础，实现中华民族的伟大复兴，是当代中国精英最重大、最崇高的历史使命。但愿本书能从宏观战略角度，启发国内外读者对中国经济转型作更深入的思考，提出更多更好的建议。可以预期，一旦越过转型的阵痛，中国经济这艘巨轮必将乘风破浪、扬帆远航！

王 敏

2013 年 8 月

目 录

第一章
经济转型是关系中国发展全局的战略抉择

全面建设小康社会的主要目标与阶段构想

全面建设小康社会是我国实施现代化建设第三步战略部署的第一阶段，也是社会主义初级阶段现代化的中心任务。人民生活总体上达到小康水平，标志着全面建设小康社会的开始；由于经济社会发展的不平衡性，全面建设小康社会进而实现现代化需要经历较长的历史过程。确立全面建设小康社会的主要目标，提出实现这些目标的阶段构想，是十分必要和重要的。

一、全面建设小康社会的主要目标

邓小平同志在 1984 年 3 月 25 日接见日本首相中曾根康弘时指出："翻两番，国民生产总值人均达到八百美元，就是到本世纪末在中国建立一个小康社会。这个小康社会，叫做中国式的现代化。翻两番、小康社会、中国式的现代化，这些都是我们的新概念。"江泽民同志在 1997 年中共十五大报告中指出："展望下世纪，我们的目标是，第一个十年实现国民生产总值比 2000 年翻一番，使人民的小康生活更加宽裕，形成比较完善的社会主义市场经济体制；再经过十年的努力，到建党一百年时，使国民经济更加发展，各项制度更加完善；到世纪中叶建国一百年时，基本实现现代化，建成富强民主文明的社会主义国家。"以小康社会界定中国现代化的性质和历史进程是邓小平理论的重要贡献。小康生活是介于温饱和富裕之间的一个发展阶段，在基本实现小康和尚未达到富裕之前，都属于小康社会阶段。从严格意义上讲，小康社会是介于不发达社会与发达社会之间的过渡型社会。全面建设小康社会主要面临三大任

注：此文为 2001 年承担的国家重大研究课题，全部数字均为当时口径。

务：一是彻底消除贫困；二是建设更加宽裕的小康生活；三是实现经济与社会的可持续发展。因此，全面建设小康社会应包括经济发展目标、社会发展目标、体制改革和对外开放目标、社会主义民主法制建设目标。

（一）经济发展目标。主要包括五大类18项指标。1.人均收入水平；2.三次产业结构及其就业结构；3.国民经济信息化水平；4.城镇化水平；5.居民生活质量。1.人均收入水平：（1）人均GDP水平。根据现行国际标准，人均GDP从750－9000美元均属于中等收入国家。2000年我国人均GDP为842美元，属于中下等收入水平。按目前汇率，从842美元提高到9000美元，需翻3番多，这一时期都属于全面建设小康社会阶段。（2）城乡居民可支配收入水平。2000年我国城镇居民家庭人均可支配收入6280元，按当年1美元兑换8.2784元人民币，折合759美元；农村居民家庭人均纯收入2253元人民币，折合272美元。2000年农村人口占全国总人口的64%，提高农村居民收入水平是全面建设小康社会最重要、最艰巨的任务。2.三次产业结构及其就业结构。从工业化进程看，全面建设小康社会大体是从工业化中级阶段至高级阶段的发展过程。根据发达国家和新兴工业化国家的经验，到工业化高级阶段即全面建设小康社会结束之时，我国第一、第二、第三产业占GDP比重大约10%、40%、50%；三次产业就业比重大约20%、35%、45%。综合分析现阶段我国三次产业占GDP比重和三次产业就业比重，我国经济基本处于工业化中级阶段上半期，因此，全面建设小康社会阶段是继续并最终完成工业化的阶段。3.国民经济信息化水平。信息化是我国产业优化升级和实现工业化、现代化的关键环节，也是全面建设小康社会的重要目标和手段。具体指标：（1）信息产业增加值占国内生产总值的比重；（2）全社会信息化知识和技能主要是计算机技术和网络技术的普及应用程度；（3）信息基础设施建设的速度和质量。重点是国家高速宽带传输网络建设速度和质量；电信、电视、计算机三网融合速度与质量；国家公共信息网建设速度与质量。（4）全社会个人电脑拥有量与网络用户量；（5）信息服务业特别是网络服务业的发展速度。4.城镇化水平：（1）城镇人口占总人口比重；（2）城市经济占国民经济比重；（3）大城市和区域性中心城市对周边经济的辐射带动程度；（4）中等城市和小城镇的增长速度。全面建设小康社会阶段是城镇化快速发展时期，未来20年城镇化年增长速度应不低于10%。到2020年城镇人口占总人口比重达到60%左右；城市经济占国民经济比重达到70%左右。5.居民生活质量：（1）恩格尔系数（即食品消费支出占消费总支出的比重）；（2）人均蛋白质日摄入量；（3）人均居住面积；（4）人均纤维消费量；（5）居民家庭耐用消费品拥有量；（6）人均带薪休假时间。我国目前在这六个方面与世界中等发达国家的差距就是全面建设小康社会的具体目标。例如，2000年我国城镇居民家庭恩格尔系数为39.2%，农村居民家庭恩格尔系数为49.1%。按照国际标准，恩格尔系数需降到30%以下。又如，根据我国国情，城镇人均住房使用面积应达到15平方米，农村人均钢筋砖木结构住房面积应达到20平方米。

（二）社会发展目标。主要包括三大类10项指标。第一类人口素质指标：1.公共教育经费占国民生产总值比重；2.居民教育文化程度；3.全民医疗卫生保健水平（平均每千人拥有医生和卫生技术人员数）；4.充分就业率；5.人口平均预期寿命。第二类生活环境指标：1.城镇居民人均园林绿地面积；2.农村安全卫生饮用水普及率；3.城镇空气质量、环境质量。第三类社会保障指标：1.城乡居民享受社会保险人口占劳动人口比重；2.城乡居民享受医疗、养老保险占总人口比重。设定以上10项社会发展指标既参照了国际通行标准，也充分考虑了我国国情。

（三）经济体制改革与对外开放目标。主要包括三大类13项指标。1.经济市场化程度；2.社会公平化程度；3.我国加入WTO后比较优势发挥程度、与全球经济融合程度。1.经济市场化程度：（1）生产要素市场发育程度（商品、资金、劳动力等生产要素打破部门、行业垄断和地区封锁流动程度）；（2）资本市场发育程度（企业直接融资比重，股票市值占GDP比重，证券市场机构投资者比重，投资者对证券市场及监管者的"公信度"）；（3）货币市场发育程度（利率市场化程度，人民币与外币可自由兑换程度）；2.社会公平化程度：（1）消除两极分化、建立中等收入群体占主体、低收入和高收入群体为少数即"两头小、中间大"的小康社会收入分配格局；基尼系数（反映收入不平等程度的国际通行标准，其值在0与1之间，值越大，不平等程度越高）控制在合理范围（0.3以下）；（2）加大中央财政对西部地区特别是少数民族地区的转移支付力度，提高转移支付占中央财政支出比重；（3）城乡"二元结构"逐步调整，城乡居民在收入分配、教育、医疗卫生、生活方式方面的差距不断缩小；（4）东、中、西部地区之间发展差距不断缩小。3.我国加入WTO后发挥比较优势程度、与全球经济融合程度：（1）我国进出口贸易额占世界贸易总额比重；（2）我国出口贸易额占世界出口贸易总额比重（2000 年 4%）；（3）我国贸易进口额占世界贸易进口总额比重（1999 年 2.9%）；（4）我国吸收外资特别是跨国公司投资占世界各国吸收外资比重；（5）吸收中长期外资占全部利用外资比重；（6）我国对外投资增长速度。

（四）社会主义民主政治和法制建设目标。主要包括两大类 8 项指标：1. 民主政治建设目标：（1）进一步提高党和国家决策科学化、民主化程度；（2）进一步提高国家经济和社会管理中民主选举、民主决策、民主管理和民主监督的程度；（3）进一步提高农村村民自治水平；（4）进一步提高城市社区民主建设水平。2. 法制建设目标：（1）适应社会主义市场经济体制的法律体系完善程度；（2）司法保障、司法监督、公正司法的完善和强化程度；（3）政府工作法制化水平与依法行政能力；（4）全社会万人拥有律师数量。

二、全面建设小康社会的阶段构想

实现全面建设小康社会的主要目标，应分三个阶段完成。第一阶段，以全面实现小康社会目标为重点，建设比较宽裕的小康生活；第二阶段，以全面提高小康生活水平为重点，建设更高标准的小康社会；第三阶段，以全面接近中等发达国家水平为重点，基本实现现代化。

（一）从 2001—2010 年，以全面实现小康社会目标为重点，建设比较宽裕的小康生活。该阶段的主要任务是：1. 帮助目前尚未达到小康水平的少数地区和社会群体全部实现小康，彻底消除贫困；2. 已经达到小康水平的地区和社会群体，建设更加宽裕的小康生活。到 2010 年人均 GDP 比 2000 年翻一番，达到 1800—2000 美元（届时人民币兑美元汇率按 7.5∶1 计算），部分沿海发达地区达到 3000 美元；一、二、三次产业结构优化升级；生态建设和环境保护得到加强；社会主义市场经济体制基本完善；我国在更大范围内和更深程度上参与国际经济合作与竞争；精神文明建设和民主法制建设取得明显进展。

（二）从 2011—2020 年，以全面提高小康生活水平为重点，建设更高标准的小康社会。到 2020 年人均 GDP 比 2010 年翻一番，达到 3600—4000 美元（届时人民币兑美元汇率按 6.9∶1 计算）；工业化、信息化、城镇化的快速推进使产业结构进一步升级，技术创新对经济增长的贡献率明显提高；生态环境和自然资源得到更好保护；社会主义市场经济体制更加完善；法制社会基本形成。

（三）从 2021—2050 年，以全面接近中等发达国家为标准，基本实现现代化。到 2050 年，人均 GDP 达到 3—4 万美元（届时人民币兑美元汇率按 1：3.5 计算），基本达到当时中等发达国家水平；城市化率达到 70%；社会主义市场经济体制更加成熟，法制社会更加完善；国民教育水平、文明程度、综合素质全面接近中等发达国家水平；我国经济的国际竞争力明显增强。

（2001 年 12 月）

2020 年经济社会发展总体目标与战略布局

一、关于充实 2006—2020 年全面建设小康社会目标的内涵

第一，充实提高自主创新能力、建设创新型国家的内容。十六届五中全会明确把增强自主创新能力，作为关系我国发展全局的重大战略任务。2005 年全国科技大会和国家中长期科技发展规划纲要都提出：到 2020 年，使我国的自主创新能力显著增强，进入创新型国家行列。因此，建议把自主创新能力明显增强、进入创新型国家行列，作为经济社会发展总体目标的重要内容。第二，充实改善生态环境、建设资源节约型和环境友好型社会的内容。鉴于保护资源环境，建设生态文明的任务日益重要紧迫，有必要放在更加突出的战略位置。建议把生态环境建设与经济建设、政治建设、文化建设、社会建设一起，作为我国经济社会发展总体目标的重要内容。第三，充实使人民更加富足、生活质量明显提高的内容。十六届六中全会《决定》把"人民过上更加富足的生活"作为到 2020 年构建社会主义和谐社会的目标之一。因此，建议把"人民生活更加富足，生活质量明显提高"，列入到 2020 年全面建设小康社会总体目标。这将有利于更充分体现以人为本和推进改革发展的根本目的。"更加富足"的涵义，包括社会就业比较充分，家庭财产普遍增加，消费结构全面升级，基本公共服务均等化，居民的收入水平、消费水平、健康水平明显提高等。第四，充实提高国际竞争力和抗风险能力的内容。在经济全球化深入发展、我国对世界影响力日益上升的情况下，有必要把增强国际竞争力和抗风险能力放在更加突出的位置。这将有利于我国在全球经济、科技竞争中争取主动，有效抵御来自国外的各种风险，维护国家经济社会安全。在经济发展具体

目标上，可考虑，将十六大提出的"在优化结构、提高效益的基础上，国内生产总值到 2020 年力争比 2000 年翻两番"的目标，调整为："在优化结构、提高效益的基础上，人均国内生产总值到 2020 年力争比 2000 年翻两番"。也就是把把到 2020 年国内生产总值翻两番，调整为人均国内生产总值翻两番。这一考虑的主要依据是：鉴于 2001—2005 年国内生产总值年均增长 9.8%，2006—2020 年只需保持年均 6.4% 的增长率就可以实现国内生产总值翻两番。而按 2000 年不变价格测算，到 2020 年人均国内生产总值翻两番，2006—2020 年国内生产总值年均增长保持在 7.4% 就可以实现。从 2007—2020 年，年均经济增长速度高于 6.4% 是必要的，也是可能的。

二、关于 2006—2020 年经济社会发展总体战略布局

建议把握"一条主线"、"五个着眼点"。"一条主线"：就是全面贯彻落实科学发展观，加快构建社会主义和谐社会，切实搞好"五个统筹"，显著提高国民经济整体素质，实现科学发展、和谐发展、和平发展。"五个着眼点"：一是着眼于全面提升我国综合国力和抗风险能力。以全球战略眼光，从国际大背景、大趋势看中国发展，深入研究中国发展与世界发展的联系以及中国发展对世界发展的影响。二是着眼于推进全面建设。协调推进经济建设、政治建设、文化建设、社会建设和环境建设，建设物质文明、精神文明、政治文明、制度文明和生态文明。三是着眼于全面深化改革。坚持以改革促发展，协调推进经济体制改革、政治体制改革、文化体制改革、社会体制改革，使各项改革相互促进。四是着眼于全面提高综合实力。既要注重增强物质基础，壮大"硬实力"，又要增强"软实力"，推进制度创新，加强民主法治，建设先进文化，提高全民族的思想道德素质和科学文化素质。五是着眼于全面处理好改革发展稳定的关系。稳定是改革发展的前提，坚持把改革力度、发展速度和社会可承受程度统一起来，在社会稳定中推进改革发展，通过改革发展促进社会稳定。

根据以上考虑，经济社会发展总体布局突出六个方面：第一，切实把科技教育摆在优先发展的战略地位。实现国家和民族全面振兴，教育是基石，科技是关键。惟有一流教育，才有一流人才、一流科技，才能建设一流国家。必须把实施科教兴国战略放在更加突出的战略地位，使科技教育真正发挥先导作用，把经济社会发展切实转到依靠科技进步和创新、依靠国民素质全面提高上

来。重在转变思想观念，改革创新体制机制，大幅增加资金投入，不断加大政策支持，使科技教育事业尽快有一个质的飞跃，为整个经济社会发展提供强有力支撑。第二，进一步明确经济发展的战略重点。就是全面推进国民经济和社会信息化，把发展现代农业、现代制造业、现代能源业、现代服务业，作为结构调整的战略重点。大力发展现代农业。就是用现代物质条件装备农业，用现代科学技术提升农业，用现代集约方式经营农业，不断提高农业水利化、机械化和信息化水平，提高土地产出率、资源利用率和劳动生产率。大力发展现代制造业。就是显著提升我国工业使其由大变强。我国虽然已是工业大国，主要工业产品产量世界第一，制造业总规模世界第三，但大而不强，产品技术水平低，高科技、高附加值产品比重低。今后一个时期，应当加快发展高新技术产业、先进制造业，大力振兴装备制造业，显著增强自主创新能力，为整个国民经济提供现代化技术装备，增强我国经济竞争力和抗风险能力。大力发展现代能源业。就是坚持立足国内、节约与开发并重、把节约放在首位，积极调整能源结构，着力开发新能源、替代能源、可再生能源，推进传统能源的清洁高效利用，构建能源安全体系。大力发展现代服务业。就是在继续发展和提升传统服务业的同时，积极发展现代物流业、信息业、金融保险业、旅游业、中介服务和社区服务业。目前我国服务业发展相对落后，在国民经济中比重偏低，现代服务业尤为落后。加快发展服务业特别是现代服务业，将有利于增加就业，提高人民生活质量，显著提高经济社会发展效益和效率。到 2020 年，东部地区和大城市将形成以服务经济为主的产业结构。第三，着力形成城乡、地区协调发展的格局。一是走新型城镇化道路。我国人口众多、农村人口比重大，在世界发展史上前所未有。今后一个时期，将是我国城镇化加快发展阶段，我们既要坚持走新型工业化道路，也要符合国情的新型城镇化道路。坚持大中小城市和小城镇协调发展；坚持科学规划，合理布局，以城带乡，城乡协调发展；坚持节约集约用地，保护资源环境，促进人与自然和谐发展。避免某些国家城市化过程中出现的农村人口过多过快涌入大城市，造成农村萧条、城市失业、交通拥挤、犯罪率高等"城市病"。二是优化区域生产力布局。继续实施区域协调发展总体战略，重点支持中西部地区加快发展，支持老少边穷地区加快发展。特别是生产力布局突破行政区划界限，主要依托沿海、沿江和沿交通干线，形成若干辐射能力强、带动作用大的经济圈、经济带、经济走廊；主要依托大中城市，在长江三角洲、珠江三角洲、环渤海经济圈形成一批新的城市群，形成和发展长江、京广、陇海、京九等一批经济带。这将有利于节约土地和能源，保护环境，提高资源利用效率，避免大而全、小而全和低水平重复建设。第四，注重加快社会发展和解决民生问题。主要是加快建设公共服务体系、社会保障体系和收入分配体系。在公共服务体系方面，除加快教育发展之外，重点加快卫生、文化事业发展。采取切实有力措施，积极解决群众看病就医难的问题，为提高国民健康素质提供医疗卫生保障；积极发展文化事业和文化产业，不断满足广大人民群众日益增长的文化需求。在社会保障体系方面，进一步扩大社会保障覆盖面，提高保障水平。利用当前经济形势好、财政增收多的有利时机，增加财政对社保的投入，并通过多种渠道筹集社会保障资金，加快构建强大的社会安全网。建立多层次住房保障体系，满足城乡居民住房需求。在完善收入分配体系方面，合理调整规范国家、企业和个人的分配关系，整顿规范收入分配秩序，加大国家税收对再分配的调节力度，以共同富裕为目标，扩大中等收入者比重，提高低收入者收入水平，合理调节过高收入，取缔非法收入，逐步形成"两头小、中间大"的"橄榄型"收入分配格局。第五，统筹国内发展与对外开放，全面提高对外开放水平。一是处理好内需与外需的关系，既立足于扩大国内需求，又充分利用国际市场扩大外需。二是处理好"引进来"与"走出去"的关系，既进一步引进外资和扩大进口，又扩大出口和支持企业对外投资，实施互利共赢的开放战略，在扩大开放中维护国家经济安全。第六，坚定不移地全面推进各项改革，加快体制机制和制度创新。这既是实现到2020年经济社会发展目标的重大任务，又是完成其他各项任务的强大动力。最重要的是，坚持社会主义市场经济的改革方向，全面推进经济体制、政治体制、文化体制、社会体制改革和创新，建立完善充满活力、富有效率、更加开放的体制机制，在各个方面形成一整套更加成熟、更加定型的良好制度，从而确保中国特色社会主义伟大事业不断发展，实现国家现代化和中华民族的伟大复兴。

（2007 年 1 月）

经济全球化对中国经济和宏观调控的影响

在经济全球化大背景下，分析研究我国经济形势和宏观调控，必需有全球视野和国际思维。一是全球化使我国经济与全球经济的联系日益紧密，更多地融入国际分工和市场体系，全球经济对我国的影响程度不断加深。进入 21 世纪，全球经济、金融发生了深刻复杂变化。一方面，经济全球化趋势深入发展，国际间产业转移和生产要素流动加快，世界范围内资源配置效率提高，各国特别是新兴经济体和发展中国家面临难得的发展机遇，2003—2007 年全球经济快速增长，中国、俄罗斯、印度、巴西等发展中国家增长势头尤为强劲。另一方面，全球经济结构矛盾日益突出，贸易保护主义加剧。美国长期实行财政赤字和贸易赤字政策，国内储蓄率过低；特别是过度宽松的货币政策和金融过度创新，造成美国房地产市场和股票市场泡沫不断积聚，直至 2007 年下半年爆发严重次贷危机。这场危机对美国和全球经济带来巨大冲击，目前仍在蔓延、尚未见底。2008 年以来，美国经济明显下滑，拖累世界经济增长大幅放缓，国际经济环境发生重大变化。这些难以预料的外部因素直接导致了我国出口需求下降，并影响我国就业和经济增长。上半年，我国对美国、欧盟、香港地区的出口增速均明显回落，广东、上海、江苏、浙江等外向度高的省份出口增幅和经济增速都明显减缓。二是美元贬值、全球流动性过剩与投机资本的共同作用，是造成国际初级产品价格大幅上涨、全球性通货膨胀的主要原因，也是推动我国物价上涨过快的重要外因。今年以来，国际市场初级产品价格大幅上涨，特别是石油、粮食价格暴涨，世界性通货膨胀压力骤然加大。从本质上看，这些问题具有深刻的现实背景。本世纪初以来，各国低利率政策特别是美国的低利率政策导致了全球流动性过剩特别是美元过剩；过大的流动性催生刺激各类对冲基金、私募基金快速膨胀，目前全球市场上有 9000 多只对冲基金，掌控着几万亿美元股票、期权投资，仅专门从事能源类投资的对冲基金就有 500 多只，与石油相关的金融衍生品交易成为大型投资银行增长最快的业务领域，由此造成石油市场过度投机，严重扭曲了以供求关系为基础的价格形成机制。同时，美元持续贬值直接导致以美元计价的国际油价大幅上涨。由于金融投机对国际商品市场的影响力越来越大，因此，国际油价波动比以往任何时候都更加剧烈。特别值得注意的是，当前全球通货膨胀的传导机理正在发生新的变化：大宗商品期货市场与美元走势密切相关；全球能源产品与粮食产品的价格关联性显著上升；商品期货与现货市场的联动性明显增强；国际市场与各国市场价格变动的同步性明显。随着我国对外开放扩大，国内市场与国际市场一体化不断加深，国际商品价格对国内商品价格的影响日益增大，虽然目前国内成品油价格、粮食价格尚未完全与国际接轨，但国际原油、铁矿砂、大豆等初级产品价格大幅上涨，直接拉动了我国进口价格大幅上涨，并且必然推动国内生产资料价格上涨和食品价格上涨。2008 年上半年，国际原油期货价格一度突破 147 美元 / 桶，澳大利亚铁矿石粉矿和块矿价格同比分别上涨 79.9% 和 96.5%，大豆期货价格比年初上涨 30%。在此形势下，全球通货膨胀不可避免地传导输入我国，推动国内物价上涨。还要看到，金融全球化使得资本跨境流动更加频繁便捷，我国资本市场越来越多地受到国际金融市场的影响。国际金融市场动荡加剧，对我国资本市场带来冲击。三是国际经济形势复杂严峻加大我国宏观调控难度。当前世界经济增长减速已成定局，外部需求减弱对我国出口、就业的影响将进一步显现。国际初级产品价格仍在高位波动，短期内难以下降，国际金融市场动荡将对我国经济、金融运行带来影响。实现今年和今后更长时期经济平稳较快增长，宏观调控面对很大外部压力。特别是保持出口增长难度加大；输入型通胀难以抑制；外汇储备急剧增长，实施从紧的货币政策受到掣肘。因此，需要进一步充分利用两个市场、两种资源，统筹好国内发展和对外开放两个大局。

（2008 年 10 月）

"十二五"时期经济社会发展面临的
重大机遇和挑战

一、主要机遇和有利条件

第一,全球经济复苏将再次推动中国经济较快增长。目前国际金融危机逐步见底,世界经济出现复苏迹象。国际金融危机使经济全球化进程发生深刻变化,国际经济格局发生深刻变动,但没有改变和平发展合作这一主流,全球经济增长仍将创造巨大需求,发达国家、发展中国家特别是新兴经济体都将迎来新的发展机遇,外部环境总体上仍将比较有利。

第二,我国劳动力素质较高而成本较低,人力资源在国际竞争中仍具有比较优势。由于目前我国劳动力价格仅有发达国家的几十分之一,即使在本次国际金融危机之后,欧、美、日等发达国家的劳动力成本仍将是中国劳动力成本的数倍。因此,在未来相当长时期内,与发达国家相比,中国在国际竞争中仍存在人力资源比较优势。即使与其他发展中国家如印度、越南、马来西亚等国相比,中国劳动力也占有比较优势。特别是未来五年,我国劳动力禀赋中的技术含量将逐步提高。

第三,我国劳动密集型制造业实力较强,在全球产业分工中仍具有竞争优势。目前在国际竞争中,我国最具有比较优势的产业仍是劳动密集型产业。基于我国劳动力供求状况,未来5年,劳动密集型产业仍将是中国最具比较优势及竞争优势的产业,具有巨大的发展空间。随着中国国民劳动价值提高超过劳动成本提高,未来全球经济格局中,中国对欧、美、日出口的低端产品将逐步减少，而技术含量较高的产品出口将大幅增加，逐步成为真正的世界制造中心。例如，我国服装及制鞋业之所以能在全球经济形势不断恶化的情况下仍旧保持较好业绩，主要是产业组织形态已经从完全竞争过渡到垄断竞争，形成了一批行业龙头企业和和出口基地。这些龙头企业和出口基地创新能力强、拥有自主品牌和较为完善的产业链，在市场竞争中形成了较强的竞争力和抗风险能力，中国际市场上占有稳定的市场份额。同时，与制造业信息化密切相关的电子商务、现代物流、金融服务，科技咨询业等在我国方兴未艾，具有巨大的发展空间。

第四，我国仍处于重要战略机遇期，经济社会发展基本面长期向好趋势不会改变。我国仍处于新型工业化、新型城镇化加快发展的阶段，将为经济发展创造巨大的市场需求和供给能力。一是新型工业化将使若干重要新兴产业迅速发展壮大。如生态农业、新能源产业、环保产业、信息产业、生物医药产业、绿色建筑产业、循环经济等将成为新经济增长点，推动产业结构优化升级，发展先进制造业和节能环保产业，淘汰落后生产能力，将加快工业由大变强，提升工业化水平。大力发展劳动密集型服务业和现代服务业，将带动扩大就业，提高国民经济整体素质和竞争力。经济发展将更多的依靠科技进步和提高劳动者素质。二是新型城镇化将形成若干城市群、城市带、城市圈和星罗棋布小城镇，推动大中小城市和城乡、地区经济合理布局。近几年形成的长三角经济圈、珠三角经济圈、环渤海经济圈、海峡西岸经济区、北部湾经济圈和辽宁五点一线沿海经济带，将成为未来 5 年我国经济发展的重要新引擎。我国已经形成了东南沿海"两个率先"、西部大开发、东北等老工业基地振兴、中部崛起的区域发展战略布局，将推动发挥地区优势，形成新的产业布局。今后 5 年，大中城市将在节能和使用清洁能源、节地节水、有效治理污染和保护生态环境中持续快速发展。城市经济将进一步带动农村经济；同时，推进城乡一体化，发展现代农业，建设新农村，将进一步强化农业基础地位，提高农业生产力水平。三是随着我国经济市场化、国际化水平进一步提高，市场在资源配置中的基础性作用将明显增强，我国将在更宽领域和更高层次上充分利用国际国内两个市场、两种资源，发展高水平开放型经济。

第五，建国六十年特别是改革开放 30 多年积累了重要物质技术基础，可为经济发展提供有力支撑。一是有良好物质基础、产业基础、科技基础。我国经济总量已经上升到世界第二位，随着经济规模增长，中国经济对世界经济的影响力将进一步上升，在参与国际经济合作与竞争中回旋余地扩大，在国际事务中话语权增大。我国已经建立的现代工业体系和国民经济体系日益完善，经过过去30年快速发展，突破了基础设施落后的瓶颈，正在通过科技创新突破产业层次低、产品附加值低的瓶颈。目前正在实施国家中长期科学和技术发展规划，特别是实施核心电子器件、核能开发利用、高档数控机床等16个重大专项，未来5年将突破一批重大核心技术和关键共性技术，创造新的社会需求、催生新一轮产业和经济繁荣，从而为经济发展提供强有力的科技支撑。二是有深化改革开放的体制条件。我国已初步建立社会主义市场经济体制，市场机制在资源配置中的基础性作用明显增强，深化改革开放将不断突破束缚生产力发展的体制机制障碍，为经济社会发展注入新的动力和活力。我国企业通过30多年的历练，对市场的适应能力、应变能力、开拓能力明显增强，特别是形成了多种所有制经济共同发展的格局，微观主体整体再造已经完成，经济增长的内生机制和内在动力正在形成。三是有比较充裕的资金条件。目前我国人均GDP达到3000美元，居民储蓄率高达40%以上，储蓄存款余额达21.8万亿元人民币，居民储蓄年度增加额多年保持较高水平；股票市场上市公司总市值超过20万亿元，流通市值近10万亿元，企业直接融资能力大大提高。全社会固定资产投资增长率保持较高增幅，投资对经济增长保持较强拉动作用。特别是中国金融体系健康稳定，银行流动性充裕，未来5年发展资金供给充裕，为经济持续较快发展提供重要支撑。

二、重大困难和挑战

（一）世界经济将进入深度调整，外需可能长期低迷。当前世界经济复苏进程缓慢，未来几年不确定性、不稳定性仍然很多，国际经济环境可能更加复杂严峻。美国经济正在恢复，虚拟经济恢复可能较快，实体经济恢复将缓慢。国际金融危机对经济全球化进程带来重大影响，今后几年我国经济外部环境将更加严峻：一是金融去杠杆化，国际金融市场将改变游戏规则，可能使我国在对外投资、人民币汇率等问题上继续处于被动和不利地位；二是美国等发达国家消费需求萎缩直接影响我国出口，特别是以应对全球气候变暖为由联手制定"碳关税"政策，将对我国出口造成极大遏制；三是在新能源、新材料、生物技术、环保等新兴产业竞争中，我国与发达国家相比，总体上都不占优势。但全球经济失衡短期内难以根本改变；四是国际金融领域将发生一系列变革，但美国主导的国际经济金融秩序、以美元为中心的国际货币体系短期内难以根本改变，国际贸易、投资和金融保护主义强化，贸易、投资壁垒和贸易摩擦增多。

（二）中国经济已实现30多年快速增长，在经济总量增大的同时，潜在增长率下降，经济增长减速。以重化工业化为主导的大规模、高速度工业化、城镇化阶段将接近尾声，随着全球低端制造业向更低劳动力成本国家转移，"中国制造"优势在全球产业分工中的地位将被部分替代。经济增长将更多地依靠扩大国内需求，但扩大消费受到多种因素制约。当前经济运行呈现回升趋势，但基础仍不稳固，依靠扩大政府投资拉动是短期之策，根本措施在于启动最终消费；但今后一个时期扩大消费仍受到多种因素制约。特别是，应对国际金融危机大规模增加政府投资可能带来重复建设，外需下降将加剧产能过剩。部分新上项目结构、质量、效益存在隐忧。据调查，有的项目不符合产业政策，资金投向和布局不合理，低水平重复建设。目前钢铁、汽车等传统产业存在严重产能过剩问题，我国钢铁年产能已达6.6亿吨，占到世界钢铁产能的近一半，供需平衡量不足5亿吨，产能过剩逾亿吨。有的地方违反环境保护和土地保护政策，建设高耗能、高排放、产能过剩项目，特别是"两高"企业从东部地区向中西部地区转移值得警惕。据调查，东部地区一些淘汰下来的高能耗、高污染项目正在向中西部地区转移，今年以来中西部有14个省份以各种名目出台了对高耗能行业的优惠电价以吸引投资，使得高耗能行业盲目发展再次抬头。同时，有的项目前期准备工作不充分，可能形成"胡子工程"、"半拉子工程"导致不良贷款；有的公益性项目特别是重大民生项目建设进度缓慢；有的搞劳民伤财的"形象工程"和脱离实际的"政绩工程"；有的不严格执行项目法人制、招标投标制和项目监理制、合同管理制；有的项目建设资金管理不严格、挤占挪用转移；有的项目存在质量安全问题；有的项目建设中蕴藏重大违法违规问题，包括贪污挪用、截留侵占、虚报冒领、失职渎职、铺张浪费等。政府大规模投资和银行贷款大幅增长，未能带动民间投资迅速回升，目前扩大民间投资存在不少障碍。虽然增值税转型、投资品价格下降使民营企业投资成本降低，但受外需下降、产品订单减少、市场前景不明的影响，多数民营企业投资意愿偏低，对扩大投资持谨慎观望态度。房地产和制造业作为民间资本的两大主要投资领域大幅萎缩。在全球经济持续恶化情况下，多数企业缺乏投资意愿，压缩投资动力大。国内多数行业产能过剩，市场供大于求，投资机会减少。一些垄断性行业民间投资依然受到限制，没有对内开放。融资环境没有根本改善，中小企业融资难突出。国有大银行面向国有大企业贷款，银行贷款"垒大户"偏向大企业。民营企业要么有好项目因得不到贷款而搁浅，要么只能找"地下钱庄"借高利贷，加大融资成本。某些领域价格扭曲、投资回报率低，阻碍民间资本进入。

（三）财政、金融领域潜在风险上升。由于经济全球化，通货紧缩与通货膨胀之间可能很快反转，远期通胀隐忧可能很快近期来临。在开放经济条件下，我国通货膨胀的输入型因素非常明显，无论流动性输入，或大宗商品价格输入，都是推动国内通胀的重要外部因素。尽管目前国内多数行业产能过剩，面临通缩压力，但外部环境变化也在强化国内通胀预期，加大潜在通胀压力。一旦通缩压力缓解是否意味着通胀将很快到来；特别要防止出现经济负增长与通货膨胀并存的局面。

（四）人口与资源、环境矛盾更加突出、约束更加强化。人口总量持续增长，人口老龄化提前，就业形势严峻，人口对就业和社会保障的压力与日俱增；一些地区环境污染、水污染严重，资源、环境承载能力下降。同时，长期制约我国经济社会发展的体制性、结构性矛盾日益突出，改革进入攻坚期和深水区。目前中国经济发展面临体制挑战和发展方式挑战。如果不能加快改革攻坚，破除体制障碍，浪费资源、污染环境的粗放型经济发展方式不可能根本转变；如果不真正抛弃粗放型的发展方式，即使通过体制改革释放出很大的内需潜力，资源环境也承受不了。同时，城乡发展不平衡，"三农"仍是经济社会发展最薄弱环节，农业稳定发展、农民持续增收难度加大，土地关系、农民工、粮食价格、农村基础设施建设和公共服务等方面存在一系列需要解决的深层次矛盾。工业大而不强，自主创新能力弱，工业化水平不高。第三产业发展滞后，特别是现代服务业发展滞后，政府社会管理和公共服务能力不强，特别是管理现代化、国际化大城市的水平不高。居民有支付能力的消费需求依然不足，特别是中低收入群体缺乏消费能力，经济增长过度依靠投资和出口拉动的局面没有根本改变。地区发展差距继续拉大，中西部经济社会发展薄弱地区较多，东部地区资源、环境矛盾日益突出，少数地区社会秩序堪忧。居民收入分配差距继续拉大，城乡低收入人口比重较大，调整国民收入分配格局、提高中低收入居民收入，任务十分艰巨。同时，社会安全领域存在较多风险，经济安全、金融安全、粮食安全、能源安全、社会安全等面临挑战。社会结构、社会组织形式、社会利益格局继续发生深刻变化，人们思想活动的多元化、独立性、选择性、多变性和差异性进一步增强，保持社会和谐稳定难度增大。

（2010 年 8 月）

"十二五"时期国民经济结构战略性调整总体思路

　　"十二五"时期是我国全面建设小康社会、加快推进社会主义现代化的关键时期。立足国际国内大背景,国民经济结构战略性调整的总体思路是:以提高经济增长质量和效益为核心,以转变经济发展方式为主线,以创新体制机制为动力,以改善内需外需结构、投资消费结构、产业结构、城乡结构、区域结构、收入分配结构为重点,全面提高工业化、信息化、城镇化、市场化、国际化水平,着力促进经济平稳均衡协调增长和结构转型,着力增强经济内生动力和创新活力,着力发展绿色经济、低碳经济、循环经济,着力增强经济社会可持续发展能力。

　　(一)以全球视野和国际思维推进经济结构战略性调整。适应我国经济与世界经济联系更加紧密、国内产业更多融入国际分工和市场体系的新形势,在更高层次上统筹国际国内两个大局,充分利用两个市场、两种资源,坚持研究规划国内产业布局与参与国际产业分工相结合,抓住新一轮全球结构调整和产业升级的机遇,推进国内经济结构战略性调整和企业兼并重组,促进沿海地区和出口产业转型升级。

　　(二)以转变经济发展方式为主线推进经济结构战略性调整。继续落实十七大部署,促进经济增长由主要依靠投资、出口拉动向依靠消费、投资、出口协调拉动转变,由主要依靠第二产业带动向依靠第一、第二、第三产业协同带动转变,由主要依靠增加物质资源消耗向主要依靠科技进步、劳动者素质提高、管理创新转变。一是促进三大需求均衡拉动经济增长。保持投资合理增长，扩大有支付能力的消费需求，增加城乡居民收入特别是低收入居民收入，进一步增强消费对经济增长的拉动作用。保持外贸出口稳定增长，巩固扩大国际市场份额，提高出口产品附加值。二是促进三大产业协调发展。加快发展现代农业，提高农业专业化、集约化、社会化水平，提高农业劳动生产率。大力发展先进制造业和节能环保产业，淘汰落后生产能力，选准并加大力度培育新兴战略性产业，加快工业由大变强。大力发展服务业包括劳动密集型服务业和现代服务业，扩大服务业总量规模、优化结构，提高市场化程度，带动扩大就业，提高国民经济整体素质和竞争力。

（三）以解决突出结构性矛盾为重点推进经济结构战略性调整。重点解决产业结构、城乡结构、区域结构、收入分配结构不合理问题。一是加大力度调整产业结构，按工业产品延伸、拓展生产服务业，按消费需求延伸、拓展生活服务业，以产业结构引领需求结构。二是加大力度统筹城乡发展，推进城乡一体化，用城市经济带动农村经济，发展现代农业，建设新农村，提高农业生产力水平和农村公共服务水平，促进城乡、地区经济合理布局和大中小城市协调发展。三是加大力度实施区域发展总体战略，发挥地区优势，促进东中西部互动和均衡发展，促进东部地区提高发展水平，充分挖掘中西部地区发展潜力，推动形成若干新的经济圈、经济带和增长极。四是加大力度调整收入分配结构，从宏观、微观两个层面调整国民收入分配格局，加快理顺分配关系，缓解收入分配差距扩大趋势。

（四）以科技创新为支撑推进经济结构战略性调整。以科技创新大幅度提升产业层次，继续发挥劳动密集型制造业在全球产业分工中的比较优势和竞争优势。准确把握世界科技进步和经济发展大趋势，抢占国际科技产业竞争制高点，选择具备突破条件的关键领域作为主攻方向，制定中长期发展战略和政策，加快推进关键技术自主创新，增强重点产业核心竞争力。加快发展自主知识产权和自主品牌，加大政策力度发展绿色经济、低碳经济，推进节约资源、保护环境，有效应对全球气候变化，促进形成新的竞争优势和更多经济增长点。

（五）以深化改革开放为动力推进经济结构战略性调整。加大改革攻坚力度，全面推进经济体制改革、行政管理体制改革，努力破除阻碍科学发展的体制障碍，坚决破除来自既得利益集团的阻力。重点加快国有企业和垄断行业改革，大力发展非公有制经济，增强各类企业发展活力。深化财税、金融体制和收入分配制度改革，推进资源性产品价格改革。充分发挥市场机制在结构调整中的基础性作用，注重发挥政府的主导作用，实现政府与市场有效互动。采取全方位措施推进解决长期积累的深层次结构矛盾。

（2010 年 5 月）

从五个维度认识真实的中国

——在美国普林斯顿大学的演讲

一段时间以来，国际社会对中国存在两种错误论断：一种认为中国经济快速增长、实力增强，对世界构成威胁，宣扬中国威胁论；另一种认为，中国经济面临危机，难以持续，行将崩溃，宣扬中国崩溃论。显然，中国威胁论和中国崩溃论都是不符合现实的。

关于中国的真实发展现状，可以有五个观察维度：

第一个维度，一个取得巨大历史性进步的中国。从世界现代史看，中国取得了巨大历史性进步：一是中国改革开放 33 年，经济总量规模迅速壮大。2010 年上升为全球第二大经济体，创造了现代世界经济史上的奇迹。二是中国以不到世界 4% 的耕地，解决了占世界总人口 22% 的 13 亿人口的吃饭问题，有效地缓解了全球粮食危机。三是中国以低廉劳动成本和牺牲本国资源环境为代价，向世界出口大量商品，2010 年货物出口总额世界第一。为全球市场特别是发达国家做出了贡献。四是中国工业化、城镇化、信息化快速推进，铁路、公路、机场、港口等基础设施建设突飞猛进，成为拉动经济增长的强大动力。五是教育事业成效卓著。目前中国城乡已经完全实现九年制义务教育。2010 年高等教育毛入学率达到 26.5%，新增劳动力平均受教育 12.7 年。六是中国实行对外开放使封闭型经济变为开放型经济，使中国人具有全球眼光和国际思维。

第二个维度，一个正在发生深刻变革的中国。一是中国的经济体制正在发生深刻变革。中国经济体制改革的目标是建立社会主义市场经济体制，核心是理顺政府与市场关系，转变政府职能，建设法治政府和服务型政府。经过多年改革，以市场为导向、国家宏观调控与市场机制相结合、注重发挥政府和市场

"两只手"作用的新型经济体制正在形成。目前，中国正在全面推进财政、金融、国有企业、收入分配、教育、科技、医药卫生、社会保障等重点领域的改革和制度创新，加快形成更加完善的现代市场经济体制。二是中国的政治体制正在发生深刻变革。政治体制改革的核心是：坚持国家一切权力属于人民，发展更加广泛、更加充分、更加健全的人民民主。全面推进依法治国，更加注重发挥法治在国家治理和社会管理中的重要作用，保证人民依法享有广泛权利和自由。推进司法体制改革，促进社会公平正义；加强对权力运行的监督，建设廉洁政府，坚决遏制腐败。三是中国的社会形态正在发生深刻变革。中国社会正处在思想文化多元化、多样性的时期。现代社会正在形成。4 亿手机用户和1.5 亿网民构成了庞大的虚拟社区。互联网、微博使整个中国社会高度透明，与世界联为一体。

第三个维度，一个面临诸多挑战和风险的中国。虽然中国成为世界第二大经济体，但人均 GDP 还很低，2010 年只有 4285 美元，只相当于美国人均GDP 的 1/10，世界排名 90 几位。中国仍面临许多困难、挑战和风险：一是城乡、地区发展差距大、不平衡。虽然中国沿海地区和部分大中城市呈现出现代化繁荣，但中西部和广大农村仍相当落后，还有 1.5 亿人口生活在联合国设定的贫困线之下。虽然中国已建成并投入使用 4000 多英里的高速公路，并成为世界上高速铁路总里程最长的国家，但广大农村基础设施还相当落后，农田水利设施薄弱，大多数农民家庭没有抽水马桶，做饭取暖没有清洁能源。2010年中国城镇居民人均可支配收入 19109 元，农村居民人均纯收入 5919 元，农村居民年收入只相当于城镇居民的 1/3。二是经济增长质量不高，转变发展方式任务艰巨。经济增长主要依靠投资和出口拉动的局面没有根本改变，扩大居民消费受到多种因素制约，能源环境约束日益强化。三是中国制造成本上升，创新能力不强。中国多数出口商品附加值和技术含量低，处在国际产业链的中低端，保持竞争优势越来越困难。四是人口高峰、人口老龄化与未富先老同时来临；五是城镇化导致人口大规模流动，诸多社会矛盾凸显。例如，房价高、看病难、食品不安全造成的焦虑不安心理，各种疑惧、迷茫失落和心态失衡，迫切需要平和面对、积极化解。六是中国人均 GDP 达到 4000 美元，面临跨越"中等收入陷阱"。经济发展正在受到通货膨胀加剧、贫富差距扩大、腐败多发等多种矛盾的困扰。特别是 13 亿人口的粮食安全、能源安全、环境安全问题，始终是中国面临的重大压力和严峻挑战。七是建设社会主义法治国家任重道远。中国仍然是一个发展中国家，实现现代化的路程还相当漫长。中国要建成高度民主、高度文明的现代化国家，还需要几十年、上百年的时间，需要几代、十几代甚至几十代人的努力奋斗。

第四个维度，一个充满机遇和希望的中国。追求幸福美好、平等自由的生活，充分实现人的尊严和价值，是全体中国人的良好愿望，也是推动中国经济发展的根本动力。尽管中国社会面临诸多挑战和风险，但同时也蕴藏巨大发展机遇和潜力。一是中国中西部地区发展潜力巨大。中西部19省区占中国国土面积86%，加快中西部地区发展是十二五时期的重大任务。也是中国经济的主要增长点。二是中国民营经济发展潜力巨大。目前中国民营企业出口额超过4500亿美元，占出口总额30%以上。几千万民营企业具有创造财富的强烈愿望和巨大能力，是中国经济的主要潜力所在。三是中国农村发展潜力巨大。中国农村基础设施落后，社会保障水平低，卫生服务条件差，养老保险刚刚起步。这些都是中国经济发展的机遇和潜力所在。四是中国消费市场潜力巨大。中国有13亿人口，中国不仅能够成为世界最大的工厂，也必将成为世界最大的市场。"十二五"时期，中国每年将有1000多万农村人口转移到城镇。到2030年，中国城市人口将比现在增加2亿多，每年进城的农业人口将给中国创造巨大的消费需求。五是中国人的勤劳、聪明和坚韧顽强，中国精英阶层的强烈责任感、使命感，决定中国未来充满希望。近期中国主流媒体连续发表文章，呼吁尊重公民表达权，尊重不同声音和意见，以包容心对待"异质思维"，以公开透明化解疑虑，创造条件让人民表达述求，批评监督政府。可以断定，中国有能力化解社会矛盾，实现和谐发展。

第五个维度，一个更加开放、融入全球化的中国。对外开放是中国的基本国策。中国将在更大范围、更高层次、更宽领域扩大对外开放。中国将积极参与全球产业分工，积极参与国际竞争与合作，努力促进外贸进出口和国际收支双平衡，继续以国民待遇欢迎外国企业来华投资特别向中西部地区投资。

最终结论：中国的发展既不会对任何国家构成威胁，更不会因为困难和风险而从内部崩溃。

（2011 年 6 月）

趋利避害应对外部环境新变化

自 18 世纪中叶与西方工业革命失之交臂，200 年间，中华民族一直在封闭落后与苦难屈辱中徘徊。1949 年后，中华民族重新站立起来。经过改革开放 30 多年奋力追赶，中国经济实力、综合国力显著增强，国际地位和影响力迅速上升。而中国对自己突然走到世界前台，行为举止还不完全适应。虽然中国频频向世界伸出橄榄枝，但某些国家却心态复杂、疑虑重重，不愿看到甚至试图阻挡中国崛起。面对现实，中国亟需全面审视对外关系，创新战略思维，以更高智慧赢得战略主动。综观 21 世纪第二个 10 年，中国外部的经济、政治、安全环境正在发生一系列重大变化，将对中国未来产生深刻影响。

一、外部经济环境变化

第一，世界经济复苏脆弱缓慢，全球经济和产业结构深度调整。国际金融危机尚未结束，发达经济体的财政紧缩、"去杠杆化"仍在持续，美国"财政悬崖"、欧洲债务危机都远未解决。伴随结构调整的波动与阵痛，世界经济低速增长，随时面临下行风险。最近塞浦路斯银行业挤兑危机暴露了欧元区分裂的存款担保体系与其货币联盟的内在缺陷，深层矛盾仍是欧元区单一货币体系与各成员国经济发展水平和财政、金融监管体系的参差不齐。这无疑为欧洲经济复苏增添黯淡。受内外因素共同影响，中国经济难以一枝独秀，增速明显放缓。与本世纪第一个 10 年相比，最大的变化是，外需对中国经济增长的拉动力明显下降。2012 年中国外贸出口增长 7.9%，比 2003 年至 2011 年平均增幅下降 13.7 个百分点。特别是，国际金融危机催生新的技术和产业革命，国际竞争空前激烈，各国加紧抢占战略制高点。虽然中国上升为世界第二大经济体，2011 年 GDP 占全球 10.4%，进出口贸易额占全球 10.1%，但经济增长质量不高，创新能力不强，中国制造总体处在全球产业链的中低端。第二，国际贸易投资保护主义强化，区域自由贸易体正在形成。经济低迷与贸易保护相伴而行。一些国家为促进就业，扶持本国产业，设置各种贸易投资壁垒。尤其针对中国的反倾销、反补贴和投资审查大量增多。去年，中国太阳能光伏电池密集遭遇贸易摩擦，美国征收最高 250% 的反倾销税和 16% 的反补贴税，欧盟也发起反倾销并酝酿反补贴调查。一些中国公司海外投资屡屡受阻。与此同时，区域内贸易增长迅猛。欧盟区内部贸易额已占 66%，东亚区域内贸易额占53%，美国 40% 多贸易额在北美自由贸易区。今年 2 月 14 日，欧盟与美国共同宣布，将于年内启动自由贸易协定谈判。至此，美国将在西太平洋以 TPP（Trans-PacificPartnershipAgreement 跨太平洋伙伴关系协议）为依托，在大西洋以美欧自贸协定为依托，形成由其主导的两大自由贸易区。同时，欧盟与日本也将于今年 4 月开启自由贸易谈判。美欧、欧日自贸谈判将制订新规则，必然对全球贸易和经济格局产生重要深远影响。第三，美国实施"再工业化"和出口倍增计划，中美经贸互补性下降。国际金融危机迫使美国从金融、房地产等部门回归实体经济，重振制造业和出口。2010 年、2011 年美国出口分别增长16.6%、17%，其中，矿物燃料、汽车及零配件、发动机、通用机械、塑料、有机化工、光学仪器与医疗设备、钢铁等重要制造业出口比重超过 70%。今年 1 月美国制造业 PMI 上升至 55.8%，创近 9 个月新高，一些美国公司开始把海外工厂迁回本土。奥巴马誓言："要让美国成为吸引新就业岗位和制造业的地方"，"确保下一次制造业革命在美国发生"。美国制造业强劲增长使进口中国产品需求下降，并增加向中国出口。中美两国产业重合度上升，贸易竞争性增强。

二、外部政治环境变化

第一，西方政治制度与价值体系仍占主导地位，对中国构成长期压力和挑战。冷战结束后，美国等西方国家把推行"普世价值观"作为全球战略的核心。2001 年美国遭受"9?11"恐怖袭击，反恐成为首要任务，此后 10 年中美关系大体平稳。以 2011 年美国击毙基地组织头目本拉登为转折点，反恐战争基本结束，加之中东地区发生剧烈变革，美国对外战略重新回到以推行价值观为核心的轨道，强调人权在对外政策中的重要性。然而，美国集中力量反恐的10年，正是中国抓住机遇快速发展的10年。2011年中国上升为世界第二大经济体，中美经济利益加深，形成"你中有我、我中有你"的交融格局。尤其是2008年爆发国际金融危机，重创美欧经济，也使西方政治与价值体系遭到质疑，西方国家由此陷入战略焦虑：既坚决排斥中国的政治体系和社会制度，又对"中国模式"所产生的奇迹感到震惊和恐惧；既需要借助中国经济克服自身危机，从中国发展中获益，又忧虑中国发展过快、超越自己；既想让中国承担更多的国际责任和义务，又担心中国话语权增大，发挥主导作用；既想阻止中国发展势头、至少使中国发展放慢，又避讳公开"遏制"中国。这种矛盾心态，使其对华战略和政策更加错综复杂。有学者预言，奥巴马第二任期将在人权、西藏和售台武器等问题上对中国更加强硬。前不久，英国政府内也有人主张，要继续对中国人权问题施加外交压力，并在西藏问题上采取强硬立场。长期以来，美国对中国一直采取对话接触加对冲（Hedging）遏制的双重战略和两面政策，在对话接触中实施对冲遏制，在对冲遏制的同时保持对话接触，并混合采取接触、防范、牵制、制衡等战略手段。其中台湾、西藏、人权等问题始终是中美关系中挥之不去的阴影。中国与美国等西方国家的矛盾、竞争和冲突，本质上仍是不同政治制度和价值体系的根本对立。正如西方战略家所言，新的地缘政治格局，仍是"西方自由民主政体与东方市场经济集权政体之间的对立"。这种对立将是长期的、尖锐复杂的。虽然美国对华遏制战略因中美经济利益加深而受到内在牵制，但很难通过经济合作与利益分享而弥合，更不可能在短期内消除，由此带来的战略压力可能伴随中国现代化和中华民族复兴的全过程。第二，美国实施亚太"再平衡"战略，客观上制衡中国崛起。2011年10月14日，时任美国国务卿希拉里·克林顿在纽约经济俱乐部发表演讲，宣布"世界的战略与经济重心正在东移，我们正在更加关注亚太地区"；"我们不仅是亚洲的一个常驻军事和外交大国，而且也是一个常驻经济大国，并将长期留在亚洲"。美国称其为亚太"再平衡"战略，并强调，这一战略不针对中国，不是遏制中国的战略；"美国欢迎一个强大、繁荣、稳定和在国际事务中发挥更大作用的中国"。但无论美国如何解释，几乎所有国际舆论都认为，美国亚太"再平衡"战略针对中国而来，是对冲、制衡中国崛起的战略。近两年，美国在亚太地区一系列密集的外交和军事行动，更使中国确信这一判断。

美国的再平衡战略使亚太国家关系发生了重大变化，也使中国外部的政治环境发生了重大变化，并直接导致了美中战略互疑加深。第三，中国作为国际事务中举足轻重的利益攸关方，面临多重身份的定位与平衡。以往发展中国家的单一身份，正在转变为兼具发展中大国、经济大国和地区大国的多重身份。虽然中国坚持认为自己仍是发展中国家，并在国际事务中坚定维护发展中国家权益，但由于经济体量增大并仍不断增长，不得不面对如何既以发展中国家身份发挥作用、又以拥有较强综合国力国家身份发挥作用的平衡，特别是如何在发挥大国作用的同时，继续与广大发展中国家和周边邻国保持友好关系。

三、外部安全环境变化

第一，最突出的是，中日钓鱼岛争端、南海部分岛屿主权争议，导致中国周边安全环境复杂严峻。当年促成中日邦交正常化的两国老一代领导人未曾想到，双方同意搁置的钓鱼岛主权争议，时隔40年后掀起惊涛骇浪。这场争端的起源与要害，恰恰是日本政府否认1972年两国建交时就"搁置"争议所达共识，并于去年9月对钓鱼岛实施所谓"国有化"。对此，中国必然坚决反对。尤其是日本右翼势力企图借钓鱼岛争端否定二战后国际秩序，更深深触痛了中国人对上世纪日本军国主义侵华战争罪行的敏感神经，也是钓鱼岛争端极为尖锐的实质所在。与钓鱼岛问题相比，南海部分岛礁的主权争议相对平缓。针对美国提出的南海自由航行权问题，中国强调，中方重视依国际法维护南海航行自由，这方面不存在问题。中国一直耐心地与有关国家沟通，致力于通过谈判协商解决争议。纵观历史，中国一贯奉行与邻为善、以邻为伴，睦邻、安邻的周边外交政策，积极与邻国发展友好关系，但由于种种复杂的国际因素，中国的良好愿望备受困扰。第二，一些国家依据所谓"国强必霸"逻辑，质疑中国防御性的国防政策，渲染中国威胁论，公开主张围堵、遏制中国。近年来，某些国家多次指责中国军费增长快、支出不透明，认为中国军力增长是经济增长的必然结果，中国军备快速现代化加剧了地区不稳定，尤其日本更是大造"中国正在快速扩大军备"的舆论。2011年日本《防卫白皮书》公开指责中国在南海监视活动升级，将日本与菲律宾的关系升格为"战略伙伴关系"；日本还大举进入缅甸经济，企图截断中国通向印度洋的战略要道。中国一再郑重声明，坚定不移地走和平发展道路，坚持以和平手段解决领土、领海争端，但并未得到有关国家善意回应；中国越强调和平发展，某些国家就越强调中国威胁，并刻意在中国周边编织所谓"第一、第二岛链"包围圈，构筑"自由与繁荣之弧"，极力想使中国陷入战略困境，威胁中国安全。

中国外部环境的重大变化，使中国精英阶层和普通民众高度警醒，更加深切认识到，必须尽最大努力，加快发展自己，排除一切干扰，用好有利条件，减少不利因素，维护中国和平发展的重要战略机遇期。

（2013 年 3 月）

第二章

经济转型的关键是解决发展中的深层次矛盾

房地产开发投资高速增长存在隐忧

2001 年，全国房地产开发投资完成 4984 亿元，比上年增长 25.3%，高于固定资产投资增幅 11.6 个百分点，成为拉动国民经济增长的重要因素。房地产开发投资高速增长中存在几个值得关注的问题：

一、商品住宅销售额增长低于投资额增长，部分地区住宅销售面积增长大大低于新开工面积和竣工面积的增长

北京市商品住宅投资额同比增长 60.4%，新开工面积增长 81.3%，竣工面积增长 83.8%，而销售面积仅增长 6.7%；海南省商品住宅投资额同比增长 110.3%，住宅销售额仅增长 13.4%；广东省在空置房面积超过 2000 万平方米的情况下，商品住宅投资额同比增长 13.8%，住宅销售额增长 11.4%。

二、高档住宅供大于求，适应小康家庭需求的中低档住宅供给不足

随着近几年住房市场化改革迅速推进，居民个人买房已成为商品住宅销售主体。2000 年 1—11 月，全国商品住宅销售面积中，个人购房比重达 93.9%。但在相当一些大中城市，以高收入群体定位的高档商品住宅开发过多，适应工薪阶层、小康家庭需求的中低档住宅严重不足。据人民银行 2000 年第四季度城镇居民购房意向调查，目前我国城镇居民中 74% 的人已拥有自己住房，只有 10.9% 的人没有住房。中小户型、中低价位房子成为市场需求主体。

三、房价偏高与城镇居民收入比例不尽合理

2000 年 1—9 月，全国商品住宅平均销售价格为 2090 元／平方米，同比

增长 9%。按此价格，购买一套 80 平方米的商品住宅需要 16.7 万元。2000 年城镇居民人均可支配收入 6280 元，按每户年均收入 1.5 万－2 万元计算，收入与房价比例为 10：1 和 8：1。而国际上通行的房价与收入比一般为 3：1 至 6：1，即房价为城市居民年均收入的 3－6 倍。据调查，目前我国商品住宅的建筑安装成本仅占总成本的 37%，因此，造成房价偏高的主要因素不是成本而是市场供求状况。其中，高档住宅供给过剩与中低档住宅供给不足是重要原因。同时，土地开发、批租缺乏统一规划和总量控制，与经济发展和城市建设不适应、不协调；土地批租运作方式，大多以"毛（生）地"、协议出让为主，不利于建立公开、公正、公平的市场经济秩序；土地开发和批租政策不规范，政出多门。

（2002 年 1 月）

注重解决经济社会发展中的深层次矛盾

一、厘清经济增长与中间需求、最终需求的关系，把扩大有支付能力的国内最终需求，作为经济增长的基本立足点；把增加农民收入、扩大农民消费，作为扩大国内最终有效需求的基本立足点。（一）切实提高最终消费、居民消费、农村居民消费"三个比重"。逐步提高最终消费在国内生产总值中的比重，逐步提高居民消费占最终消费的比重，逐步提高农民消费占居民消费的比重。（二）国民收入分配大幅度向"三农"倾斜。在取消农业税的基础上，大幅度提高农业支出占财政支出的比重，加大财政对农业和农村的转移支付力度。根据现阶段国情，应大幅提高中央财政用于农业支出的比重，地方财政用于农业支出的比重，中央和地方财政教育、卫生、科学、文化支出中用于农村的比重，国家预算内资金进行的固定资产投资中，用于农业和农村的投资比重，并加大扶贫开发投入。（三）实行富有吸引力的政策措施，鼓励社会投资投向农业、农村和西部地区。凡投资绿色农业、出口农业、农业产业化、农村基础设施、农村基础教育和公共卫生设施的企业，特别是投资西部地区上述领域的企业，应比照上世纪80年代沿海经济特区和90年代上海浦东新区的做法，给予更加优惠的税收和其他政策待遇。（四）消除统筹城乡发展的体制性障碍。坚决清理取消农民进城务工的歧视性政策和不合理费用，抓紧建立有利于农村劳动力转移和农民增收的劳动就业制度、户籍管理制度、义务教育制度和税收制度，形成有利于城乡相互促进、共同发展的体制和机制。千方百计让作为我国社会最大群体的农民成为改革发展的受益者。

二、厘清工业化、城市化、现代化的内涵，使工业化、城市化进程与全面建设小康社会的目标和任务相适应；工业、城市的现代化与农业、农村的现代化相适应；城市建设的规模、标准与广大农村的发展水平相适应。（一）均衡推进工业化、城市化、现代化，切实扭转脱离农业和农村、片面发展工业和城市，甚至以牺牲农业和农村发展为代价换取工业和城市发展的危险倾向。新型工业化不是重化工业化，不能过度发展重工业和化学工业；城市化不是城市建设规模越来越大、标准越来越高；现代化不仅是城市现代化，更不仅是以高楼大厦、豪华建筑多少为根本标志。应切实改变重化工业脱离农业和第三产业盲目发展、自我循环的状况；切实改变不顾农村贫穷落后快速推进城市现代化、单纯追求城市建筑面貌现代化的错误倾向。严格遵循经济规律，坚持走工业与农业、重工业与轻工业、城市与农村协调发展的新型工业化、城市化和现代化道路，正确发挥工业对农业、城市对农村、重工业对轻工业、工业化对城市化的带动作用。（二）切实控制压缩过大的固定资产投资规模。坚决遏制钢铁、水泥、电解铝等行业以及流通领域的盲目投资和低水平扩张，对不符合国家产业政策、污染严重、耗能高、技术水平低的生产企业和在建项目，应坚决依法关闭和停建，并不予提供能源、交通等保障。金融机构应按法律规定，强化信贷审核，严格信贷管理，对过度投资行业项目不予贷款。（三）严格控制城市建设规模、标准，切实加强城市建设规划和农村城镇化规划。立足我国国情，城市建设应以规模合理、标准适中、适度超前但不过分超前为原则。防止、制止城市建设规模过大、标准过高的倾向；防止、制止盲目推进农村城镇化、"乡乡建镇"的倾向。应根据不同城市类型，制定不同的城市规划标准。有关部门应抓紧对全国所有大中城市建设规划进行一次重新审查，凡脱离实际、规模过大、标准过高的，要限期压缩调整。同时，对农村城镇化情况进行一次专项检查，对不具备条件、滥占大量耕地建设小城镇的行为应坚决制止。（四）实行最严格的土地管理制度，坚决控制工业和城市建设用地。加快土地征用制度改革，抓紧研究土地出让金使用办法。在新的土地征用制度和土地出让金使用办法出台之前，对过度投资行业应停止征地；对大型娱乐设施、高档商场、豪华饭店、中央商务区、会展中心以及高档商品住宅等征地，应实行最严格的控制；对城市拆迁、建设居民经济适用房等用地，应在依法按规划和程序征地的基础上，交由同级人大常委会讨论表决。

三、建立吸引党政人才、农业科技人才、企业管理人才、高校毕业生，向农业、农村和西部地区流动的体制、机制和政策环境，加强农村基础教育、农业技术教育和农民干部培训，培养大批农村管理人才和农业技术人才。（一）实行更有吸引力、更有弹性的人才"下乡"、"西进"的制度和政策。一是建立党政机关干部轮流到农村基层任职的制度。应选派大批国家机关中青年党政领导人才到西部地区任职。并轮流选派城市机关干部到农村县乡村任职，把城市管理经验运用到农村，推进农村城市化。二是在总结"青年志愿者服务"活动经验的基础上，鼓励高校毕业生从事农村和西部地区的基础教育工作。对去农村担任中小学教师特别是去西部地区农村担任中小学教师的高校毕业生，可实行2年、3年、5年不等的定期志愿服务；根据服务时间长短和服务地区艰苦程度，确定优惠政策和待遇。比如，对到西部贫困地区担任中小学教师的高校毕业生，除工资外应提供政府特殊津贴；服务期结束返回城市时，应由国家有关部门帮助推荐联系工作单位；对在农村从事基础教育工作满5年的志愿者，返城工作时应由国家给予一次性购房补助费。对来自农村和西部地区并自愿返回家乡或到其他艰苦地区工作的高校毕业生，应由国家给予返乡就业补助金，等等。三是对到农村和西部地区创业的民营企业家、科技人员、归国留学人员，只要所办企业符合国家产业政策，应给予更多税收优惠，并提供土地、能源、交通等便利。（二）建立农村义务教育经费保障机制，发展农民教育培训组织。鉴于农村税费改革的新形势，农村义务教育经费来源应由以县级财政为主，改为由中央和省、地、县财政共同承担。同时，应由国家教育部门、农业部门和共青团组织与地方政府一道，在中西部地区或农业大省，设立若干所"乡村干部教育学院"、"农民实用技术教育学院"，专门培训农村干部、农业技术人员、农业产业化龙头企业经营管理人员，培养大批农村社会管理人才、技术人才和致富带头人。（三）长期开展面向农村的教育、医疗义务服务。应由国家有关部门和群众团体，组织建立"农村义务教育服务团"、"农村医疗和公共卫生义务服务队"，由城市中小学和市级以上医院轮流选派有经验的教师、医生到农村和贫困地区短期服务，并负责培训乡村教师和医生，国家应给予资金补助。

四、厘清收入分配与经济增长和社会稳定的关系，承认收入差距扩大但不允许过分扩大；支持少数人率先富裕但不允许以非法和不合理手段致富；坚决取缔各种非法和不合理的高收入；对合法合理高收入，加大税收调节力度。（一）坚决清理取缔房地产、金融、证券等领域非法和不合理的高收入。对各大城市房地产开发公司的资金来源和经营状况，进行一次全面调查清理。对依靠"圈地"卖地、利用银行巨额贷款"空手套白狼"谋取的高收入，应予取缔；对向不法房地产投机商违规贷款、靠收取贷款贿赂获得高收入的银行经营管理人员，应依法查处。全面清查"地下钱庄"，对从事高息贷款、洗钱、倒卖外汇等违法经营活动谋取的高收入，应依法查处、取缔。对违规操纵股市交易、走私、偷逃骗税、贪污腐败获取高收入者，应依法查处。（二）规范民航、电力、电信以及其他垄断行业的高收入。考虑现实情况，国有及国有控股的民航、电力、电信公司，国有商业银行，国有控股的保险、证券、财务公司，职工实际年均工资收入不应高于全社会职工实际年均工资收入的3倍；其经营者年均实际工资收入不应超过本行业职工年均实际工资收入的5倍。（三）加强对高收入者个人所得税征收监管，强化税收调节。尽快建立征管系统工程，选择符合我国国情的个人所得税制模式。当前，应调高个人所得税起征点，并调整级距和税率，以加大对高收入者的调节力度。（四）对高收入群体进行正确的致富观、财富观教育，加强慈善观念和回报社会的教育。在全社会大力弘扬慈善观念，号召富人关心弱势群体。国家应当支持发展慈善事业，多成立一些慈善机构，给富人提供更多回报社会的机会。中央和地方政府可分别设立农村扶贫开发慈善基金、农村义务教育慈善基金、农村医疗救助慈善基金，为民营企业家捐资报国创造条件。（五）适度增加公务员工资收入。鉴于目前我国公务员工资水平偏低的现实，应以建设高素质公务员队伍为目标，以不低于发展中国家公务员工资平均水平为比照，在现有基础上较大幅度提高公务员的工资水平。

五、把保护国有资产、保护职工正当合法权益，作为国有企业改制的基本原则；切实加强改制监管，坚决堵塞国有资产流失漏洞，防止、制止损害职工利益的行为。（一）落实出资人职责，保护改制企业国有资产。国有企业在公司化改制特别是引进外资和民营资本改制过程中，必须在国资委主导下进行清产核资，对企业国有资产作出真实评估；核资评估过程必须公开透明，制止暗箱操作；坚决防止、制止借改制之机将企业优良资产剥离出去、而将不良资产留在原企业。同时，严格规范产权交易行为。（二）建立现代法人治理结构。国有企业改制后，必须建立董事会、监事会、经理层的明确分工，董事会、监事会履行决策监督职能；健全企业内部会计监督机制，实现岗位设置与职责权限合理划分，从制度源头上遏制国有资产流失。（三）切实保证广大职工利益和民主监督权利。国有企业改制过程中或改制后，重大国有资产处理、职工安置必须经过职工代表大会讨论或经大多数职工同意。坚决制止少数人擅自作主、低价出售国有资产或低价转让国有股权；制止未经大多数职工同意、擅自决定低价买断职工工龄；禁止拖欠职工安置费。确保改制企业职工的医疗、失业、养老保险金足额缴纳到社会保障账户。

六、以完善内控机制、提高人员素质、减少不良资产为核心，加快推进国有商业银行改革，降低、化解金融风险。（一）把遏制新增不良资产、保证新注入资本金具有良好效益作为国有银行改革的首要任务。四大国有商业银行应在吸收社会资本参股、建立健全法人治理结构的基础上，确保不增加新的不良贷款；逐年消化现有不良贷款并产生利润，以提高资本充足率和竞争力，真正建成现代金融企业。（二）加强国有银行内控机制建设，强化贷款风险约束机制，遏制为盲目投资和低水平重复建设项目贷款，遏制以贷谋私腐败行为，禁止以行政权力干预银行独立审贷。利用国有商业银行改制之机，对所有从业人员进行重新考核和资质认定，不具备资质者必须离岗。（三）扩大金融对内开放，对国有银行形成竞争压力。在按 WTO 时间表对外开放金融的同时，允许非公有制企业在没有城市商业银行的地、市设立银行，允许非公有资本进入由国有控股的城市商业银行。

七、切实解决县乡机构臃肿、乡村负债沉重问题，从根本上减轻农民负担；切实扩大乡村民主，建立有效的制约和监督机制，解决少数农村基层干部与农民对立冲突问题。（一）大幅度精简县级政府机构，减少财政供养人员；除保留部分中心镇外，撤销一般乡镇政府，改为县级政府派出机构。县级政府机构人员规模应与农民供养能力和中央财政转移支付能力相适应；机构设置和人员编制应科学合理，不完全与省级机构对口。同时，对乡镇设置进行重大调整，由乡公所或办事处取代乡镇政府，从体制上减轻农民负担，降低行政成本，提高行政效率。此项改革关系重大，涉及修改宪法，需要选择一些地方进行试点。（二）取消乡镇财政，改革农村公共品供给制度。免征农业税和农业特产税后，大部分乡镇财政已无存在必要，应当取消。乡镇财政取消后，农村义务教育、公共卫生、县乡公路、电力设施等供给，应主要由国家承担；乡村道路、小型水利设施、农业技术推广服务等供给，应由全乡农民采取"一事一议"的方式协商决定。（三）整顿农村基层组织，逐步实行乡镇直接选举。针对目前少数农村基层干部无视党纪国法、横行乡里、损害群众利益的恶劣行径，应当在全国农村大张旗鼓地宣传、深化民主法制教育，并对农村基层组织包括乡村政权组织和党组织，进行一次教育整顿。同时，逐步将村级直接选举推进到乡镇一级。

八、加快推进政府职能转变，重点解决"错位"、"越位"、过度干预微观经济活动问题；改革完善财政体制，改革完善干部政绩考核制度，遏制地方政府盲目投资行为。（一）推进投资体制改革，提高投资宏观调控能力。以改革项目审批制度、缩小政府审批范围、简化审批程序、管好政府投资为核心，真正落实企业投资自主权；制止由政府代替企业投资决策，制止政府盲目投资行为；增强运用法律和经济手段调控全社会投资活动的有效性。（二）深化财政体制改革，加快增值税由生产型改为消费型。鉴于一些地方政府存在依靠多上项目增加地方财政收入的利益驱动，需要重新合理安排中央和地方的财权、事权。重点是提高中央财政用于地方一般性转移支付的比重，并通过增值税转型，理顺中央与地方的财政关系，从利益动机上遏制地方政府盲目投资行为。（三）实行科学的干部政绩考核指标。考核各级领导干部政绩，不仅考核 GDP 指标，还要将能源、原材料消耗水平，环境污染程度，教育、卫生、科技、文化等社会事业发展方面的指标，纳入考核范围。

（2004 年 6 月）

着力解决经济发展中的结构性矛盾

为从根本上消除经济运行中的不稳定、不健康因素，实现国民经济持续快速健康协调发展，需要在深化改革的同时，着力解决经济发展中的结构性矛盾。

一、结构性矛盾是造成经济发展不平衡、不健康的重要原因

（一）产业结构矛盾。突出表现在，农业基础薄弱，重化工业发展过快。一个时期以来，不少地方出现忽视粮食生产的现象，粮食安全受到影响。2003年全国粮食播种面积减少到 14.91 亿亩，比 1998 年减少 2.16 亿亩。2003 年全国粮食产量减少到 8613 亿斤，为上世纪 90 年代以来最低水平；人均占有粮食下降到 667 斤，仅相当于 1975 年的水平。这些原因导致粮食供求关系趋紧。与此同时，钢铁、水泥、电解铝等重化工业投资过度扩张，生产增长过猛。近十年来，我国经济进入重化工业化阶段，重工业快速增长，推动第二产业增加值占 GDP 比重持续上升，2003 年达到 52.3%，比 1993 年上升 4.9 个百分点。优先发展重化工业是发达国家工业化的一般规律。在我国加快推进工业化时期，重化工业适度较快发展有一定的必然性与合理性。但是，过度超常增长违背经济规律。2003 年全国冶金行业固定资产投资增长 87.2%，有色行业投资增长 68.7%，化工行业投资增长 61.3%，分别比全部固定资产投资增幅高出 58.8 个、40.3 个和 32.9 个百分点，非理性过度投资造成产能大量过剩。2003 年，全国钢产量 2.2 亿吨，水泥产量 8.6 亿吨，均为世界第一位，但低端产品比重大，技术含量高的产品十分紧缺。如钢材产品中，线材、螺纹钢等大路货滞销积压，而冷轧薄板、涂层板、镀层板等特种钢材品种一直供不应求。2003

年进口 3700 多万吨钢材中，大部分是国内钢铁企业不能生产的。忽视农业、盲目发展重化工业的倾向，违背了三次产业协调发展规律和我国国情，任其发展下去，必然造成资源配置严重扭曲，最终将延缓工业化、现代化的进程。

（二）城乡结构矛盾。突出表现在，城市建设过度超前，农村发展过于缓慢，城乡差别持续扩大，二元结构没有改变。近年来，在加快推进城镇化过程中，不少地方出现了盲目扩大城市拆迁规模，城市建设摊子铺得过大、建设速度过快、标准过高的偏向。一些大城市塔吊林立，到处建筑工地。尤其是盲目修建大广场、宽马路、高档商场、豪华饭店、中央商务区、会展中心及高档商品住宅等形象工程，郊区大片耕地被征用建造富人别墅、大学城、高尔夫球场等，而危房改造、市政道路、垃圾处理、下水管道等关系群众切身利益的城市基础设施建设欠账很多，普通商品住宅和经济适用住房短缺。有些中小城市以招商引资名义，耗费大量资金建造万人广场、音乐喷泉、主题公园、政府办公大楼，而居民区却垃圾遍地、尘土飞扬。这种脱离国情、脱离大多数人现实需求、脱离周围农村发展的城市建设，远远超越经济社会发展阶段，超越资源承受能力。虽然中央财政特别是国债资金不断增加改善农村生产生活条件的投入，但地方财政资金和民间资本却大量流向城市。2003 年，全社会房地产行业固定资产投资额相当于农林牧渔水利业固定资产投资额的近 10 倍。2004 年上半年，城镇固定资产投资占全社会固定资产投资比例高达 83.7%，农村固定资产投资仅占 16.3%。目前，许多农村地区水、电、道路、通讯等基础设施依然短缺，教育、医疗卫生等公共服务供给严重不足，少数贫困地区生态环境恶劣，甚至不具备起码的生存条件。如果城市建设持续突飞猛进、过度超前，农村经济社会发展长期缓慢，必然加剧城乡发展不均衡矛盾，导致城乡差距越来越大，直接影响全面建设小康社会进程。从国际经验看，凡城市发展脱离农村发展的国家，都不可能真正实现现代化；特别是在农民人口比重大的国家，以牺牲农村发展换取城市发展更是行不通的。

（三）需求结构矛盾。突出表现在，投资与消费增长不协调，农民消费增长缓慢，投资结构不合理。我国最终消费率（最终消费占支出法 GDP 总值比重）一直偏低，而投资率（资本形成总额占支出法 GDP 总值比重）持续偏高。2000－2003 年最终消费率分别为 61.1%、59.8%、58%、55.4%，其主要原因是农民消费比例下降，消费水平提高缓慢。2000－2003 年支出法国内生产总值中，农民消费占全部居民消费比例，分别为 44.8%、44.2%、43.6%、42.4%，分别比城镇居民消费所占比例低 10.4 个、11.6 个、12.8 个、15.2 个百分点。在农民消费需求增长缓慢的同时，社会投资需求增长过猛，投资率不断攀升。2000—2003 年，全社会固定资产投资增长率分别为 10.3%、13%、16.9%、26.7%；推动投资率由 2000 年 36.4% 上升到 2003 年 42.9%，为 1993 年以来最高水平。不仅投资需求膨胀，投资结构不合理更为突出，第一产业投资比例持续低位徘徊并下降。由于社会资金过度投向城市建设和房地产等行业，农村和农业发展投资、教育和卫生等社会事业投资短缺，既造成了大量盲目投资和低水平重复建设，也使得经济发展的薄弱环节难以得到加强。

（四）地区结构矛盾。突出表现在，资金、人才地区分布和流向不合理，东部与中西部经济发展差距继续扩大。一是投资继续向东部地区集中，中西部地区投资比重仍然较低。2003 年，东、中、西部地区固定资产投资额占全国固定资产投资总额的比重分别为 57.8%、23.7%、16.8%，东部地区所占比重高于中西部地区所占比重之和 17.3 个百分点。由于内资和外资主要流向东部经济发达地区，进一步加剧了资金投向不合理。二是人才资源过度向城市和东部地区集中，广大农村和西部地区人才缺乏。主要是来自农村和西部地区的高校毕业生大多不愿回家乡就业；城市和东部地区的高校毕业生和专业技术人才、企业管理人才大多不愿到农村和西部地区工作；归国留学人员大多不愿到农村和西部地区创业。同时，农村和西部地区人才不断外流，"孔雀东南飞"已成趋势。据调查，2001—2002 年北京、上海国家重点大学毕业生，90% 以上选择留在北京、上海或到其他大城市及东部沿海城市工作，选择去西部地区的不到 3%。2003 年对西部某城市高校调查，仅有 6% 的人愿意留在边远地区工作，而高达 81% 的人选择出国、到直辖市、沿海城市或内地省会城市工作。由于各类人才大量涌向城市和东部沿海发达地区，农村和西部地区人才资源越来越稀缺，专业技术人才、企业管理人才严重不足。特别是农村和西部地区教育事业落后，本地难以培养大批所需人才。目前农村中小学教师质量不高、年龄偏大的问题相当普遍，有的农村中学甚至 20 年未分配到 1 名本科毕业的教师！缺乏人才已经成为农业基础薄弱、农村经济和社会发展缓慢、西部开发难度大的重要深层原因，成为统筹城乡发展和地区发展的最大困难。

（五）收入分配结构矛盾。突出表现在，社会成员中高收入与低收入差距过大，少数人采用非法和不正当手段谋取高收入，加剧社会心理失衡。少数人谋取非法高收入的主要手段有："圈地"卖地，低价收购国有企业，违规操纵股市交易，在房地产开发中"空手套白狼"、利用银行巨额贷款谋取暴利，开办"地下钱庄"，在发包建筑工程中索取巨额回扣，走私、偷逃骗税，收受贿赂、贪污腐败。凡此种种，成为社会反映最强烈的问题。例如，一些地方将应该有偿出让的土地变为无偿划拨供地，将应该招标、拍卖、挂牌出让的土地变为协议出让、低价协议出让，少数批租人大肆索取贿赂，国家数百万、数千万甚至上亿元的土地收益流入地产投机商腰包。少数人不择手段侵吞国有资产和国家税收，非法占有大量社会财富，不正常地拉大了社会贫富差距，加剧社会心理不平衡，影响实现社会公平与正义。由分配不公造成的社会成员之间收入差距过大趋势，已成为影响我国经济发展和社会稳定的突出问题。

二、着力解决经济结构性矛盾的基本思路

（一）落实科学发展观，促进一、二、三产业协调发展，均衡推进工业化、城市化、现代化。工业化、城市化是一个长期的历史过程。我国刚进入工业化中期初始阶段，还有很长的路要走。由于现阶段我国农业生产力水平仍然较低，第三产业相对落后，重化工业不应当脱离农业和第三产业单一突飞猛进，必须兼顾并服务于农业和第三产业。新型工业化不是重化工业化，不能过度发展重工业和化学工业。现代化是城市和农村共同现代化，不是单一的城市现代化。应切实改变重化工业脱离农业和第三产业盲目发展、自我循环的状况，切实克服脱离农业和农村、片面发展工业和城市的倾向。城市化既要积极推进，又要循序渐进。不能盲目搞大规模拆迁改造，不能把城市建设摊子铺得太大。应以规模合理、标准适中、适度超前但不过分超前为原则；旧城拆迁改造应量力而行、分阶段实施；应根据不同城市类型，制定不同的城市规划标准。严格遵循经济规律，坚持走工业与农业、重工业与轻工业、城市与农村协调发展的道路，正确发挥工业对农业、城市对农村、工业化对城市化的带动作用。有关部门应对全国大中城市建设规划进行一次重新审查，凡脱离实际、规模过大、标准过高的，应压缩调整。农村城镇化应从实际出发，防止并制止"乡乡建镇"、盲目推进的偏向。坚决实行最严格的耕地保护制度。无论工业化或城镇化，都要走节约土地的路子，十分珍惜和合理利用好每一寸土地。加快建立保

护耕地的长效机制，抓紧建立征地最低价格制度，有效保护土地稀缺资源，保护农民利益。

（二）把扩大消费需求作为促进经济增长的基本立足点，把增加农民收入、提高农民消费能力，作为扩大消费需求的重点。在我国全面建设小康社会、推进工业化和城市化过程中，存在两类国内需求：一类是，以加强农业、改变农村生产生活条件、加强教育和卫生特别是农村教育和卫生等薄弱环节为重点的需求；另一类是，以城市建设为中心、以发展重化工业和房地产业为重点、快速推进城市现代化的需求。正确处理这两类需求的关系，实质是坚持均衡推进现代化，坚持以人为本，坚持给社会绝大多数人带来实惠、满足大多数人利益和需求的问题。只有对这两类需求作出正确选择，才能合理配置资源。一是逐步提高最终消费在国内生产总值中的比重，提高居民消费占最终消费的比重，提高农民消费占居民消费的比重。二是国民收入分配大幅度向"三农"倾斜。在全部取消农业税的基础上，大幅度提高农业支出占财政支出的比重，加大中央财政对农业和农村的转移支付力度。中央和地方财政的教育、卫生、科学、文化支出新增部分主要用于农村，逐步做到用于农村支出比重占到一半以上。国家预算内资金进行的固定资产投资，应主要投向农业和农村。进一步加大扶贫开发投入。三是消除统筹城乡发展的体制性障碍。坚决清理取消农民进城务工的歧视性政策和不合理收费，抓紧建立有利于农村劳动力转移和农民增收的劳动就业制度、户籍管理制度、义务教育制度和税收制度，形成有利于城乡相互促进、共同发展的体制和机制。通过采取综合措施，逐步缩小城乡差别。

（三）加大收入分配调节力度，坚决取缔各种非法收入，有效调节不合理高收入，尽快抑制收入分配差距扩大趋势。一是坚决清理取缔房地产、金融、证券等领域的非法收入，调节不合理的高收入。对依靠"圈地"卖地、利用银行巨额贷款"空手套白狼"谋取的非法收入，应予坚决取缔。对向不法房地产投机商违规提供贷款、靠收取贷款贿赂获得非法收入的，应依法查处。全面清查"地下钱庄"，对从事高息贷款、洗钱、倒卖外汇等违法经营活动谋取的非法收入，应依法查处和取缔。坚决依法查处走私、偷逃骗税、贪污腐败获取的非法收入。对各大城市房地产开发公司的资金来源和经营状况，进行一次全面调查清理。抓紧规范建立股市交易制度和内控机制。二是抓紧规范民航、电力、电信以及其他垄断行业的高收入。国有及国有控股的民航、电力、电信公司，国有商业银行，国有控股的保险、证券、财务公司，职工实际年均工资收入不应过分高于全社会职工实际年均工资收入；其经营者年均实际工资收入不应过分超过本行业职工年均实际工资收入。三是强化税收调节，加强对高收入者个人所得税征管。尽快建立个人所得税征管系统工程，选择符合我国国情的个人所得税制模式。应首先调高个人所得税起征点，并调整级距和税率，以加大对高收入者的调节力度。四是注重对高收入群体进行正确的致富观、财富观教育，加强慈善观念和回报社会的教育。在全社会大力弘扬慈善观念，号召富人关心弱势群体。国家应当支持发展慈善事业，多成立一些慈善机构，给富人提供更多回报社会的机会。中央和地方政府可设立农村扶贫开发慈善基金、农村义务教育慈善基金、农村医疗救助慈善基金，为民营企业家捐资报国创造条件。五是改进并严格执行农民进城务工最低工资制度，完善城市居民最低生活保障制度，加快农村扶贫开发，健全城乡特殊困难群体社会救助制度。

（四）建立引导全社会资金、人才向农业、农村和西部地区流动的体制、机制和政策环境。一是实行富有吸引力的政策措施，鼓励社会资金投向农业、农村和西部地区。凡投资绿色农业、出口农业、农业产业化、农村基础设施、农村基础教育和公共卫生事业的企业，特别是投资西部地区上述领域的企业，应给予税收优惠政策。二是实行更大力度、更有弹性的人才"下乡"和"西进"政策。全面建设小康社会，人才资源是第一资源。实施人才强国战略，关键强农村、强西部地区。应在总结"青年志愿者服务"活动经验的基础上，鼓励高校毕业生从事农村和西部地区基础教育工作。对去农村担任中小学教师特别是去西部地区农村担任中小学教师的高校毕业生，可实行定期志愿服务；根据服务时间长短和服务地区艰苦程度，确定优惠政策和待遇。比如，对到西部贫困地区担任中小学教师的高校毕业生，应提供政府特殊津贴；服务期结束返回城市时，应由国家有关部门帮助推荐联系工作单位；对在农村从事基础教育工作5年以上的志愿者，返城工作时可由国家给予一次性购房补助资金。对来自农村和西部地区并自愿返回家乡或到其他艰苦地区工作的高校毕业生，可由当地政府给予适当就业补助金。应建立中央国家机关干部轮流到西部地区任职、中央和省级党政机关干部轮流到县、乡基层任职的制度。对到农村和西部地区创业的民营企业家、科技人员、归国留学人员，只要所办企业符合国家产业政策，应给予税收优惠，并提供土地、能源、交通等便利。三是积极发展农民教育培训组织，加强农民干部培训和农业技术教育，培养大批农村管理人才和农业技术人才。应由国家教育部门、农业部门、共青团组织和地方政府一道，在中西部地区或农业大省，设立若干所乡村教育学院、农民实用技术教育学院，专门培训农村干部、农业技术人员、农业产业化龙头企业经营管理人员，培养大批农村社会管理人才、技术人才和致富带头人。四是长期开展面向农村的教育、医疗卫生义务服务。应由国家有关部门和群众团体，组织农村义务教育服务团、农村医疗和公共卫生义务服务队，由城市中小学和市级以上医院轮流选派有经验的教师、医生到农村和贫困地区短期服务，并负责培训乡村教师和医生。经过不懈努力，帮助广大农村培养建立一支长期为农民服务的教师和医生队伍。

（2005 年 3 月）

1996－2005 十年消费率、储蓄率和投资率分析

一、1996－2005 十年居民消费率特别是农民消费率下降、偏低

表1：1996－2005 年居民消费率

年 份	居民消费率	农村居民消费率	城镇居民消费率
1996	47.7	19.5	28.1
1997	46.7	18.4	28.3
1998	46.4	17.1	29.3
1999	46.7	16.2	30.4
2000	46.2	15.2	30.9
2001	44.8	14.4	30.4
2002	43.6	13.5	30.1
2003	41.8	12.0	29.8
2004	39.9	10.9	28.9
2005	38.7	10.3	28.3

表2：1981－1990 年居民消费率

年 份	居民消费率	农村居民消费率	城镇居民消费率
1981	53.7	32.7	20.9
1982	54.5	33.5	20.9
1983	54.1	33.7	20.4
1984	51.9	32.0	19.8
1985	51.9	31.1	20.8
1986	51.6	29.7	21.8
1987	50.8	28.4	22.3
1988	52.3	27.7	24.5
1989	51.8	26.7	25.1
1990	50.6	25.0	25.5

资料来源:《2006 年中国统计年鉴》

由表 1、2 看出，1996—2005 年，居民消费率（居民消费占支出法 GDP 比重）由 47.7%下降到 38.7%，10 年下降 9 个百分点；与 1981—1990 年居民消费率平均 52.3%相比，下降 8.1 个百分点。居民消费是最终消费的主体，居民消费率下降决定了最终消费率的下降。特别是，近十年我国农村居民消费率（农村居民消费占支出法 GDP 比重）、农村居民消费占全部居民消费比重下降过快、明显偏低。1996—2005 年，农村居民消费率依次为 19.5%、18.4%、17.1%、16.2%、15.2%、14.4%、13.5%、12%、10.9%、10.3%，2005 年比 1996 年下降 9.2 个百分点；与 1981—1990 年农村居民消费率平均 30%相比，近 10 年下降 15.3 个百分点。与此同时,农村居民消费占全部居民消费的比重，1996—2005 年依次为：41%、39.5%、36.9%、34.8%、33%、32.1%、31%、28.7%、27.5%、26.8%；而 1981—1990 年依次为：61%、61.6%、62.2%、61.8%、59.9%、57.7%、56%、53%、51.6%、49.6%。

深入分析，1996—2005 这 10 年随着我国城镇化加快推进，农村人口减少，农村居民消费率和消费比重下降，有正常、合理的因素；问题在于，农村居民消费率和消费比重下降过快、比重过低，这是不正常、不合理的；农村人口仍占我国人口的大多数，农村居民消费率下降是造成居民消费率下降的主要原因。这表明，近 10 年我国消费需求对经济增长的拉动力不强，主要是农民消费需求的拉动力不强；其根源在于农民收入总体上增长缓慢，缺乏消费能力。

二、90 年代以来我国消费率明显低于世界许多国家

表 3：1990—2003 年最终消费率的国际比较

国家和地区	1990	1999	2000	2001	2002	2003
世界平均	76.8	77.7	77.7	78.7	79.1	
低收入国家	82.4	81.7	80.3	80.5	80.2	79.7
中等收入国家	73.4	74.5	73.5	73.9	72.6	71.7
高收入国家	77.3	78.2	78.4	79.5	80.3	

资料来源:1991—2004 年《国际统计年鉴》

表 3 显示，1990—2003 年，我国最终消费率不仅大大低于世界平均水平和高收入国家，也明显低于中等收入国家和低收入国家。2003 年我国最终消费率 56.8%，分别比低收入国家和中等收入国家 2003 年水平低 22.9 个、14.9 个百分点；比 2002 年世界平均水平低 22.3 个百分点。

表 4：我国与部分发展中国家居民消费率和政府消费率比较

国家	消费率	1990	2000	2001	2002	2003
印度	居民消费率	68	65	65	64	64
	政府消费率	12	13	12	13	11
韩国	居民消费率	51	54	55	56	54
	政府消费率	12	12	13	13	13
墨西哥	居民消费率	70	67	70	69	69
	政府消费率	8	11	12	12	13
中国	居民消费率	49	46	45	44	42
	政府消费率	14	16	16	16	15

资料来源：1991－2004 年《国际统计年鉴》

从表 4 看出，与发展中国家相比，我国居民消费率明显偏低，而且 2000 年以来持续下降，但政府消费率偏高。以表中截止到 2003 年的数据，2003 年，我国居民消费率 42%，分别比斯里兰卡、墨西哥、印度、韩国低 34 个、27 个、22 个和 12 个百分点；我国政府消费率 15%，分别比上述四个国家高 7 个、2 个、4 个、2 个百分点。

三、1996－2005 年我国消费对经济增长的贡献率总体下降、拉动减弱

表 5：1996－2005 年消费、投资、净出口对 GDP 增长的贡献率和拉动

年份	GDP 增长率%	最终消费		资本形成总额		货物和服务净出口	
		贡献率%	拉动百分点	贡献率%	拉动百分点	贡献率%	拉动百分点
1996	10.0	60.1	6.0	34.3	3.4	5.6	0.6
1997	9.3	37.0	3.4	-7.4	-0.7	70.4	6.5
1998	7.8	57.1	4.4	29.3	2.3	13.6	1.1
1999	7.6	76.8	5.8	52.8	4.0	-29.6	-2.2
2000	8.4	63.8	5.4	21.7	1.8	14.4	1.2
2001	8.3	50.0	4.1	50.1	4.2	-0.1	0.0
2002	9.1	43.6	4.0	48.8	4.4	7.6	0.7
2003	10.0	35.3	3.5	63.7	6.4	1.0	0.1
2004	10.1	38.7	3.9	55.3	5.6	6.1	0.6
2005	10.2	36.1	3.7	38.1	3.9	25.8	2.6

资料来源：《2006 年中国统计年鉴》

表 5 显示，1996－2005 的 10 年，三大需求对经济增长的贡献率、拉动的变化趋势是：最终消费的贡献率、拉动明显下降、减弱；1996 年－2005 年，最终消费对 GDP 增长的贡献率从 60.1%下降到 36.1%，降低 24 个百分点；对经

济增长的拉动从 6 个百分点下降到 3.7 个百分点，降低 2.3 个百分点。同时，资本形成（主要是投资）的贡献率、拉动明显上升、增强；净出口的贡献率、拉动则很不稳定，忽高忽低。这表明宏观经济结构失衡，经济增长方式不合理。

四、1996—2005 年我国储蓄率明显偏高

20 世纪 90 年代以来，我国国民储蓄率（国民储蓄占国民可支配收入的比重）持续偏高。伴随经济持续快速增长，国民可支配收入不断增多，每年有40% 左右的收入变成了储蓄；居民储蓄率（居民储蓄占居民可支配收入的比重）、政府储蓄率（政府储蓄占政府可支配收入的比重）也明显偏高；近三分之一的居民可支配收入和政府可支配收入变成了储蓄存款。这说明：第一，居民即期消费不足，消费需求没有随着经济快速增长同步增长；特别是城乡居民收入增加没有相应带来消费扩大；第二，政府公共支出不足，社会管理和公共服务职能弱化，与人民生活密切相关的社会公益事业发展滞后。从国际比较看，我国国内储蓄率（国民储蓄率可以代表国内储蓄率）不仅明显高于世界平均水平，也远高于中低收入国家水平，这是造成我国消费率偏低的直接原因。特别是城乡居民储蓄结构严重失衡。1996 年到 2004 年，城乡居民储蓄存款余额中，城镇居民储蓄比重一直占 80% 以上，呈不断上升趋势；农村居民储蓄比重不到 20%，呈持续下降趋势。这说明，近 10 年我国居民储蓄大幅增加主要是城镇居民储蓄大幅增加，农村居民储蓄增长缓慢、比重很低。

表 6：1992—2002 年我国国民储蓄率、居民储蓄率、政府储蓄率

年份	国民储蓄率	居民储蓄率	政府储蓄率
1992	40.3	31.1	31.0
1993	41.7	29.9	32.4
1994	42.7	32.6	29.0
1995	41.6	30.0	29.6
1996	40.3	30.8	31.7
1997	40.8	30.5	32.3
1998	40.0	29.9	30.0
1999	38.6	27.6	31.0
2000	38.5	25.5	32.5
2001	38.9	25.4	35.9
2002	40.2	28.6	35.3

注:1)资料来源:根据 1993—2005 年《中国统计年鉴》等资料测算;

2)因现有数据截止到 2002 年,因此选取 1992—2002 年数据作趋势分析。

表7：1990—2004 年世界不同收入国家的国内储蓄率

国内储蓄占 GDP 的比例	1990 年	2004 年
世界平均	22	20
低收入国家	18	22
中等收入国家	26	28
高收入国家	22	19

资料来源：世界银行《2005 年世界发展数据库》。

五、1996—2005 年我国投资率明显偏高

1996—2005 年，我国资本形成率（资本形成总额占 GDP 比例即投资率）依次为 38.8%、36.7%、36.2%、36.2%、35.3%、36.5%、37.9%、41%、43.2%、42.6%，呈现持续偏高、总体上升的趋势。这一方面说明，近 10 年在我国工业化、城镇化加快推进阶段，固定资产投资是拉动经济增长的主要力量；另一方面说明，近几年我国投资规模偏大，投资增长速度过快，投资挤占消费，导致投资消费关系失衡。

表8：1990 年以来资本形成率（投资率）国际比较

国家和地区	1990	2000	2001	2002	2003
世界平均投资率	23.4	22.4	21.4	20.7	
低收入国家投资率	21.0	21.2	21.4	21.9	22.7
中等收入国家投资率	25.6	24.4	24.4	24.5	25.3
高收入国家投资率	25.0	24.3	20.5	18.9	18.2

资料来源：1991—2004 年《国际统计年鉴》

表 8 显示，从国际比较看，我国投资率不仅大大高于高收入国家，也大大高于低收入和中等收入国家。

六、主要结论

（一）1996—2005 年，投资需求一直是我国经济增长的主要动力；由于投资率偏高、消费率偏低，经济增长过度依靠投资拉动。在目前我国工业化、城市化快速推进的发展阶段，投资适度较快增长、投资率适度偏高是必要的、符合经济规律。问题是，相对于现阶段有最终需求支持的投资需求和有支付能力的消费需求，近 10 年我国投资率过于偏高，远远超过世界主要发达国家和相同水平发展中国家；同时，近几年工业投资尤其是重化工业投资、房地产投资

增长过快，大大超过消费增长速度；投资结构不尽合理；导致重化工业生产与投资相互推动，一些城市建设过度超前，部分行业产能包括部分基础设施过大、过剩。这是当前我国经济结构诸多矛盾中的主要矛盾。调整投资消费关系已经成为结构调整的突出紧迫任务。

（二）1996—2005 年我国高投资率是在国内高储蓄率支持下实现的。这是一把"双刃剑"：储蓄支撑投资，高储蓄率为经济持续快速增长提供了资金条件；同时，投资挤占消费，引发了一系列深层次结构性矛盾。过高的国内储蓄率为过大规模的固定资产投资提供了充足资金来源；过度的工业投资造成了庞大的工业生产能力；消费品市场持续、全面地供大于求；国内城市市场基本饱和、增长潜力有限；农村市场受到收入制约、增长缓慢；消费品生产过度依靠出口拉动；出口持续高速增长带来贸易和国际收支"双顺差"日益增大；外汇储备超常增长，为阻止人民币过快升值，中央银行被迫发行大量基础货币购买外汇，同时发行大量票据对冲人民币占款；乘数效应致使银行体系流动性严重过剩；推动资产价格过快上涨；这是造成当前我国经济社会生活中诸多矛盾和问题的重要深层原因。

（三）中国经济增长已经到了更多依靠扩大国内消费拉动的发展阶段。必须把保持经济长期平稳快速发展的基本立足点转到扩大国内消费上来，切实提高消费率、降低投资率。一方面要保持投资适度增长和外贸出口持续增长，特别要保持经过多年努力争取到的国际市场份额；另一方面，必须把扩大消费放在更加突出的位置。要把扩大有支付能力的国内最终需求，作为经济增长的基本立足点；把增加城乡居民收入特别是增加农民收入、扩大城乡居民消费特别是扩大农民消费，作为扩大国内最终需求的基本立足点；"十一五"期间，力争最终消费占国内生产总值比重、居民消费占最终消费比重、农民消费占居民消费比重，逐年有所提高，逐步扭转消费偏低的格局。

（2006 年 3 月）

1996 – 2005 十年投资结构分析

一、1996－2005 十年国有投资比重下降，非国有投资比重上升，加快投资主体多元化

表1：1996－2005 年国有经济、非国有经济投资的比重

年份	国有经济占全社会固定资产投资比重%	非国有经济占全社会固定资产投资比重%
1996	52.4	47.6
1997	52.5	47.5
1998	54.1	45.9
1999	53.4	46.6
2000	50.1	49.9
2001	47.3	52.7
2002	43.4	56.6
2003	39.0	61.0
2004	35.5	64.5
2005	33.4	66.6

资料来源：《2006 中国统计年鉴》

从表1看出，1996－2005 的 10 年，随着我国市场化进程加快，以国有经济投资为主体的投资结构逐步发生变化。2005 年与 1996 年相比，在全社会固定资产投资中，国有投资比重从 52.4%下降到 33.4%，非国有投资比重从 47.6%上升到 66.6%，分别降低、上升 19 个百分点。投资所有制结构的变化，反映了我国多种所有制经济共同发展、投资主体多元化的现实；同时，反映了国有经济战略性调整取得重要进展，国有投资在一些非关键领域主动退出，但在关系国民经济命脉的重要产业仍占据主导地位。从全局看，非国有经济投资

比重快速上升，表明市场配置资源的基础性作用明显增强，这是投资结构发生的重要积极变化。

二、1996—2005 十年在全社会固定资产投资资金来源中，自筹和其他资金比重大幅上升，国家预算内资金等比重下降，资金来源多元化

表2：1996—2005 年固定资产投资资金来源结构（单位：%）

年份	国家预算内资金	国内贷款	利用外资	自筹和其它资金
1996	2.7	19.6	11.8	66.0
1997	2.8	18.9	10.6	67.7
1998	4.2	19.3	9.1	67.4
1999	6.2	19.2	6.7	67.8
2000	6.4	20.3	5.1	68.2
2001	6.7	19.1	4.6	69.6
2002	7.0	19.7	4.6	68.7
2003	4.6	20.5	4.4	70.5
2004	4.4	18.5	4.4	72.7
2005	4.4	17.3	4.2	74.1

资料来源:《2006 中国统计年鉴》

表2 显示，1996—2005 的 10 年自筹和其他资金、国内贷款是我国固定资产投资的主要资金来源，两项之和一直占全部资金来源的 85% 以上，近三年高达 90% 以上，尤其是自筹和其他资金比重大幅上升。这说明了两个问题：一是随着投资主体日益多元化，特别是非公有制经济迅速发展，民营资本成为投资资金的重要来源；二是国内高储蓄率支持了投资高速增长。近 10 年我国国内储蓄率一直在 40% 左右，比世界平均水平高出近 20 个百分点，大量居民储蓄转化为投资资金。这是投资结构发生的又一个重要积极变化。

三、近十年我国城镇投资增长过快，农村投资增长缓慢，城乡投资结构失衡

表3：1996—2005年城镇投资、农村投资占全社会固定资产投资的比重

年份	城镇投资占全社会固定资产投资比重%	农村投资占全社会固定资产投资比重%
1996	76.7	23.3
1997	77.0	23.0
1998	79.2	20.8
1999	79.5	20.5
2000	79.7	20.3
2001	80.6	19.4
2002	81.6	18.4
2003	82.4	17.6
2004	83.8	16.2
2005	84.6	15.4

数据来源：《2006中国统计年鉴》

由表3看出，1996—2005的10年，在全社会固定资产投资中，城镇投资比重保持在76%以上并不断上升，农村投资比重一直在24%以下并持续下降。2005年与1996年相比，城镇投资和农村投资比重分别上升、下降了7.9个百分点。1996—2005年，全社会固定资产投资总额从2.3万亿元增加到8.9万亿元；其中，城镇投资额从1.8万亿元增加到7.5万亿元，农村投资额从0.5万亿元增加到1.4万亿元。这就是说，近10年新增加的6.6万亿元全社会固定资产投资额中，城镇投资增加5.7万亿元，占86%，平均每年增加5700亿元；农村投资增加0.9万亿元，占14%，平均每年仅增加900亿元；每年城镇新增投资是农村新增投资的6.3倍。显然，无论投资比重或新增投资，城镇与农村的差距都过大。虽然近几年国家对"三农"的投资不断增加，但仍未改变城乡投资差距过大的格局。由此可见，近10年，我国投资增长过快主要是城镇投资增长过快；投资规模过大主要是城镇投资规模过大；投资率过高主要是城镇投资率过高。客观地看，在目前我国加快推进工业化、城镇化的阶段，城镇投资增长速度快一些、规模适度大一些是正常、合理的；问题在于，城镇投资增长过快、规模过大，尤其是许多城市拆迁规模过大、建设标准过高，大量投资

用于建设宽马路、大广场、豪华饭店、高级写字楼、高档商品房等，而改善人民生活的投资如经济适用住房、廉租房等相对不足。特别是农村投资额过低，基础设施短缺，社会事业发展滞后，城乡公共服务差别扩大。由此可见，城市建设过于超前，农村发展过于缓慢，是我国投资结构不合理的一个突出表现。同时，过度的城市投资也是造成宏观经济领域投资与消费关系失衡、消费受到挤压的直接原因，近10年城市消费的增长远远低于投资的增长。

四、1996—2005十年东部地区投资额、投资比重远远超过中西部地区，地区投资结构失衡

表4：1996—2005年东、中、西部地区的投资额与投资比重

年份	东、中、西部地区固定资产投资额（亿元）			东、中、西部地区固定资产投资比重（%）		
	东部	中部	西部	东部	中部	西部
1996	14204.9	4829.3	3231.3	63.8	21.7	14.5
1997	15190.9	5315.5	3665.3	62.9	22.0	15.2
1998	16884.5	6023.3	4532.0	61.5	22.0	16.5
1999	17856.9	6217.1	4894.7	61.6	21.5	16.9
2000	19362.9	7033.5	5500.3	60.7	22.1	17.2
2001	21580.2	8059.0	6452.8	59.8	22.3	17.9
2002	24983.6	9336.2	7715.3	59.4	22.2	18.4
2003	33113.5	11620.7	9870.1	60.6	21.3	18.1
2004	41558.6	15129.0	12607.3	60.0	21.8	18.2
2005	51165.8	19623.9	16306.0	58.8	22.6	18.7

资料来源:《2006中国统计年鉴》

　　表4显示，1996—2005这10年，从投资额看，东部地区迅猛上升，年度投资额大大超过中部和西部地区投资额的总和；从投资比重看，西部地区不断上升，中部地区上升很小，而东部地区则持续超过中部和西部地区的总和。投资地区分布不平衡反映了三个问题：一是东部地区投资需求旺盛。由于沿海地区率先对外开放创造了有利的投资环境，特别是民营资本快速发展，与工业化、城镇化相互推动；大量外资进入加工贸易领域，加工制造业投资大幅增

加；这是东部地区投资额大、投资比重高的主要原因。二是中、西部地区投资
增长缓慢。主要是投资环境与东部地区差距很大，吸引外资和内资的能力都
不强。1999 年实施西部大开发战略、2004 年实施促进中部崛起战略以来，
虽然西部、中部地区投资增长明显加快，但由于基数过低，新增投资额和投
资比重仍无法与东部地区相比。三是投资区域结构失衡是造成地区经济发展
差距的重要原因。东、中、西部之间固定资产投资的差距，不仅直接拉大了
当前地区发展差距，而且即期投资形成的未来生产能力，可能进一步拉大未来
的发展差距。

五、1996—2005 十年重化工业投资、房地产投资增长过快、比重偏高；农业、服务业投资增长缓慢、比重过低，产业投资结构失衡

表 5：1996—2005 年第一、二、三产业的投资比重

年份	全社会固定资产投资额（亿元）	第一产业投资额占全社会固定资产投资额比重%	第二产业投资额占全社会固定资产投资额比重%	第三产业投资额占全社会固定资产投资额比重%
1996	22913.6	3.6	40.6	55.8
1997	24941.1	3.7	38.9	57.4
1998	28406.2	3.5	34.4	62.1
1999	29854.7	3.7	32.9	63.4
2000	32917.7	3.8	34.0	62.2
2001	37213.5	3.8	32.6	63.6
2002	43499.9	3.9	33.8	62.3
2003	55566.6	3.0	38.4	58.6
2004	70477.4	2.7	40.8	56.5
2005	88773.6	2.6	43.8	53.6

资料来源:《2006 中国统计年鉴》

表6：1996—2005年制造业、房地产业的投资比重

年份	制造业投资额占第二产业投资额比重%	房地产业投资额占第三产业投资额比重%
1996	63.5	26.9
1997	58.8	24.0
1998	56.7	22.1
1999	53.7	22.9
2000	52.7	25.4
2001	60.6	28.1
2002	63.6	30.1
2003	68.8	40.4
2004	68.2	41.9
2005	68.4	41.0

资料来源：《2006中国统计年鉴》

从表5、6看出，（1）近10年按三次产业划分的全社会固定资产投资中，第一产业即农业的投资比重过低，一直在4%以下；比第二产业、第三产业的投资比重低30多个、50多个百分点。这是农业生产条件改善缓慢、农村基础设施建设和社会事业发展滞后的重要原因。（2）重化工业快速增长推动工业化进程加速，出口快速增长拉动制造业投资需求扩大，2003年以来第二产业投资比重快速上升，其中制造业投资增长最快。2003—2005年，制造业投资增长39%、36.3%、38.6%，分别比全社会固定资产投资快10.6个、10.5个、12.9个百分点；2005年在制造业30个行业中，有21个行业投资增幅30%以上；14个行业40%以上；10个行业50%以上。（3）第三产业投资比重领先，主要是房地产开发投资增长过快、比重过高。2003—2005年，房地产开发投资分别增长29.7%、28.1%、19.8%，虽然2005年在宏观调控作用下增幅回落，但在第三产业投资中的比重仍高达41%。与此同时，与人民生活和扩大消费关系密切的服务业投资增长缓慢。2004—2005年，全社会固定资产投资中，信息传输、计算机服务和软件业投资分别下降2.5%、5.8%；水利管理业投资仅增长4.1%、9.2%；金融业投资仅增长3.9%、5.6%；公共管理和社会组织投资仅增长11%、12.2%。这些数字说明第三产业内部投资结构不尽合理。

六、1996—2005 十年全社会固定资产投资中，基本建设投资增长偏快、比重偏高；更新改造投资增长较慢、比重偏低；经济增长过度依靠扩大投资规模

表 7：1994—2003 年基本建设、更新改造投资的比重

年份	基本建设投资额（亿元）	更新改造投资额（亿元）	基本建设投资占全社会固定资产投资比重（%）	更新改造投资占全社会固定资产投资比重（%）
1994	6436.7	2918.6	37.8	17.1
1995	7403.6	3299.4	37.0	16.5
1996	8570.8	3615.0	37.4	15.8
1997	9917.0	3921.9	39.8	15.7
1998	11916.4	4516.8	42.0	15.9
1999	12455.3	4485.1	41.7	15.0
2000	13427.3	5107.6	40.8	15.5
2001	14820.1	5923.8	39.8	15.9
2002	17666.6	6750.6	40.6	15.5
2003	22908.6	8624.9	41.2	15.5

资料来源：《2006 中国统计年鉴》

由表 7 看到，从 1994 年到 2003 年，在全社会固定资产投资中，基本建设投资比重一直占 40%左右，更新改造投资比重仅占 15%左右；投资主要用于外延扩大再生产，较少用于内涵扩大再生产；经济增长主要依靠多上新项目、扩大投资规模，较少依靠现有企业技术改造。虽然基本建设和更新改造统计从 2004 年停用，但这些动态数字反映了投资增长的轨迹。

七、主要结论与政策取向

（一）1995—2005 这 10 年我国投资结构出现一些积极变化，用于"三农"、社会事业和中西部地区的投资明显增多。投资主体多元化、资金来源多元化是投资体制发生的最突出的积极变化。这使得市场配置资源的基础性作用增强，市场对投资主体的约束力增强。近几年，国家更加重视并不断加大农业农村、教育、科技、卫生、环保、资源节约等薄弱环节和西部、中部地区的投资力度，推动投资结构逐步朝着合理方向发展。特别是去年，中央作出了把国家基础设施建设的重点放到农村的重大决策，这将对改善投资结构产生长期深

刻的影响。

（二）1995—2005 这 10 年我国投资结构存在明显失衡。突出表现为：重化工业、房地产业投资增长过快，农业、服务业投资增长过慢；城市投资增长过快，农村投资增长过慢；新上项目投资增长过快，现有企业技术改造投资增长过慢。同时，东部地区投资规模过大，中西部地区投资总量偏小，区域优势未能得到充分发挥。

（三）主要运用市场手段调整、优化投资结构，正确发挥政府投资的引导作用。总的思路要"扬短抑长"，即重点控制"长线"投资、加强"短线"投资。继续严把土地、信贷闸门和市场准入门槛，充分运用贴息、税收、价格等经济杠杆引导社会资金投向，合理控制钢铁等重化工业、房地产业投资增长，合理控制城市建设规模特别是拆迁规模，合理控制新上项目。要抓住近几年国家财政增收较多的有利时机，中央和地方财政都尽可能多增加一些用于加强薄弱环节的建设性投资。当前和今后一个时期，国债资金和中央预算内投资，要重点用于农业农村、节能环保、服务业和中西部地区，加快改善农业生产条件，发展现代农业；加快农村基础设施建设和教育、卫生事业发展；降低能源资源消耗、减少污染排放；加强技术改造和自主创新；促进区域协调发展。

（四）加快深化改革，确立企业投资主体地位，提高投资效益。加大力度推进财政、投资体制改革，推进政企分开，坚决改变政府直接或间接干预企业投资决策、投资预算软约束、投资效果差的状况，真正使各类企业成为投资主体。通过加大中央财政转移支付力度、开征地方税种、强化地方预算硬约束等，从根本上解决地方政府投资冲动的问题。建立政府投资效果考核制和投资决策问责制，对投资决策失误造成的损失要追究责任。

（2006 年 5 月）

警惕防范境外投机资本进入操纵我国股市

一、境外投机资本"坐庄"操纵是造成我国股市大涨大跌的重要原因

2006 年 5 月下旬沪深股指大幅攀升，新入市股民数量激增，过度投机导致股市风险加剧。在此情况下，5 月 30 日财政部将股票交易印花税税率由 1‰提高到 3‰，这项旨在抑制股市过度投机的调控措施，却出乎意料地引发了股市急剧震荡，当天上证指数下挫 281 点，盘中跌停个股超过 800 家；6 月 4 日，沪深两市超过 1300 只个股下跌，其中 1000 只股票跌幅超过 9%，只有 25 只上涨，单日下跌 330.34 点，创下历史最高记录。值得关注的是，在流动性过剩的宏观背景下，以境外投机资本为主导的市场投机力量，大搞内幕交易，"坐庄"操纵股市，对抗宏观调控，破坏市场稳定，这是造成股市大起大落的根本原因。在当前形势下，为促进股市平稳健康发展，必须坚决打击以境外投机资本为主导的市场投机力量。

二、境外投机资本进入我国股市的主要渠道

1.利用"地下钱庄"进入股市。这是最主要、最复杂的一条渠道，也是被其视为最专业、最快捷的渠道。据某证券公司透露，江苏某家金融机构负责人，曾经"成功操作"了帮助境外十几亿美元投机资金进入中国境内再进入股市，其中，最快的操作是，将一笔 2000 万美元的投机资金仅用 6 天时间就通过"地下钱庄"打入国内指定账户。具体操作手段：一是在国内寻找愿意配合其做"假贸易（即假出口、假进口）"的公司；二是寻找对"外资（即投机资本）"进帐可以"宽以相待"的银行分行、支行；三是寻找对外商投资审查不

严、甚至能够包庇"假投资"的经济开发区。据介绍，以前境外资金大多借道香港入境，现在大多借道台湾进入内地，目前台湾地区有2000家"地下钱庄"。江苏某家金融机构就是通过台湾"地下钱庄"将境外资金引入内地的。2.利用外商直接投资进入股市。投机资本打着外商投资幌子，通过提前注资、增资或虚假投资等方式，进入境内关联企业或转化为人民币存款，直接进入股市。3.利用短期外债进入股市。跨国公司境外关联企业以垫款、内部往来、预收货款等形式，为境内关联企业提供融资支持。由于对外债结汇人民币资金的流动缺乏监管措施，一些外债结汇后改变用途进入股市，这是我国短期外债余额比重大幅上升的重要原因。截至2006底，我国短期外债余额已达1836亿美元，占全部外债余额的56.9%，远远超过了25%的国际警戒线。4.利用预收、延付货款进入股市。预收、延付货款属于贸易融资范畴，兼具经常项目和资本项目双重特征。在实际操作中，由于资金流和物流不匹配，而现行外汇管理对预收、延付货款的规定较松。因此，许多境外投机资金通过虚假贸易，以预收货款形式分批汇入我国境内进入股市。包括企业无出口或出口较少，预收货款却大量增加；企业预收货款收汇、结汇后长期周转使用；推迟付汇、少付汇或不付汇；低报进口价格、高报出口价格。5.利用非贸易渠道进入股市。近几年，随着居民个人和非居民个人项下因私外汇收入大幅增长，部分投机资本以个人外汇的名义流入境内进入股市。一是以无偿转让和各类资本撤回等个人名义流入的外汇资金增长很快。2006年我国个人净结汇已占到外汇储备新增额的20%。其中不少贸易、资本项下经营性资金也混入个人项下进入境内股市。二是部分非居民个人在境外收汇并结汇后，有的直接转为人民币定期存款，有的则直接投资股票市场。6.非法携带外币现钞入境进入股市。一些国内外企业或个人利用边境口岸人员来往频繁、检查措施不严格，向境内转移套利资金。在实际操作中，资金来源证明一般均为亲友或朋友赠款，银行很难审核其真实性。7.通过银行离岸业务头寸与在岸业务头寸混用进入股市。银行混用离岸与在岸业务头寸（同时还有拆入资金）可以扩大放贷能力，并为境外资金迂回转移境内进入股市提供了间接通道。8.利用关联交易进入股市。跨国公司境外关联企业以垫付形式向境内企业提供资金支持，如垫付培训费、研发费、代摊费用；推迟或暂时不向母公司汇回投资利润等。由于大量应付款并未付出，等于这些资金流入境内。调查表明，通过以上途径进入我国股市的境外投机资金，主要来源于国际上一些大的对冲基金，特别是美国和日本的顶级对冲基金。

三、境外投机资本操纵我国股市的危害性

一是严重扭曲了人民币资产价格，造成股价虚高与房地产价格过快上涨，成为推动通货膨胀的重要因素。从国际上看，资产价格过快上涨必然导致经济大起大落。以日本为例，1985 年之后，国外资本大量流入，致使股市和房地产价格大幅攀升；仅 1987－1988 年一年间，日经指数就从 17000 点上涨至 30000 点，东京地产价格更是离奇虚高，由此日本经济坠入低迷。这一教训给我国提供了前车之鉴。二是进一步加剧流动性过剩。境外投机资本通过多种渠道输入了大量流动性，加大银行非理性信贷行为、投资人非理性贷款和投资行为，加剧了信贷膨胀，使治理流动性过剩雪上加霜；特别是大量外币进入境内并通过多种手段转化为人民币，加大人民币升值压力，直接减弱了中央银行运用货币政策工具对冲、吸收流动性的效果。三是对社会稳定造成危害。境外投机资本通过抬高股市指数，吸引大量风险承担能力较低的高校学生、下岗工人、退休职工进入股市，尤其是一些人将房产抵押获得的资金用于炒做股票，一旦股市暴跌，这些人损失惨重，很容易酿成社会问题。

四、宏观政策取向

第一，严厉打击股市内幕交易，加重处罚力度。特别要严厉打击通过各种虚假投资、虚假贸易和非正常关联交易进入股市的境外投机资金，严格审计查处证券、基金公司违规操作行为，严格审查证券公司为大额客户提供的大批量资金配置帐户，严格监控股市大额资金短期频繁交易的行为，坚决打击"老鼠仓"和操纵股票价格。对散布虚假信息、搞内幕交易的犯罪行为，要更严格、更深入、更大范围、更大张旗鼓地坚决查处，一经查出公开宣布、从重惩处。第二，加大对境外投机资本监管，严堵进入我国股市渠道。严格监控跨境资金大规模流动，重点监控国际大型对冲基金通过虚假投资流入股市。跟踪调查一些经济开发区的外商投资企业是否真实，外商投资资金是否真正按期到位；严控跟随 QFII 进入股市的境外投机资金，严控其通过国内上市公司特别是国有企业上市公司进入股市。第三，严厉打击"地下钱庄"违法行为，严控通过

"地下钱庄"进入股市的境外投机资金。尽快对"地下钱庄"进行全面清查，对属于合法性质的民间融资机构要给予其合法地位，对专门为境外投机资金进入我国提供渠道的"地下钱庄"坚决取缔。第四，严厉打击利用虚假贸易进行非法外汇交易的行为，严防投机资金假借个人外汇渠道进入股市。加强对贸易外汇的真实性管理，加强对无真实交易背景资金流入检查，跟踪调查高报出口价格，低报进口价格的虚假贸易。引导外汇指定银行切实履行代位监管职责，加强收汇、结汇真实性审核，坚持大额和可疑外汇资金交易报告制度，跟踪核查异常外汇资金交易，依法打击套汇、套利投机行为。规范管理个人外汇资金流动和结售汇，引导私人外汇资金在可控渠道内流动。第五，建立监控、打击境外投机资金进入股市的部门联动应急机制。商务部门加强对外商直接投资引导和把关；工商部门加强对外商投资企业注册资本审查和验收，从源头上杜绝虚假外资流入；海关加强对企业进出口贸易价格真实性审核；税务部门加强对非贸易项下、资本项下以及现金交易的稽查。有关部门在出台股市调控政策之前，充分沟通协商，对市场披露信息口径一致。如果市场出现突发异常波动，应借鉴发达国家做法，启动紧急应急机制，防止"羊群效应"。第六，建立健全对境外投机资金流入国内股市的统计监测体系。充分利用国际收支统计申报系统、结售汇统计系统以及股市统计报表等信息，设计切实可行的监测方案和监测指标，定期监测个人外汇结汇资金流动情况，分析流量和趋势；重点加强对银行、证券公司本外币业务的监测，特别关注境外大额外汇资金直接进入国内股市保证金账户。加强完善证券监管部门内部监督机制，增强透明度。

（2006 年 7 月）

非公有制经济发展中存在的主要问题

一、思想观念问题

一是把发展公有制经济同发展个体、私营等非公有制经济对立起来，"恐私"、"排私"的观念没有清除。虽然党的十六大明确提出必须"两个毫不动摇"，但在一些人的思想深处，仍然把坚持公有制为主体与发展非公有制经济对立起来。认为"民有"就是"私有"；个体、私营经济"根儿不正"，是"万恶之源"；发展非公有制经济将导致贫富两极分化，加剧社会不平等，与社会主义最终消灭私有制的目标相矛盾。一些国有、集体企业改制为个体、私营企业后，继续戴着国有或集体所有的"红帽子"，仅 2000 全国调查识别出戴"红帽子"的个体、私营企业就有 771 户，占全部被调查企业 1/4。

二是对非公有制经济的地位和作用认识模糊、存在偏见。只看到个体、私营经济是资本主义性质经济，没看到我国仍处于社会主义初级阶段，生产力结构多层次性决定了所有制结构多层次性，发展个体、私营等非公有制经济，对发展生产力有积极作用。有观点认为，个体私营经济不是社会主义经济基础，国有经济才是社会主义经济基础。承认私有财产的合法性，支持、鼓励个体、私营经济发展,将动摇共产党的执政地位。有的沿海地区不敢承认非公有制经济在其经济总量中所占的实际比例。

三是某些地区和部门在市场准入、项目审批、银行贷款等方面，仍存在"宁国勿民"观念。担心允许非公有制企业投资基础设施、金融服务、汽车及大型装备制造等重要产业，会动摇公有制经济基础。

二、法律政策问题

1.非公有制经济产权缺乏法律保护。完善保护私有财产的法律制度，被视为保护非公有制经济健康发展的最重要条件。但目前我国《宪法》中没有明确规定，保护财产权神圣不可侵犯。与此相应，《公司法》中也没有明确规定，自然人或社会法人在与国有企业合资的有限责任公司中，所投入财产属于其私有。虽然1982年以来三次修改宪法，修改和制定了《民法通则》、《继承法》、《刑法》、《公司法》、《合伙企业法》、《乡镇企业法》、《个人独资企业法》等项法律，对公民个人合法私有财产和法人财产表明了依法保护态度，但仍不够完善。"无恒产者无恒心"。近些年我国有相当数量资本外逃，在一定程度上反映现行法律对私有产权缺乏有效保护。我国连续数年居于发展中国家吸引外资首位，与大量国内资本流出后又以国外资本投资流回国内，以享受对外资的保护和优惠政策有很大关系。

2.缺少专门调整法律。我国调整非公有制企业的法律不配套，只有少数单行法规，如《私营企业暂行条例》。这些法规只是针对某类非公有制经济组织，仅对某类具体活动作局部调整，没有从国家宏观调控高度对整个非公有制经济进行认知和立法。韩国、日本等国家都制定了《振兴民间投资法》，而我国至今没有制定专门的非公有制企业投资法律，致使个体、私营企业在履行合同、债务纠纷、知识产权保护等方面经常受到侵权困扰。

3.缺乏必要政策支持。一是在市场准入上，据有关方面调查，目前非公有制企业投资在将近三十个产业领域仍存在不同程度"限进"障碍。特别是在基础设施、公用事业以及国有产权交易等领域存在一系列进入壁垒。如基础设施项目一般由特许公司发起，即使实行招标制，非公有制企业投资与国有投资不平等竞争，有资质的非公企业往往被排除在外或受各种苛刻条件约束难以进入。在金融、教育、旅游、文化体育、卫生等新兴服务领域，非公有制投资进入更加困难。如《社会力量办学条例》中规定"任何组织和个人不得以营利为目的举办学校及其它教育机构"。这样，民办学校就不可能凭借合法收费取得投资正当收益并滚动发展。同时，行业垄断导致非公有制投资更难以进入大型制造业领域。一些地方连旅游、公交（出租汽车）、建筑、广告、印刷、劳务输出等社会服务业，也不向个体、私营企业开放。二是在税费上，据估算，个

体、私营企业税负比外资企业平均高出 5% 左右。首先是双重征税造成税负不
公。有限责任公司性质的非公有制企业,增资扩股时要求股东缴纳个人所得
税;而外商投资企业增资扩股时,股东既不需要缴纳个人所得税,还返还一定
比例的企业所得税。其次是个体、私营企业税收政策"非国民待遇"。外资企
业所获利润转增资本金或另行投资时,均可按投资额 40% 返还所得税;国有
企业技术改造项目贷款由财政贴息;国有控股企业和集体企业用技术开发费或
技术改造资金购买国产设备可以部分抵扣所得税。但这些优惠政策个体、私营
企业都没有。而且,对个体、私营企业税收优惠政策打折扣。如所得税减免政
策,规定外资企业从获利年度起,个体、私营企业则从开办期起,但企业开办
初期往往没有利润或获利甚微。据调查,我国个体、私营企业的销售利润率逐
年下降,1996 年 7.9%,1999 年 5%,2001 年 3.6%。三是在融资上,个体、私
营企业在直接融资和间接融资两方面都存在很大障碍。融资渠道狭窄,资金短
缺成为制约个体、私营企业发展的主要瓶颈。在现行融资体制下,个体、私营
企业贷款渠道和规模受到许多限制,其贷款额只占全社会银行贷款总量的
15%。大多数个体、私营企业规模小、产业层次低,在资本市场融资难度大。
资金来源主要依靠自身积累,或非正规、小范围的借债集资和股权融资,成本
高,风险大。我国资本市场已经形成由股票类、贷款类、债券类、基金类、项
目融资类、财政支持类等几大融资方式和数十条国内外融资渠道,但除短期信
贷外,其它融资渠道对非公有制经济开放度都很低,个体、私营企业普遍感到
贷款难、担保难。

    4.鼓励非公有制经济发展的政策措施未能完全落实。近两年,不少地方颁
布了促进非公有制经济发展、鼓励非公有制企业投资的政策措施,但有些只停
留在文件上,没有落实。比如,各地文件都规定:除了国家法律不允许的领域
以外,其余都允许民间投资进入;凡允许外商投资进入的领域都允许民间投资
进入。但实际上,由于部门垄断和地方保护主义,不少地方对民间投资的市场
准入仍存在许多限制。一些垄断行业名义上对民间投资开放,主管部门"肥水
不流外人田"的思想根深蒂固,"明开暗闭",设置许多隐性壁垒,大多数项
目不向社会公开招标,依旧由其"关系公司"承包。特别是,《外商投资产业
指导目录》已修改过三次,但至今仍没有出台引导个体、私营企业投资的产业
目录。究竟哪些产业允许个体、私营企业投资,哪些不允许,很不明确。最

近，北京市对 1985 年以来涉及个体私营经济的法律、法规、文件进行了清理。发现对个体私营经济仅在经营范围上的限制性规定，就多达 60 几项！如不准个体私营企业收购生产性废旧金属，不得经营钢材、铜等十多种金属，不得经营硫酸、聚乙烯、树脂等十多种化学品和化工原料等。其中有相当一部分是国家有关部门规定的，地方政府至今无权取消。

三、社会环境问题

1.一些地方政府对非公有制经济在管理上"越位"与服务上"缺位"并存。非公有制企业投资审批环节多、程序繁琐、透明度低，项目投资没有明确的主管部门和服务机构。个体、私营企业在投标某些政府工程时，难以确切知道相关公共产品的价格形成机制及税收政策。一些地方税法意识淡薄，税收征管随意性大，针对个体、私营企业的各种税外不合理收费过多。

2.缺乏公平竞争、开放有序的市场环境。一些地方违法下放土地审批权，越权审批土地，超规划用地，严重扰乱土地市场秩序；有的地方在政府工程招标中搞"黑箱操作"、假招标、权利"寻租"；有的地方从局部眼前利益出发，不顾国家三令五申，一昧搞小钢铁、小化肥、小水泥、小玻璃等低水平重复建设，加剧市场无序竞争，浪费大量资金和资源。这些违法和违背市场规则的行为，严重破坏市场环境，阻碍非公有制经济健康发展。

3.小微企业贷款难。由政府设立、专门为小微企业贷款服务的担保机构很少，一些高科技非公有制企业进入"二次创业"阶段和快速成长期后，迫切需要创业资本支持。由于融资障碍，近些年，在沿海经济发达地区，地下金融成为小微企业融资主渠道。

4.缺乏鼓励民间投资进入西部地区的优惠政策。目前民间投资之所以不愿投向西部地区，根本原因是对民间投资缺乏吸引力。上世纪 80 年代实施沿海地区优先发展战略时，沿海地区同内地之间形成了很大的"政策落差"。这种落差，在沿海地区特别是经济特区造出一片"政策洼地"，吸引国内外大量资本和人才、技术等资源要素向这些洼地聚集，使东部地区获得了超常快速发展。现在，对西部地区同样需要构筑类似的"政策洼地"，以吸引民间投资，促进西部地区加快发展。

5.缺乏健全的社会中介服务体系。支持小微企业发展的创业辅导、科技培训、投资咨询、管理诊断等中介服务机构数量偏少、质量不高；大多数行业协会尚未充分发挥作用；没有完善的技术市场和人才市场。

四、自身素质问题

一是不少民营企业家缺乏现代市场经济知识，缺乏现代企业经营理念。在投资决策、经营管理上主要凭借个人经验，受专业知识、文化素质、信息来源、综合能力等因素制约,往往造成失误。相当一批个体私营企业发展到一定阶段，难以继续提高水平。近两年，虽然民间投资总量发展较快，但大多数民营企业投资规模偏小，生产方式落后，很少有专门的技术研究和产品开发部门，缺乏高素质的技术和管理人才，不能迅速适应国内外市场变化，发展后劲明显不足。

二是许多民营企业缺乏品牌，缺乏核心竞争力。虽然直接创办个体、私营企业的高素质人才不断增多，有些直接进入高科技领域。但面对与外资企业的激烈竞争，缺乏过硬品牌、竞争力弱的问题日益突出，限制了企业发展。

三是大多数个体、私营企业管理体制落后，难以做大做强。创业初期大多采用的业主制、合伙制、家族制等产权制度和管理方式，在资本原始积累阶段有其必然性和合理性。但当企业发展到一定阶段后，由于组织结构落后，管理制度不规范，不能适应外部环境，难以形成规模优势。尤其是一些企业主存在"小富即安"思想，偏好挥霍性消费，限制了增加积累、扩大投资。这些企业迫切需要制度创新，实行股权多元化，建立现代企业制度。四是少数个体、私营企业缺乏诚信，坑蒙拐骗、制假售假、官商勾结、贿赂政府官员，严重破坏市场经济秩序。

（2003 年 8 月）

第三章
经济转型的核心是推进经济结构战略性调整

以加强基础设施建设为重点扩大内需的决策背景与过程

——1998—2002年扩大内需、加强基础设施建设回顾之一

一、决策背景

（一）亚洲金融危机对我国经济冲击很大。1997年下半年，一些东南亚国家由于经济结构长期失衡，过分依赖外国资本，缺乏有效金融监管，遭遇国际投机资本狙击，相继发生严重金融危机。短短几个月，货币大幅贬值，股市暴跌，资本外逃，外汇储备急剧下降。东南亚金融危机迅速波及整个亚洲地区，持续时间近三年，对我国经济冲击很大。一是外贸出口受到冲击。我国出口总额中，对东盟、韩国和日本的出口比重占近30%，这些国家发生金融危机后，支付能力下降，进口需求萎缩。1997年10月起，我国对东南亚和韩国的出口明显下降，一些成套设备出口也被推迟签约。二是利用外资受到冲击。我国实际利用外资中有80%、海外直接融资中有很大部分，来自香港、台湾地区和日本、韩国、新加坡。亚洲金融危机使这些地区和国家投资者实力下降，资本市场低迷，增加了我国吸收外商直接投资和对外融资的难度；金融危机还导致美、欧一些金融机构和跨国公司对在亚洲投资持观望态度，1997年我国外商直接投资协议金额比上年下降14.3%。三是承包工程和劳务合作受到冲击。东南亚地区占我对外承包工程与劳务合作业务量的65%，金融危机使该地区取消了上百亿美元工程承包项目，我国企业承揽的在建工程有些也被取消。四是人民币汇率受到冲击。亚洲其他国家和地区货币大幅贬值，对我人民币币值稳

定构成强大压力。如果人民币不贬值，将使我国出口竞争力下降，我们为此将付出很大代价。如何应对亚洲金融危机，中国面临十分严峻的挑战。（二）国内有效需求不足出现通货紧缩。20世纪90年代中期之后，我国市场供求关系发生了由卖方市场向买方市场的历史性转变，粮食、棉花等主要农产品和大多数日用消费品出现结构性供大于求。由于生产能力增加过快，工业设备利用率普遍较低。1997年，金属切削机床生产能力利用率只有3%左右，彩色电视机仅60%，房间空调器不到50%。特别是多年低水平重复建设导致的结构不合理，在国际经济环境变化和国内市场约束强化的情况下更加突出，一般加工业产品大量过剩，企业投资意愿普遍不足。1995—1997年，全社会固定资产投资增长率分别为17.5%、14.8%、10.1%，逐年下降，1997年投资实际增幅已低于GDP增幅，对经济增长的拉动力明显减弱。与此同时，消费需求增长缓慢，物价水平持续走低。1997年社会消费品零售总额比上年增长10.2%，增幅同比下降9.9个百分点；全年商品零售价格仅上涨0.8%，其中10—12月物价同比连续负增长，工业品出厂价格下降2.3%。如何扩大有效需求，成为经济能否持续较快增长的关键。（三）基础设施仍是薄弱环节亟待加强。经过1978—1997年改革开放20年发展，我国基础设施落后状况初步得到改善，但仍不能适应国民经济持续快速增长的需要。突出表现在，大江、大河、大湖防洪工程老化，抗灾能力不强，全国8万多座水库中有1/4大中型水库、2/5小型水库属病险工程；铁路密度小，复线和电气化率不高，行车速度慢，主要铁路干线运输负荷过重，集装箱、冷藏等现代化运输手段落后；公路里程少、等级低，全国没有一条贯通南北和东西的高等级公路；城市交通、供气、供水、供热及污水和垃圾处理等基础设施严重不足；特别是广大农村和西部地区基础设施落后更加突出，1998年全国仍有600多个乡镇、8000多个行政村不通公路。我国已经到了必须加快基础设施建设带动经济增长的阶段。鉴于亚洲金融危机阻碍扩大出口需求，国内一般加工业供大于求，同时，基础设施相对短缺，因此，扩大国内需求，重点加强基础设施建设，成为势在必行、十分紧迫的现实选择。

二、决策过程

第一，决策提出和形成。1998年2月20日，中共中央、国务院批转了

《国家计划委员会关于应对东南亚金融危机、保持国民经济持续快速健康发展的意见》即中发[1998]3号文件。明确提出，在东南亚发生金融危机的严峻形势下，保持经济持续较快增长，必须立足于扩大国内需求，发挥国内市场的巨大潜力，首先要保持必要的投资规模，调整投资结构，重点增加农林水利建设、铁路、公路、通信、环保等基础设施的投入。加强基础设施建设要突出重点。铁路，重点加强东西向和西部地区路网建设，改善路网结构，对主要干线客运实行提速改造，在繁忙路段积极发展客运专线，实行客货分流。支持有条件的地区建设地方铁路，使新线、复线和电气化改造大幅度增加。公路，重点提高现有路网的等级和质量，提高乡村公路的通达深度，按照"五纵七横"十二条国道主干线规划，加快车流密度大的路段建设，使新增通车里程明显增加。电信业，重点发展有线电话、移动通信和信息基础设施，大幅度提高电话普及率和电话装机容量。环境保护，重点解决城市大气污染、污水和垃圾处理，结合工业企业技术改造，加强"三废"污染治理，发展环保产业。中央3号文件下发后，各地区、各部门抓紧贯彻落实，大力加强基础设施建设，促进了经济稳定增长，1998年上半年国内生产总值同比增长7%。但是，由于亚洲金融危机继续发展，对我国经济的负面影响不断加深。根据当时经济形势，1998年7月22日，中共中央、国务院又批转了国家计委《关于今年上半年经济运行情况和下半年工作建议》，即中发[1998]12号文件。突出强调，"在亚洲金融危机对我国影响日趋加深的情况下，加大基础设施建设力度，是扩大国内需求、确保经济增长的最有效措施。""当前最迫切的是尽快筹措更多的建设资金。由于基础设施项目资本金不足，单纯依靠信贷政策越来越受到限制"，"必须采用更积极的财政政策，扩大国债发行规模，进一步增加基础设施建设资本金的投入"，"建议由中央财政向国有商业银行发行1000亿元十年期以上的长期国债，定向用于农田水利、铁路交通、邮电通信、城市基础设施、城乡电网建设与改造，长江黄河中上游水土保持和植树造林等建设性支出。"基础设施项目安排的重点，一是"增加农田水利和生态环境建设投资，抓好大江大河干流堤防和大湖重要堤垸的除险加固，中小河流治理，水毁工程修复，以及长江黄河中上游天然林资源保护、植树造林等。"二是"继续加快铁路、公路、电信和一些重点机场建设。"三是"扩大城市环保和城市基础设施建设规模。重点用于大中城市污水和垃圾处理、供水、供暖、供气、城市道路和绿化等。"

四是"建设 500 亿斤国家直属储备粮库。"五是"实施农村电网改造和建设工程。""首先启动 500 个筹资能力较强的县级电网改造，城市电网改造也要抓紧进行。"六是"扩大经济适用住宅建设规模，抓紧落实建设条件，保证资金及时到位。"文件指出，增发国债"定向用于国民经济和社会发展急需的基础设施投入，不会搞重复建设。""这个做法既能刺激国内需求，带动经济发展，又能有效调整、改善投资和经济结构"。至此，以加强基础设施建设为重点扩大国内需求的重大决策正式形成。1998 年 8 月 30 日，九届全国人大常委会通过决议，批准国务院提出的调整中央财政预算、增发 1000 亿元长期建设国债的建议。第二，决策充实和完善。1998 年夏季，我国长江流域发生了继 1954 年后的又一次全流域性大洪水，嫩江、松花江也发生了超历史纪录的特大洪水。全国遭受洪涝灾害面积 3.18 亿亩，成灾面积 1.96 亿亩，受灾人口 2.23 亿，直接经济损失 1666 亿元。9 月 4 日，国家主席江泽民在视察江西重要讲话中，强调"搞好水利建设，是关系中华民族生存和发展的长远大计"，"在加强水利建设中，要坚持全面规划、统筹兼顾、标本兼治、综合治理的原则，实行兴利除害结合，开源节流并重，防洪抗旱并举。"9 月 14 日，他又对搞好灾后重建和加强水利建设作了重要批示。9 月上旬，国务院总理朱镕基在东北、长江中上游五省考察时指出，要把灾区重建同治理水患结合起来，切实做到生产和生活统筹，治标和治本兼顾，当前和长远结合。通过灾后重建把灾区的防汛抗洪、经济建设和社会发展提高到一个新水平。在调查研究和充分听取意见的基础上，1998 年 10 月 20 日，中共中央、国务院下发了《关于灾后重建、整治江湖、兴修水利的若干意见》即中发[1998]15 号文件，对加强水利建设和生态环境建设作出专门部署，提出灾后重建、整治江湖、兴修水利五个方面任务：一是实行封山植树、退耕还林，防治水土流失，改善生态环境；二是坚持"蓄泄兼筹、以泄为主"的防洪方针，建设好干支流控制工程，有计划、有步骤地平垸行洪、退耕还湖；三是统一规划，合理布局，搞好以工代赈、移民建镇；四是抓紧加固干堤，建设高标准堤防，清淤除障、疏浚河湖；五是抓好当前灾后重建和长远规划的衔接，安排好灾民的生活。文件要求，"完成上述任务，需要多渠道筹集资金"。包括由"中央财政安排一定资金"；"增加地方对水利建设的投入"；"明后两年发行一定数量特种国债用于水利建设"；"通过以工代赈，组织灾民投工劳动，参加修复水毁工程和兴建水利工程"。按照中央 15 号文件的部署，全国各地掀起了兴修水利的热潮。针对西部地区基础设施建设长期落后、生态环境日趋恶化的状况，2000 年 1 月 13 日，中共中央、国务院转发了国家计委《关于实施西部大开发战略初步设想的汇报》。即中发[2000]2 号文件。文件指出，基础设施"是制约西部地区发展的重要因素"，"必须从战略眼光出发，下更大的决心，以更大的投入，先行建设，适当超前。"一是加强交通基础设施建设。公路要加快国道主干线和省区干线公路建设，完善西南出海通道，建设西南、西北口岸通道；加强国防、边防公路建设；扩大公路通达深度，逐步做到乡乡通公路。铁路进一步拓宽西部地区内外大通道，重点做好区域开发性铁路、进藏铁路和出境铁路通道项目的前期准备工作。机场要在建成并配套完善主要干线机场的基础上，有选择地建设一批支线机场。发展天然气管道运输，加快建设陕北、四川及塔里木、柴达木等天然气"西气东输"工程。二是加强电网、通信和广播电视等基础设施建设。加快西部地区城乡电网建设和改造，加快通信干线和支线建设，加快实施广播电视"村村通"计划，提高广播电视覆盖率。加强西部城市基础设施建设。三是加强水利基础设施建设。重点搞好现有大中型灌区设施的维护、改造和配套完善，保护和合理开发长江、黄河上游及塔里木河、疏勒河、柴达木河、黑河等流域的水资源，尽快解决人畜饮水困难。文件强调指出，"日益恶化的生态环境，不但极大地制约着西部地区经济和社会的发展，而且对中华民族的生存和发展构成严重威胁。""改善生态环境是推进西部开发重要而紧迫的任务"。当务之急是实施退耕还林还草。由国家向退耕农民无偿提供粮食，无偿提供种苗，实行个体承包，宜林则林，宜草则草，先行试点，分期分批逐步展开。总的目标是：长江流域 5 年初见成效，10 年大见成效；黄河流域 10 年初见成效，20 年大见成效。中央 2 号文件下发后，西部地区基础设施建设的一些重大项目陆续展开。从 1999 年中央 12 号文件、2000 年中央 12 号文件到 2001 年中央 13 号文件、2002 年中央 7 号文件，加强基础设施建设的重点领域由水利、林业、交通、通信、城乡电网改造、国家储备粮库、城市基础设施、西部城区基础设施、生态环境建设，逐步扩展到教育、文化、旅游、信息和公检法等基础设施建设。

（2002 年 12 月）

重点加强基础设施建设的主要措施

——1998—2002 年扩大内需、加强基础设施建设回顾之二

一、加大重点行业和地区投资力度，集中力量办大事

五年来，为重点加强水利、交通等薄弱行业和西部地区基础设施建设，国家集中国债资金用于重大项目。1998—2002 年，用于加固大江大河防洪堤防、解决特困地区人畜饮水、加快大型灌区配套和节水改造的国债资金 868.2 亿元。从 2000 年到 2002 年，国家在西部地区开工建设 36 个重大基础设施项目，总投资超过 6000 亿元。投资力度之大、建设重大项目之多，是西部地区历史上前所未有。

二、加强重大项目布局研究，做好前期工作

为确保重大基础设施项目建设布局合理，确保国债资金优先用于最重要、最亟需的基础设施项目，严格实行项目决策咨询评估制度。所有大中型项目和限额以上项目都经过统一规划、专家评估和科学论证。对重大防洪工程、大型灌区续建配套等项目，首先责成有关部门编制《大江大河治理近期专项工程建设规划》、《全国水利发展总体规划纲要》和《全国大型灌区续建配套节水改造规划》，按照最新规划和合理布局，指导具体项目建设。为保证新上项目瞻前顾后，做好前期工作，有关部门在选择、确定基础设施建设项目时，从项目建议书、可行性研究报告到初步设计文件，严格遵循基建程序，坚持达到工作深度。要求工程勘察单位必须对所提供的地质、地震、水文、气象等资料负责，设计单位必须严格依据经过批准的可行性研究报告，按照国家规定的设计规范、规程和

技术标准进行设计。为加强西部地区基础设施项目前期工作，有关部门采取了三项措施：一是要求西部各省区市增加对项目前期工作的投入；二是组织一批有经验的专家，到西部地区实地调研考察，对项目前期工作进行现场咨询、评价，提出建议；三是委托中国投资协会，对建设项目经理进行系统的政策法规和管理业务培训。这些措施有效保证了前期工作质量和项目选择的准确性。

三、强化工程质量管理，严格质量监督

确保基础设施工程质量，是扩大内需重大决策取得成功的关键。1999 年 2 月，国务院专门召开全国基础设施建设工程质量工作会议，朱镕基总理强调指出，抓好基础设施工程质量，是一项关系全局的重大任务。随后，国务院办公厅下发了《关于加强基础设施工程质量管理的通知》和《工程质量管理条例》，建立和完善了工程质量管理制度。按照国务院规定，对基础设施项目工程质量，实行由行业主管部门、主管地区行政领导人负责制度。中央项目的工程质量，由国务院有关行业主管部门行政领导人负责；地方项目的工程质量，按照项目所属关系，由各级地方政府行政领导人负责。一是实行项目法人责任制。除军事工程等特殊情况外，所有基础设施都要由项目法定代表人对工程质量负总责。二是建立参建单位工程质量领导人责任制。勘察设计、施工、监理等单位的法定代表人，按各自职责对所承建项目的工程质量负领导责任。三是建立工程质量终身负责制。项目工程质量的行政领导责任人，项目法定代表人，勘察设计、施工、监理等单位的法定代表人，按各自职责对其经手的工程质量负终身责任，如发生重大工程质量事故，不管调到哪里工作，担任什么职务，都要追究相应的行政和法律责任。四是实行招标投标制。基础设施勘察设计、施工和主要设备材料采购都要按照公开、公平、公正和择优的原则，实行公开招标，严禁任何单位和个人以任何名义、任何形式干预招标投标活动。五是实行工程监理制。基础设施项目施工，必须由具备相应资质条件的监理单位进行监理。六是实行合同管理制。基础设施项目的勘察设计、施工、设备材料采购和工程监理，都要依法订立合同，违约方要承担相应法律责任。七是实行竣工验收制度。项目建成后必须按国家规定进行严格的竣工验收，对未经验收或验收不合格交付使用的，要追究项目法定代表人责任。有关部门对参加建设各单位的资质认定和市场准入，要严格把关。

四、设立国债资金专项帐户，严禁违规挪用

有关部门先后下发了《国债转贷地方政府管理办法》,《关于加强国债专项资金财政财务管理和监督的通知》,《水利基本建设资金管理办法》,《关于加强中央直属粮库建设资金管理有关问题的通知》,《农村电网建设与改造工程投资管理的规定》等文件，保证了国债资金合理有效使用。建立国家重大项目稽察特派员制度，加强稽察和审计。五年来，共组织 19 期大规模专项稽察，先后派出1100 多人次，对 600 多个国债项目资金使用情况进行了重点稽察。审计署对所有重大项目进行了专项审计和跟踪审计。对稽察审计中发现的问题，有的下达整改通知，限期整改；有的通过新闻媒体曝光，强化社会监督；有的暂停拨付该地区、该项目国债资金和中央财政预算内资金，有的暂停审批该地区项目。1999 年 4 月，国家计委对湖北省荆江大堤加固工程、河北省石安高速公路、山西省原太高速公路建设中截挪国债资金问题进行了严肃查处。建立违规举报制度。1999 年 5 月，国家计委颁布实施《重大建设项目违规问题举报办法（试行)》。规定凡发现截留、挪用、侵吞国家建设资金；项目概算、预算、决算高估冒算；擅自增加取费科目，重复取费或提高取费标准等违规行为，均可举报。这项制度对于遏制基础设施建设中的资金违规行为起到重要作用。

五、加强组织领导，层层落实责任

1998 年 7 月，国务院成立了加快基础设施建设领导小组，由国家计委、财政部、银行等有关方面参加，负责研究基础设施建设中的重大问题。领导小组下设七个专业小组，采取联合办公形式，集中评审项目，提高了项目选择的科学性和透明度。五年来，领导小组先后召开 19 次会议，并数次组织工作组分赴各地，检查落实基础设施建设情况。有关部门和大多数省区市也都成立了领导小组，负责具体项目组织实施，有的省还建立了项目建设目标责任制。今年初，国家计委召开"全国加快在建国债项目收尾工作电视电话会议"，要求新增国债投资首先用于在建项目收尾；由国家计委、有关部门和省区市签订责任书，做到"三个确保"：确保资金到位、确保工程质量、确保项目工期。从前三季度进展情况看，上述目标能够实现。

（2002 年 12 月）

重点加强基础设施建设的主要成效

——1998—2002 年扩大内需、加强基础设施建设回顾之三

一、建成一批重大水利设施

1.完成长江等防洪干堤加固。近五年共投入江河堤防建设资金 733.3 亿元，其中国债资金 625.8 亿元，加固大江大河堤防 3.5 万公里,完成堤防断面加固 2.4 万公里，其中大江大河干支流一、二级堤防加固 1.4 万公里，增加行蓄洪面积近 3000 平方公里。重大标志性工程、总长 3385 公里的长江干堤加固全部完工，高度、宽度、坡度完全达标，防洪能力大大增强。

2.建成一批水利枢纽工程。国债资金重点用于 1998 年以前开工的 51 个续建项目，目前已建成黄河小浪底、湖南江垭、新疆乌鲁瓦提、广东飞来峡、辽宁观音阁和白石等 48 项控制性枢纽工程，还有 3 项将在 2003 年建成。完成 680 座重点病险水库除险加固。

3.完成长江沿岸湖北、湖南、江西、安徽四省 245 万人平垸行洪、退田还湖、移民建镇。实现还江还湖面积 4152 平方公里，增加蓄洪容积 164 亿立方米。

4.解决贫困地区人畜饮水困难。国家投入专项国债资金 57 亿元，帮助中西部 22 个省区市实施"农村饮水解困工程"，解决了 2843 万人的饮水困难。其中"八七"扶贫攻坚计划"遗留的 2423 万特困人口饮水问题全部解决。

5.基本完成大型灌区节水改造。共投入资金 122 亿元，其中国债资金 62 亿元，带动地方配套资金 60 亿元。完成 160 个有效灌溉面积 30 万亩以上大型灌区的续建配套和节水改造，新增和改善灌溉面积 8400 万亩，年节水量 110 亿立方米。

二、交通运输"瓶颈"制约基本解除

从 1998—2002 年，全国共投入公路、铁路、机场、港口等国债资金 1282 亿元，项目总投资 8322 亿元，预计到 2002 年底累计完成投资 7172 亿元，其中国债投资 1266 亿元，银行贷款 3030 亿元，其他配套投资 2876 亿元。交通运输实现跨越式发展。公路。到 2002 年底，全国公路总里程将达到 170 万公里，其中高速公路超过 2.1 万公里，位居世界第二。"五纵七横"国道主干线进展加快。到 2001 年底已建成 64%，其中"两纵两横三个重要路段"（同江至三亚、北京至珠海、连云港至霍尔果斯、上海至成都以及京沈、京沪和西南出海通道）2002 年底将基本建成。公路网等级结构改善。二级以上高等级公路占公路网总里程比重由 1997 年的 10.7% 提高到 2001 年的 13.4%。公路通达深度提高。全国不通公路的乡镇和行政村由 1997 年的 709 个、10.6 万个下降到 2001 年的 287 个、6 万个。铁路。新建成 31 条主要线路，共投产新线 4759 公里，复线 4232 公里，电气化线路 5383 公里，提速里程 13000 公里，大大提高了铁路现代化水平和运营效率。机场、港口。新建或扩建上海浦东、深圳、兰州、乌鲁木齐等 35 个机场。新建沿海港口中级以上泊位 97 个，其中深水泊位 70 个，新增吞吐能力 1.4 亿吨。

三、农村电网改造、广播电视覆盖成效显著

1998—2002 年，农村电网改造总投资 2885 亿元，其中国债资金 620 亿元，分两批完成全国 80% 农村低压电网改造。使低压线损由 25% 以上降到 12% 以下，农民到户生活电价平均每千瓦时降低 0.1 到 0.3 元。通过建设"村村通广播电视工程"和"西新工程"，结束了 10 万个贫困村不能收听广播、收看电视的历史；西藏、新疆等七个省区广播覆盖能力大大增强。全国农村广播、电视人口综合覆盖率分别达到 92.9% 和 94.2%。

四、国家储备粮库建设达到预期目标

1998 年以来，共投入专项国债资金 347 亿元，分三批安排国家储备粮库项目 1261 个，增加仓容量 1046 亿斤，极大地缓解了仓容长期紧张矛盾，提高了粮储设施水平。

五、城市基础设施明显改观

近五年共投入国债资金 950 亿元，带动银行贷款 685 亿元，其他配套投资 1954 亿元，建成近 1000 项城市供水、供气、供热、道路交通、污水和垃圾处理工程，极大地改善了城市面貌和环境，促进了教育、卫生等各项事业发展。

六、西部地区基础设施建设迅速推进

一是开工建设一批重大项目。对加快西部开发具有重大战略意义的西电东送、西气东输、青藏铁路三项重大标志性工程按期开工，进展良好。西电东送目前已初步形成南、中、北三大通道；青藏铁路今年 6 月已开始铺轨；西气东输已于今年 7 月全线开工。二是道路交通建设加快。355 个贫困县出口公路基本建成；西部开发 8 条省际公路通道建设投资力度加大；涉及西部 12 个省区市、2.5 万公里的通州县油路，可望在今年底全部完工。三是退耕还林成效显著。近两年国家用于西部地区生态环境建设投资 300 多亿元，到 2002 年 7 月，累计完成退耕还林 4327 万亩，荒山荒地造林 3926 万亩。

七、重点流域、区域和重点城市污染防治取得阶段性成果

从 1998—2002 年，全国用于治理污染和环境保护的总投资 4900 亿元，相当于 1949—1997 年投资总和的 1.7 倍。国家确定的"三河"（淮河、海河、辽河）、"三湖"（太湖、巢湖、滇池）、"两区"（二氧化碳控制区、酸雨控制区）、一市（北京市）污染防治工作全面启动。通过治理，淮河干流水体基本达到三类地表水标准，污染程度明显减轻。海河、辽河水质有所好转。太湖、滇池、巢湖流域污水处理能力明显提高。到 2000 年末，"两区"内 175 个城市，已有 102 个实现了二氧化碳浓度达标排放。北京市 1998 年以来实施的 150 多项控制大气污染措施，1999 年以来实施、总投资 300 多亿元的环境综合整治规划，已取得很大成效，市区空气质量明显好转。

八、邮电通信基础设施增长最快、变化最大

2002 年底，全国固定电话用户数突破两亿，位居世界第一；移动电话用户数达 1.8 亿。

九、教育、旅游、卫生、公检法等基础设施建设明显加强

1999—2002 年，国家共投入国债资金 300 多亿元，安排教育基础设施项目 3086 个，总建筑面积 1675 万平方米；其中，支持高等学校新建教学、科研和学生生活设施项目 835 个。新建和改造学生公寓 4300 万平方米，超过建国五十年累计建设 3200 万平方米总和；新建和改造学生食堂 530 万平方米，接近建国五十年累计建设 570 万平方米总和。完成中小学危房改造 900 万平方米。200 多个旅游景点设施环境得到改善。全国新建 319 个血站，改善了 141 个血库条件。共建成 2000 多个公检法司项目。

（2002 年 12 月）

加快公共卫生基础设施建设

2003 年春季非典疫情肆虐，凸显我国公共卫生事业发展严重滞后。痛中思痛，亡羊补牢，为时未晚。必须加快公共卫生基础设施建设，构筑坚固的防疫大堤，避免类似危机重演。

一、我国公共卫生基础设施建设滞后

一是医疗卫生设施建设滞后。国家和省、市疾病预防控制中心组建时间短、规模小、设备条件差，缺乏应对突发卫生事件的能力。全国 2000 多个县（市）中不少没有合格的卫生防疫机构。1995—2001 年全国卫生机构床位 6 年仅增加 14 万张，而同期全国总人口增加 6506 万人。面对突如其来的非典疫情，大多数医院救治手段、救护措施跟不上，医护人员、医疗设备全面告急。尤其一些县级医院，没有传染科，没有符合条件的观察室，医护人员没有正规防护设备，抢救危重病人缺少呼吸机等必需的医疗器械，给救治工作带来很大困难。二是环境卫生设施建设滞后。在一些大城市的老城区、大多数中小城市，市政管网老化，缺乏污水和垃圾无害化处理设施；公共厕所数量不足、质量低劣；非典疫情爆发后，缺少"非典"医疗垃圾焚烧设施。三是农村医疗卫生设施建设滞后。2001 年，占全国 60% 以上的农村人口只拥有不到 15% 的医院床位和卫生技术人员，多数县卫生防疫站房屋破旧，设备简陋，缺少必需的检疫设备。乡、村两级没有卫生防疫站、点。许多县医院医疗条件差，有的连一辆救护车也没有。在一些贫困地区，大多数农民有病去不起医院，"小病抗、大病挺"的现象相当普遍。农村环境卫生设施极其落后，大多数地方没有符合卫生标准的厕所。四是政府公共卫生投入不足，尤其农村投入不足。从国际比较看，我国公共卫生支出处于低水平。据世界银行统计，1990－1998 年，按当年汇率计算我国人均公共卫生支出 33 美元，世界人均公共卫生支出 489 美元，我国仅相当于世界平均水平的 6.7%。与发达国家相比差距更大。

二、全面加快公共卫生基础设施建设

第一，加快建设全国疫病预防控制系统。重点加强国家疾病预防控制中心建设，配备国际先进的检验检疫技术装备和手段。省、市、县都要建立健全疾病预防控制中心。县级疾病预防控制中心应做到专门机构、专业人员。建立健全乡、村两级传染病预防控制网络。加快建设覆盖城乡的疫病信息监测网络。建设完善的防疫信息基础设施。第二，加快建设城乡医疗卫生设施。在省市两级应建设医疗水平高、治疗条件好、能够集中应对突发性事件的传染病医院。小城市和县城可依托疾病预防控制中心，建设专门收治传染病患者的医疗机构。加快城市综合医院、专科医院和职业病院建设，这三类医院的床位、卫生技术人员等医疗资源的增长应与人口增长和社会发展需要相适应。特别注重增加中西部地区的医疗设施。加快农村乡镇卫生院建设。每个乡镇都能有一所基本满足农民日常看病需要的小型医院。经济条件好的地方，可考虑推行"一乡一院，一村一所"模式，即每个乡有一个卫生院，每个村有一个卫生所。通过组织城市医疗队下乡，开展"定点扶医"、加强农村医生培训等措施，今后 3－5 年，力争使农村医疗卫生条件有一个大的改变。第三，加快建设城乡环境卫生设施。采用国际上先进的技术设备，增建城市污水和垃圾处理设施，所有城市都推行垃圾无害化处理。加强市政管网改造，提高公共厕所建设质量。结合推进城镇化，加强县镇、乡镇和村公共环境卫生设施建设，开展农村卫生革命，研究适合农村特点的卫生厕所模式，改造提高农民家庭厕所质量。改变落后的生产方式和生活方式，有条件的地区都能实行住宅与畜舍禽舍、厕所合理分离。加强畜禽粪便管理，防止污染源。特别加强农村水源管理，切实保证清洁饮用水。结合开展爱国卫生运动，教育农民树立卫生文明观念，增强卫生安全意识，改变不良卫生习惯，改善家庭卫生环境，提高农村公共卫生水平。第四，大幅度增加城乡公共卫生基础设施投入。大幅度提高财政支出比例。政府预算卫生支出年增长率，应不低于国家财政总支出年增长率；全社会公共卫生支出占 GDP 比重应达到 3%－4%，高于世界平均水平（1990－1998 年世界平均水平为 2.6%）；国民人均公共卫生支出应高于低收入国家平均水平。建立"国家预防医学研究基金"，支持重点医疗科研单位开展重大疫病预防和治疗研究。建立"农村重大疾病治疗保障基金"，用于贫困地区农民重大疾病的免费预防和治疗，中西部地区由中央财政负担，东部地区由地方财政负担。大幅度增加国家对重大公共卫生基础设施建设的投资。进一步放宽市场准入，鼓励、引导非基本医疗领域的民间投资，充分发挥市场机制作用，促进我国公共卫生事业加快发展。第五，强化政府公共卫生管理职能。各级政府把加快公共卫生基础设施建设作为重大任务，列入国民经济和社会发展年度计划，有关部门应尽快研究确定年度公共卫生设施建设的发展计划指标和统计指标，并作为各级政府的重要考核指标。把农村公共卫生基础设施建设作为考核重点。深化医疗体制改革，加快建立涵盖城乡的疫病预防和基本医疗卫生保障体制。

（2003 年 5 月）

外贸进出口对经济增长拉动作用分析

如何分析对外贸易在我国经济增长中的作用，是关系宏观调控的重大问题。目前在我国理论界和实际经济部门中有几种不同分析方法。

一、净出口拉动分析法

这种方法依据用支出法核算的国内生产总值恒等式（国内生产总值增量＝投资增量＋消费增量＋净出口增量），将 GDP 增长率分解为投资贡献率、消费贡献率、净出口贡献率。其中，外贸对经济增长的贡献率用净出口增量占 GDP 增量的比重表示；这一比重与 GDP 增长速度的乘积，就是净出口对经济增长的拉动度（用百分点表示）。例如，按此方法测算，1998 年我国外贸进出口对经济增长的贡献率为 35.5%，对经济增长的拉动度为 3.1 个百分点，即 1997 年 GDP 增长率 8.8% 中有 3.1 个百分点是由外贸净出口拉动的。这种方法突出了贸易顺差在经济增长中的作用，从国民经济核算角度看，计算简单、直观，应用也比较普遍。但存在很大缺陷：一是把净出口视为反映国外需求强弱的唯一指标。实际上净出口的增减是国内需求、国外需求和进口倾向等多种因素变动的综合反应。净出口下降既可能是国外需求减弱导致出口减少，也可能是国内需求上升导致进口增加。例如我国 1999、2000 年净出口下降就是后一种情况。二是不符合经济发展实际。按净出口分析法，如果出口与进口增量相同，净出口为零，便会得出外需对经济增长没有拉动的结论。这个结论缺乏实证分析支持。三是没有分析考虑不同的进口结构对经济增长的不同影响，特别是忽视了原材料、能源以及先进设备和技术进口对经济增长的促进作用。因此，净出口拉动分析法是不足取的。

二、出口拉动分析法

这种方法是用出口增量占 GDP 增量的比重表示出口对国民经济增长贡献率，用 GDP 增长速度与该比重的乘积表示对国民经济增长拉动度。只要出口总量保持增长，其对国民经济的贡献率总为正值。按此方法测算，1997 年我国外贸出口增长 21%，对国民经济增长贡献率 39.4%，拉动经济增长 3.5 个百分点；2000 年外贸出口对国民经济增长贡献率 59.9%，拉动经济增长 4.8 个百分点。这种方法突出了出口需求对经济增长的重要拉动作用，揭示了出口增长与国民经济增长的高度相关性。但这种方法也有两点缺陷：一是没有考虑进口对国内需求的影响，仅把进口视为国内供给不足的补充，因此，无论从理论上或实证分析上都不能正确反映外贸进出口对经济增长的拉动作用；二是没有考虑出口需求中的中间需求因素，我国出口构成中，来料加工出口所占比重较大，由于来料加工中能对经济增长起拉动作用的只是加工增值部分，因此，在计算出口需求时必须把加工原料进口额从中扣除；同时，进口原料中有一部分已在生产过程中被消耗，也要从出口需求中扣除。因此，出口拉动分析法也是不科学的。

三、进口分解分析法

这种方法是将进口商品分为投资品、消费品和中间产品三部分，分别并入国民经济核算恒等式进行分析。即：$GDP=I+C+(X-M)=(I-Mi)+(C-Mc)+(X-Mm)$。（I 为资本形成总额，Mi 表示投资品进口；C 为最终消费，Mc 表示消费品进口；X 为货物和服务出口；M 为货物和服务进口，Mm 表示中间产品进口）。外贸进出口对国民经济增长的贡献可通过出口与中间产品进口差额的变化反映出来。该差额增量占 GDP 增量的比重即为外贸进出口对国民经济增长的贡献率，该比重与 GDP 增长速度的乘积即为外贸进出口对国民经济增长的拉动度。与前两种方法比较，这种方法注重分析出口与进口的相关关系，并着重分析出口与构成进口三个部分的相关关系，因此具有一定的说服力和可信性。按此方法测算，1993 年以来，除 1996 年和 1999 年外，我国外贸进出口对国民经济增长都有不同程度的拉动作用。其中，1994、1997 和 2000 年的拉动作用显著。这些年份的共同特点是，外贸进出口增长速度较快，出口增长快于进口增长。而负拉动的 1996 年和 1999 年，外贸进出口增长相对缓慢，进口增长快于出口增长。这种分析方法仍有不完善之处，主要是在测算国外需求时，只用出口减去总的进口中间需求，没有减去加工原料进口中在生产过程中消耗掉的那一部分中间需求，也就是说，此式中的 (X-Mm) 还不能准确地反映国外需求。

四、内需外需综合分析法

这种方法是对前三种方法的纠正和改进。其主要观点是，分析外贸进出口对经济增长的拉动作用，不能孤立地研究外需，单纯分析出口或进口，必须对内需和外需、进口和出口作全面综合分析。这是因为，第一，国民经济核算恒等式 $GDP = I + C + (X-M)$ 中的国内需求并非全部拉动本国经济增长，有一部分拉动了进口国经济增长。即国内需求中的资本形成总额 I 和最终消费 C 中都包括了货物和服务贸易的进口，其价值在 GDP 总值中应被扣除。因此，在测算外贸进出口对经济增长的拉动作用时，必须从内需中扣除拉动国外经济增长部分，即 $(I-Mi) + (C-Mc)$。这样，才能避免夸大内需或缩小外需对经济增长的拉动作用。第二，净出口与国外需求不是一个概念，不能用净出口或净出口增量的大小判断国外需求强弱。扩大内需的宏观经济政策可以直接导致净出口减少。实证分析显示，我国净出口增量与 GDP 增长率的变化方向并不完全一致。从 1980~2000 年的 21 个年份中，只有 10 个年份是一致的，这 10 个变化方向一致的年份，主要是出口增长较快并与经济增长同步。其余 11 个年份都不一致。尤其是净出口增量减少并不一定引起 GDP 增长率下降。在经济增长率较高的年份，由于国内需求旺盛，特别是投资高速增长带动国内需求扩张，往往造成净出口增长较小甚至出现下降。特别值得注意的是，而当国内需求疲弱时，净出口往往上升。因此，净出口变化是反映国内经济增长趋势的结果，而不是原因。第三，出口与进口是两个性质不同的变量，它们共同对国民经济增长产生影响。出口增长主要受国际市场需求和其他国家经济政策的影响，而进口变动更多受到国内需求影响。在不实行限制进口政策条件下，扩大内需会带来进口增加。近几年我国实行扩大内需政策，使得进口占 GDP 比重上升就是例证。出口拉动经济增长的作用包括直接和间接两个方面：一是出口增长直接增加国内生产总值；二是出口增长会刺激投资、消费、进口的增长，而投资、消费增长又会促进国内生产总值增长。进口对经济增长的作用既不是国内可供产品的完全替代，也不完全是国内供给不足的的补充，而是替代与补充的组合，组合比例取决于进口商品结构。一般情况下，出口增长与 GDP 增长之间的相关性最强。因此，扩大出口对于促进国民经济增长至关重要。

根据以上方法，分析内需与外需对经济增长影响的合理方法是：GDP＝$(I-Mi)+(C-Mc)+(X-Mp-Mm)$。其中 $(I-Mi)$ 为国内投资需求，$(C-Mc)$ 为国内消费需求，$(X-Mp-Mm)$ 为国外需求。其中 Mp 为加工原料进口，Mm 为中间消耗进口。用这一核算公式分析外贸进出口对经济增长的拉动作用更贴近我国经济运行实际。目前，应用这一公式在统计核算上存在两个困难：一是需要重新估算加工原料进口(Mp)额和中间消耗进口(Mm)额，二是要将货物和服务进口按照国内投资和消费的不同用途分解为投资品(Mi)和消费品(Mc)两大部分。由于统计资料方面的困难，目前还无法直接运用这种方法进行测算。但依据这一思路，可以通过出口、进口与 GDP 的相关关系对近些年的情况作出基本估计。粗略估计，如果内需与外需等幅增长，1995 年以来外需 $(X-Mp-Mm)$ 对我国经济增长的贡献率大约在 1/5 左右，内需 $(I-Mi)+(C-Mc)$ 的贡献率大约在 4/5 左右；如果外需增幅高于内需，其贡献率还要高一些；如果来料加工进口与出口的比例为 40%，外需的贡献率约占 12%，内需的贡献率约占 88%；如果再考虑中间产品进口消耗因素，则外需的贡献率还要低一些。按上述比例推算，2000 年我国 8% 的 GDP 增长率中，扩大内需对经济增长的拉动度约为 6.5 个百分点，外需即外贸进出口对经济增长的拉动度约为 1.5 个百分点。在经济全球化趋势不断发展、我国即将加入世界贸易组织的宏观背景下，深入分析外贸进出口对国民经济增长的拉动作用具有重要意义。应当坚持内需与外需、出口与进口相结合的分析方法，不能割裂它们的内在联系。这不仅仅是分析方法问题，而是能否正确认识和处理扩大国内需求与扩大外贸出口、扩大出口与合理进口的关系问题。为此，建议有关部门对现行的国民经济核算体系进行修改和完善。

（2001 年 11 月）

居民储蓄存款增长分析

截止 2001 年 11 月底，全部金融机构居民储蓄存款余额 72324 亿元，比上年同期增长 13.9%；比年初增加 8019 亿元，同比多增 3883 亿元，其中，活期存款多增 373 亿元；定期存款多增 3509 亿元。

一、居民储蓄存款大幅增加的主要原因

一是城乡居民收入增长。2001 年 1—3 季度，全国城镇居民人均每月可支配收入 568 元，比上年同期增长 8.3%，扣除价格因素，实际增长 7.2%。特别是 4 月份以后城镇职工普遍增加工资，收入增长明显加快，人均可支配收入每月递增 1.1 个百分点 (9 月份增幅有所回落)。前三季度全国农村居民人均现金收入 1641 元，比上年同期增加 99 元，增长 6.4%，扣除价格因素，实际增长 5.2%。二是大量股市资金回流储蓄。8、9、10 月尤为明显。三个月累计新增储蓄额 3818 亿元，比上年同期多增加 2530 亿元。与此同时，各商业银行的"证券公司客户保证金"存款大幅下降。三是居民预期支出较高，即期消费增幅平缓。新增储蓄存款中，居民用于子女教育、个人养老、预防意外及购买大宗消费品等的储蓄比重继续稳定增加。1—3 季度，城镇居民每户人均月存款 109 元，同比增长 29.1%。1—11 月，社会消费品零售总额 33562 亿元，同比增长 10.1%；其中城市消费品零售额增长 11.5%，农村消费品零售额增长 7.8%。由于多种因素，目前国内市场尚未形成新的消费热点；尤其是我国加入 WTO，推迟了部分居民购买汽车等大宗消费品的意愿，即期消费倾向减弱。四是个体、私营企业生产性经营资金在新增储蓄中占相当比重。据调查，在一些位于城市繁华商贸区的银行储蓄网点，个体、私营企业生产性经营资金占储

蓄存款额的比重高达 50%。

二、影响储蓄增长与结构变化的主要因素

（一）银行信用是吸引居民增加储蓄的主要因素。在目前利率较低的情况下，绝大多数居民之所以愿意把钱存入银行，主要是看重国家银行强大良好的信用，把银行作为个人金融资产的"保险箱"。据人民银行第三季度城镇居民储蓄问卷调查，目前我国城镇居民金融资产存量结构中，选择储蓄存款为主要金融资产品种的家庭占 65%，以股票为主要金融资产品种的只占 10.2%。储蓄存款仍是居民金融资产首选。

（二）近两年利率下调，定期储蓄与活期储蓄的利差不断缩小。目前，商业银行活期储蓄存款利率为 0.99%，一年期储蓄存款利率 2.25%，二年期利率 2.43%，三年期利率 2.7%，五年期利率 2.88%。定期与活期的利差最高为 1.89 个百分点（五年期利率与活期利率）；最低为 1.26 个百分点（一年期利率与活期利率）。这两个利差分别比 1998 年下降了 3.1 个百分点和 2.25 个百分点。由于利差缩小，加之定期储蓄也可随时提取，使得居民在选择定期或活期储蓄时，随机性增强。

（三）股市涨跌对储蓄存款增减影响很大，股市与居民储蓄呈高度负相关。股指涨幅较多月份，当月或下月银行储蓄大幅减少；股指跌幅较大月份，当月或下月银行储蓄大幅增加。新股发行时，大量申购资金从居民存款帐户划入证券公司客户保证金帐户；新股发行结束，大量未中签资金又撤回存款帐户。因此，有的月份储蓄存款大幅增加，有的月份则大幅减少。因大量资金在储蓄帐户与客户保证金帐户之间游荡，使得发行新股成为影响月度储蓄存款波动的重要因素。

三、主要启示

第一，居民储蓄存款仍是我国金融机构存款的主要来源。在存差连年扩大和我国加入 WTO 的形势下，切实用好居民储蓄资金至关重要。去年 11 月末，储蓄存款余额占金融机构各项存款余额的 51.6%。金融机构各项存款余额与各项贷款余额的差额为 30196 亿元。这一存差比 1999 年同期扩大 17814 亿元；比 2000 年同期扩大 6508 亿元。银行存差扩大，既有存款持续大幅度增长的因

素，也有银行经营约束增强、贷款投放更趋谨慎的原因。尽管存差资金不能全部用来贷款（其中需要上交人民银行存款准备金、购买国债和政策性金融债），但确实表明银行资金比较宽裕。因此，更应注重从大局出发，处理好防范金融风险与支持经济增长的关系，按照信贷原则，调整和优化信贷结构，积极增加有效益的贷款，保持合理的存贷比率。当前，需要着力解决企业贷款抵押难、担保难、财产评估难的问题。由于一些企业不愿在办理银行贷款时承受风险抵押和担保；一些金融机构在办理贷款抵押时手续过于繁杂；有关部门收费过高，影响了银行向企业增加贷款。寻求既有利于银行降低风险，又满足企业资金需求的贷款担保机制，是提高资金使用效益的迫切需要。第二，在继续执行稳健货币政策的同时，加大金融对经济增长支持力度，谨防通货紧缩趋势滋长。2001 年我国货币信贷增长与经济增长是基本适应的。11 月末，广义货币供应量（M2）同比增长 13.2%；狭义货币供应量（M1）同比增长 11.4%。M2的增长速度高于经济增长率与居民消费价格上涨率之和。但 1—11 月，生产资料价格同比下降 1.4%，居民消费价格同比仅上涨 0.8%，其中 9 月、11 月当月分别下降 0.1%、0.3%。对此，中央银行应适度增加货币供应量；商业银行要合理规定信贷管理权限，改善服务；进一步增加对企业技术改造、小企业及农户的贷款；鼓励商业银行发展新的消费信贷品种，提高消费信贷占信贷总量的比重。第三，促进货币市场与资本市场良性互动。鉴于目前我国居民储蓄同证券市场的高度相关性，为保持储蓄存款稳定增长，促进证券市场健康发展，应在现有基础上，不断完善新股上市发行机制，切实提高上市公司质量，加大监管力度，努力增加适于长期投资的金融产品，尽量减少投机性游动资金对两大市场的负面影响。

（2001 年 12 月）

全面加快产业升级的紧迫性
——产业升级研究报告之一

全面加快产业升级，是包括产业结构、规模、技术及劳动者素质等要素的综合性体系，是产业各要素由低度提升到高度的过程。其主要内涵是：全面加快第一、二、三次产业升级，加快各产业内部行业升级；全面提高产业集约化水平，加快产业规模升级；全面提高产业技术水平，加快产业技术设备升级；全面提高企业管理水平和劳动者素质，加快产品质量升级。既要加快传统产业升级，也要加快新兴产业升级；既要加快劳动密集型产业升级，也要加快资金技术密集型产业升级。全面加快产业升级，旨在适应全面建设小康社会的总任务，加快提高我国经济的国际竞争力。

一、全面加快产业升级是保持经济平稳较快发展的迫切要求

国内外经验表明，经济增长与产业升级之间存在着密切相关性。这种相关性是通过经济增长—收入水平提高—需求结构变化—产业升级—更高层次上经济增长的循环过程实现的。其中最关键的环节是能否适应需求结构的变化推动产业升级，这是国民经济能否长期保持快速增长的决定性因素。近年来，我国经济增长已经越来越受到产业升级缓慢的制约。

（一）产业升级缓慢制约了消费需求扩大。消费需求作为最终需求是国内需求的主体。消费需求升级必然要求加快产业升级。进入新世纪，我国经济发展的主要任务已经由解决温饱和短缺，转向全面建设小康社会。城市居民家庭消费总体上已由万元级上升到十万元以上级，住房、汽车、通信、旅游、教育

等的消费比重明显上升；随着城镇化率提高，越来越多的农村居民转化为城镇居民。消费结构升级导致一般工农业产品出现了阶段性、结构性过剩，使得产业结构不适应需求结构的矛盾日益突出：质量不高、品种单一、款式陈旧的商品大量积压、滞销；适应现代消费的高科技、高附加值商品供不应求。我国已经到了必须通过产业升级来带动经济发展的阶段。只有全面加快产业升级，增加有效供给能力，才能进一步扩大国内需求，促进国民经济良性循环。

（二）三次产业比重不合理、内在素质低，导致经济增长下滑。上世纪 90 年代中期以来，我国经济增长总体趋势下降，除外部因素外，更有深层内因。突出表现在第一、二、三次产业比重不合理，内在素质低。第一产业农业的现代化程度很低；第二产业中工业的比重过高，且多数行业技术装备落后，产品技术含量低、附加价值低；第三产业比重偏低，尤其是高素质的劳动密集型服务业和现代服务业比重偏低。2001 年我国 GDP 构成中，第一产业比重15.3%；第二产业比重 51%，其中工业比重 44.4%，比相同发展水平国家高出10—20 个百分点；第三产业比重仅 33.6%，比相同发展水平国家低 10 个百分点左右。农业的产业化、现代化水平低主要是长期二元经济结构和农业人口比重过大造成的。2000 年我国第一产业就业比重仍高达 50%。然而，占就业总人口 1／2 的农业劳动力创造的增加值仅占 GDP 总值的 1／6。世界银行认为，"中国农业劳动生产率为印度（一个更穷的国家）的 75%，法国和美国的 0.8%。"（引自世界银行发展研究报告《中国与知识经济：把握 21 世纪》第二章）工业比重过高，根源在于多年重复建设导致一般加工工业规模过大，许多行业的生产规模大大超出了由现阶段居民收入水平、需求结构所决定的有效需求，形成大量无效供给。2001 年末，我国工业企业产成品资金占用额高达 7291 亿元，占 GDP 总值的 7.6%，占全部工业增加值的 27%。目前我国制造业部门劳动生产率为印度的 92%，不足美国、日本、法国的 5%。这是工业难以继续较快增长并难以带动整个国民经济较快增长的深层原因。第三产业比重偏低集中表现在服务部门的规模、种类和质量不适应消费水平提高和消费结构变化的需要，高素质的劳动密集型服务业和现代服务业发展缓慢。90 年代以来，我国交通运输和仓储业、金融保险业在 GDP 中的比重呈下降趋势，教育、科研和技术服务业的比重一直很低，这些产业部门的发展水平与发达国家同一发展阶段相比存在较大差距。由于第三产业中有很大部分是为第一、二产业扩大生产规模、提高生产效率服务的，其发展滞后必然阻碍第一、二产业的发展，这也是近年来我国经济增长速度持续下降、经济增长方式转变迟缓的重要原因。

（三）装备工业升级缓慢制约工业化水平提高。发达国家的经验表明，以装备工业为重心的重制造业的较快发展是促进整个经济持续快速增长的主要动力，也是转变经济增长方式、提高经济增长质量的先决条件。我国作为一个发展中大国，在越过工业化初级阶段之后，国民经济的技术装备更新尤其是重大技术装备的更新和升级不应当继续依赖进口，而应主要依靠国内制造业尤其是装备工业的发展来提供。因此，现阶段工业升级的重点是提高装备工业的制造技术和能力，加速实现重大装备国产化。装备工业尤其是加工组装制造业（包括金属制品、非电气机械、电气机械、运输设备、专业和科学仪器设备等）的发展，既可以支持企业全面更新生产设备，更好地适应需求结构变化，又能够提高整个工业的生产效率和附加价值，提高居民收入水平和投资收益率。因此，加工组装制造业的比重上升是工业结构由低加工度化向高加工度化和技术集约化转变的根本前提。以日本为例，在其工业高速增长时期始终把发展加工组装制造业作为重点。1960—1973年，日本制造业的增长指数为362%，而加工组装制造业的增长指数高达612%；1973—1990年，制造业增长指数77%，加工组装制造业增长指数183%；加工组装制造业占制造业增加值的比重，1956年24%，1971年41%，1990年47%。然而，90年代以来，我国工业结构未能迅速实现由消费品工业和原材料工业为重心向以装备工业为重心的重制造业升级。与世界平均水平相比，目前我国重型制造业中原材料制造业比重偏高，加工组装制造业比重偏低。2000年机电工业增加值占全部制造业增加值的比重仅20%，比90年代初下降近4个百分点。专用设备制造业、交通运输设备制造业、电气机械及器材制造业所占比重都很低。由于装备工业发展滞后，产业升级缓慢，使得整个工业技术设备落后日益突出。据第三次全国工业普查，我国独立核算大中型工业企业主要设备中，技术状况达到国际中等水平的约占20%—30%，属于国内先进水平的约占25%，其余50%均属国内一般水平和落后水平。某些行业的主要设备技术状况更差。如黑色金属行业和机械行业中，一般设备和落后设备比重分别占到98%和72%。据此，唯有全面加快产业升级特别是加快装备工业升级，才能继续保持工业较快增长并带动整个国民经济较快增长。

二、全面加快产业升级是积极应对加入世贸组织挑战的迫切要求

传统贸易理论认为，一个国家生产的产品，只要具有比较优势，如资源禀赋好，劳动力成本低，就能在国际分工与交换中获得比较利益。但是，当代国际经验表明，随着经济全球化和科学技术在生产中的作用日益突出，资源禀赋与劳动力比较优势的作用已逐步减弱，一国的国际贸易竞争力越来越取决于由科技开发及应用水平所决定的产业竞争力和产品竞争力。也就是说，一国的产业竞争力与其出口竞争力呈高度正相关，出口竞争力的强弱在很大程度上取决于产业竞争力的强弱，而产业竞争力又主要取决于产业的集约化、规模化水平。在加入 WTO 形势下，我国三次产业的国际竞争力都面临严峻挑战。从农业看，由于家庭承包经营为主，产业化水平低，生产成本高，目前粮食、油料、棉花等一些大宗农产品价格已经接近或超过国际市场价格水平，在规模、效率上不具备国际竞争优势，进口压力增大，对主产区农民造成严重冲击。从工业看，大多数工业品技术含量低、附加价值低，尤其是加工组装制造业不发达导致整个工业技术设备水平低，汽车、石化、电子等重要产业缺乏核心竞争力。从服务业看，由于传统服务业内在素质不高，现代服务业比重偏低，实行全面对外开放后面临激烈的国际竞争。从外贸出口形势看，我国出口增长越来越受到产业结构的制约，出口商品国际竞争力不强的矛盾日益突出，出口创汇额的增长主要依赖扩大低技术含量、低附加值商品的出口数量。2000 年我国 2492 亿美元出口总额中，传统农副产品和劳动密集型工业制成品的出口比重高达 64%。由于价格水平低，一些商品虽然出口数量增加，但出口额却没有同步增长，有的反而出现下降。在一些外国市场上，中国商品几乎成了廉价商品的同义词，尽管这些廉价商品给进口国消费者带来了巨大好处和实惠。更严重的是，我国物美价廉的出口商品动辄受到进口国反倾销起诉，致使出口企业蒙受许多损失。而引发贸易战的主要根源在于我国出口商品技术档次低，对进口国而言，仅有质优价廉优势，没有不可替代优势。虽然近年来我国机电产品出口增长较快，但占出口总额的比重不高，2000 年机电产品出口额比上年增长 36.9%，占出口总额的比重只有 36%。而且在机电产品出口中，同样存在技术含量低、竞争力差的问题。鉴于我国机电工业总体技术水平与国际水平存在相当大差距，进一步扩大机电产品出口必须加快产业升级。面对加入世界贸

易组织后外国商品大举进攻我国市场的严峻形势，面对国际市场上重叠林立的贸易保护主义屏障和壁垒，迫切要求采取主动进攻态势，全面加快产业升级，切实提高出口商品的技术含量和附加值，从根本上增强我国国际竞争力，既是保护国内市场的根本措施，也是扩大外贸出口的长远之策。

三、全面加快产业升级是加快农村剩余劳动力转移、提高城市就业率的迫切要求

人口多、就业压力大是我国的基本国情。根据发达国家和新兴市场国家的经验，在工业化初级阶段，第一产业就业比重一般占 50%，第二产业就业比重占 20%，第三产业就业比重占 30%；在工业化中级阶段，第一、二、三产业的就业比重大约为 25%、30%、45%；在工业化高级阶段，第一、二、三产业的就业比重大约为 10%，25%，65%。就业结构层次低，是我国产业升级缓慢的一个突出表现。2000 年，我国第一、二、三产业的就业比重为 50%、22.5%、27.5%。显然，我国就业结构总体上仍处于工业化初级阶段。这与我国三次产业占 GDP 比重早已进入工业化中级阶段形成了矛盾对比。但如果对我国工业化的特殊道路稍作分析，便可看出，由于我国三次产业中工业比重过高，导致一产、三产发展缓慢。这正是必须全面加快产业升级的根据所在。产业结构决定就业结构。产业升级会使第一、二产业的劳动就业减少，同时会使第三产业的就业比重大幅度提高；从现阶段我国国情出发，大力发展第三产业特别是服务业，是加快产业升级的必然要求，也是推动农村劳动力转移、提高城市就业率的重要途径。从长期看，产业升级会使传统产业中低技能劳动力就业量减少，同时，会使以知识和技术为主体的服务部门高技能劳动力就业量增加。无论从当前或长远来看，扩大就业都必须全面加快产业升级。

四、全面加快产业升级是节约资源、保护环境、实现经济社会可持续发展的迫切要求

产业发展水平与资源、环境状况密切相关。随着经济发展和人口增加，我国面临的资源与环境问题已经十分突出。集中表现在资源消耗速度快于国民经济增长速度，生态环境形势日益严峻。水资源紧张是我国面临的最为严重的资源问题，大部分城市缺水，城市及周边地区地下水超采严重，水位下降；矿产

资源的储产比下降；可耕地面积不断减少，水土流失面积已达 367 万平方公里，约占国土面积的 38%；退化、沙化、盐碱化草地总面积已达 135 万平方公里；沙漠化面积仍以年均 2460 平方公里的速度扩展。1998 年长江流域发生的特大洪水和近两年春季北方连续发生的扬沙和沙尘暴天气，重要原因在于多年来植树造林成活率不高，地表植被遭到严重破坏。有关研究表明，我国国民生产总值中有相当一部分是以牺牲环境和浪费资源为代价得来的。目前，我国每 1000 美元 GDP 产出所消耗的能源为美国的 4 倍；矿产资源综合利用率比美国低 4 倍，比日本低 5 倍；水资源平均再使用率比发达国家低 20%－30%。因此，要合理开发利用资源，保护生态环境，实现可持续发展，必须全面加快产业升级。

（2002 年 4 月）

全面加快产业升级的主要目标与重点
——产业升级研究报告之二

一、加快推进农业的产业化、规模化、集约化

农业升级的总体目标是：实现从粗放经营农业向集约经营农业转变，从传统农业向现代农业转变。

（一）加快培育具有国际竞争力的农业经营主体。一是鼓励发展多种形式的农业合作组织。着力培育粮食、畜牧、水果、蔬菜及食品加工等专业合作社，专业协会和促销协会，提高农业组织化程度。二是积极发展农产品行业协会等中介组织，加强市场价格协调与行业管理，建立农产品贸易风险防范机制。三是推进农业产业化经营，积极发展"订单农业"，建立农产品生产、加工、销售为一体的产业化经营体系。鼓励发展大粮商、大菜商、大果商、大畜牧商和大食品加工商，参与国内外市场竞争。

（二）促进主要农产品向优势产区集中，发挥比较优势，形成农产品"有出有进"的合理贸易格局。沿海发达地区和大城市郊区，应以发展高科技农业、高附加值农业和出口导向型农业为主，率先实现农业现代化。中部粮食主产区应充分发挥自身优势，不断优化粮食品种和品质结构，建立优质稳产高效的大型商品粮、加工专用粮和饲料粮生产基地，发展优质专用和无公害农产品，增强优质粮食品种的进口替代能力。西部生态环境脆弱地区，重点搞好退耕还林、退耕还草、退耕还湖，大力发展特色农业、旱作农业和生态农业。基于我国劳动力资源丰富、土地资源稀缺的基本国情，在确保粮食安全的前提下，从参与国际农业分工和竞争中获得比较利益。

（三）加快提高农产品的优质化、专用化水平，提升农产品质量品质。着力发展绿色农产品和有机农产品，加快引进、选育和推广优良品种。利用WTO的"绿箱"、"黄箱"政策，加大动植物良种工程投入，抓好品种选育、良种扩繁和改善品质，重点发展适于加工需要的专用农产品。加快引进、开发具有国际先进水平的农产品加工、保鲜、储运技术和大型设备，创造一批特色突出、科技含量较高的名牌农产品，抓紧培育一批国际知名的优质品牌。加强农产品质量标准体系和检验检测体系建设，尽快制订和完善农产品卫生安全标准，发布供出口企业参考的国际标准，建设一批符合国际卫生检疫标准的优质安全农产品出口基地。

二、加快推进全新技术内涵的工业化，以信息化带动工业化

工业竞争力是产业竞争力的核心。我国正处于工业化快速发展时期，"继续完成工业化是我国现代化进程中艰巨的历史性任务"（引自朱镕基总理2000年10月9日在中共十五届五中全会上《关于制定国民经济和社会发展第十个五年计划的说明》）。在工业化任务尚未完成的情况下，西方发达国家已经率先进入信息化和知识经济时代，这为我国加快实现工业化、现代化提供了重大历史机遇。在新的时代背景下，我国工业化不必要也不可能再沿袭发达国家传统工业化的老路，应当而且必须推进具有高技术起点和全新技术内涵的工业化。"新的历史机遇，使我们可以把工业化与信息化结合起来，以信息化带动工业化，发挥后发优势，实现生产力跨跃式发展。"（引文同上）工业升级的总体目标是：以增强产业整体素质和国际竞争力为核心，提高产业集约化水平，加快产业规模升级；提高装备工业水平，加快产业技术设备升级；提高企业管理水平和劳动者素质，加快产品质量升级。积极采用高新技术和先进适用技术改造、提升传统工业，促进传统工业规模升级、技术升级。以提高加工组装制造业的技术工艺水平和设计制造能力为重点，增强重大装备开发能力，加快装备工业升级，提高装备工业的比重和技术水平。全力抓好重大装备国产化工作。抓紧完成新型发电设备制造、城市轨道交通设备制造和环保装备制造等国产化项目。大力发展电子信息、生物技术和新材料等新兴产业。以国民经济信息化为目标，重点攻克高性能计算机、大型软件、集成电路设计与制造、信息资源与信息安全、网络与通讯技术等一批关键技术和具有较大应用价值的系

统，突出抓好亚微米、深亚微米集成电路的设计和制造。努力提升集成电路产业化水平。在信息安全、通信、消费类电子产品等领域，着力提高集成电路芯片的自主开发能力、系统设计水平。切实抓好高性能计算机的研究开发和产业化。充分利用基因操作技术、生物工程技术和生物信息技术三大前沿技术，大幅度提高生物技术整体研究水平和应用开发能力。进一步加强前瞻性新材料研究、材料制备评价技术研究、支撑国家支柱产业和国防工业的关键配套技术研究。

三、加快发展高素质劳动密集型产业和现代服务业，提高服务业竞争力

以增加劳动就业为重点，提高服务业比重，扩大服务业门类，提高现代服务业发展水平和技术含量。发展物业管理、家政服务、社区服务、连锁经营、物流配送、电子商务。加速推进城镇化。发展小城镇，是转移农村剩余劳动力的基本途径，也是发展第三产业、增加农民就业门路和收入的重要来源。应当加强小城镇建设规划，改革农村户籍制度，繁荣小城镇经济，实现大批农业劳动力向小城镇转移。切实加强对劳动力的教育和培训，着力提高服务业从业人员素质。大力发展教育、文化产业。鼓励和支持社会力量兴办职业培训，鼓励高等学校与国外名牌大学采取多种形式合作办学。加快公共文化设施建设，满足城乡居民多种文化需求。按照现代企业制度要求，规范文化产业组织形式，发展一批跨地区、跨部门的大型文化企业集团。对于我国加入 WTO 后对外开放的文化领域，抓紧制定相关政策。

（2002 年 4 月）

全面加快产业升级的主要战略与步骤

——产业升级研究报告之三

一、跨越式发展战略

这是后进国家实现历史性转折和跳跃式前进的必由之路。目前，我国经济正处于迈上新台阶的关键阶段。加入 WTO 使我国产业在更大范围和更深程度上卷入国际竞争之中，产业升级已经不能再沿袭传统模式，必须实行跨越式发展。（一）技术起点跨越。主要包括两个方面，一是传统产业改造的技术起点，二是高新技术产业发展的技术起点。应当站在战略高度和全球角度，逐一审视、分析我国传统产业改造和提升的技术起点；明确每个产业应当采用何种高技术或哪些先进适用技术进行改造和提升；明确高技术和最新科技成果可以在我国形成哪些新产业和新的经济增长点。当今世界，科技发展突飞猛进、一日千里，有些高技术、新技术很快被更高、更新的技术所取代和覆盖[例如，根据摩尔定律（Moore`s Law），由于微处理机的迅速发展，计算机的计算能力每 18—24 个月提高一倍；根据吉尔德法定律（Gilder`s Law），由于光纤网络技术的进展，通讯能力每隔 6 个月增加一倍，即宽带爆炸]。因此，必须时刻关注、跟踪国际科技和产业发展动态，掌握产业技术进步趋势，始终站在世界高技术和最新技术的起点上，根据我国国情，遵循"有所为、有所不为"的方针，对高新技术的开发与应用作出正确战略选择。

二、技术扩散战略

技术扩散是世界银行 2001 年发展研究报告《中国与知识经济：把握 21 世

纪》中提出的。原文提法为"在整个经济中扩散技术"。全面加快产业升级，必须在实施技术创新战略的同时，大力实施技术扩散战略。政府在实施技术扩散战略上应当发挥积极作用。包括建立完整、统一的产业技术标准、实施政府技术扩散项目并提供启动资金、建立非盈利性技术研究中心、建立技术传播网络、扶持中小民营科技企业、促进形成技术创新区和创业群等。特别注重依法保护技术创新成果和知识产权。

三、合作竞争战略

我国新一轮的产业升级将在产业全面对外开放、国际竞争深入国内的形势下展开。面对大批跨国公司在技术、规模、管理等方面的竞争优势，我国企业必须并只能采取与其既合作又竞争，在合作中竞争、在竞争中合作的战略。应当欢迎跨国公司来华设立技术研究开发中心，积极参与跨国公司全球分工体系，力争使我国成为全球制造和研发中心。

四、全球配置资源战略

在经济全球化背景下，任何国家经济发展都不可能完全依赖自身资源。我国是人均资源贫乏的发展中大国，更需要积极参与全球分工和资源配置。加入WTO，为我国充分利用国际国内两个市场、两种资源，优化资源配置，提高资源利用效率提供了广阔空间。应努力扩大我国具有比较优势的高附加值产品出口，实现经济增长良性循环。

五、教育培训战略

产业升级归根结底取决于人才。以人力资本为核心的全要素生产率对经济增长产生越来越大的作用。开展大规模的技术教育和技术培训，是培养推动产业升级所需的大批技术性人才的根本性战略。大力发展各级各类技术教育和技术培训，抓紧扩大技术性人才培养规模，提高技术性人才的培养质量。发展中外合作技术学校。高度重视并搞好对广大农民的科技培训，建立农民工技术培训体系。

（2002 年 4 月）

依靠科技创新加快产业升级

科技创新能力不强是我国产业竞争力不高的重要原因。一是产业层次和技术水平低。工业大而不强。我国工业总规模已经很大，目前钢铁、电解铝、水泥、煤炭、电冰箱、洗衣机、空调器、化纤、纱、布、服装等主要工业产品产量均为世界第一，但产业、产品结构相对落后，劳动密集型产业比重大，高科技、高附加值产业比重低。我国制造业总规模世界第三，但目前进入世界 500强的制造业企业只有中石化、中石油、宝钢和一汽四家。全国 800 多家钢铁企业，年产量超过 1000 万吨的只有 8 家；钢铁生产能力中，技术落后的 300 立方米以下高炉炼铁能力仍有 1 亿吨左右，20 吨以下小电炉和小转炉炼钢能力还有 6000 万吨。水泥行业前 10 家企业市场份额不到 15%，生产能力仅及法国拉发基集团 1 家的产能，而且立窑水泥等落后生产能力占 50% 以上；汽车整车企业 117 家，但 90 多家企业年产量不足 1 万辆；炼油企业 120 多家，平均规模只有 261 万吨，而世界平均水平为 611 万吨。彩电、手机、PC 机、DVD 播放机等产品产量虽居世界第一，但关键芯片都要依赖进口。二是现代农业和服务业发展滞后。我国农业仍是以手工劳动为主的生产方式，农业生产的专业化、集约化、社会化水平低，劳动生产率低。服务业总量不足，2005年我国服务业占国内生产总值的比重为 40.3%，比人均收入水平与我国基本相当的国家低 10 个百分点左右；金融、保险、物流、电信、运输等现代服务业，普遍存在服务产品开发不足、服务价格高、服务质量不稳定的问题，大量潜在需求得不到满足。信息技术开发应用与经济社会发展结合不紧密、不广泛，信息资源开发利用明显滞后。三是产品技术水平和附加值低。我国制造业相当一部分产品是简单的来料加工或来件装配，制造业的快速发展主要是靠初级产品数量扩张和贴牌生产实现的。钢铁工业冷轧硅钢片、轿车用钢板、高档家电钢板，铝工业中高档铝板带箔、航空航天用铝合金等产品基本都靠从国外进口。我国已成为世界上纺织品、服装、鞋、钟表、自行车、玩具等产品第一大出口国，但大多是低技术含量、低附加值的劳动密集型产品。现在，全世界平均每年每人购买我国生产的 1 双鞋、2 米布、3 件衣服，但货物出口中自主品牌产品不足 10%。如纺织服装出口占全球纺织服装出口总额的 24%，我国自主品牌不到 1%，没有一个是世界名牌。近年来，虽然我国高新技术产品出口额增长很快，但大多是跨国公司在我国生产的，而且主要是在加工装配生产环节，多数产品仍属于劳动密集型产品。由于缺少自主品牌，我国出口产品价格长期上不去。据世界银行统计，如果以 1995 年为基数 100，2002 年中国出口价格指数只有 78，7 年间出口价格下降了 22 个百分点。四是大量低端产品出口引发我国与其他国家贸易摩擦增多。1979 年以来，国外共发起 744 起针对我国产品的反倾销、反补贴、保障措施及特别保障措施的调查案件。1995 年以来，我国受到的反倾销案件占到全球反倾销案件总数的 15.8%，连续 11 年成为遭受反倾销最多的国家。仅 2005 年，我国就遭遇反倾销调查 51 起；其中，欧盟先后对我 2 种纺织品设限，对 8 种纺织品进行设限调查，并对另外 10 类产品实行监控，涉及金额 20 亿美元；美国频繁对我纺织品实施 242 段限制措施，对 10 种产品实行数量限制，24 种产品进入调查程序，涉及金额 63 亿美元。这些情况表明，转变贸易增长方式十分紧迫、势在必行。五是自主创新能力不强，缺乏核心竞争力。产业、产品结构不合理的根本原因是我国缺乏核心技术、缺乏自主知识产权、缺乏世界知名品牌。这三个"缺乏"集中起来就是自主创新能力不强。目前，我国对外技术依存度在 50% 以上，而发达国家都低于 30%，美国和日本在 5% 以下。我国主要行业的关键设备与核心技术基本依靠进口，全部光纤制造设备、85% 的集成电路芯片制造装备，80% 的石油化工设备，70% 的轿车生产设备都是如此。我国 90% 的药品专利、70% 以上的数控机床专利都是外国的。我国出口的 DVD 在国外每台卖 30—40 美元，但每台要交 21 美元的专利费。我国很多企业缺乏核心技术，特别是原创技术和自主品牌。据有关部门统计，目前国内约 70% 的高新技术专利是外国企业申请的，其中信息技术达 90% 以上，生物工程技术达 95% 以上。我国发明专利授权量仅为日本和美国的 1/30；我国每百万人获得的专利权数量仅为 1 项，而日本

994 项，韩国 779 项，瑞典 271 项。有关方面研究表明，我国科技创新能力在全世界 49 个主要国家中位居第 28 位，不仅低于发达国家，也落在巴西、印度等发展中国家之后，处于中等偏下水平。尤其是我国企业技术创新的动力不足、能力不够。目前在我国 2.8 万个大中型企业中，设立研发中心的企业只占 1/4，超过半数中央企业的科技投入不到主营收入的 0.5%。在核心技术和关键设备上缺乏自主知识产权，缺乏能够支撑经济结构调整和产业技术升级的技术体系，存在着产业技术空心化的危险。我国高技术产业的规模不小，但相当一部分高技术产品是简单的来料加工或来件装配，附加值低。同时，知识产权成果转化存在环节多、链条长、效率低的问题。上述状况如不尽快改变，我国在国际产业分工中将被长期固化在低技术、低附加值的层次。

推进结构优化升级的主要途径和措施：1.坚持走新型工业化道路，促进工业由大变强。我国正面临通过进一步吸纳国际生产要素实现跨越式发展的重大机遇。我们要紧紧抓住这一机遇，积极承接新一轮国际产业转移，加快产业结构调整和优化升级，努力实现产业结构从资源型产品加工向高附加值产品加工转变，从量的扩张为主向质的提高和结构优化升级转变。2.加快发展高技术产业。包括信息产业、生物产业、航空航天产业、新材料产业等，促进高技术产业从加工装配为主向自主研发制造延伸，引导形成一批具有核心竞争力的先导产业、一批集聚效应突出的产业基地、一批跨国高技术企业和一批具有自主知识产权的知名品牌。立足于信息化和工业化相互促进的实际需要，加快推进国民经济和社会信息化。加快企业信息化步伐，提高企业管理水平和市场竞争力。促进金融、财税、商贸等领域信息化，积极推进电子商务和电子政务。在科技教育、医疗卫生、社会保障、文化体育、新闻媒体等领域，大力推广应用信息技术，提高信息化水平和服务能力。加快农业、农村信息化步伐，充分利用各类网络资源，提供农业技术、市场信息，开展农村远程教育，推动 7 亿农村人口进入信息化社会。大力发展互联网，提高互联网应用水平。推进第三代移动通信系统和数字电视等技术的开发研究。加快发展微电子和软件产业。促进我国信息产业跨越式发展。把生物技术作为未来高技术产业迎头赶上的重点。以生物医药、生物能源、生物制造等领域为重点推进生物产业局部领域新突破。加强生物技术在农业、工业、人口与健康等领域的应用，特别是加强粮食与食物安全、重大传染病防控、创新药物等方面的研究开发，提升相关产业发展水平。加快新支线飞机的研制能力建设，加强大型飞机、发动机的自主研制，建设广播电视直播卫星工程和民用通信卫星工程，促进民用航空航天产业快速发展。加速新材料、新能源和环保等领域自主知识产权重大科技成果的产业化，形成一批新兴产业。3.加快发展先进制造业。广泛应用高新技术和先进适用技术改造提升制造业，形成更多拥有自主知识产权的知名品牌，发挥制造业对经济发展的重要支撑作用。特别是振兴装备制造业。在高档数控机床与基础制造装备、高效清洁发电与输变电等领域研制一批重大技术装备，提升汽车工业水平，壮大船舶工业实力。提高重大技术装备国产化水平，特别是在高效清洁发电和输变电、大型石油化工、先进适用运输装备、高档数控机床、自动化控制、集成电路设备和先进动力装置等领域实现突破，提高研发设计、核心元器件配套、加工制造和系统集成的整体水平。4.加快发展服务业。现代制造业与服务业融合已成为当代经济发展的重要趋势，制造业的水平和利润，更多地体现在人力资源开发、研发和营销等服务领域。我国华为公司从事研发和营销的员工占70%—80%。我国与印度同为发展中大国，虽然印度的工业体系和基础不如我国，但印度服务业特别是现代服务业的发展水平高于我国，印度服务业增加值占国内生产总值的比重达53%，比我国高13个百分点。有人把我国比喻成"世界工厂"，而把印度比喻成"世界办公室"，并认为未来世界服务业外包市场有可能一半以上被印度占领。"十一五"时期要加快提升服务业比重、提高服务业发展水平。大力发展金融、保险、信息、现代物流和知识产权、技术、法律、会计服务等现代服务业，发展商贸、房地产、旅游、市政公用事业、社区服务、文化和体育产业等消费性服务业，运用现代经营方式和信息技术改造提升传统服务业。大城市应把发展服务业放在优先位置，有条件的要逐步形成服务经济为主的产业结构。5.加快转变外贸增长方式，优化出口产品结构。"十一五"时期，要在保持出口稳定增长的同时，在战略导向上更加重视改善出口的质量、结构和效益，逐步实现出口增长由数量创汇型向质量效益型转变。重点提高劳动密集型出口产品的质量、档次和附加值。支持企业扩大具有自主知识产权、自主品牌的产品出口。加强高新技术产品出口基地建设，重点促进汽车及零部件、船舶、飞机、铁路装备、港口设备、通信产品等大型和成套设备的出口。6.着力提高自主创新能力，增强核心竞争力。坚定不移地把立足点从主要依赖国外技术转移到依靠自主创新上来，尽快增强原始创新能力、集成创新能力和消化吸收再创新能力，力争在不太长的时间内，显著提高我国产业产品的技术水平。努力掌握信息产业和装备制造业具有自主知识产权的核心技术，是提高我国产业竞争力的突破口。以信息、重大装备制造和新材料的集成创新为核心，开发一批重大成套装备、高技术装备，全面提升我国制造业的技术创新能力和国际竞争力。大力实施品牌战略，鼓励开发具有自主知识产权的知名品牌。按照产业化、集聚化、国际化的方向，加快从加工装配为主向自主研发制造延伸，努力形成一批拥有自主产权的技术、产品和标准。改善技术创新的市场环境，实行支持自主创新的财税、金融和政府采购等政策。加快发展创业风险投资，加强技术咨询、技术转让等中介服务，支持中小企业提升自主创新能力；制定和完善促进引进技术消化吸收和再创新的政策，强化技术引进与消化吸收的有效衔接，提高技术配套和自主开发能力。继续完善支持高新区发展的有关政策，加强以企业孵化为重点的软硬环境建设，培育一批拥有自主知识产权、在国际上具有竞争力的高新技术企业。继续引进国外先进技术，积极参与国际科技交流与合作，利用好全球科技资源。建立健全知识产权保护体系，加大保护知识产权执法力度。

（2005 年 11 月）

投资与消费比例关系内涵

投资与消费比例关系，是指用支出法进行国内生产总值核算时，资本形成总额、最终消费在 GDP 中各自所占比例及其相互关系。其中，资本形成总额占支出法 GDP 总值的比例通常称为投资率；最终消费占支出法 GDP 总值的比例通常称为消费率。投资率与消费率是分析研究国民经济结构状况的重要指标。资本形成总额是指常住单位在一定时期内购买和建造的固定资产总额，它包括固定资本形成总额和存货变动；其中，固定资本形成总额是指常住单位在一定时期内购买、转入和自产自用（扣除销售和转出部分）的固定资产价值；存货变动是指常住单位在一定时期内，期末商品实物量价值减去期初商品实物量价值的差额。最终消费是指居民住户和政府部门在一定时期内购买最终消费品包括货物和服务的支出，分为居民消费和政府消费；居民消费是居民在一定时期内购买最终消费品包括货物和服务的支出，包括商品性消费、自给性消费、实物收入消费、文化生活服务性消费、住房及水电煤气消费、公费医疗消费、集体福利消费等，分为农村居民消费和城镇居民消费；政府消费是政府在一定时期内经常性的业务活动支出，包括财政预算内和预算外经常性的业务活动支出。资本形成总额与全社会固定资产投资总额、最终消费与社会消费品零售总额的关系。全社会固定资产投资总额是在一定时期内以货币计算的建造和购置固定资产活动的工作量，它是反映固定资产投资规模、速度、比例关系和使用方向的综合性指标；按登记注册类型，可分为国有、集体、个体、联营、股份制、外商、港澳台商、其他投资等；按管理渠道，可分为基本建设、更新改造、房地产开发和其他投资四个部分。全社会固定资产投资总额是计算资本形成总额的主要依据，但不等同于资本形成总额。二者差异在于，全社会固定资产投资总额中包括土地购置费、旧设备和旧房屋购置费等，这些在计算固定资本形成总额时要扣除；同时，固定资本形成总额中也包括了全社会固定资产投资总额中不包括的部分：如房地产开发从建成到销售环节的费用；新开垦土地的成本费用；城镇 50 万元以下项目投资额。因此，在分析投资与消费比例关系时，不能用全社会固定资产投资总额代替资本形成总额。同样，社会消费品零售总额是指在一定时期内各生产部门和行业直接销售给城乡居民和社会集团的消费品，它是反映国内消费市场变动情况和经济景气程度的重要指标。社会消费品零售总额是计算最终消费的主要依据，但不等同于最终消费。二者区别在于：1.最终消费中既包括商品性消费也包括服务性消费，而社会消费品零售总额中只包括商品性消费不包括服务性消费；2.最终消费中的居民消费剔除了对社会集团销售部分和建房、装修、大修用的建筑材料部分。一般情况下，社会消费品零售总额只占最终消费的 60—70%；2001—2003 年，这一比重分别为 63.8%、66.9%、68%。因此，在分析投资与消费比例关系时，不能用社会消费品零售总额代替最终消费。

（2004 年 10 月）

扩大国内消费的十大潜力

第一，扩大中低收入群体消费潜力巨大。根据联合国中等收入标准，我国现阶段居民家庭年收入在 6 万元—50 万元的可视为中等收入群体。按此标准测算，目前全国中等收入群体大体占总人口 20% 左右，这一比例明显偏低。到 2020 年，我国中等收入群体比重将扩大到 50% 左右，届时，不仅城乡居民人均收入水平将有较大幅提高，而且达到人均收入水平的人数占总人口的比重也将有较大幅度提高，社会收入分配将呈现以中等收入为主体的"两头小、中间大的橄榄型"结构。如果中等收入者比重占到 50%，将会创造巨大的消费需求。

第二，扩大农村消费潜力巨大。我国人口有一半在农村，人口分布决定了广大农村是国内市场的主体。2006 年全国农村居民人均纯收入 3587 元，城镇居民人均可支配收入 11759 元，农村居民收入仅相当于城镇居民收入的 1/3。按目前农村人口，如果农村居民人均纯收入在现有基础上增长 1 倍，即达到 7174 元，那么全国近 7 亿农村居民将增加 2.5 万亿元收入，即增加 2.5 万亿元的购买力；如果农村居民人均纯收入增长 2 倍，即达到 10761 元，全国农村居民将增加 5 万亿元收入，也就是增加 5 万亿元的购买力。再从消费额看，2006 年全国社会消费品零售总额 76410 亿元，其中，城市消费品零售额 51543 亿元，县及县以下农村消费品零售额 24867 亿元，农村消费品零售额仅相当于城市的 48.2%，不到一半；如果农村消费品零售额增加到与城市相等，就相当于目前两个农村市场的规模。仅从这样简单算账就可以清楚地看到，农村市场是一个潜力巨大的市场。同时，目前广大农村缺乏现代商业流通设施，零售业布局不合理，组织化程度低，一些地方假冒伪劣商品充斥市场。采取措施逐步解决这些问题，也将为扩大农村消费创造必要条件。

第三，扩大中西部地区消费潜力巨大。我国中西部地区 21 个省（区、市），人口占全国 65%，国土面积占 90%。无论从人口或地域上看，中西部都是扩大国内消费的重点地区。近些年，由于实施西部大开发、振兴东北地区老工业基地、促进中部地区崛起等一系列重大战略，中西部地区经济发展很快，城乡居民收入和消费水平不断提高。2006 年中西部 21 个省（区、市）社会消费品零售额 35641 亿元，占全国 46.6%；如果社会消费品零售额在现有基础上增长 1 倍，将增加 3.5 万亿元；如果增长 2 倍，将增加 7 万亿元，相当于目前的全社会消费品零售总额。因此，扩大中西部地区消费具有十分巨大的潜力。

第四，扩大服务消费潜力巨大。城乡居民在满足基本生活需求之后，对于发展需求和享受需求的消费与日俱增，特别是对优质服务的需求越来越大，具有十分广阔的市场前景。不仅传统的餐饮、住宿、交通、住宅装修、物业管理等服务需求不断增加，而且休闲、健身、旅游、家居服务、家庭医生及护理、家庭理财、法律顾问、养老等新兴服务需求也不断扩大；特别是提高个人素质的教育培训，丰富精神文化生活的电影、电视、图书、音乐、戏剧、美术等文化消费需求，都将大幅度增加。可以预期，今后一个时期，服务消费的发展规模和速度，将出现前所未有的扩张和增长。

第五，扩大居民储蓄转化消费的潜力巨大。社会保障水平低，公共服务不到位，是导致居民储蓄倾向居高不下、消费倾向持续偏低的主要原因，也是制约扩大消费的主要障碍。据统计，目前，在全国 7.6 亿多就业劳动者中，只有 1.4 亿多人参加了基本养老保险；在全国城乡 1.4 亿老年人中，只有 5000 万人享有退休养老金；在 5.7 亿多城镇人口中，只有 1.2 亿多人参加了基本医疗保险；参加工伤劳动保险的劳动者不到 7000 万人。这些情况表明，我国社会保障制度还很不完善。加快扩大社会保障覆盖面，不断提高保障水平，使城乡居民解除看病养老等后顾之忧，是扩大消费必须解决的体制问题。2006 年末，城乡居民储蓄存款余额已高达 16.67 万亿元，如果其中 1/5 转化为消费，就会增加 3 万多亿元的社会购买力；如果其中 1/4 转化为消费，将会增加 4 万多亿元的社会购买力。可见，通过完善社会保障、促进储蓄转化为消费潜力巨大。

第六，扩大热点消费、品牌消费潜力巨大。随着居民消费结构不断升级，品牌消费对市场的导向、带动作用越来越大，在引领消费潮流方面发挥主导作用。消费者在选购商品时，越来越注重名优品牌；越来越多的企业加大技术研发力度，注重开发、生产名优产品。因此，品牌消费蕴育着巨大的市场潜力和无限商机。

第七，扩大供给创造消费潜力巨大。当今世界科技进步日新月异，科学技术作为第一生产力在改变人类生产方式和生活方式中发挥越来越大的作用。新技术、新材料、新工艺、新发明层出不穷，科学技术在引导生产的同时也引领消费，对扩大消费产生强大的推动作用。例如，各种保健食品、生物药品、有机蔬菜、水果、不断更新换代的移动电话、电子计算机、数字电视和互联网络，甚至太空旅游。等等。总之，现代科技给人类生活带来日益增多的新概念、新产品、新方式、新体验，所有这些都将不断创造巨大的消费需求。

第八，新型流通业态创造消费潜力巨大。目前世界零售业50强中已有80%进入中国，在带来激烈竞争的同时，也带来了新的经营理念、新型业态和先进管理模式。专卖店、专业店、超级市场、便利店等各种零售业态遍地开花，连锁经营逐渐成为商业企业的主要经营方式。随着现代流通发展和商业经营模式不断创新，商品市场和服务市场的细分不断深化。随着整个网络基础、通信基础和相关软件平台的成长和完善，数字家庭的发展时机已经成熟，这些都将对扩大消费产生巨大推动作用。

第九，先进消费理念创造消费潜力巨大。随着居民消费结构持续升级，消费者在选购商品时，更加注重品质和质量，注重商品的文化内涵，随着绿色消费、环保消费等新的消费理念兴起，消费者对节能、环保、健康、安全的关注已经达到空前的程度，居民消费正在从单纯满足基本需求的物质消费，向追求物质消费和精神消费并重的更高层次消费需求转变，从而给扩大消费创造了更加广阔的市场空间。

第十，消费国际化创造消费潜力巨大。经济全球化必然带来消费全球化。随着我国对外开放不断扩大，"引进来"与"走出去"不断增加，国外主要是发达国家的消费理念、消费方式和消费文化快速地传递到我国，对我国消费产生直接间接的影响，包括商品消费、服务消费、文化消费。由于全球化趋势的特征是计算机化、数字化、卫星通讯和因特网，这些技术使得国与国之间、公司与公司、人与人之间的交流比以前更广泛、更快捷、更廉价、更深刻以及可能性更大。整个世界日益变平、变小，人们的生活、消费方式更加趋同，消费国际化已经成为扩大、提升国内消费的重要引擎和途径，其中蕴涵的消费潜力不可低估。

（2007年6月）

把国家基础设施投资重点放到农村

近几年，部分行业盲目投资造成生产能力大大超过市场需求。目前，全国钢铁、水泥、铝的生产能力严重过剩；电力等生产能力也将出现过剩。如何解决部分行业产能过剩问题，已经成为当前和今后两年加强宏观调控的重大紧迫课题。2006 年 8 月上旬，我们在吉林、黑龙江两省调研中深切感到，要把解决部分行业产能过剩与加强农村基础设施建设结合起来，通过加快农村基础设施建设，消化部分行业过剩产能。同时，应当把国家基础设施投资重点放到农村，加快改变农村生活条件，增加农民收入，扩大农民消费。

一、加快农村基础设施建设可以创造巨大的投资需求

一是农田水利基本建设投资需求大。我们在吉林省的公主岭、农安、伊通、东丰和黑龙江省的呼兰、克山、绥化等粮食主产区调研时发现，不少农田水利设施年久失修，防汛抗旱能力不强。特别是一批病险水库亟待加固，一些灌区和小型水利设施急需改造和建设。据吉林省测算，今后五年仅中部城市引松花江供水、老龙口水利枢纽、大安灌区改造等六项重点水利工程需要投资150 亿元；1998 年以来国债续建项目还有 190 亿元资金缺口。黑龙江省农业水利设施历史欠账多，水土流失日益严重。近几年农田有效灌溉面积仅 18%，每年地表水截流能力不足 15%，水库调蓄能力仅 5%。两省情况表明，进一步加大农田水利基本建设投资力度势在必行。二是改善农村生活条件和环境投资需求大。目前，吉林、黑龙江两省分别有 3506 个、4298 个村未通公路，占行政村总数的 37%、46.9%；大多数乡镇村屯仍是土泥路，缺少硬面路。吉林省有 45% 的集镇没有用上自来水，黑龙江省有 20470 个村屯、920 万人饮水困难

或饮水不安全。两省绝大多数农村地区没有垃圾处理场，几乎所有农民家庭都没有污水处理设备，没有干净卫生的厕所；饲养家畜家禽缺少隔离设施，人、畜、禽同处一院，家庭卫生环境普遍较差。虽然前几年农村电网改造取得明显成效，但仍存在电压不稳、电价偏高等问题。由于缺乏燃气、暖气供应，大多数农户至今仍用秸秆烧火做饭；东北冬季寒冷，取暖尤为困难。根据吉林、黑龙江两省农村生活基础设施现状合计测算，两省共有 1.8 万多个村、868.5 万个农户，如果今后几年每个村建设一条"硬面路"，每个农户安装一套自来水设备、建设一个沼气池、一个清洁卫生厕所，需要投入大量的钢铁、建材等物资，将创造出巨大的投资需求。三是农村教育、卫生、文化等社会事业投资需求大。我们在两省调查中看到，大多数农村中小学校舍和乡镇卫生院房屋破旧，教学、医疗设备简陋。绝大多数学校没有电脑，缺乏教学实验仪器；不少医院没有 X 光机和 B 超机，住院床位严重不足；80% 的乡镇没有像样的文化设施。目前，吉林、黑龙江两省农村中小学分别有 140 万平方米、188.6 万平方米的危房亟待改造；分别有 90%、75% 的乡镇卫生院房屋需要修缮、医疗设备需要更新；多数乡镇文化站没有独立活动场所。如果今后几年两省对现有的农村中小学校舍、乡镇卫生院进行一次彻底改造，也将对钢铁、建材等行业形成很大的投资需求。

二、加快农村基础设施建设可以一举多得

在这次东北调研中我们强烈感受到，加快农村基础设施建设，是今后两年解决部分行业产能过剩问题的现实选择。一是通过加快农村基础设施建设，可以直接利用、消化部分行业过剩生产能力，促进经济良性循环。早在去年一季度，经济运行中就出现了部分行业产成品库存大幅上升、经济循环不畅的问题。通过加强宏观调控，虽然抑制了投资过快增长，但前几年部分行业过度投资形成的生产能力仍然偏大。截至今年 9 月末，全国规模以上工业企业产成品库存已高达 12079 亿元，相当于前三季度全部工业增加值的 1／4。与此同时，工业企业效益大幅下滑，经济循环不畅。今年前三季度全国规模以上工业亏损企业亏损额同比增长 57.6%，增幅同比上升 50.4 个百分点。当前，一方面部分行业生产能力严重过剩，另一方面广大农村基础设施严重短缺，把供给和需求两个方面结合起来不仅完全必要，而且切实可行：利用部分行业过剩的生产

能力，可以为农村基础设施建设提供所需物资产品；通过加快农村基础设施建设，可以充分利用、消化部分行业过剩的生产能力，促进经济健康运行。二是可以加快改变农村基础设施落后面貌，改善农村生产生活条件和环境。我国广大农村尤其中西部大多数农村地区路、水、电、气、厕等基础设施落后，交通不便、生活环境"脏乱差"、饮用水不安全等问题十分突出。近年来，随着城市建设快速发展，人们越来越感到城乡差别呈加速扩大趋势。甚至不少外国人发出慨叹"看中国的城市仿佛到了欧洲，但是看中国的农村仿佛又到了非洲"。显然，加快农村基础设施建设，特别是加快路、水、电、气、厕的改造，已经成为改变中国农村落后面貌、全面建设小康社会、加快建设社会主义新农村的紧迫任务。在当前形势下，利用部分行业过剩的生产能力，加快建设乡村公路，改善农村供电质量，实施改水、改厕，发展清洁能源，逐步推进垃圾处理和供气供暖，完全能够在不太长的时间内使广大农村的生产生活条件和整体环境有一个明显改观。三是可以直接增加农民收入，拉动农村消费。目前我国扩大内需的重点难点在农村。从吉林、黑龙江两省情况看，扩大农村投资需求和消费需求困难，特别是农村消费水平低、增长滞缓，其根本原因还是农民收入水平低、收入渠道单一，缺乏增收的长效机制。加快农村基础设施建设，可以直接扩大农村投资需求，并间接扩大农村消费需求。按照固定资产投资额中一般会有40%转化为消费的规律，农民通过投工投劳参与农村基础设施建设，可以获得劳务报酬，拓宽增收渠道，特别是能够较多增加现金收入，直接提高农民消费能力。四是可以促进相关产业发展。加快农村基础设施建设，不仅有利于消化钢铁、建材等过剩行业的生产能力，而且会对其他相关行业如砖瓦沙石、配套管件、五金塑料、物资流通、餐饮服务、教学仪器、医疗设备等产生明显的拉动效应。总之，通过加快农村基础设施建设，不仅可以利用消化部分行业过剩生产能力，还可以使广大农村和农民从多方面获益。

三、从战略高度把国家基础设施建设重点放到农村

第一，把农村基础设施作为国家投资重点。长期以来，农村基础设施落后一直是农村城镇化、现代化的重大障碍。党的十六届五中全会提出了建设社会主义新农村的重大历史任务。加快农村基础设施建设，既是建设社会主义新农村的重要内容，也是一项重大战略措施。必须下决心加快改变占我国人口绝大

多数农民的生产生活条件和环境，这是贯彻落实科学发展观，统筹城乡发展，实施"工业反哺农业、城市支持农村"的迫切需要。在当前新形势下，应当把农村基础设施作为国家基本建设投资的重点，把加快农村基础设施建设与解决部分行业产能过剩问题结合起来。这是一个重大思路，对于促进产业结构调整、加快改变农村落后状况，保持国民经济平稳较快发展，都具有很强的现实意义。第二，加快农村基础设施建设，应以国家实物投资为主。基础设施作为一种特殊公共产品，客观上需要以政府资金投入为主。考察发达国家和地区，城市和乡村基础设施都是作为公共产品由国家无偿提供。这是现代市场经济体制下政府必须承担的重要职能。我国建国以来特别是改革开放以来，城市建设突飞猛进，城市面貌发生了巨大变化，基础设施也是主要依靠国家投资。相比之下，多年来国家对农村基础设施的投资比较少。近几年我们着力解决经济社会发展"一条腿长、一条腿短"的问题，其"短"的方面也主要是在农村。在当前我国经济和财政实力明显增强、而农村经济仍不发达、城乡发展不平衡加剧的情况下，加强农村基础设施建设，更需要以国家投资为主。根据1998—2002年以国债资金为主加强基础设施建设的经验，为了加快农村基础设施建设，可以考虑采取由国家购买钢铁、建材等产能过剩行业的产品，向农村进行实物投资，形成一种特殊形式的转移支付。这样，既能解决部分行业的产能过剩问题，又能有效避免货币形式投资所容易发生的资金被截留、挪用的弊端。在具体操作上，可以通过政府专项采购的方式，由中央财政合理购买部分产能过剩行业、企业的产品，无偿提供给农村；同时，由国家出资向参加农村基础设施建设的农民支付劳务费。第三，把加快农村基础设施建设与推进城镇化结合起来，统筹规划、同步推进。建设社会主义新农村与推进农村城镇化是二位一体、相辅相成的重大任务。必须把加快农村基础设施建设作为推进农村城镇化的重要环节，按照农村城镇化的需要，统筹规划、建设农村基础设施；通过加快农村基础设施建设，推进具有中国特色新型的农村城镇化。据我们对吉林、黑龙江两省调查，以往农村城镇化建设缺乏统一规划，普遍存在标准不统一、质量不高、忽视社会事业发展需要等问题。今后加强农村基础设施建设，应当以建设社会主义新农村、提高城镇化水平、把农民变市民为目标，统筹当前和长远，以县为单位，逐乡、逐村地搞好房屋、道路和水、电、气、厕的建设与改造规划，按照建设节约型社会的原则，建设节地型住宅、节能型生活设施。同时，积极向广大农民宣传科学的生活和消费理念，提倡并通过正确的引导和示范，逐步推行简约、文明的现代生活方式。第四，国家实物投资应区别各地情况，向重点地区倾斜。我国地域辽阔，各地气候和地理条件差异很大。国家对农村基础设施建设进行实物投资，要充分考虑不同地区的特点。比如，东北地区气候寒冷，基础设施建设用料多，成本相对较高。为了冬季防寒，农民建房时地基和墙壁都需要特别加厚；在建沼气池时为避免冬天上冻，需要同时配套建设一个塑料大棚。因此，对东北地区农村基础设施建设需要增加更多的投入。总体上讲，国家投资加快农村基础设施建设，应当注重向中西部地区倾斜，向粮食主产区倾斜，向自然条件恶劣地区倾斜，向贫困落后地区倾斜。第五，各地农村基础设施建设应以雇用本地农民工为主。借鉴近年来东部地区农村基础设施建设的经验，应当把国家实物投资、转移支付的全部好处都给予农民。各地要鼓励农民积极投工投劳，通过自己的劳动为自己创造新的生活条件和环境，并从自己受益的建设项目中获取劳务报酬，增加现金收入，提高消费水平。第六，加强组织领导和监督。由国家购买部分产能过剩行业的产品，向农村进行实物投资，加快农村基础设施建设，与以往相比有许多不同特点，在具体操作上也有很大的复杂性。应当总结吸取前些年发行长期建设国债进行基础设施建设的经验教训，从规划立项、资金估算、项目核实到建设施工等各环节和全过程，都要进行精心指导，加强监督检查，通过建立有效机制，切实防止发生贪污腐败问题，尽量减少物资滥用和浪费。这项工作应由国家宏观经济部门负责织协调，省、市、县搞好配合，确保各项政策措施落到实处、收到实效。

(2005 年 8 月，此文与郭立仕合写)

继续促进区域协调发展

一、促进区域协调发展，当前要把保持经济平稳较快发展放在首位

科学发展观第一要义是发展。应对国际金融危机、保持经济平稳较快发展是 2009 年经济工作的中心任务。当前，国际金融危机继续加深蔓延，对实体经济影响不断加重，美欧经济陷入衰退，全球经济持续低迷。尽管各国政府做出巨大努力，市场信心仍未恢复；特别是西方大型金融机构还有多大坏帐窟窿、危机何时才能见底，仍存在相当大的不确定性。虽然我国经济显露回升迹象，但仍举步维艰。年初以来宏观预警监测指标一直处在偏冷区间，多数行业和企业亏损加剧、效益下降，下岗失业人员增多；近期主要国际机构对今年我国经济增长预测都低于 8%。各方面情况表明，目前国内外经济形势依然严峻，促进区域协调发展必须把保持经济平稳较快发展放在首位，紧紧围绕这一中心任务展开。统筹地区发展是科学发展观的重要内涵，与促进经济平稳较快发展相互推动、相辅相成；全国经济是由各地区经济组成的，只有各地区经济保持平稳较快发展，才能保持全国经济平稳较快发展。在经济过度下滑风险加大的形势下，保持经济平稳较快发展尤为重要而紧迫。年初以来在各省区市人代会上，各地都突出强调从实际出发，充分发挥自身优势，增强经济发展内在动力和活力，在应对外部冲击中闯出发展新路。

二、促进区域协调发展，必须继续实施西部大开发、东北地区等老工业基地振兴、中部地区崛起、东部地区率先发展的总体战略

核心是增强全国发展的平衡性。经过多年努力，我国地区结构发生了积极

变化，各地区产业分工日益明显，区域发展协调性逐步增强。实践证明，区域发展总体战略符合我国现阶段地区发展实际，正确反映了区域发展客观规律，是正确、有效的，必须继续坚定不移地实施。

（一）加大力度促进西部地区发展。一是继续加大中央对西部地区基础设施、生态环境、民生工程和灾后重建等重点领域投入。保持中央投资比例不降低，新增国债资金继续向西部地区倾斜。二是大力加强基础设施建设。扩大西部地区铁路网规模，强化现有线路扩能改造，开工建设一批客运专线和跨区域重点铁路，包括包头至西安铁路扩能等煤炭运输通道项目和贵广、南广等资源开发性西部干线铁路建设。加快推进西部开发8条干线公路建设，加强国、省公路改造，到2010年基本实现所有具备条件的乡镇通沥青水泥路、建制村通公路。继续完善西部地区机场网络布局，加强干线和支线机场建设，加快建成内蒙古巴彦淖尔、安徽省池州九华山等一批民用机场。推进实施重点水利工程，加快建设新疆生产建设兵团玛纳斯河肯斯瓦特、贵州省黔中、江西省峡江等水利枢纽项目。加快改善农村基础设施条件，今年新建200万户农村沼气，解决80万农户通电问题。三是深入推进生态环境建设。巩固退耕还林成果，完善退牧还草政策，加快建设重点生态工程，编制祁连山水源涵养区等重点生态区环境保护规划，在西藏、青海、甘肃、四川、云南、新疆等地实施游牧民定居工程。四是大力发展特色优势产业。加快发展特色农业，优先发展能源化工及矿产资源加工等资源利用产业，积极发展旅游业、物流业。五是加快发展社会事业。进一步巩固九年义务教育，改善办学条件；提高农村医疗卫生服务水平，加大中央财政对西部地区乡镇卫生院、村卫生室建设投入；改善基层公共文化设施条件。六是加快重点区域开发。包括推进重庆和成都统筹城乡综合配套改革，推动西安建设创新型城市；实施广西北部湾经济区规划，推进成渝、关中—天水等重点经济区建设；抓紧研究制定促进广西经济社会发展的具体政策；加快重点边境口岸城镇建设步伐。

（二）加快振兴东北地区等老工业基地。一是积极促进东北地区现代农业建设。抓紧研究起草推进东北地区农业发展、实现农业现代化的指导性文件，规划建设好黑龙江省千亿斤粮食生产能力建设工程和吉林省新增百亿斤粮食工程。二是积极推进产业结构调整。研究从原有相关专项中分离出"老工业基地调整改造"专项资金，支持东北地区骨干装备制造企业加强技术改造和自主创新能力建设，推进重点行业大型国有企业联合重组；合理开发利用东北地区旅游资源，推进区域旅游一体化。三是加快重大基础设施建设。加快规划建设蒙东、黑龙江煤电外送通道，加快哈尔滨至大连客运专线、长春至吉林城际铁路等在建项目进度，加快大连国际航运中心建设，抓紧推进伊春、鸡西、大庆、通化、白城和霍林河支线机场建设，推动长春龙嘉国际机场、大连周水子国际机场扩建和延吉机场迁建。四是继续深化改革开放。推进东北地区厂办大集体改革，努力解决历史遗留问题；加快处置装备制造业银行不良贷款，加强中小企业信用再担保工作；加快建立健全资源开发补偿机制和衰退产业援助机制，进一步推动资源税费体系改革，完善资源性产品价格形成机制。抓紧编制辽宁沿海经济带和图们江地区开发开放规划，推动大连保税港区功能延伸，加快绥芬河综合保税区建设。五是加快推进资源型城市转型。抓紧研究出台《资源型城市企业可持续发展准备金管理试行办法》，鼓励金融机构设立促进资源型城市可持续发展专项贷款；研究起草《资源型城市可持续发展条例》，完成第二批资源枯竭城市界定工作，下达针对资源枯竭城市财政性转移支付资金；组织实施东北地区资源型城市吸纳就业、资源综合利用和发展接续替代产业的中央预算内投资专项；在资源型城市开展可持续发展试点。六是加快研究起草新的促进老工业基地全面振兴的政策措施，研究提出东北地区国企改革重组的指导意见。

（三）进一步促进中部地区崛起。一是组织编制、协调实施促进中部地区崛起规划，丰富和细化"两个比照"有关政策，统筹研究扩大中部地区"两个比照"政策的实施范围。二是积极推进"三个基地、一个枢纽"建设。继续实施国家优质粮食产业工程。扎实推进重要粮食生产基地建设；加强能源原材料、现代装备制造和高技术产业基地建设，加快山西、安徽、河南等大型和特大型煤炭基地建设，重点支持中部地区钢铁、化工、有色、建材产业优化升级；大力推进综合交通运输枢纽体系建设，启动和加快实施中部地区重大交通基础设施项目。三是认真实施武汉城市圈和长株潭城市群"两型社会"综合配套改革试验区总体方案，推动皖江城市带承接产业转移示范区建设，编制江西鄱阳湖生态经济区规划，大力发展循环经济。四是加快体制机制创新，推进对内对外开放。以加强与东部沿海地区交流合作为重点，研究制定促进中部地区承接产业转移的指导意见，支持企业承接境外装备制造业转移。继续深化大中型国有企业改革，大力发展非公有制经济。

（四）推动东部地区全面率先发展。一是认真实施国家产业振兴规划，加快产业结构升级。着力发展先进制造业、电子信息、生物医药、新能源、新材料等高新技术产业，大力发展现代物流、金融服务、科技服务、信息服务、旅游、文化创意和休闲娱乐等服务业；加快改造传统产业，推进加工制造业转型、转移，培育一批新的经济增长点，形成参与国际合作竞争新优势。二是加快转变经济发展方式，增强可持续发展能力。加强耕地保护，推进土地资源整合开发，提高土地利用效率，加快淘汰高耗能、高耗水、高污染的企业，加强重点流域水污染防治，加大对渤海、太湖等重点区域的环境保护和治理力度。三是进一步提高外向型经济发展水平。加快调整进出口结构，改善对外贸易环境，大力开拓国际市场、稳定出口。优化利用外资结构，创新利用外资方式，加快企业"走出去"步伐。四是努力培育若干带动力强、联系紧密的经济圈和经济带。认真实施珠三角、长三角改革发展规划纲要，抓紧开展京津冀都市圈、沿海经济带等区域规划的编制实施工作，加快出台支持海峡西岸经济区发展的政策性文件，进一步做好国务院关于推进天津滨海新区开发开放、长江三角洲地区改革开放和经济社会发展等重要指导性文件的贯彻实施，加大力度推进上海浦东新区、天津滨海新区、经济特区在更高水平上的开发开放，进一步带动相关区域加快发展。

（五）抓紧研究制定中西部地区承接产业转移的具体政策。深入推进东西互动合作，积极引导东部地区产业向中西部地区合理转移，进一步完善合作机制，拓宽合作领域。一是推进长江三角洲、珠江三角洲、京津冀地区和联系紧密的城市群、经济圈、经济带，加快基础设施、要素市场和生态环境建设一体化。二是中西部地区抓住全球和东部沿海地区产业结构调整升级的机遇，充分利用资源和成本优势，通过要素交换、合作兴办示范区、企业联合协作等形式主动承接产业转移。同时，针对中西部地区生态环境脆弱、基础设施薄弱等不利因素，切实加强城镇建设、产业布局和维护生态安全，统筹考虑土地、资源、生态以及劳动力等承载能力。三是遵循产业发展规律，依托珠三角、长三角、环渤海地区等产业集群的辐射带动作用，深入开展对口支援，推动东中西互动发展。四是继续做好主体功能区规划编制工作。加强对省级主体功能区规划编制的指导和协调，进一步研究细化相关政策，提出操作性强的政策措施。

继续探索行之有效的区域合作管理体制。

（六）大力扶持革命老区、少数民族地区、边疆地区和贫困地区加快发展。加大对民族地区扶持力度。研究制定促进边境民族地区安康发展专项规划，认真落实国家支持西藏、新疆、宁夏等地区的发展政策。加大对人口较少民族的扶持力度，积极推进兴边富民行动。尽快完善国家扶贫战略和政策体系，落实对低收入人口全面实施扶贫政策的具体措施，研究制定扶持相对落后革命老区加快发展的指导意见，推进集中连片贫困地区加快发展试点规划。进一步加大扶贫开发投入，扩大易地扶贫搬迁、以工代赈规模，中央和地方财政扶贫资金要继续向"三个确保"贫困村倾斜，2009 年至少完成 9000 个村的推进任务，其中人口较少民族聚居贫困村要全部安排。完善扶贫信贷管理体制，加大扶贫贴息贷款投放，重点扶持贫困地区优势特色产业发展。鼓励东部地区企业到贫困地区投资兴业。努力改变落后地区交通状况，尽快建立生态保护和资源补偿机制。

（2009 年 3 月）

进一步促进中小企业发展

一、促进发展中小企业，是加快调整经济结构、转变发展方式的迫切需要

中小企业划分标准世界各国不尽相同。我国现行划分标准，是 2003 年 2 月根据《中小企业促进法》，由国务院批准发布实施的。从工业类看，中小企业与大企业的划分标准是"2、3、4"：即职工人数在 2000 人以下、或主营业务销售额在 3 亿元以下、或资产总额在 4 亿元以下的企业为中小企业，在此标准以上的为大企业。中型企业与小型企业的划分标准是"3、3、4"：即中型企业必须同时具备职工人数在 300 人以上、销售额在 3000 万元以上、资产总额在 4000 万元以上三项条件，其余为小型企业。中小企业是我国国民经济和社会发展的重要力量。改革开放以来，特别是新世纪以来，我国中小企业迅速发展壮大，从采掘、一般加工制造、建筑、运输、生活服务等传统行业，发展到基础设施、公用事业、高新技术产业和现代服务业，在繁荣经济、吸纳就业、推动创新、改善民生等方面，发挥着越来越重要的作用。目前全国中小企业已达 4000 多万家，中小企业创造的最终产品和服务价值占国内生产总值 60% 左右，纳税额占国家税收总额 50% 左右，提供了近 80% 的城镇就业岗位。多年实践证明，发展中小企业，既增加供给，又扩大需求，直接创造经济增长内生动力；中小企业大多是个体私营等非公有制经济，促进中小企业发展，就是促进民营经济发展，充分激发市场经济活力；中小企业大多分布在劳动密集型行业，形式多样、机制灵活，一人创业带动多人就业，是扩大就业的主渠道和最大潜力所在。2009 年是我国中小企业发展最为困难的一年。国际金融危机给中小企业发展带来严重冲击。中央及时出台应对国际金融危机一揽子计划，重

点加大对中小企业扶持力度。在税收政策方面，连续 7 次提高出口退税率，对符合条件的小型微利企业按 20% 低档税率征收，对国家重点扶持的高新技术企业减按 15% 税率征收，从今年起又将小规模纳税人增值税率下调至 3%。在财政政策方面，中央财政专门设立了科技型中小企业技术创新基金、中小企业发展专项基金、中小企业服务体系专项补助资金，从不同角度和环节支持中小企业发展。在外贸政策方面，支持中小企业境外办展、国际认证、宣传推介等，为中小企业搭建展示交易、合作平台。这些措施有效帮助大多数中小企业度过了难关。但一些矛盾和问题尚未完全解决，中小企业发展形势依然严峻。主要是：融资难、担保难问题仍很突出，部分扶持政策尚未落实到位，企业负担重，市场需求不足，产能过剩，经济效益大幅下降，亏损增加等。当前，我国调整经济结构、转变发展方式的重要性和紧迫性，决定了进一步促进中小企业发展的重要性和紧迫性。为什么这么说呢？第一，国际金融危机仍未根本消除，世界经济回升进程缓慢，充满不确定性，我国经济外部风险上升。第二，全球经济正处于深度调整之中，供给和需求结构都将发生重大变化，国际市场需求短期内难以恢复快速增长。如果我国经济发展高度依赖国际市场，难以持续。第三，到 2020 年我国要成为国内市场总体规模位居世界前列的经济体，必须加快解决产业结构不合理、资源环境代价大、城乡地区发展不平衡等深层次矛盾。显然，外部环境和内部因素都迫切要求我国加快调整经济结构、转变发展方式。在这个宏观大背景下，进一步发展中小企业就显得尤为重要而紧迫。一是全球进入科技创新和产业变革时代，越来越多的中小企业将成为新一轮科技和产业革命的先锋，科技型中小企业将迅速成长，它们既是科技创新的主体，又是经济增长的源头动力。进一步促进中小企业发展，特别是大力发展科技型、创新型中小企业，将强有力地推动我国打造国际竞争新优势，抢占新兴战略性产业制高点。二是人口多、就业压力大，将是长期困扰我国发展的突出矛盾。未来 10 年内全国劳动力人口将达到峰值 10 亿左右。进一步发展中小企业，是缓解就业压力的主要出路。三是调整经济结构、转变发展方式，需要寻求更多投资与消费的结合点。进一步发展中小企业，既能扩大投资，又能带动消费，实现投资与消费的最佳结合。因此，必须站在统筹国际国内两个大局的战略高度，深刻认识大力发展中小企业的重大现实意义，采取更加积极有效的政策措施，进一步促进我国中小企业又好又快发展。

二、促进发展中小企业，核心是为非公有制经济发展创造良好环境

企业是市场的主体。中小企业是企业的主体。实现我国经济持续平稳较快发展，最重要的是增强企业活力，特别是增强中小企业活力。中小企业绝大多数是个体私营等非公有制经济，支持发展中小企业，实质是支持个体私营等非公有制经济发展。2005年2月，国务院发布了《关于鼓励支持和引导个体私营等非公有制经济发展的若干意见》，强调指出："公有制为主体、多种所有制经济共同发展是我国社会主义初级阶段的基本经济制度。毫不动摇地巩固和发展公有制经济，毫不动摇地鼓励、支持和引导非公有制经济发展，使两者在社会主义现代化进程中相互促进，共同发展，是必须长期坚持的基本方针，是完善社会主义市场经济体制、建设中国特色社会主义的必然要求。"这是指导我国经济发展的长期重要方针。在当前新形势下，必须继续坚定不移地贯彻执行这一重要方针。

（一）进一步营造公开、公平的市场环境，鼓励和引导民间投资健康发展。抓紧完善中小企业政策法律体系，清理不利于中小企业发展的法律法规和规章制度。认真贯彻平等准入、公平待遇原则，允许非公有资本进入法律法规未禁入的行业和领域。在投资核准、融资服务、财税政策、土地使用、对外贸易和经济技术合作等方面，对非公有制企业与其他所有制企业一视同仁，实行同等待遇。深化垄断行业改革，扩大市场准入范围，降低准入门槛。凡是国家法律法规没有明令禁止的行业和部门，都应向民间资本开放。高度重视、认真研究解决一些民营企业反映强烈的"玻璃门（指某些领域名义上对民间投资开放但实际上进不去）"、"弹簧门（指某些领域民间资本进去又不得不退出）"的问题。切实放宽产业准入门槛，提高铁路、电力、电信、石化、金融等行业对民营资本开放程度，大力鼓励民间投资进入文化产业和城市基础设施，在教育、医疗领域规范引导民间投资，通过财政贴息和奖励等手段，积极引导民间资本进入新能源、环境保护、农村基础设施等领域。大力推广"以奖代补"、"悬赏制"和创业风险投资等新型资金引导方式，充分运用财政贴息、补助资本金等政策手段，支持民营企业扩大投资。对支持中小企业发展的风险投资、私募基金，研究给予财政补贴或税收优惠。

（二）深化行政审批制度改革，全面清理并进一步减少、合并行政审批事

项。对需要审批、核准和备案的事项，政府部门要公开相应的制度、条件和程序。投资、工商、税务、质检、环保等部门都要简化程序、缩短时限、提高效率，为中小企业设立和生产经营等提供便捷服务。地方各级政府在制定和实施土地利用规划和年度计划时，要统筹考虑中小企业投资项目用地需求，合理安排用地指标。加强对中小企业权益保护，组织开展对中小企业相关法律和政策特别是金融、财税政策贯彻落实情况的监督检查，坚持依法行政，保护中小企业及其职工的合法权益。

（三）坚决清理和禁止不合理收费，进一步减轻中小企业社会负担。凡未按规定权限和批准的行政事业性收费和政府基金类项目，均一律取消。对行政许可和强制准入的中介服务收费、具有垄断性的经营服务收费，能免则免，能减则减。严格执行收费项目公示制度，公开前置性审批项目、程序和收费标准，严禁地方和部门越权设立行政事业性收费项目，不得擅自将行政事业性收费转为经营服务性收费。全面实行中小企业缴费登记卡制度，设立各级政府中小企业负担举报电话。健全各级政府中小企业负担监督制度，严肃查处乱收费、乱罚款及各种摊派行为。任何部门和单位不得通过强制中小企业购买产品、接受指定服务等手段牟利。严格执行税收征管法律法规，不得违规向中小企业提前征税或者摊派税款。

（四）加强和改善中小企业公共服务。积极培育各级中小企业综合服务机构，完善服务网络和设施。通过资格认定、业务委托、奖励等方式，发挥工商联以及行业协会（商会）等综合服务机构作用。支持中小企业服务机构开展信息、培训、技术、创业、质量检验、企业管理等服务。加强中小企业公共服务基础设施建设，通过引导社会投资、财政资金支持等多种方式，重点支持轻工、纺织、电子信息等领域建设一批产品研发、检验检测、技术推广等公共服务平台。支持小企业创业基地建设，完善中小企业信息服务网络，加快发展政策咨询、技术推广、人才交流、业务培训和市场营销等信息服务。

三、促进发展中小企业，必须认真落实已出台的各项政策措施

2009 年 9 月 19 日，国务院发布了《关于进一步促进中小企业发展的若干意见》（国发[2009]36 号），全面提出了应对国际金融危机冲击、促进中小企业发展的政策措施。当前最关键、最重要的是抓好落实。（一）尽快科学修订

中小企业、微型企业划分标准。现行中小企业划分标准有些已过时，主要是小企业划分标准过宽。按现行标准，规模以上小型工业企业占到全部工业企业的91.8%，不符合实际情况。同时，没有考虑微型企业。所谓微型企业是指企业人数 10 人以下、经营单一和规模细小的企业。由于固定资产少，缺少正规融资渠道，特别需要政府和社会的帮扶。目前许多国家在小企业中又专门划出微型企业，政府对微型企业给予更优惠政策，对帮助弱小企业克服困难起到重要作用。有关部门应抓紧研究提出我国小型企业和微型企业的划分标准，抓紧制定扶持微型企业的具体措施。

（二）进一步加大财政对中小企业支持力度。逐步扩大中央财政扶持中小企业发展专项资金规模。重点支持中小企业技术创新、结构调整、节能减排、开拓市场、扩大就业，以及改善对中小企业的公共服务。加快设立国家中小企业发展基金，发挥财政资金引导作用，带动社会资金支持中小企业发展。地方财政也要加大对中小企业支持力度。继续实施对小型微利企业的税收优惠政策。适当调减小企业贷款利息营业税。对受金融危机影响较大的困难中小企业，将阶段性缓缴社会保险费或降低费率政策执行期继续延长，并按规定给予一定期限的社会保险补贴或岗位补贴、在岗培训补贴。完善政府采购支持中小企业制度。制定政府采购扶持中小企业的具体办法，在采购政策、采购门槛、采购合同中更多考虑中小企业利益，提高采购中小企业货物、工程和服务的比例，进一步提高政府采购信息透明度。完善政府公共服务外包制度，为中小企业创造更多参与机会。

（三）切实解决中小企业融资难、担保难问题。一是加强和改善对中小企业的金融服务。国有商业银行和股份制银行都要建立小企业金融服务专营机构，完善中小企业授信业务制度，逐步提高中小企业中长期贷款规模和比重。提高贷款审批效率，创新金融产品和服务方式。二是完善小企业信贷考核体系。鼓励建立小企业贷款风险补偿基金。对金融机构发放小企业贷款按增量给予适度补助。对小企业不良贷款损失给予适度风险补偿。对小企业新增贷款实行税前全额拨备损失准备金，适当调减小企业贷款利息营业税。三是建立和完善中小企业金融服务体系。研究鼓励民间资本创办村镇银行、贷款公司等股份制金融机构。支持、规范发展小额贷款公司，鼓励有条件的小额贷款公司转为村镇银行。积极支持民间资本以投资入股方式，参与农村信用社改制为农村商业（合作）银行、城市信用社改制为城市商业银行以及城市商业银行的增资扩股。四是鼓励有关部门和地方政府设立创业投资引导基金，引导社会资金设立主要支持中小企业的创业投资企业，引导各类创业投资机构加大对中小企业投资力度。积极发展股权投资基金。发挥融资租赁、典当、信托等融资方式在中小企业融资中的作用。五是加快制定中小企业融资性担保管理办法，完善多层次中小企业信用担保体系。各级财政要建立中小企业信用担保基金，综合运用资本注人、风险补偿和奖励补助等多种方式，提高担保机构对中小企业的融资担保能力。对符合条件的中小企业信用担保机构免征营业税、准备金提取和代偿损失在税前扣除。六是建立和完善中小企业信用信息征集机制和评价体系，提高中小企业的融资信用等级。完善个人和企业征信系统，为中小企业融资提供方便快速的查询服务。构建守信受益、失信惩戒的信用约束机制，增强中小企业信用意识。七是进一步扩大中小企业直接融资。稳步扩大中小企业集合债券和短期融资券发行规模。进一步完善创业板市场，保证上市企业质量。培育创业板成为中小企业重要融资渠道，通过创业板市场培育未来大型民营企业集团。

（四）积极鼓励中小企业创新发展。鼓励中小企业与大企业、高等院校、科研院所开展联合创新，更多地采用新技术、新工艺、新设备、新材料和先进的管理方式。中央预算内技术改造专项投资中，要安排中小企业技术改造资金，地方政府也要安排中小企业技术改造专项资金。中小企业固定资产由于技术进步原因需要加速折旧的，应缩短折旧年限或采取加速折旧办法。中小企业研究开发费用应在计算应税所得额时加计扣除。中小企业投资建设国家鼓励发展的内外资项目，进口自用设备以及相关技术配套件和备件可免征关税和进口环节增值税。在产权交易市场，中小企业可以用股权、债权，特别是知识产权抵押、质押进行融资。促进中小企业知识产权保护、管理和开发利用，加大政府采购中小企业自主知识产权产品的力度。引导中小企业集聚发展，鼓励东部地区先进的中小企业通过收购、兼并、重组、联营等多种形式，加强与中西部地区中小企业的合作，实现产业有序转移。

（五）着力推进中小企业节能减排和清洁生产。促进重点节能减排技术、高效节能环保产品和设备的推广和普及。按照发展低碳技术和循环经济要求，鼓励专业服务机构为中小企业提供合同能源管理、节能设备租赁等服务，充分发挥市场机制作用，综合运用金融、环保、土地、产业政策等手段，依法淘汰中小企业中的落后技术、工艺、产品和设备，防止落后产能异地转移，严格控制过剩产能转移扩张和两高一资行业盲目发展，对纳入环境保护、节能节水项目所得税优惠目录的投资项目，享受税收优惠政策。

（六）引导帮助中小企业提升自身素质和管理水平。支持培育中小企业管理咨询机构，开展管理咨询等各项活动。引导中小企业加强基础管理，强化营销和风险管理，推进管理创新，严格执行安全、环保、质量、卫生、劳动保障及劳动保护等法律法规，诚实守信履行社会责任。继续大力实施中小企业培训工程，充分发挥行业协会和专业培训机构的作用，广泛开展政策法规、企业管理、市场营销、专业技能、客户服务等各类培训，充分利用网络技术开展远程培训。今后3年，选择100万个成长型中小企业，对其经营管理者实施全面培训。落实促进中小企业发展各项措施，从根本上说，必须依靠深化改革。要坚持解决当前问题与促进长远发展相结合，推进结构调整与促进技术进步相结合，改善外部环境与提高内在素质相结合，加快建立有利于中小企业持续健康发展的体制机制。

（2010 年 3 月）

精心统筹城乡发展

北京市昌平区位于首都西北郊，太行山脉与燕山山脉交汇处。全区总面积1352平方公里，山区、半山区占60%；总人口62万，其中农村人口23.5万。近年来，昌平区委、区政府从实际出发，注重解决农业、农村经济与工业、城市经济发展不平衡的矛盾，实行发展现代农业、高技术产业、特色旅游业并举，不断探索农村集体经济产权制度改革，走出了一条集合三次产业优势、城乡协调一体、工业化与城市化相互推动的郊区发展新路子。1999—2003年，全区GDP年均增长22.7%，财政收入年均增长14.1%，农民人均纯收入由4588元提高到6256元，年均增长8.1%。他们的主要做法是：

一、精心建设科技园区，把高技术产业和现代农业作为加快郊区经济发展的两翼

1.以营造良好投资环境为重点，建设高科技工业园。中关村科技园区昌平园1999年6月正式定名。区委、区政府把依托中关村高科技背景，吸引高新技术企业，建设高质量工业园区作为主要目标，着力改善投资环境。在迅速实现"六通一平"、全面绿化美化环境、不断加强完善基础设施硬件的同时，特别注重加强投资服务软环境建设。区政府专门在昌平园成立了投资服务中心，以方便企业为宗旨，构建"一条龙"办公体系，开辟"一站式"办公大厅，从企业咨询、注册登记到基建开工、竣工验收等各项事宜、各个环节，手续简捷，服务高效。园区率先落实"数字北京"战略规划，建成了内部办公自动化系统、交互式网上审批系统和统计数据网上报送系统，使区内大多数企业通过网络实现了新技术资格认定、年审复核与统计数据报送。良好的软硬件环境吸引了一大批科技含量高、具有竞争实力和发展潜力的企业前来投资。到目前为止，已有中国电信、清华紫光、中信国安、鄂尔多斯、三一光电子、三九药业等360多家企业在园区落户。1999—2003年，昌平园工业产值从17.7亿元猛增到135.2亿元，年均增长54.7%；上缴税费从1.07亿元增加到9.1亿元，年均增长51.6%，大大增强了昌平区经济实力。2.以吸引高端智力资源为重点，建设生命科学园。从2000年创建之初，即瞄准抢占BT（biotech,生物技术）产业制高点，按国际标准设计规划，采用市场化方式规范运作。围绕为BT产业创造环境，培育紧密产业链条，构建强大技术支撑体系，形成研发聚集优势，区委、区政府做了大量综合协调服务工作。如：严格依法对农民进行征地补偿；统筹考虑周边小城镇发展；为征地农民提供园林护理、保洁等就业岗位；建设良好基础设施和生态环境；等等。目前已形成企业孵化区、研发产业区、国际产业区和绿化景观区有机组合的整体，聚集了中国科学院、中国军事科学院、中国医学科学院、北京大学、清华大学等一批国家顶尖研究机构，设有生物芯片国家工程研究中心、国家蛋白质组研发中心和工程中心、国家863实验动物及病理动物模型中心和世界生物信息学中国节点等一批国家重点实验室和跨国公司研发机构。如生物芯片国家工程研究中心，主要研发微流体芯片、主动式微阵列芯片、芯片实验室、可植入式生物芯片、生物信息学及医药信息管理软件、纳米材料、生物自动化及生物芯片相关设备等，具有极高的科学价值和市场开发价值。又如诺和诺德（中国）研发中心，是总部设在丹麦哥本哈根、在胰岛素开发方面居国际领先水平的世界最大生物制药公司之一，也是大型跨国制药企业在北京设立的唯一研发机构。现在，昌平生命科学园已成为国内生物技术研发资源最密集的专业园区，形成国内研发与国际合作共同发展、相互促进的局面。3.以产业化经营为目标，建设农业科技示范园。昌平区委、区政府把科技兴农和农业产业化作为发展郊区农业的两大重点。一是按照"政府导向，企业运作，中介参与，农民受益"的原则，建设小汤山农业园。几年来，区政府在租赁土地、引进人才、融资担保等方面制定多项优惠政策，吸引50多家高科技农业企业入园投资，带动全区1100多家农户，面向国内外市场，重点发展精品、籽种、创汇、加工、生态、观光等现代农业，并在有机蔬菜、花木种苗、水产养殖、食品加工等领域形成产业化经营，显著提高了农业效益，增加了农民收入。2003年，农业园直接出口额1835.9万元；精品农业产值 2.21 亿元；籽种农业产值 2.25 亿元；观光农业产值 177 万元。农民人均纯收入高出全区平均水平 30%。二是以壮大苹果产业为目标，建设优质苹果园。根据昌平长达百余里山前天然暖带的良好气候条件，针对以往苹果品质差、价格低的问题，从 2000 年开始实施苹果"提质增效"工程。由区林业局引进冬剪、套袋铺膜、摘叶转果等先进技术改造传统品种，并对果农具体指导，获得成功。2003 年，全区 4.8 万亩苹果园，总产量达 2600 万公斤，销售收入超过 8500 万元。优质果率由过去不足 30% 提高到 70%，平均价格由过去 1.5 元 / 公斤提高到 3.6 元 / 公斤。全区年均纯收入 10 万元以上的果农 36 户，收入 5 万元以上的 105 户。2001 年以来全区 3500 户果农每年户均增收近 1 万元。苹果产业的壮大，仅短短几年为农民铺就了一条致富"高速公路"。

二、精心开发旅游资源，把发展特色旅游作为扩大农民就业、促进农民增收的重要渠道

昌平区拥有丰富的旅游资源，区委、区政府把科学开发利用旅游资源，作为统筹城乡发展的重大任务。1.因地制宜发展特色旅游业。1998 年以来，从积极培育和发展民俗旅游入手，推动兴起了特色旅游富民工程。如："吃农家饭、住农家院"的享受"农家乐"民俗旅游；以采摘菜、花、果为主的观光和兴趣劳动旅游；以享受山区新鲜空气和绿色生态环境为主的休闲度假旅游。目前，全区共有 50 个村从事旅游业，占山区、半山区行政村的 1/4；有 1200 个农民家庭成为旅游接待户，转移劳动力 3000 多人；建成 65 个观光采摘园，50 个旅游度假宾馆。2003 年全区实现旅游收入 4129.2 万元，比上年增长 1.54 倍；平均每个经营旅游农户收入 2.9 万元。如长陵镇麻峪房村 56 家农户有 54 户从事民俗旅游接待，全村劳动力 100% 就业，2003 年人均纯收入 8800 元。南口镇羊台子村从 2001 年开始发展采摘观光旅游，三年人均纯收入增长 3360元。流村镇菩萨鹿村过去是贫困村，近两年引进投资商联合开发菩萨山景区，2003 年人均纯收入 5000 元。2.以旅游业促进绿色农业、农村城镇化、生态环境改善和农民素质提高。区委、区政府在工作指导上，坚持把发展旅游业同发展农业、农村城镇化、改善生态环境、提高农民素质结合起来。一是促进提高农产品质量。为满足旅游者需要，引导农民由过去粗放种植一般大路货农产品，变为精心种植绿色无公害优质农产品。主动把自家农田、果树、养殖变为

丰富旅游客人餐桌的小基地，使粮、菜、果、畜、禽等农产品产量和附加值大幅提高，并带动了周边村种养业的快速发展。二是引导农民扩大投资，建设改善乡村道路及房舍、院落、厨房、厕所等基础设施，加快城镇化进程。近几年，全区每年农户个人投资旅游基础设施近千万元。如南口镇羊台子村近三年共投入663万元，完成旧房翻新600多间，拓宽道路13.4公里，开通12条线路公共汽车，建成6座移动通讯塔，建起一处2000立方米垃圾场，安装封闭式垃圾箱35个。如今村里环境清洁优美，交通、通讯便利快捷，成为先进城镇化新村。三是教育农民注重保护生态环境，丰富后续旅游资源。以"蓝天白云"、"青山绿水"为依托的特色旅游业，给山区农民带来前所未有的收益和实惠，更使他们认识到良好生态环境中蕴藏的巨大经济价值。近年来，各村纷纷植树造林，绿化周围荒山、荒坡，建截流涵养水源，保护稀禽鸟类，形成了依托生态发展旅游、以发展旅游促进生态建设的良性循环。如菩萨鹿村完成了村周边300亩农田林网绿化和2000亩荒山造林，恢复完善了卧佛山、笔架山、华艺宫、民俗园等46个自然景观和人文景观，并开始建设更具特色的旅游生态区、文化区、养生区和休闲居住区。特别是发展旅游业使山区农民直接接触城市居民，接受大量城市信息，思想观念、行为方式在潜移默化中受到深刻影响，加快缩小了城乡差距。3.区、乡政府努力搞好服务。一是帮助完善配套基础设施。近年来，区政府投入大量资金，在重点旅游景点修建停车场、接待站、儿童活动区等，同时，进行道路硬化，改善公共卫生，使全区交通路况和整体环境面貌发生明显改观。二是对经营旅游农户实行规范化管理。颁发个体工商户营业执照，执行旅游市场规则和行业标准，如经营家庭旅游农户必须持有健康证明，提高了旅游专业化水平。三是向农民提供旅游业务培训和市场信息。重点培训法律法规、接待礼仪、烹饪技能、民族风俗等，帮助农民提高业务素质和服务水平。区旅游局和乡旅游协会还采取多种方式向农户提供客源信息和游客需求信息，促进增加适销对路的旅游产品和服务。

三、精心研究农村集体经济产权制度改革，探索产权明晰、合理分配资产收益、保障村级民主的有效机制

针对近年来首都郊区城市化步伐加快，以土地补偿费为主的农村集体资产迅速增加，区委、区政府着眼于增强农业和农村经济内在活力和长远动力，积

极进行集体经济产权制度改革试点，着力探索有效管理农村集体资产、确保农民合理分享集体资产收益的新模式，充分调动了农民积极性。1.量化集体资产，实行"资产变股本、村民变股东"。2003年，这项改革在北七家镇白坊村、狮子营村进行试点。主要做法：一是对村级集体资产进行全面清产核资，在此基础上进行资产评估。二是量化配置股权。集体净资产量化后设集体股和个人股，集体股占30%，个人股占70%，其中10%按户籍确定为个人户籍股，90%按个人在本村劳动年限确定为劳动工龄股。三是组建企业性质的股份合作社，专门经营集体资产。召开股东大会，制定《合作社章程》，以按股投票方式选举产生董事会、监事会，同时组建村集体资产管理委员会。通过以上步骤，初步建立起党支部统一领导、股份合作社依法自主经营、村委会和集体资产管理委员会实行民主决策的新型集体资产管理体制。去年末，白坊村每个劳动工龄股分红1150元，最多家庭分到2万元；狮子营村有60个农户分红超过3000元，其中27户超过5000元。2.实行土地使用权入股，农民持股分红。着眼于推进农业产业化和农村城镇化，以人均占有耕地面积为配股依据，把农民土地使用权量化为股份，由村集体统一委托村办农业公司经营，农民每年按股分红。村农业公司依据每年土地收益，将净利润60%作为集体股用于生产发展基金，40%作为村民个人股红利；再从集体股和个人股中各提取10%作为以丰补欠储备基金。北七家镇郑各庄村1998年以来进行这项改革，取得良好效果。通过土地使用权、经营权分离，使多数农民从传统农业转移到二、三产业，收入大幅度提高；同时，通过对企业用地、村民住宅用地和基础设施用地统一规划和集约经营，提高了土地使用效率和效益。3.建立有效监督机制，切实保障基层民主。深化集体经济产权制度改革不仅给农民增收、农村集体经济发展注入了强大动力，而且使村民能够有效监督集体资产经营和利润分配情况，防止村干部滥用权力造成集体资产不合理分配和流失。在新体制下，党支部、村委会主要抓党建，抓日常村务和全村公共设施建设；董事会负责兴办企业、选聘总经理等管理人才和集体资产运营；监事会对董事会成员和企业经营管理人员实行监督；集体资产管理委员会管理集体资产收益。与过去相比，党支部、村委会的权力受到有效制约，董事会权力也处于各方监督之下。如狮子营村股份合作社专门对董事长使用公车问题讨论表决，多数村民反对董事长上下班由公车接送，因此董事长未能享受公车待遇。

四、主要结论和启示

在落实科学发展观、加强国家宏观调控的新形势下，北京市昌平区精心统筹城乡发展、创新郊区工作思路的经验和做法，对全国各大城市郊区具有重要启示和指导意义。第一，在社会主义市场经济条件下，大城市郊区应当充分发挥城乡两方面优势，加快经济和社会发展，成为统筹城乡发展、缩小城乡差距的表率和样板。统筹城乡发展，首先应从大城市郊区做起。如果全国数十个大城市郊区率先实现了城乡均衡发展，就会示范带动一大批中小城市辐射郊区农村实现均衡发展。第二，统筹城乡发展，大城市郊区应注重产业结构合理。不能过分依靠出售土地，盲目发展高档房地产。必须切实改变一些大城市郊区出售大量耕地建设高档住宅、空置率逐年上升、造成土地严重浪费、加大银行风险的状况。随着二、三产业发展，大城市郊区农业比重会逐步下降，但不能忽视农业，更不能放弃农业。应使郊区成为绿色、有机、无公害农产品生产和加工基地。同时，应注重发展高技术产业，成为国内外高新技术企业生产和研发基地。第三，大城市郊区应注重利用本地资源条件，着力建设良好的生态环境和人文环境，发展文明健康、节约资源的旅游业。目前一些大城市郊区占用大量耕地，耗费大量水资源，盲目建设高尔夫球场、滑雪场等高级游乐设施，不符合我国国情，必须尽快改变。第四，建立大城市郊区新的集体资产管理体制和运行机制，对于统筹城乡发展，保护农民利益，具有重大深远意义。按照现代企业制度进行郊区农村集体经济产权制度改革，可以切实解决少数乡村干部随意支配土地补偿费等集体资产、侵害农民利益问题，逐步建立党领导下充分民主的农村经济社会管理新体制。鉴于现实情况，党支部、村委会、董事会、监事会和集体资产监督管理委员会，完全分开任职不可取，应适度交叉任职，以提高效率。

（2004 年 7 月）

实行最严格的环境保护制度，走减排发展新路

我国正处于工业化、城镇化快速发展的阶段，经济社会发展与资源环境约束的矛盾日益突出，特别是环境污染总体上尚未得到有效遏制，环境形势依然严峻。必须从战略高度，强化政府、企业和社会责任，加强污染治理，推进减排发展。

一、重点治理工业污染，确保治污设施真正运行

工业生产中排出的二氧化硫、一氧化碳、氧化氮等废气、废水是目前主要的环境污染源，必须有效回收和处理。我国已经具备自行设计制造治理重金属污染、有毒有害有机物污染的能力，并具备生产大型城市污水处理、垃圾焚烧发电等关键设备的能力，具备自行设计大型火电厂烟气脱硫的能力，一般工业废水治理和工业消烟除尘等技术也已达到国际先进水平。截至 2010 年上半年，全国城镇累计建成污水处理厂 2389 座，总处理能力 1.15 亿立方米 / 日。正在建设的城镇污水处理项目 1929 个，总设计能力约 4900 万立方米 / 日。治理工业污染，必须大力削减火电、钢铁、有色、水泥企业的大气污染物排放量，大力削减造纸、化工、酿造、印染企业的水污染物排放量。值得注意的是，今年以来，一些地方为突击完成"十一五"减排目标，对钢铁、水泥等高耗能高污染行业采取"限电停产"，这种行政干预式减排做法不仅难以持续，而且有害。当务之急要真正树立科学发展理念，切实采取治本措施，加大力度推进污染行业技术改造，加快推广应用治理工业污染的技术和设备。针对一些地方、企业把减排治污当成行政任务，排污设施只为应付上级检查并不运行、弄虚做假的恶劣做法，特别要把保证工业企业治污设备正常运行作为重点，要进一步提高造纸、纺织、

皮革、化工等行业的主要污染物排放标准，全面启动企业污水处理工程，确保每个企业治污设备满负荷运转，提高污水处理率。以火电行业为重点，开展工业氮氧化物污染防治。在京津冀、长三角和珠三角地区，新建火电厂必须同步建设脱硝装置，2015 年年底前，现役机组应全部完成脱硝改造。

二、提高城市基础设施质量，加强排污设施维修保养

目前在一些大城市老城区，特别是一些人口稠密的城市中心街区和居民小区，下水管道、排污池质量低劣，污水经常泄漏，臭气熏天，严重影响城市环境和居民区空气质量。据调查，这些问题有的是排污设施年久失修，老化破损所致，但还有一些刚刚建成的高层建筑和住宅区也发生同样问题，主要是下水管道和污水池建筑材料和施工质量低劣造成的。如施工单位随意更改施工图纸，管道接头质量不好，道路基层施工时将石块或灰土填入检查井等。这些情况都给污水管网的安全运行和养护管理带来严重隐患。随着 COD、黑臭等突出问题得到解决，一些历史难题显现出来，如重污染工业企业沿江河分布现象普遍，工业企业超排、偷排问题时有发生。必须严格污水管道施工质量管理，严把建筑材料和施工质量关，加强城市排污设施维修和保养，同时，还要注意治理建筑污染，停止千城一面的城市建筑，停止劳民伤财的城市化建设，停建浪费土地、资源的度假村、CBD、大广场、大商场、娱乐场所和城市地标建设。

三、大力治理农村面源污染，加快改善农村生活环境

近些年来，在人口密集地区尤其发达地区，集约化畜禽养殖快速发展，由于环境容量小、一些畜禽养殖场距离居民聚居点很近或处于同一水源体系中，畜禽粪便导致地表水有机污染、富营养化污染和大气恶臭污染甚至地下水污染，对人群健康造成很大威胁。尤其是，一个小企业污染一条河，农民守在河边吃井水的现象在农村地区屡见不鲜。同时，由于大多数小城镇和农村聚居点基础设施建设滞后，生活污染物直接排入周边环境，全国每年超过 2500 万吨的农村生活污水几乎全部直排，每年约 1.2 亿吨的生活垃圾几乎全部露天堆放，使农村聚居点周围环境质量严重恶化。必须针对严重危害农村居民健康、群众反映强烈的突出污染问题，采取有力措施集中整治，加大国家对农村基础设施投资力度，加强农村环境综合整治与土壤污染防治，加快解决农村环境突

出问题。继续推进生态示范创建工作，搞好生活垃圾处理，发展清洁能源，加强绿化美化，防治畜禽养殖污染，制定养殖污染防治规划，推广雨污分流、干湿分离和设施化处理等先进适用的污染防治技术，以生猪、奶牛等标准化规模养殖场（小区）建设项目和大中型畜禽养殖场沼气工程为重点，加强粪污处理设施建设，推进畜禽粪污无害化治理和利用。实施农村清洁工程，针对农村生活垃圾、污水、农作物秸秆和人畜粪便造成的污染问题，加大资金投入力度，扩大农村清洁工程建设规模和范围，以村为基本单元，集成配套推广节水、节肥、节能等实用技术，因地制宜建设秸秆、粪便、生活垃圾、污水等有机废弃物处理利用设施，建立物业化服务体系，推进人畜粪便、生活垃圾、污水的资源化利用，力争到"十二五"期末，全国农村生活垃圾和污水处理率、农作物秸秆利用率达到90%以上。

四、抓紧治理耕地污染，确保粮食、蔬菜等农产品质量安全

现代化农业生产造成的各类污染日益突出。目前我国已成为世界上使用化肥、农药数量最大的国家，化肥年使用量4637万吨，按播种面积计算，化肥使用量达每平方公里40吨，远远超过发达国家防止化肥对土壤和水体造成危害而设置的每平方公里22.5吨的安全上限。而且，化肥施用结构不合理，利用率低，流失率高，不仅导致农田土壤污染，还通过农田径流造成对水体的有机污染、富营养化污染甚至地下水污染和空气污染。全国农药年使用量130万吨，只有1/3被作物吸收利用，大部分进入了水体、土壤及农产品中，使全国9.3万平方公里耕地遭受不同程度的污染，直接威胁人体健康。目前，化肥和农药已使东部地区水环境污染从常规点源污染转为面源与点源的复合污染。污水灌溉、堆置固体废弃物、承受大量工业转移污染，使部分农村地区土壤重金属污染造成粮食、蔬菜等农产品污染。我国乡镇企业废水COD和固体废物等主要污染物排放量已占工业污染物排放总量50%以上，污染物处理率显著低于工业污染物平均处理率。面对农产品污染，发展绿色有机农业势在必行。绿色有机农业以有机土杂肥替代化肥、以生物技术替代高毒剧毒农药，合理配置农业投入品，利用农作物秸秆还田和气化发电、人畜粪便沼气工程、使用生物菌肥、生物防治病虫害等，将农业和人畜废弃物资源化后再利用，是一种实实在在的"循环经济"模式。据农业部估算，全国年产有机肥总量达48.8亿吨，

其中畜禽粪便 20.4 亿吨、堆沤肥 20.2 亿吨、秸秆类资源 7 亿吨、绿肥 1 亿多吨、饼肥 2000 多万吨，可提供的氮磷钾养分在 6000 万吨以上，加快发展绿色有机农业，使之逐步成为农业发展的主导模式，既是我国 13 亿人口食品安全和营养改善的根本保障，也是中华农耕文明的战略之举。大力开发利用有机肥料，不但可以为作物提供充足养分，增加土壤有机质含量，还可以转化农业废弃物，根治面源污染，改善农产品品质。发展限用或不用化肥、农药的绿色有机农业，需要在农业关键技术上取得突破：一是突破有机肥料生产和施用技术，实现农作物秸秆、农业废弃物和人畜禽粪便等有机肥资源的转化利用。二是突破生物农药研制技术，大力开发生物防病杀虫技术，减少和替代高毒残留化学农药，严禁使用高毒、高残留农药。同时，扩大豆科固氮作物和绿肥作物面积，在北方旱作农业区，推行秸秆覆盖、免耕播种、深松除草等保护性耕作技术，通过综合措施改善农产品生态环境。

五、加大重点流域水污染防治力度，坚决保护大城市饮用水源

"十一五"以来，国家水污染防治力度明显加大，重点流域水污染防治取得阶段性成果，流域水环境质量总体保持稳定，局部有所改善。监测显示，"三河三湖"、三峡库区及其上游、松花江和黄河中上游等重点流域水环境持续好转，淮河、海河、太湖、滇池、松花江、三峡库区及其上游和黄河中上游水质均有所提高。同时，污染物排放总量持续下降，2009 年，全国主要水污染物排放总量与 2005 年相比下降了 9.66%。但是，形势仍不容乐观，重点流域污染排放强度大、负荷高，主要污染物排放量远远超过受纳水体的环境容量。有机污染尚未消除，重金属、持久性有机污染物等长期积累的问题开始暴露。部分集中式饮用水水源地水质难以稳定达标。企业违法排污现象仍时有发生，大型环境污染事故案件增加，因水源污染引发的疾病呈上升趋势，尤其是东南沿海部分地区癌症发病率上升。对人民健康和社会稳定造成危害。当前和今后一个时期，必须深入开展重点流域区域污染防治，严格控制水污染物排放总量。一是以流域水资源优化配置为基础，统筹实施流域、区域污染防治。针对全国及流域的水污染共性问题，对饮用水水源地保护、工业污染防控、城镇污水处理设施建设运营、面源污染控制等提出统一要求。针对重点地区的污染特点，实施分区污染防治策略，分区确定规划任务和治污重点。二是加大产业结构调整力

度，严格执行污染物排放标准，结合水功能区管理要求，针对流域区域突出的水污染问题制定化学需氧量、氨氮、总氮和总磷等主要污染排放量及入河（湖）量的削减方案，实现污染物的协同削减和总量控制。三是继续加强流域内城镇集中式饮用水水源地水污染防治，加强饮用水水源地水质保护，强化点源和非点源的含氮和含磷污染物的总量减排。严防有毒有害污染物的事故性排放，建立健全保障饮用水安全的风险防范机制。四是加强重点工业行业全过程控制，通过实施企业清洁生产技术改造，实现节水减污，从源头减少水污染物产生和排放；重视工业园区污水集中处理设施建设和运营管理；以造纸、酿造、石化、印染和重金属行业为重点，通过先进水污染治理技术的应用，提升行业水污染治理水平。五是提高污水资源化程度，增强城市污水处理能力，城镇污水处理已建和在建能力，提高污水再生利用率。六是严格执行跨界断面水质考核制度，以主要支流、重点城市断面为衔接点，落实主要城市治污责任。

六、加强城市空气和垃圾治理，尽快改善环境质量

据环保部发布，2010 年上半年，全国 113 个重点城市空气质量总体良好，优良天数平均比例为 91.0%，105 个城市优良天数比例高于 80%。与 2005 年同期相比，空气中二氧化硫、二氧化氮和可吸入颗粒物平均浓度均有较大幅度下降。但是，空气质量仍未根本好转。近年来，京津冀、长三角、珠三角等区域每年出现灰霾污染的天数达到 100 天以上，广州、南京、杭州、深圳、东莞等城市灰霾污染更为严重，空气化学污染及热污染超过一定限度后，大量热能及化学污染物主要以蒸腾热喷泉方式向大气上层及周围扩散，致使城市及周边地区越来越大范围的地表空气温度变化快、温差大，这是产生大面积干旱、暴雨、龙卷风等强对流灾难性天气的最主要原因。如今，我国大气污染特征发生了重要转变，呈现出污染复合型和影响区域性的特点。这种转变在工业化水平与城市化程度较高的城市群地区表现尤为明显。由于城市群地区资源、能源消耗巨大，大气污染物排放集中，使得重污染天气常常在区域内大范围同时出现；此外，大量排放的污染物在距离较近的城市之间输送、转化，导致细粒子浓度、臭氧浓度、酸雨频率与灰霾频率不断增大。解决这些问题必须采取联防联控措施，形成合力。按照环境保护部等九部委《关于推进大气污染联防联控工作改善区域空气质量的指导意见》，实施区域大气污染联防联控，一要组织

编制区域大气污染联防联控规划，确定区域环境质量改善目标；建立区域联防新机制，全面推进大气污染防治工作。在重点地区开展大气污染区域联防联控。组织划定大气污染联防联控重点区域，编制防治规划。继续做好京津冀地区大气污染防治。推动长三角、珠三角地区建立大气污染联防联控机制，二要确定重点治污项目和治理措施，重点加强酸雨、灰霾天气、细颗粒和臭氧超标等治理，提高区域空气质量。三要加强区域重点污染源在线监测系统建设，组织开展区域大气污染专项整治活动，实现重点企业全部安装在线监测装置并与环保部门联网。四要建立完善区域大气污染联防联控的评估考核机制。为从根本上改善城市环境，要高度重视加强垃圾治理特别是垃圾"死角"治理，截至2010年6月底，全国设市城市、县及部分城镇已建成生活垃圾处理设施947座，其中无害化处理设施816座（卫生填埋场642座，堆肥厂7座，焚烧厂90座，综合处理厂77座），大部分卫生填埋场都对填埋气体进行了收集、导排和处理，对填埋气体进行利用的项目有64个，填埋气发电机组装机容量大幅提升，有效降低了填埋气体对温室效应的影响。要深入研究解决当前城市生活垃圾处理问题。加快垃圾处理设施建设，提高运行管理水平，积极采取综合措施，化解公众关于垃圾处理厂建设的疑虑，研究解决当前垃圾处理厂建设管理中的难点问题。大力宣传实施《生活垃圾处理技术指南》，指导各地因地制宜科学选择生活垃圾处理技术，通过规范填埋、清洁焚烧减少温室气体排放。继续开展垃圾焚烧厂和填埋场的等级评定工作，全面开展氮氧化物污染防治。推动大气挥发性有机物污染防治。强化机动车污染防治。加大高排放车辆淘汰力度，同时，加强城市垃圾处理，重点清理影响环境卫生的死角，细化和落实老旧小区、小街巷、胡同、"城中村"和城乡结合部的环境卫生制度，做到责任区域、责任单位、责任人的"三落实"，确保环境卫生干净整洁。保障城市生活垃圾和污水处理设施正常运行，加快建设生活垃圾处理及污水处理设施建设，广泛开展垃圾分类，促进生活垃圾源头减量，全面推进固体废物环境管理，强化危险废物全过程监管，完善电子废物环境管理。深入推进化学品环境管理。

七、进一步完善环境立法、严格执法，建立最严厉的污染惩罚机制

从1979年到2010年，全国人大及其常委会制定的所有法律超过280部，其中有29部是环境资源、能源、生态、自然保护方面的立法，占全部立法十

分之一，立法强度很大。同时，民法、刑法和其它法律中也有不少法规涉及环境保护。还有国务院法律规章以及大量的环保标准。同时，环保执法体系和监测机构也已建立，环保执法人员大量增加。但是，为什么至今环保实效不佳呢？第一，在环保立法中某些法律规定和制度与立法目的有冲突。一是缴纳排污费法规与立法目的相悖。环保法规定企业必须遵守排污标准，但同时又规定企业超标排污要缴纳排污费。这就是说，只要缴纳排污费就可以排污。这显然有悖于环保立法。二是环境影响评价制度与立法目的相悖。环境影响评价是事前预防污染的制度。但又规定，没有做环评的投资项目要补办环评；这就是说，如果补办了环评就可以立项，由此导致一些选址不当、严重污染环境的项目，通过补办环评合法上马。据专家调查，全国每年补办环评的投资项目约占全部项目的 50%。三是排污收费制度与立法目的相悖。近年来排污收费不断上升，但并不是排污收费处罚不断严格，而是排放污染量快速增长。也就是说，收费越多表明超标排污量越大、越严重。如果用排污收费额衡量环保工作效益，明显不符合立法动机。此外，目前一些污染大户、高能耗、高污染企业，几乎部是地方政府财政支柱和重点保护对象。环保部门对超标污染不敢管，责令限期治理难落实，本来限期一年治理，但实际上一年以上没有治理的企业大量存在，最后结果就是环保执法以常用手段罚款了事。还要看到，《环境保护法》在 20 世纪 80 年代修订实施至今已 16 年，这期间我国经济、技术和环境状况发生了巨大变化，法律中有些条款已不适应新形势，需要尽快修改完善。第二，在环保执法中有法不依、执法不严、监管不力的问题仍很突出，对环境违法处罚力度不够，违法成本代价过低。主要体现在四个方面：一是环保部门缺乏查封、冻结、扣押、强制划拨权等行政强制手段，处罚手段弱，执行周期长、程序复杂等问题，导致对环境违法行为难查处、难执行、难追究责任。二是环境执法主体多、权责不一致，部门协调难，执法效能低。一些执法受到地方保护主义干扰，难有作为。三是区域性、流域性环境问题日益突出，而条块分割执法割裂了区域环境问题的整体性，跨界污染纠纷难以处理。四是执法机制不健全，对相关环境违法责任追究力度不够，部门联动协调机制尚不完善。第三，"十二五"时期完善环境立法，加大依法治污力度，建立严惩机制。一要在立法层面坚决控制污染。企业必须遵守法定排污标准，否则必须严肃追究违法责任，依法惩治。强化环境影响评价制度，不符合环境评估的项目绝对不能立项，否则必须严肃追究违法责任，依法惩治。严格执行排污制度，排污超过法定标准的必须严肃追究违法责任，依法惩治。二要健全和完善环境管理制度。对现行的环境管理手段进行系统的甄别和评估，吸收国际先进环境管理经验，着力解决影响可持续发展和人民群众生产生活的突出环境问题。三要提高环境执法监督能力。强化环境执法监督队伍，完善执法装备和监控手段，推进环境监察标准化建设，提高环境执法信息化水平，建设污染源自动监控系统、环境违法行为举报投诉信息管理系统、污染源现场执法信息管理系统、生态环境遥感与地理信息监测系统、环境污染事故应急指挥系统，建立企业环境监督员制度，大力发展法律援助机构、污染损害评估机构，充分发挥这些机构对环境执法的作用。四要开展环保专项执法行动，坚决、严厉处置各类环境违法案件。对于屡次违法、故意偷排、超标排放的违法企业，坚决从重处罚。建立环境执法新闻通报制度。建立严打污染长效机制。

八、加大政策支持力度，加快发展环保产业

环保产业是绿色工业重点，也是战略性新兴产业重要领域。许多国家都把环保产业作为后金融危机时期实现可持续发展的战略选择。目前，我国环保产业已初具规模，2008 年环保产业产值 4800 亿元，今年将达 8800 亿元，成为国民经济的重要组成部分。我国人口众多并将继续增加，到 2020 年，全国总人口将达到 14.3—14.9 亿人，其中城市人口将增加到 8 亿人左右，人口密度将由 2000 年的 131 人 /km² 增加到 148—155 人 /km²。在污染物排放方面，到 2020 年，城市生活污水排放量将由 2000 年 221 亿吨 / 年增加到 500 亿吨 / 年，城市生活垃圾排放量将由 1.21 亿吨 / 年增加至 3.6 亿吨 / 年，二氧化硫产生量将由 2000 年的 2571 万吨上升到 3073 万吨，氮氧化物产生量将由 2000 年的 1880 万吨上升到 2668 万吨，烟尘产生量将由 2000 年的 11883 万吨上升到 17691 万吨。这意味着环保产业拥有巨大的市场需求。要抓紧制定"十二五"环保产业发展规划，完善环保产业政策措施，建立环保产业与环境保护协调发展机制。充分发挥财政、税收政策的导向作用，财政应为环境治理项目和环保产品提供所得税、增值税、进出口关税等税收优惠政策和财政补贴，按照"排污费高于污染治理成本"的原则，开征环境保护税，提高排污费收费标准，建立环境保护专项基金，发行环保财政债券。政府应继续发挥作为环保投入主体

的作用，投、融资方式包括政府投资、政府贷款、商业银行贷款、BOT 等多种模式，更多地通过资本市场直接融资，鼓励更多的环保企业发行债券、股票以吸引民间投资者，同时扩大引进国外资金的力度和领域，国外长期优惠贷款主要安排在污染治理和生态保护项目，并向西部地区倾斜。建立环保专项贷款，与世界银行等国际金融机构合作，建立国际间合作贷款机制，提高资金使用效益。建立环保投融资政策体系。将国家财政环境投资转变成补助性、鼓励性投资，作为引导社会向环境投资的助推剂；对环境产业中某些不易盈利或盈利甚微的行业，政府应给企业以银行贷款的贴息支持；对于征收费用标准较低的地区，低于合理的投资回报率的部分由政府实行补贴。为了鼓励企业和个人参与环境基础设施建设，合理确定投资回报率。保证建设项目建成后能正常运行。借鉴发达国家和地区经验，加快环保产业发展。按照国际经验，当环保投资占国民生产总值 1%—1.5%时，可以控制环境恶化的趋势；当该比例达到2%—3%时，环境质量才有所改善。加快推进环保产业技术进步和自主创新，发布环保技术鼓励发展目录和淘汰目录，建立环境技术示范工程，引导环保产业技术进步；加大环保产业重点领域关键技术的开发,提高环保技术装备水平,形成环境保护的国家技术创新体系。加大执法打击力度,强化监督约束机制。积极推动形成全国性的或区域性的节能环保专业化集团，以大企业支撑产业发展。大力扶持环保科技型中小企业。

（2011 年 7 月）

大力发展生态效益型经济

一、把生态效益放在发展经济首位

以生态环境与经济发展协调为目标，致力于生态良性循环，是可持续发展的本质要求。其实质是在生态环境可承受的范围内，实现生态环境与经济发展的良性互动，其根本特征是建立可持续的生产方式和生活方式，建设生态文明。现阶段我国发展生态效益型经济，就是要坚持经济发展与保护环境相统一，不以牺牲环境为代价换取短期经济增长，建设生态文明先进、生态环境良好的现代国家。

二、坚决遏制、尽快扭转生态环境恶化趋势

这是发展生态效益型经济极为紧迫的任务。最重要的是，坚持保护优先和自然恢复为主，实施重大生态修复工程，巩固天然林保护、退耕还林还草、退牧还草等成果，推进荒漠化、石漠化综合治理，保护好草原和湿地，从源头上扭转生态环境恶化趋势。同时，减少煤炭石油等高碳能源消耗，减少温室气体排放。为此，必须加大政府生态建设投入，全面强化生态环境治理。推进林业重点生态工程建设，提高造林种草、病虫害防治和森林火灾扑救工作等资金补助或投入标准，尽快将区域性防沙治沙工程拓展为全国性工程；尽快上马沿海防护林、石漠化治理工程，在更大范围内实施封山封沙、禁牧休牧等休养生息措施，确保修复区自然生态治愈，提升自然生产力。推广清洁环保生产方式，治理农业面源污染。保护海岛、海岸带和海洋生态环境。制定国家生态经济标准和评价生态经济效益指标体系，对于重大建设项目要进行生态环境评价。改

革不利于生态和经济协调发展的体制机制，强化生态保护立法与执法。

三、大力发展生态效益型工业

这是大力发展生态效益型经济的关键。要大幅降低工业能源消耗强度和二氧化碳排放强度，抑制高耗能产业过快增长，重点发展生态可持续工业，即把工业生产纳入生态循环系统，使产品生产全过程符合生态要求，实现工业生产方式生态化。为此，必须加快调整工业结构，大力治理工业污染。加大力度整顿关闭不具备安全生产条件、破坏资源、污染环境的小煤矿。继续淘汰小火电机组。开展沿江沿海河石化企业污染隐患排查、重点行业企业环境风险及化学品检查，一经发现环境问题立即整治。坚决禁止高污染企业向中西部地区转移。对资源环境承载能力较强、集聚人口较多和经济条件较好的城市化地区要重点开发。对影响全局生态安全的重点生态功能区限制大规模工业化开发。大力推行清洁生产，使每个工业企业在生产过程中废物最小化、资源化、无害化，使上游企业废物成为下游企业的原料，不断延长生产链条，实现区域或企业群资源集约利用，尽可能用生态链条把工业与农业、生产与消费、城区与郊区、行业与行业有机连接起来，大力发展资源循环利用，全面提高资源利用效率。

四、大力发展生态效益型农业和畜牧业

建立农业资源科学利用机制，创新农村废弃物再利用技术，探索农业无害化生产和乡镇企业零污染排放，加快实现农村资源节约与环境友好。加快提高有机和绿色农产品生产比重，通过生物技术大幅度替代或减少化肥农药施用量，提高农产品品质，确保农产品质量安全。大城市郊区要率先发展生态型都市农业。高度重视加强草原建设，转变草原畜牧业的生产经营方式。通过开展人工草地建设、天然草原改良、飞播牧草等措施，逐步恢复草原植被，提高草原生产力和承载能力，缓解草畜矛盾。针对草场过载、畜牧业掠夺式经营的状况，制定保护天然草场的措施，改善畜牧养殖方式，提高草原生态效益。充分利用国家重点生态建设项目的带动作用，恢复和提高天然草原生产能力。加快牧区绿色有机畜产品生产和风能、沼气等洁净能源建设，促进生态效益与经济效益相统一。

五、加快建设一批生态效益型经济示范区

把生态建设和环境保护放在首位，努力实现经济与生态、人与自然和谐发展。在核心保护区强化生态功能，特别注重环境保护，决不为了眼前发展而破坏自然生态；在控制开发带构建生态屏障，严格控制开发；在高效集约发展区，注意集聚经济人口，集约开发。同时，巩固生态优势，建设生态工程，推行清洁生产，倡导生态环保的生活方式和消费模式。继续实施区域发展总体战略，认真落实 2009 年国务院相继批复的《黄河三角洲高效生态经济区发展规划》和《鄱阳湖生态经济区规划》，建设国家级生态效益型经济示范区。

六、促进西部地区重点发展生态效益型经济

西部地区能源资源富集，重要矿产资源比较丰富，具有旅游资源及区位优势，应重点发展规模化清洁能源工业、资源型加工业、旅游业等优势产业，走符合西部地区实际的新型工业化道路。未来十年，西部地区要尽快改变生态环境脆弱状况。要更加严格地保护西部生态环境。在生态环境脆弱地区，尽快建立国家级生态特区。例如，在内蒙古阿拉善地区建立生态特区，从沙漠源头遏制沙漠化。甘南藏族自治州玛曲、碌曲和四川若尔盖等地区是黄河上游重要的水源涵养区，应该建立生态特区，依靠国家的特殊政策和生态补偿、转移支付，重点进行湿地保护，退牧还草，流域生态修复，禁牧限牧，草场沙化治理以及生态移民等系统工程，使该区生态环境恶化逐步得到恢复。全面加强自然生态系统恢复和重建，实现自然环境系统的良性循环。要把发挥资源优势和建设生态安全屏障，放在深入实施西部大开发战略的优先位置，统筹规划西部地区重大产业布局，推进经济系统的生态化和绿色化。大力培育绿色能源、风能、太阳能、水能、森林碳汇产业，不断壮大能源、原材料等特色优势产业，将资源优势转化为产业优势和经济优势。加强开发和推广应用农业优良品种、旱作和节水农业、资源综合利用、新材料、新能源和生态环境保护等先进适用技术，加快实现产业化。继续对生态环境保护给予特殊政策支持，加大中央财政对自然生态修养生息的转移支付。

七、大力发展节能环保产业

节能环保产业是以节约能源、防治环境污染和改善生态环境质量为目标的战略性新兴产业，应尽快使其成为支柱产业。首先应重视加强节能环保技术、产品及服务的标准化、系统化，推广先进节能技术和产品，重点抓好工业、建筑、交通运输等重点领域节能。着力加强环境科技创新，在环境适用技术、环保装备研发、标准规范制订等领域突破一批关键技术，示范推广先进环保技术装备及产品，提升污染防治水平。加快资源循环利用关键共性技术研发和产业化示范，提高资源综合利用水平和再制造产业化水平，加快建立以先进技术为支撑的废旧商品回收利用体系。积极推进煤炭清洁利用、海水综合利用。加快推进市场化节能环保服务体系建设，制定扶持环保产业发展的倾斜性经济政策，从投资、税收、信贷、原料供应、价格等方面给予优惠，重点引导社会资金加大节能环保产业投入。发展低碳技术，倡导绿色消费，禁止资源无序开发，推动形成一批全国性或区域性节能环保专业化集团，大力扶持科技型节能环保中小企业。

八、创造发展生态效益型经济的良好环境

破除不利于生态效益型经济发展的制度障碍，在市场准入标准、专项经济法规、许可证转让制度、行业规范等方面创新体制机制，主要利用市场机制推进生态产业及相关技术发展。建立环境安全管理制度和自然资源利用评估制度。进一步加大执法监督检查力度，对已经发现的环境安全隐患确保整治到位。坚持把应对解决突发性环境污染事件放要首位，把损失降到最低。加快构建环境保护长效机制，健全、落实生态环境补偿机制，实行最严格的环境保护目标责任制。推进资源性产品和环保收费改革，加快建立反映真实供求关系、资源稀缺程度、环境损害成本的生产要素价格机制。提高公民生态保护意识，建立生态文明教育评价体系，加快形成反映生态文明的消费模式。

（2010 年 5 月）

第四章
经济转型的必要条件是相机抉择搞好宏观调控

2004年宏观调控取得明显成效

一、2004 年宏观调控的主要背景

经过 1998 年以来连续五年实行扩大内需方针，特别是实施积极的财政政策，我国经济成功抵御了亚洲金融危机冲击，克服了国内需求不足矛盾，实现了平稳较快发展。从 2003 年下半年起，经济增长速度明显加快。与此同时，也出现了一些不稳定不健康的因素。

（一）农业基础薄弱，粮食供求关系趋紧。粮食播种面积不断减少。从 1996 年到 2003 年，全国耕地面积由 19.51 亿亩减少到 18.51 亿亩，7 年减少 1 亿亩。2003 年，全国粮食播种面积 14.91 亿亩，比 1998 年减少 2.16 亿亩，为建国以来最低水平。粮食产量连年下降。2003 年，全国粮食产量 8614 亿斤，为上世纪 90 年代以来最低水平；人均占有粮食由 824 斤下降到 668.6 斤，是 22 年来最低水平。粮食库存连续两年大幅度减少。由于耕地面积、粮食播种面积、粮食总产量、人均占有粮食和粮食库存量连续几年大幅下降，粮食需求逐年增加，造成年度产需缺口不断扩大，2003 年达到 1100 多亿斤，导致粮食供求关系发生重大变化，由较为宽松向供求趋紧转变，品种结构和地区性矛盾突出。农民收入增长缓慢。粮食主产区农民收入增长连续几年低于全国平均水平，许多纯农户收入下降。虽然 2003 年农民收入增长有所恢复，但人均也只有 2622 元。农民收入长期上不去，直接影响农民生活水平提高和农村消费市场扩大，制约农民对农业和粮食生产的投入，农业和粮食问题已成为影响经济持续稳定发展的重要制约因素。

（二）固定资产投资增长过猛，投资结构不合理。尤其是钢铁、水泥、电

解铝等重化工业投资过度扩张、低水平重复建设严重。2003 年，全社会固定资产投资增长 26.7%，其中，冶金行业投资增长 87.2%，有色行业投资增长 68.7%，化工行业投资增长 61.3%，非理性过度投资造成产能大量过剩。2003 年末，全国钢铁行业各类在建项目 3000 多个，形成的钢材生产能力高达 3.1 亿吨，在建规模 1.5 亿吨，拟建的还有 5000 万吨；水泥在建项目 1000 多个，铝业在建项目 280 个；如果这些项目全部建成，钢材总生产规模将达 5.1 亿吨，水泥产能将达 10 亿吨，电解铝产能将达 1000 万吨，大大超出市场预期。2004 年一季度，投资需求进一步膨胀。全社会固定资产投资增长 43%，其中城镇投资增长 47.8%，增幅之高是多年没有的；部分行业盲目投资增势未减，而且结构严重不合理。2003 年，全国炼钢企业 280 家，年产 500 万吨以上企业只有 8 家；规模以上水泥企业 4800 多家，但企业平均规模只有 15 万吨。2003 年全国钢产量 2.2 亿吨，为世界第一位，但钢材产品中大多数是线材、螺纹钢等大路货产品，供过于求，滞销积压；而冷轧薄板、涂层板、镀层板等特种钢材生产能力低、供不应求。2003 年进口 3700 多万吨钢材中，大部分是国内钢铁企业不能生产的。

（三）由粮食问题、投资问题带来另外一些突出问题：一是乱批滥占大量耕地。一些地方盲目兴办开发区，违法下放土地审批权，违规圈占大量耕地。2003 年，全国各级各类开发区 6866 个，规划面积达 3.86 万平方公里，超过整个台湾省面积。有的地方违反国家规定降低征地补偿标准，拖欠农民土地补偿款，损害农民利益；实施强制拆迁、强行征地。二是煤电油运紧张。有 17 个省份拉闸限电。铁路请车满足率仅有 35%；沿海港口出现了多年没有的压船压港现象。三是资源环境压力加大。2003 年，我国经济增长 9.1%，GDP 总量仅占世界 4%，但消耗的原油、原煤、铁矿石、钢材、水泥、氧化铝却分别占到世界消费量的 7.4%、31%、30%、27%、40% 和 25%。

二、2004 年宏观调控的主要措施

（一）切实加强农业，促进粮食增产和农民增收。1.出台"两减免、三补贴"政策。即减免农业税、取消除烟叶以外的农业特产税，对种粮农民实行直接补贴、良种补贴和农机具补贴，中央财政为此支出 313 亿元。国家在吉林、黑龙江两省进行了全部免征农业税试点；2.稳定增加粮食播种面积。坚决落

实基本农田保护制度，守住国家粮食安全的"底线"。将基本农田落实到地块和农户，任何地方和单位不得随意调整和占用基本农田，严格执行耕地占补平衡制度，全力督促闲置土地复耕。3.大幅度增加对农业、农村特别是粮食主产区的投入。全年中央财政用于"三农"的支出共 2626 亿元，比上年增长22.5%。对 225 个大型灌区进行了续建配套和节水改造；加大扶贫开发力度，继续实施易地扶贫搬迁试点工程；推进生态林业工程建设。4.推进农业结构调整。启动实施国家优质粮食产业工程，新建一批大型商品粮基地；水稻优势区域播种面积占到全国水稻总面积 86.1%，小麦优质品种播种面积大幅度提高。

（二）严把土地审批和信贷投放两个闸门，坚决遏制固定资产投资过快增长。全面清理各类开发区，深入整顿和规范土地市场秩序。国务院制定了《关于深化改革严格土地管理的决定》。

（三）坚持有压有保，加强薄弱环节建设。加强水利、能源、交通等"瓶颈"环节建设。新开工一批电力、大型煤炭基地和铁路建设项目；三峡工程、西气东输、西电东送、青藏铁路、南水北调等重大项目继续推进。加强教育、卫生特别是农村教育、卫生基础设施建设。加大对贫困地区农村义务教育的支持力度，继续实施农村中小学危房改造。增加对"三河三湖"等重点流域污染治理项目投资。

（四）加强经济运行调节，缓解煤电油运紧张。强化电力需求侧管理，实行差别电价、峰谷电价政策；加强电网统一调度，合理安排调峰错峰；制定用电高峰应急预案，加快电源和电网建设。

（五）加大政策和工作力度，促进区域协调发展。国务院制定了《关于进一步推进西部大开发的若干意见》，在西部地区安排新开工 10 项重点工程，总投资近 800 亿元。继续实施西部农村人畜饮水工程。国家支持安排了东北地区等老工业基地 197 个重点技术改造项目，15 个采煤沉陷区治理工程陆续开工建设。

三、2004 年宏观调控的主要成效

集中体现为"三个避免"、"两个保持"：通过加强和改善宏观调控，避免了经济增长出现大的起落，避免了经济局部性问题演变成全局性问题，避免了

物价大幅度上涨；保持了经济平稳较快发展，保持了经济社会稳定。国民经济实现 GDP、财政收入、外贸进出口和利用外资、就业、城乡居民收入"五个继续增长"。2004 年粮食总产量达到 9389 亿斤，增产 775 亿斤；全年新增煤炭生产能力 1.2 亿吨，新增发电装机容量 5055 万千瓦，铁路新线投产 1433 公里，新增公路通车里程 4.6 万公里。国家为中西部地区农村义务教育阶段 2400 万贫困家庭学生免费提供教科书；1410 个县级和 250 个省、市（地）级疾病预防控制中心基本建成；中央财政安排专项资金支持中西部 4 万个村广播电视设施建设。从 2004 年 7 月 1 日起，全国提高企业退休人员基本养老金标准。

（2005 年 3 月）

2006 年上半年固定资产投资
结构分析与政策建议

2006 年以来,固定资产投资反弹压力增大，投资结构不合理问题突出。

一、银行贷款增长过猛，资金来源和投向结构不合理

2006 年 1—5 月，城镇固定资产投资资金来源中，国内贷款同比增长 24.1%，加快 10.4 个百分点；自筹资金增长 37.9%，加快 6.6 个百分点。房地产开发投资到位资金中，国内贷款增长 42.9%，加快 34.2 个百分点；外商直接投资增长 39%，加快 16.1 个百分点。前 5 个月，金融机构各项人民币贷款增加 17825 亿元，同比多增 7950 亿元；为历史同期最高水平。1—5 月金融机构贷款增加额已占到全年贷款计划的 71.3%，按此速度，今年贷款规模将大大超过年初预定的 2.5 万亿元调控目标。这表明，银行贷款仍然是当前固定资产投资的主要资金来源，信贷宽松为投资反弹提供了资金条件。从资金来源结构看主要存在三个问题：一是中长期贷款增长过猛。2006 年 1—4 月，主要用于固定资产投资的中长期贷款增加 6270 亿元，同比多增 2447 亿元。同时，票据融资增长最多，有相当部分被用于固定资产投资。虽然自筹资金大幅增长，占全部到位资金比重超过 50%，但不少资金仍通过各种渠道来源于银行。二是第一产业新增贷款减少，第二、第三产业新增贷款过多。2006 年 1—4 月，第二产业中制造业和电力贷款分别增加 2558 亿元和 894 亿元；第三产业中金融、房地产和交通运输业贷款分别增加 1288 亿元、1160 亿元和 874 亿元。特别是房地产贷款在新增贷款中占很大比重，银行一边对开发商贷款，一边对购房者

按揭贷款，两边都是银行资金，加大金融风险。三是新增贷款主要集中于沿海经济发达地区。据有关方面监测分析，一季度长三角、珠三角和京津冀三大都市经济圈、33 个城市新增贷款占全国新增贷款的 64%；其中，长三角新增贷款 3184 亿元，占全国新增贷款 24.8%；珠三角新增贷款 3798 亿元，占全国 29.6%；京津冀新增贷款 1225 亿元，占全国 9.6%。

二、部分行业生产、投资增长过快，产能过剩加剧

一是在原有部分行业产能过剩尚未解决的情况下，工业生产、投资仍快速增长，产成品库存和应收帐款大幅上升。今年 1—4 月，全国钢材产量 1.4 亿吨，同比增长 24.2%；电解铝产量 276 万吨，增长 16.7%；氧化铝产量 381 万吨，增长 48.5%；水泥产量 3.2 亿吨，增长 21.8%。到 4 月底，全国冶金、有色、建材、机械行业产成品库存资金分别达到 1115 亿元、473 亿元、613 亿元、2928 亿元，同比上升 9.9%、42.8%、14.8%、13.8%；应收帐款净额分别达到 1135 亿元、654 亿元、1133 亿元、7333 亿元，同比上升 17.4%、28.7%、18.4%、21.8%。1—5 月，全国黑色金属冶炼及压延加工业投资增长 8.5%，非金属矿物制品业投资增长 37.4%，交通运输设备制造业投资增长 45.9%，增幅同比分别加快 0.7 个、26.4 个、4.1 个百分点。这进一步表明，钢铁、水泥、汽车等原有产能过剩行业投资还在盲目扩张。目前，全国钢铁行业生产能力大于市场需求 1.2 亿吨，在建能力 7000 万吨、拟建能力 8000 万吨；电解铝行业生产能力 1030 万吨，闲置能力 260 万吨；铁合金行业生产能力 2213 万吨，企业开工率仅 40%左右；电石行业生产能力 1600 万吨，有 50%能力放空；焦炭行业产能过剩 1 亿吨，目前在建和拟建能力各 3000 万吨；汽车行业产能过剩 200 万辆，在建能力 220 万辆，正在酝酿和筹划的生产能力 800 万辆。这些行业不仅总量过剩，企业组织结构、技术结构和产品结构不合理的矛盾也很突出。二是制造业、采矿业投资增长过快，制造业中 16 个行业投资增长过猛，出现新的产能过剩或潜存过剩危险。2006 年 1—5 月，制造业投资增长 37.6%，同比加快 8.8 个百分点；其中，通用设备制造业、专用设备制造业等 16 个行业投资增幅超过 40%；有色金属矿采选业投资、非金属矿采选业投资分别增长 104.9%、94.9%，同比加快 60.5 个、27.1 个百分点。4 月底，煤炭、石化、轻工、医药、纺织、电子等六大主要行业产成品库存分别为 251 亿元、

1351 亿元、2790 亿元、361 亿元、1326 亿元、1111 亿元，同比上升 44.1%、18.5%、16.1%、19%、17.3%、19.4%；应收帐款净额分别为 471 亿元、2205 亿元、4820 亿元、802 亿元、1592 亿元、5103 亿元、1256 亿元，同比上升 15.8%、16.6%、18.4%、10.8%、17.5%、27.7%。六大行业产成品库存和应收帐款大幅上升，表明这些行业也已经出现产能过剩。三是农业农村、水利、环境、服务业、卫生、社会保障等重点领域和薄弱环节投资增幅偏低、所占比重偏低。一季度，全社会固定资产投资完成额中，农村投资增长 18.1%，低于城镇投资增幅 11.7 个百分点；农村投资所占比重仅为 16.5%，城镇投资比重高达 83.5%。1—5 月，在各行业城镇投资中，水利、环境和公共设施管理业投资增长 29.2%，低于制造业投资增幅 7.9 个百分点；其中，水利管理业、环境管理业投资分别增长 7.4%、12.5%，比制造业低 29.7 个、24.6 个百分点；居民服务和其他服务业投资增长 14.7%，低于城镇全部投资 15.6 个百分点，低于制造业投资 22.4 个百分点；卫生、社会保障和社会福利业投资增长 25.1%，低于城镇全部投资 5.2 个百分点，低于制造业投资 12 个百分点，上述情况表明，前 5 个月一些重点领域和薄弱环节投资未得到应有加强。四是房地产投资结构仍不合理。主要是中小户型、中低价位的经济适用住房投资增长缓慢、比重偏低。2006 年 1—5 月，经济适用房开发投资同比仅增长 3%，低于全部住宅投资增幅 18.8 个百分点；所占比重仅为 2.6%。据国家统计局对全国 24 个大中城市调查统计，每套 120 平方米以下的住房占商品房总面积的比例不到 50%。尤其是用于解决低收入者住房问题的廉租房供给不足。部分城市房地产市场秩序依然混乱、房价偏高。

三、部分地区投资增长过猛，出现新一轮盲目扩张

2006 年 1—5 月，地方项目投资增长 31.3%，高于中央项目投资增幅 8.6 个百分点。地方投资增幅超过 35% 的省份有 12 个，其中，河北增长 43.2%、辽宁 39%、福建 43.4%、山东 37.1%、吉林 55.2%、安徽 50.4%、江西 37.3%、河南 45.2%、湖北 39.5%、内蒙古 51%、四川 36.3%、陕西 38.7%、青海 43.3%。引人注目的是，中部 8 省投资增幅全部在 30% 以上。前 5 个月，全国城镇投资新开工项目 67419 个，同比增加 11146 个，比上月末增加 17857 个。新开工项目较多的省份有：河北 4800 个、辽宁 3139 个、江苏 4812 个、山东

6413 个、广东 3683 个、安徽 3272 个、河南 4832 个、湖北 3506 个、湖南 3292 个、四川 4176 个。

为摸清地区投资结构，5 月中旬我们对部分省份作了专项调查。各地反映的 1—4 月（或一季度）投资结构和新开工项目情况是：内蒙古采矿业投资增长 234.9%，其中煤炭开采和洗选业、石油和天然气开采业投资分别增长 267.9% 和 823.2%；制造业投资增长 98.9%，其中有色金属冶炼及压延加工业、交通运输设备制造业投资分别增长 172.6% 和 938.3%。新开工项目主要集中在采矿业和制造业。安徽省采矿业投资增长 73.4%，制造业投资增长 66.9%，居民服务业和其他服务业投资增长 276.5%。新开工项目主要集中在制造业、采矿业和服务业。江苏省制造业投资增长 43.6%，占全部投资的 91.3%；其中 14 个行业投资增幅超过 50%。新开工项目主要集中在制造业。湖北省第三产业投资增长 62.8%，所占比重 60.4%；其中交通运输、仓储和邮政业投资增长 64%，水利、环境和公共设施管理业投资增长 130.1%，教育投资增长 57.4%。新开工项目主要集中在第三产业。四川省通用与专用设备制造业投资增长 84.3%，电力行业投资增长 55%，交通运输业投资增长 60.1%，新开工项目主要集中在制造业、电力和交通运输业。山东省一季度农林水利、制造业、社会事业三大领域投资分别增长 78%、56.3% 和 42.9%，新开工项目主要集中在制造业、基础设施和社会事业。福建省一季度制造业投资增长 53.2%，交通运输、仓储和邮政业投资增长 70.5%，新开工项目主要集中在制造业和交通运输业。陕西省一季度铁路运输业投资增长 5.2 倍，公路运输业投资增长 41%，水利、环境和公共设施管理业投资增长 71.3%，新开工项目主要集中在基础设施。

当前投资结构失衡的主要原因：

一、投资需求过旺与资金来源宽松相互推动，导致投资、信贷同时增长过猛。银行存贷差进一步扩大，流动性过剩加重，呈现"宽货币、松信贷"的格局。4 月末银行存差已达 10.1 万亿元，目前金融机构流动性约在 2.6 万亿元左右，这给商业银行资金运用造成巨大压力，银行为提高自身收益贷款意愿强烈。同时，2005 年通过充实资本金，商业银行资本充足率提高，贷款硬约束弱化，也是刺激贷款投放的重要因素。特别是"十一五"开局之年，地方政府和企业投资扩张冲动都很强烈，各地新开工项目大量增加，信贷需求旺盛。银行、地方政府和企业三方互有需要并相互推动，造成人民币贷款猛增，成为固定资产投资资金的主要来源。一些国有商业银行与地方政府、大型企业签署合作协议，承诺提供巨额贷款。其中，城建项目打捆贷款，成为信贷扩张的主要形式。尤其是去年下半年以来，在人民币升值预期推动下，境外投机资金大举进入一些大城市房地产市场，不仅直接扩大了房地产投资资金来源，更推动了房地产价格过快上涨。

二、市场准入机制不严格、不规范，企业缺乏投资约束机制，加剧产业和行业投资结构不合理。前5个月投资情况表明，去年以来国家采取的一系列解决部分行业产能过剩的措施未能完全落实，特别是土地、环保、技术、企业规模等市场准入标准没有得到严格执行。这是目前原有产能过剩行业问题加剧、一些行业又出现新的产能过剩的主要原因。一是市场准入标准不规范。虽然2004年国家大幅度提高了房地产等过热行业投资贷款的资本金比例，但今年1—5月房地产投资资金来源中，企业自有资金比重仅占19.5%，而国内贷款增长42.9%，同比加快34.2个百分点。这表明许多房地产开发企业是以资本金比例不符合规定标准进入房地产市场的。二是市场准入标准执行不严格。虽然一直强调严把土地闸门，但目前土地市场准入有许多不完善之处。由于地方政府拥有土地储备等权力，仍存在非市场方式出让土地、征用土地价格低、以租代售、名义上招牌挂实际上以协议价出售土地、随意扩大土地征用范围等违规行为。同时，企业缺乏投资理性和风险意识，缺乏投资约束，也是造成部分行业投资盲目扩张的重要原因。今年前5个月，按经济类型分的城镇投资中，集体经济投资增长56.5%，国有独资公司投资增长41.5%，私营企业投资增长52.6%，其他企业投资增长117.5%，这表明非国有企业投资也存在很大的盲目性。

三、部分地方政府过度追求经济增长速度，主要依靠扩大投资带动经济增长。前5个月情况表明，地方投资仍是推动新一轮投资扩张的主导力量。地方税收利益驱动、领导干部追求政绩驱动仍然是当前地方投资扩张的主要原因。今年正值各级地方政府换届之年，这两方面投资冲动更为强烈。分析地方政府投资冲动的深层原因，一是政府职能转变仍然滞后。目前地方政府在资本、土地等资源配置中权力依然过大，在政府主导资源配置的情况下，利益驱动必然导致投资盲目扩张。有些商业银行分支机构大量发放贷款，主要由于地方政府作担保；有些项目虽属民间投资，但背后都有政府支持。二是符合科学发展观要求的干部政绩考核制度没有建立。目前 GDP 仍然是考核地方政府和干部政绩的主要指标，而固定资产投资仍然是拉动经济增长的主要动力，投资增长与地方经济发展关系密切，地方政府千方百计大上项目，使投资扩张难以抑制。三是投资体制改革滞后。目前，企业投资主体地位尚未建立，政府、企业投资约束机制也没有建立，投资体制改革措施没有落实。由于上述三方面原因，地方投资冲动必然导致投资需求膨胀。

下一步加强投资调控的政策取向：

4 月份以来国务院陆续采取了一系列宏观调控措施，包括上调人民币存款基准利率、对商业银行贷款进行"窗口指导"、发布产业和行业信息引导投资方向、加强房地产市场调控等。目前这些措施仍在落实当中。但从 5 月份的主要数字看，调控措施效果还不明显。为保持经济平稳较快发展，需要进一步加强和改善宏观调控。

第一，继续严把土地、信贷两个闸门，抑制固定资产投资过快增长。坚决控制全年建设用地指标。在着力优化贷款结构的同时，小幅上调银行存款准备金率，适度收紧货币流动性。严格执行土地规划和计划，适度放缓土地审批进度，严禁建设用地以租代征，控制城市拆迁规模，严禁违规新设开发区和扩大面积。在提高贷款基准利率的基础上，将法定存款准备金率提高 0.5%，以锁定银行体系部分流动性。虽然这是一剂"猛药"，但在目前情况下，这是控制信贷投放的有效措施。加强流动性分析与管理，灵活开展公开市场操作。指导商业银行把握信贷投放规模和节奏，严格控制打捆项目贷款和票据融资；财政部门要严格规范地方政府债务，严防举债投资超越地方财政承受能力。

第二，主要运用经济手段大力推进部分产能过剩行业的调整改造，抓紧控制制造业等新出现的过剩产能。坚定不移地落实去年以来国务院关于积极推进部分产能过剩行业调整改造的一系列政策措施，坚决控制原有部分产能过剩行业投资反弹。依法关闭破坏资源、污染环境和不具备安全生产条件的小企业，包括立窑水泥产能、土焦和改良焦设施、小炼铁高炉、小电石炉，以及达不到规模和安全标准、不具备整改条件的小煤矿等。加快钢铁、水泥、煤炭等行业兼并重组，提高产业集中度。加快资源性产品价格改革步伐，理顺投资品价格结构，促使加工工业投资降温。

第三，进一步规范并严格执行各项市场准入标准，建立土地、环境、资源对扩大投资的硬约束机制。抓紧完善能耗、水耗、资源综合利用和安全、质量、技术、规模等市场准入标准，提高准入门槛。抓紧推进矿产资源有偿使用制度改革，建立有偿排污制度，建立生产要素投入的钢性约束机制。新上项目必须符合国家产业政策和市场准入标准，强令不符合市场准入标准的企业退出市场。

第四，大力加强农业和新农村建设、环境保护、服务业、卫生、社会保障等重点领域和薄弱环节的投资力度，加强关系"十一五"发展全局的重大项目。农村基础设施建设是社会主义新农村建设的重点。要把农村基础设施建设作为各级政府投资的重点。充分利用当前国家财政形势好的时机，大幅度提高国债资金和中央预算内投资用于农村基础设施的比重，大幅度提高地方财政资金用于农村基础设施的比重，加大对农村"路、水、电、气、厕"改造的投资力度。各级财政可以采用实物投资的方式，由政府购买农村基础设施建设需要的原材料无偿提供给农民，发动农民投工投劳。这是可以一举数得的战略措施。同时，积极引导社会资金投向。

第五，加快转变地方政府管理经济职能，建立符合科学发展观要求的经济社会发展综合考核体系。逐步削弱地方政府在配置土地、资金等资源方面的权力，切实把政府职能转到依法加强市场监管和质量监督、维护市场秩序、为市场主体服务和创造良好发展环境上来。考核地方政府政绩，不仅看经济增长率，更要看结构调整、资源节约、降低消耗和保护环境方面的成效。

第六，抓紧深化投融资体制改革，建立政府、企业投资约束机制。抓紧确立各类企业的投资主体地位，不允许政府干预企业投资活动。真正建立政府投资决策责任制和决策失误的责任追究制度。依照资本市场规则大力发展企业直接融资。建立各类企业银行贷款风险约束，地方政府不能为企业投资提供贷款担保。

第七，继续认真落实国家房地产调控措施，稳定住房价格，调整住房供应结构，促进房地产业健康稳定发展。进一步加强房地产市场调控，明确要求地方政府出让土地收入中有适当比例用于廉租房建设。改革经济适用房销售办法，确保经济适用房真正销售给中低收入居民。密切监测、严格控制国外投机资金进入我国房地产市场，特大城市和房价上涨较快的城市要展开专项调查。

（2006 年 6 月）

搞好适度微调，把握促进经济增长与抑制通货膨胀的平衡点

2008 年前 5 个月，中国经济朝着宏观调控的预期方向发展。"5.12"汶川大地震对受灾地区经济造成严重破坏，也对整体经济造成冲击。当前，需注重搞好适度微调，既保持经济平稳较快发展，又控制物价过快上涨、抑制通货膨胀。

一、全面评估地震灾害对局部和全局经济的影响

从局部看，大地震使灾区经济遭受重创。一是重大人员伤亡和财产损失，严重破坏了当地经济基础，直接影响当前和今后一个时期生产力水平和经济社会发展。据有关方面测算，这次地震经济损失将超过数千亿元。仅四川省受灾工业企业达 2 万多家，经济损失超过 2000 亿元。二是交通、通信、电力、供排水等基础设施严重损毁，不少水库、水电站、堤防等酿成安全隐患，完全恢复到震前水平需要付出很大代价。三是部分农田、农业设施和大多数企业厂房、设备坍塌毁坏，生产经营受到严重影响，有些被迫中断。据国资委初步估计，仅灾区中央企业损失超过 300 亿元。四是大部分中小学校校舍、县乡医院被地震摧毁、损失惨重。五是地震使当地生态环境和旅游资源遭到严重破坏，特别是大面积山体滑坡形成不少堰塞湖和次生灾害隐患，生态恢复需要相当长时间。

从全局看，大规模灾情对整体经济造成冲击并给目前比较复杂的宏观经济形势增添变数。一是在物价总水平上涨较快的情况下，此次地震对食品、药品

和其他抗震救灾物资的需求迅猛增加，将拉动、推升整体物价水平，尤其会拉动食品价格、生产资料价格上涨；地震还间接对生产成本特别是工资和资源价格造成较大影响，进一步挤压工业企业利润空间，加大成本压力。二是年初雨雪冰冻灾害与此次地震灾害仅相隔三个月，短期内两次大灾迭加对整体经济冲击较大，特别是财政支出压力明显增大。一季度，中央财政为抗击雨雪冰冻灾害已拨付资金 125 亿元；从 5 月 12 日大地震发生至 6 月 6 日，各级财政部门已投入抗震救灾资金 232.15 亿元，其中，中央财政 186.99 亿元。由于灾后重建任务极为繁重，后续财政投入还将大量增加。三是四川作为农业大省，养猪占全省农林牧渔总产值近一半；国内约两成的天然气也产自四川，地震使四川提供的生猪和天然气减少，对全局供给也会带来一定影响。但从全局看，地震没有改变我国经济平稳较快发展的基本态势。有专家指出，1989 年、1994 年美国加州连续两次大地震，1995 年日本神户大地震，对当地经济造成严重破坏，但由于政府有效应对，灾后恢复很快，特别是加大对防震、地震预报和建筑抗震等研发投入，直接推动了建筑业以及相关产业的技术创新和进步。此次地震发生后，国务院迅速成立了汶川地震专家委员会和灾后重建组，在不到 1 个月时间里研究制定出《汶川地震灾后恢复重建条例》共 9 章 80 条，已经国务院第 11 次常务会议通过并开 6 月 8 日公布实施。根据这一条例，预计今后三年灾区重建投资将达 5000 亿元。

二、深入分析经济运行中的突出矛盾和问题

在充分评估地震对经济影响的同时，还要看到，当前经济运行本身面临或存在不少突出矛盾和问题。一是国际经济形势更加复杂严峻。主要是：美国次贷危机仍在深化，全球金融市场投机动荡加剧，粮食、石油等初级产品价格高位震荡攀升，全球性通货膨胀蔓延。2008 年前 4 个月，美国房屋销售额和房价持续下跌，新屋开工数和在建房屋数下降，住房空置率上升。据美联储 4 月份"高级贷款专员民意调查"，美国商业及工业贷款、商业抵押贷款、信用卡等信贷产品贷款标准都大幅收紧，家庭和企业信贷环境急剧紧缩，其中，55%的银行收紧了大型企业、中小企业贷款标准；在 9 家仍发放次级抵押贷款银行中，有 7 家制定了更严格的贷款标准。受全球各大金融机构不断披露次贷信息和对美国经济衰退预期增强的影响，世界主要股指震荡下跌，特别是国际市场

初级产品价格大幅上涨。2008 年前 5 个月，世界小麦、玉米、大豆、大米平均价格在 2007 年分别上涨 58.2%、44.4%、45.9% 和 6.2% 的基础上，又创下近 10 年来新高，其中大米价格创 19 年来最高，小麦价格为 28 年来最高。欧盟统计局公布，从 2007 年 4 月到今年 4 月 12 个月中，欧盟 27 个成员国食品价格平均上涨 7.1%，一些东欧国家食品价格涨幅高达两位数。经合组织(OECD)和联合国粮农组织(FAO)报告预测，全球粮价上涨至少将持续 10 年时间，世界从此将进入高粮价时代。国际原油期货价格在今年初突破每桶 100 美元后继续暴涨，目前已突破每桶 130 美元。受国际市场能源和食品价格大幅上涨影响，世界主要国家和地区消费价格持续攀升，全球通货膨胀压力明显加大。2008 年 1—4 月美国 CPI 一直在 4% 左右徘徊；5 月份，欧元区综合消费价格指数达 3.6%，连续 9 个月高于欧洲央行 2% 的通胀控制目标；3 月份，韩国、新加坡、印度尼西亚、阿根廷、土耳其消费价格涨幅分别为 8.8%、8.5%、8.2%、8.8%、9.2%，5 月份越南消费物价涨幅升至 25.2%。国际货币基金组织近期预测，今年新兴经济体和发展中国家消费价格涨幅将达 7.4%，创 2001 年以来最高值；发达经济体将达 2.6%，创 1995 年以来最高值。二是国内物价上涨过快、通货膨胀压力加大。2008 年一季度，反映总体通胀水平的国内生产总值平减指数上涨 8.2%，明显高于去年同期。今年前 5 个月，居民消费价格同比分别上涨 7.1%、8.7%、8.3%、8.5%、7.7%，其中食品价格上涨 18.2%、23.3%、21.4%、22.1%、19.9%，成为拉动价格总水平上涨的主要因素。1—5月，居民消费价格同比上涨 8.1%，涨幅扩大 5.2 个百分点。前 4 个月，全国工业品出厂价格同比分别上涨 6.1%、6.8%、8%、8.1%，其中，原油出厂价格涨幅突出，分别上涨 29.9%、37.5%、37.9%、37.9%，是拉动工业品出厂价格的主要因素。1—4 月，工业品出厂价格同比上涨 7.2%，涨幅扩大 4.3 个百分点；原材料、燃料、动力购进价格上涨 10.3%，涨幅扩大 6.3 个百分点。物价持续上涨、居高不下，既有国内社会总供给与总需求不平衡、部分商品供求矛盾较大的因素，也有土地、劳动力等要素价格攀升、成本推动的因素，还有近年来货币信贷投放过多、流动性过剩的因素。特别是，国际市场原油、粮食等初级产品价格急剧上涨，全球通货膨胀传导输入我国，是这一轮通货膨胀的重要原因。未来一段时间物价仍可能高位运行，主要是国际大宗商品价格仍将高位震荡，食品涨价继续带动 CPI 上涨，资源价格及劳动力成本进一步上升，全球通货膨胀短期内难以缓解。三是油价、电价形成机制尚未理顺，部分地区煤电油运供应偏紧。今年以来，随着国际原油、煤炭价格快速上涨，国内成品油和电力价格承受越来越大压力。一方面，国际油价、煤价上涨推高国内炼油企业和发电企业成本；另一方面，受物价总水平较快上涨制约，成品油价格、电力价格难以放开或上调；原油与成品油价格倒挂、煤电价格倒挂，导致一些炼油、发电企业经营困难，柴油、电煤供应紧张，成为影响经济运行的突出矛盾。目前我国原油进口量占总消费量 40% 以上，2006 年、2007 年原油进口量分别高达 1.45 亿吨、1.63 亿吨；超过 75% 的发电机组为火电，消耗大量煤炭；面对不断飙升的国际油价和煤价，理顺国内成品油价格和电力价格形成机制十分紧迫。同时，油价、电价作为基础产品价格，对下游产品价格影响很大，调整、放开需要考虑价格总水平状况和各方面承受能力。虽然国家为缓解炼油、发电企业困难，保障市场供应，已对一些生产企业给予补贴，但目前部分地区煤电油运供应仍然紧张，近几个月柴油进口量大幅增长，电煤库存急速下降，一些地区统调电厂煤炭库存量降至 7 天以下水平。预测今年全国电煤需求量将超过 14 亿吨，按目前煤炭产量和库存量分析，全国电煤供求缺口将达 2.5 亿至 3 亿吨，迎峰度夏形势比较严竣。四是国际投机资本大量涌入我国，加剧流动性过剩，金融风险上升。近年来，全球经济失衡催生流动性过剩，金融全球化和金融过度创新推动资本在全球范围大规模流动，国际金融市场投机动荡加剧。特别是随着人民币对美元持续升值，大量热钱通过虚假贸易、虚假外商投资和地下钱庄等渠道进入我国境内投机套利。专家估计，到 2007 年底流入我国的热钱规模大约 5000 亿美元；今年前 5 个月，热钱净流入有增无减，预计年底我国境内热钱规模将超过 6500 亿美元甚至更多。同时，股市和房地产市场也成为投机资本炒作套利的重要目标。去年以来，我国股市数次大起大落，其根源在于境外投机资本操纵做多或做空。在热钱汹涌而至的情况下，尽管今年以来央行已经 5 次提高金融机构存款准备金率，仍难以有效吸收市场巨大的流动性。有关专家分析，目前我国境内热钱规模已超出亚洲金融危机前整个东亚地区的规模，一旦国际资本流动发生逆转，热钱大量出逃，将对我国经济金融稳定和安全构成威胁。此外，国内经济中一些深层次矛盾依然存在。制约农业生产和农民增收的因素仍比较多；固定资产投资反弹压力大、结构不合理；实现节能减排目标任务相当艰巨。

三、针对新情况新变化搞好适度微调

面对当前复杂严峻的国内外经济形势，为保持经济平稳较快增长、抑制通货膨胀，宏观调控应当注重适度微调，特别要把控制物价上涨放在更加突出的位置，增强调控的预见性、针对性和灵活性。所谓适度微调，就是针对经济运行新情况新变化，适时适度的调整和完善宏观经济政策，包括财政政策、货币政策、价格政策，相机选择并有效搭配各项政策，灵活运用各种经济杠杆，实行持续渐进调控，在经济增长与物价总水平上涨之间寻找、把握平衡点。

第一，适度微调财政政策。为保持经济平稳较快增长，可考虑适度略微扩张财政政策。充分发挥财政政策在抗震救灾、灾后重建、稳定物价、调整结构和改善民生等方面的积极作用。一是适当调整财政预算，做好抗震救灾和灾后重建的资金保障工作。二是适当调整税收政策和补贴政策。为支持灾后重建，可考虑核销部分受灾企业欠税和呆坏账；对捐赠和援建灾区的企业相应减税。为抑制物价过快上涨，中央财政可考虑适当提高社会保障待遇和救济标准，及时落实和完善各项补贴政策，重点增加对低收入群众和家庭经济困难学生的补贴，确保他们基本生活水平不因物价上涨而降低。三是适当调整、加大政府投资力度。中央财政应在支持灾后重建中优先安排交通、通信、电力、供水、住房、学校、医院等公用设施投资，增加节能环保和重大基础设施建设的投资，各级党政机关和国有企事业单位减少会议、接待、差旅和公车使用支出。

第二，适度微调货币政策。适度放松货币政策。适时、灵活地运用多种货币政策工具，支持灾后重建和经济增长。继续加强对抗震救灾和灾后重建的金融支持和服务，中央银行和商业银行应抓紧研究提出金融支持灾后恢复生产的具体建议和意见，从信贷总量、信贷资金和授信审查等方面对灾区给予特殊支持；适当增加灾区再贷款额度；对灾后重建贷款实施适度的利率优惠政策；对电力、通讯、公路、铁路等受灾害影响大的行业和企业采取特殊金融服务。二是适度微调人民币存贷款基准利率。鉴于美元利率逐步企稳，未来一段时间，国际资本流向可能发生变化，为适度提高人民币利率提供了有利时机，而微幅调升存贷款利率有利于抑制国内通胀。三是适度推进人民币资本项目可兑换，拓宽资本流出渠道。近几年伴随人民币汇率改革深化，人民币资本项目可兑换不断推进。目前，尽管名义上对资本项下许多子项目仍严格管制，但实际上大部分子项目已在相当程度上开放。在国际货币基金组织 7 大类 43 项资本项目交易中，目前我国已经有 20—30 个资本项目交易基本不受限制或较少限制，人民币资本项目已经实现了部分可兑换。下一步应当根据我国经济发展实际和国际金融环境变化，适时适度地灵活调整资本项目可兑换的顺序，根据不同阶段、不同项目、不同政策侧重点和促进国际收支平衡的需要，在有效防范金融风险的前提下，有选择、分步骤地放宽对跨境资本交易活动的限制。包括：适度放宽境内机构对外直接投资限制，支持企业"走出去"；适度放宽对合格境外机构投资者投资境内的限制；拓宽境内外汇资金投资渠道，允许合格境内机构投资者投资境外证券市场；放松境外机构和企业在境内资本市场上的融资限制；允许合格境外机构在境内发行人民币债券和存托凭证；等等。总之，应当在继续加强对短期资本严格监管的同时，立足于提高国民整体福利和建立完善的市场经济体制，积极稳步地推进人民币国际化进程。

第三，适度微调价格政策。一是适度提高粮食最低收购价格。今年夏粮丰收，为扶持粮食生产，保护农民利益。应当适当提高早籼稻、中晚籼稻、粳稻、白小麦、红小麦和混合麦等最低收购价格，二是在国内外成品油价差过大，国内原油与成品油价格倒挂、煤电价格倒挂的情况下，适度加快推进成品油价格改革，稳步实施煤电价格联动机制。应适度放开原油价格，推进与国际价格接轨，此事不宜久拖不决。应当看到，油价、电价调整滞后，严重扭曲价格机制，鼓励能源低价消费，有悖节能减排和结构调整目标。应抢抓时机，逐步使油价、电价上升到真正反映资源稀缺程度、供求关系和环境成本的水平，这是转变发展方式的根本措施。同时，需要统筹考虑宏观经济形势和价格总水平走势，考虑下游企业的消化能力和承受能力，不宜一步到位，更不可短期内硬性"闯关"，应当把握时机，适度微调，逐步推进。由于我国能源消费结构中，绝大部分为工业用途，低收入群众能源消费只占很小比重，理顺能源价格形成机制，政府可以有针对性的补贴弱势群体，从而节约用于能源生产企业的巨额财政补贴。

第四，适度灵活运用经济杠杆。一是税率。继续适度提高资源税率；适度加快燃油税出台；适度降低我国紧缺资源类产品进口关税税率，适度提高进口增值退税率。如为扩大柴油进口，2007 年 11 月将柴油进口关税税率从 6% 下调至 2%，并在今年 1 月进一步调降至 1%；今年 6 月底之前，国有石油公司还将享受成品油进口增值税（目前为 17%）退税待遇。对劳动密集型产品暂不出台新的下调出口退税率和限制加工贸易的政策。二是存款准备金率。今年以来央行五次上调金融机构存款准备金率，目前已经达到 17.5% 的历史高位；但由于国际投机资本大量涌入，这一调控手段仍难以放松；但下一步宜保持趋稳态势，应考虑中小银行承受能力，利于经济平稳运行。对受灾严重地方金融机构暂不提高存款准备金率。三是利率。应当根据国内外宏观经济和金融形势变化，适度灵活地运用利率工具。主要是稳步推进利率市场化改革，推动货币市场基准利率体系建设，引导金融机构提高利率定价能力。四是汇率。应继续按照主动性、可控性和渐进性的原则，适度扩大有管理的浮动汇率浮动幅度，适度加快完善人民币汇率形成机制，进一步增强汇率弹性。鉴于汇率对通胀影响有限和贸易顺差下降，下一步人民币对美元汇率升值速度，相对第一季度应当适度放缓，以考虑出口行业和企业的承受能力。

第五，注重引导经济预期。鉴于全球化、信息化时代预期对经济运行和金融市场的影响越来越大，宏观调控应当高度重视引导预期。当前，一是应加强正面宣传和引导，努力降低国内外对我国价格总水平上涨的预期，增强各方面对中国经济能够保持长期平稳较快增长的预期，增强企业界、消费者和投资者的信心；二是应实行人民币对美元汇率适度的双向浮动，打乱国际投机资本对人民币稳定升值的预期，改变人民币对美元单边升值的态势，创造不确定的汇率环境，以有效阻遏纯粹套利"热钱"。同时，为防范资本大规模流出，应当抓紧制定并公开宣布不排除在必要时实行资本管制，包括征收外汇兑换税等严格的管制措施。

（2008 年 7 月）

重点治理通货紧缩，促进经济稳定回升
——宏观经济形势分析与政策建议之一

一、2009 年以来 CPI、PPI 持续下降，货币需求量下降，通货紧缩风险加剧

我国是否出现通货紧缩？这是当前宏观经济形势中的一个重大判断。通货紧缩是指经济运行中货币需求量减少、价格水平持续下降的状况。通常把 CPI 连续 6 个月环比下降作为界定标准。虽然单一的货币需求量减少或价格水平下降并不构成通货紧缩，但这两方面指标是判断通货紧缩趋势的主要依据。2009 年 1—4 月，我国居民消费价格(CPI)同比分别为 1%、−1.6%、−1.2%、−1.5%，连续三个月下降；前 4 个月累计，CPI 同比下降 0.8%。1—4 月，工业品出厂价格(PPI)同比分别为 −3.3%、−4.5%、−6%、−6.6%，原材料、燃料、动力购进价格分别为 −5.3%、−7.1%、−8.9%、−9.6%，从去年 12 月份开始连续五个月下降；前 4 个月累计，PPI 同比下降 5.1%；原材料、燃料、动力购进价格下降 7.7%。PPI 是包括生产资料价格指数和生活资料价格指数的指标，因此更能广泛地反映价格变动情况。当前价格水平持续下降主要是全球经济衰退、外部需求下降和国际市场初级产品价格大幅下降共同作用的结果，是外部需求和成本因素共同推动的结果。今年 4 月份，国际市场农产品现货、期货平均价格同比分别下降 26.2%、31.1%；国际原油价格由去年同期每桶 120 多美元下降到目前每桶 60 多美元。正是由于去年同期物价涨幅高，因此今年物价降幅大。在当前外部需求萎缩、国际初级产品价格总体处于低位的大背景下，国内价格下行压力较大。不仅消费品价格和工业品价格双双连续下降，货币需求量也大幅

下降。前4个月，金融机构人民币各项贷款增加5.17万亿元，同比多增3.37万亿元；各项存款增加6.65万亿元，同比多增3.35万亿元；新增存款大于新增贷款1.48万亿元。尤其值得注意的是，前4个月新增各项存款中，企业存款增加3.43万亿元，同比多增2.55万亿元，占全部新增存款的76.1%；4月份短期贷款同比减少786亿元。这就是说，虽然今年前4个月货币信贷供给量大幅增长，但由于经济不景气，多数企业生产经营活动萎缩，货币需求量大幅减少，金融机构发放的大部分贷款又流回到银行。企业存款大幅增长而短期贷款大幅下降印证了货币需求量下降的现实。在价格水平持续下降、货币需求量下降的同时，经济增长大幅减速，一季度国内生产总值增长6.1%，增幅同比下降4.5个百分点，比去年四季度下降0.7个百分点。通货紧缩即是价格现象，也是货币现象。从我国过去30年情况看，当价格指数连续两个季度出现同比负增长时就意味着出现了通货紧缩。反映在实体经济上，就是有效需求不足，居民消费、企业投资以及净出口下滑。鉴于2007年下半年至2008年上半年物价涨幅高，当前CPI、PPI快速下降，已不仅仅是2008年基数高导致的统计"翘尾"现象，而是一般物价水平的绝对下降即环比下降。各种情况表明，当前物价持续回落、货币需求量下降伴随经济增长减速，表明需求不振、经济低迷的状态仍在延续，通货紧缩成为经济运行中的突出矛盾。

二、通货紧缩抑制有效需求，严重阻碍经济稳定回升

当前价格水平持续下降、货币需求量下降，直接影响出口需求、企业和民间投资需求、居民最终消费需求，阻碍经济稳定回升。一是通货紧缩抑制居民消费。在通货紧缩情况下，物价下跌使企业利润减少，居民就业和收入减少，导致消费需求下降；由于预期物价进一步下跌，消费者会减少当前消费。目前我国多数行业企业效益下滑，下岗失业人员增多，中低收入居民收入增长放缓，有消费愿望而缺乏消费能力。一季度全国城镇新增就业人数同比减少11%，22个省份工业企业实现利润同比下降32.2%，虽然1—4月消费增长较快，但由于经济前景不确定，收入预期下降，扩大消费后劲不足。二是通货紧缩抑制企业和民间投资。PPI连续负增长意味着工业生产供大于求，产能过剩压力加大。在此情况下，企业和民间投资难以启动；如果不能有效带动企业和民间投资，投资高速增长难以持续。应当看到，实施两年新增4万亿元投资计

划，大规模增加政府投资，已经对我国经济产生强力拉动作用。在全球经济衰退、外需大幅下降的情况下，如果没有大规模政府投资，今年一季度经济增长率不可能达到 6.1%。对此，必须充分肯定。但是，目前政府投资尚未对企业和民间投资产生明显的带动作用，在一些地方甚至出现了"国进民退"、"央进地退"的"挤出效应"，企业投资意愿下降，民间投资需求下降，特别是一些中小企业有投资需求但因缺乏担保而得不到贷款。三是通货紧缩抑制出口。通货紧缩直接导致出口价格下降，出口企业效益下滑。今年以来多数行业出口订单量价齐跌，不少外贸企业挣扎在盈亏临界点和生死边缘，全国纺织服装出口企业已由 2008 年 5 万多家减少到今年一季度 4 万多家。我国经济对外依存度高，短期内出口大幅下滑造成的外需缺口难以完全依靠扩大内需弥补。四是通货紧缩极易导致"流动性陷阱"。国际金融危机以来，尽管美欧等主要经济体一再降低利率，名义利率甚至为零或负利率，向银行体系注入了大量流动性，但仍无法刺激有效需求，通货紧缩、信贷萎缩、经济低迷。货币流通速度和货币乘数大幅下降，货币政策效果大为降低。一些国家极有可能陷入需求下降导致生产萎缩，生产萎缩致使收入下降，而收入下降又会导致投资、消费需求不振，从而推动价格水平进一步下跌的恶性循环。我国自去年下半年实施适度宽松的货币政策以来，银行体系流动性充裕，市场利率较低，3 月份同业拆借和债券回购加权平均利率均为 0.84%，前 4 个月新增人民币贷款已超过去年全年；截至 4 月末，金融机构广义货币 M2 余额高达 54 万亿元，同比增长 25.95%。但货币信贷超常增长与相对缓慢增长的实体经济形成较大反差。客观上看，在经济低速增长、信贷存量调整困难的情况下，短期内扩大投资必须增加信贷；加之适度宽松的货币政策对实体经济发挥作用有一定时滞，难以迅速启动投资和消费需求。在此形势下，既要抑制通货紧缩，也要防止流动性陷阱。

经济学和经济生活常识表明，扩大财政赤字、增发大量货币最终会推动物价上涨。当前世界经济低迷，暂时没有形成通货膨胀的宏观环境，但主要经济体财政赤字和货币信贷超常增长已经带来强烈的通胀预期，推动国际市场大宗商品价格开始反弹，通胀预期正在逐步演变为真实通胀压力。今年 4 月 21 日至 5 月 21 日，纽约商品交易所轻质低硫原油期货价格由每桶 46.51 美元上升到 61.5 美元，伦敦市场布伦特原油期货价格由每桶 49.82 美元上升到 60.59 美元，仅一个月时间分别大幅上涨了 32% 和 22%。由于经济全球化，通货紧缩与通货膨胀之间可能很快反转，远期通胀隐忧可能很快近期来临。在开放经济条件下，我国通货膨胀的输入型因素非常明显，无论流动性输入，或大宗商品价格输入，都是推动国内通胀的重要外部因素。2008 年上半年的高通胀，既与大量国际资本入境造成国内流动性过剩密切相关，也与全球大宗商品价格大幅攀升密切相关。尽管目前国内多数行业产能过剩，面临通缩压力，但外部环境变化也在强化国内通胀预期、加大潜在通胀压力。重要问题在于，一旦通缩压力缓解是否意味着通胀将很快到来；特别要防止出现经济负增长与通货膨胀并存的局面。

三、尽快采取措施治理通货紧缩

（一）认真落实积极财政政策的各项措施，加快政府公共投资预算下达和项目实施进度，尽早形成有效实物投资。加快垄断行业市场准入制度改革，营造有利于信贷资金持续投入、民间投资跟进的政策和商业环境，充分发挥政府投资对企业和民间投资的带动作用，增强中小企业投资能力。

（二）坚持适度宽松的货币政策，保持货币供应量和信贷规模合理增长，保持银行体系流动性合理充裕。加强窗口指导，优化贷款结构，抓紧出台保障中小企业资金到位的制度措施，重点解决中小企业贷款难。采取更加灵活的消费信贷政策。

（三）抓紧实施重点产业调整振兴规划，坚决淘汰落后产能，加快改善企业生产经营状况，提高企业效益，阻止工业品价格继续下跌。

（四）密切关注国际市场需求变化和大宗商品价格波动对国内价格水平的影响，尽量减轻外需下降和价格变动对我国经济的冲击。

（五）采取更直接、更有效的措施扩大就业，着力发展低能耗、无污染的劳动密集型产业和服务业，帮助企业尽量不裁员、少裁员，支持吸纳就业的中小企业扩大生产经营。

（六）加快调整国民收入分配格局，通过减税、提高工资、完善社会保障等多种途径，着力提高中低收入居民收入，增强消费能力。认真落实好扩大家电下乡和家电以旧换新的各项措施。

（七）千方百计稳定和扩大外贸出口。认真落实保持外贸稳定增长的各项政策，进一步调整出口退税率和退税负担机制，争取更多市场份额，加强出口信用保险，提高贸易便利化，支持企业"走出去"收购国际品牌和开辟市场渠道。

（八）抓住当前有利时机，加快推进能源、资源性产品价格改革，加快电力、燃气、供水、供热、交通等公用事业改革。

（九）正确引导市场预期，注意防止潜在通货膨胀。加强经济运行监测分析，财政政策、货币政策应根据经济形势变化及时灵活地加以调整和完善。

（2009 年 5 月）

保持货币信贷合理增长，
确保资金流向实体经济和中小企业
——宏观经济形势分析与政策建议之二

一、货币信贷快速增长，对于遏止经济过度下滑发挥了积极作用

2009 年 1—4 月，金融机构人民币各项贷款增加 5.17 万亿元，同比多增 3.37 万亿元；各项存款增加 6.65 万亿元，同比多增 3.35 万亿元。4 月末，广义货币 M2 余额为 54.05 万亿元，同比增长 25.95%。前 4 个月，全国城镇固定资产投资同比增长 30.5%。其中，国有及国有控股投资增长 39.3%；新开工项目计划总投资增长 90.7%，国有投资和新开工项目投资均为近三年同期最高增幅。正是由于银行大规模信贷投放强力支撑政府大规模投资，在全球经济普遍下滑的情况下，我国一季度 GDP 增长 6.1%，并且主要依靠内需拉动。据国家统计局初步测算，一季度投资和消费共同拉动 GDP 增长 6.3 个百分点，国外需求负拉动 0.2 个百分点。在应对国际金融危机、实施适度宽松的货币政策特殊背景下，货币信贷超常增长对于保持经济增长是必要、合理的。否则，经济增速下滑可能更严重。

二、目前多数行业和企业效益下滑，银行不良贷款反弹，加大潜在风险

1—4 月，全国规模以上工业增加值同比增长 5.5%，是过去 15 年季度增长最低水平。多数工业产品生产仍在下滑。钢铁行业近 40% 企业亏损；化工行业实现利润下降 19.5%；由于经济增长放缓、企业效益下滑，前 4 个月全国财政收入同比下降 9.9%，其中，中央本级收入下降 20%。企业盈利减少和亏

损上升对银行信贷资金安全形成重大考验。近几个月金融机构关注类贷款连续攀升，引发对银行资产质量的担忧。目前账面不良贷款率低估了实际信贷风险，账面风险与实际风险偏离最大的信贷资产主要集中在关注类贷款、次级类贷款和可疑类贷款。

三、部分信贷资金没有进入实体经济，金融风险上升

票据融资爆发式增长，"空转"套利现象严重。由于银行承兑汇票直接贴现利率高于人民银行超额准备金率，低于同期存款利率，更大幅低于贷款利率，因此，许多企业利用票据而非现金作为支付手段和融资工具，在满足短期资金需求、降低财务成本的同时进行套利。伴随票据业务量激增，脱离真实贸易背景的"假票据"、企业间交叉开立银行承兑汇票等也大量增加，短期票据融资中"一笔资金、多次轮转"的现象相当普遍。据审计署一季度公告，由于一些基层银行审核把关不严，大量使用票据贴现放贷，一些企业利用虚假合同和发票办理票据贴现，部分贴现资金被存入银行谋取利差，没有进入实体经济。还有一些企业将部分贷款转贷其他高风险项目，以获得高息。这些都给银行带来重大风险隐患。值得注意的是，部分地方政府背景贷款风险上升，银行资金进入政府投融资平台公司的风险增大。中小企业授信额度偏小，融资问题仍未得到根本解决，普遍反映担保难、贷款难。

四、宏观调控政策取向

第一，保持货币信贷合理增长，引导商业银行均衡信贷投放。正确实施适度宽松的货币政策，确保银行体系流动性合理充裕。掌握贷款节奏，防止贷款盲目过快增长。适当加大公开市场操作力度，增加央行票据发行规模，引导市场利率适度上行，以抑制银行票据融资过度增加。短期内暂缓下调存款准备金率。加快货币市场基准利率体系建设，抓紧研究改进贴现利率形成机制，提高金融机构风险定价能力和水平。

第二，全面强化银行贷款风险管理，确保资金投入实体经济。加强信贷资金投向指导，严格控制对高耗能、高污染和产能过剩行业企业的贷款，确保符合产业政策的地方项目配套贷款及时落实到位。加强对票据业务和理财业务的管理，加快完善票据业务风险控制体系，加强对票据业务贸易背景的真实性及

操作流程规范性的检查，加强对票据承兑企业与贴现企业的财务审查，加强对信贷融资类理财产品内控管理和内部风险管理的监管，将信贷融资类理财业务中的融资环节管理纳入商业银行授信审查管理体系。严格控制新增贷款流向资本市场和房地产市场。加强银行窗口指导，严格执行项目贷款最低资本金要求和对单一客户的最高贷款比例要求，严格监督和查处资金可能被用于股市、非法转贷、假按揭的各种渠道。严格执行对产业政策限制行业和企业的贷款，防止商业银行因过度强调短期利润目标而迫使分支机构盲目扩张贷款。规范地方政府投融资平台公司的运作，规范地方政府举债行为。规定地方政府向平台公司注入有效资产，补充资本金比例；建立平台公司贷款偿债基金制度，一旦平台公司不能按期归还贷款本息，动用偿债基金归还。

第三，加大中小企业融资支持力度，尽快解决担保难、贷款难。建立国家中小企业贷款风险补偿基金，对于中小企业贷款高于大型企业贷款的不良贷款率进行适当补偿。大力发展中小企业信用担保机构，扩大中小企业贷款担保范围、加大担保力度。对风险投资、私募基金等民间资金支持中小企业发展采取财政补贴、税收优惠等政策。继续培育和发展中小企业金融服务体系，大力发展村镇银行、小额贷款公司等新型金融机构，鼓励创新中小企业信用担保工具和金融产品。

（2009 年 5 月）

注重提高政府投资质量和效益，
着力带动民间投资
——宏观经济形势分析与政策建议之三

一、2010 年以来大规模增加政府投资对促进经济增长发挥了重要作用

当前扩大政府投资中需要注意的问题。一是部分中央投资项目地方配套资金到位率较低。由于配套资金不到位、部分项目不能及时开工建设；有的已开工项目进展缓慢；有的地方用新增投资偿还以前年度拖欠工程款，没有形成新的实物工作量；个别地方甚至虚报到位配套资金和工程进度。二是部分新上项目结构、质量、效益存在隐忧。据调查，有的项目不符合产业政策，资金投向和布局不合理，低水平重复建设；有的地方违反环境保护和土地保护政策，建设高耗能、高排放、产能过剩项目，特别是"两高"企业从东部地区向中西部地区转移值得警惕。据调查，东部地区一些淘汰下来的高能耗、高污染项目正在向中西部地区转移，其中一个明显征兆是，今年以来中西部有 14 个省份以各种名目出台了对高耗能行业的优惠电价以吸引投资，使得高耗能行业盲目发展再次抬头。有的搞劳民伤财的"形象工程"和脱离实际的"政绩工程"；有的项目建设资金管理不严格、挤占挪用转移；有的项目存在质量安全问题；有的项目建设中蕴藏重大违法违规问题。三是政府投资对民营企业投资带动作用不明显。房地产和制造业作为民间资本的两大主要投资领域大幅萎缩。一季度，广东省民营企业投资下降 6.1%；上海市民营企业投资同比下降 3.8 个百分点；浙江省民营企业投资仅增长 2.6%。目前扩大民间投资的主要障碍：一是在全球经济持续恶化情况下，多数企业缺乏投资意愿，压缩投资动力大。二

是国内多数行业产能过剩，市场供大于求，投资机会减少。三是一些垄断性行业民间投资依然受到限制。四是中小企业融资难突出。国有大银行面向国有大企业贷款，银行贷款"垒大户"偏向大企业。民营企业要么有好项目因得不到贷款而搁浅，要么只能找"地下钱庄"借高利贷，加大融资成本。

二、宏观政策取向

一是简化项目审批程序，提高审批效率。推进行政审批制度改革，抓紧修订政府投资项目核准目录，缩小核准范围，下放核准权限。二是真正放宽民间投资领域限制，抓紧出台鼓励民间投资的具体措施。凡是国家法律法规没有明令禁止的行业和部门，都应向民间资本开放。大力促进中小企业扩大投资，对风险投资、私募基金等民间资金支持中小企业发展采取财政补贴、税收优惠等政策。三是进一步加大农村基础设施建设投资力度。2006 年中央经济工作会议明确提出，把国家基础设施建设重点放到农村。近几年国家不断加大农村路、水、电、气等基础设施和教育、卫生等社会事业投资力度，促进改善了农村生产生活条件。应抓住当前有利时机，进一步加大农村基础设施投资力度，政府投资更大力度地向农村基础设施倾斜、向中西部地区农村倾斜。

（2010 年 2 月）

着力提高中低收入群体消费能力，
切实增强消费对经济增长拉动作用
——宏观经济形势分析与政策建议之四

一、今年以来进一步加大保障和改善民生政策力度，有效提高了中低收入群体消费能力

上半年，在经济减速、企业效益下滑、财政减收的情况下，中央政府投入大量资金保障和改善民生，加大政策力度增加中低收入群体收入，促进了消费较快增长和经济企稳回升。一是加快拨付中央财政公共预算资金，重点保障低收入群众基本生活。截至 5 月 31 日，中央财政累计下达公共投资预算 5620 亿元，占全年预算额 9080 亿元的 61.9%；其中，城乡低保、基本养老保险、优抚对象等恤和生活补助资金 1073 亿元，占预算安排 52.1%。包括：预拨城乡低保补助资金 274.47 亿元，预拨基本养老保险补助资金 700 亿元、优抚对象等人员抚恤和生活补助资金 98.5 亿元，向城乡低保对象等人员发放一次性生活补贴 90.67 亿元，用于提高企业退休人员基本养老金的中央专项补贴资金 195 亿元，廉租住房保障专项补助资金 130 亿元。预拨粮食直补、农资综合补贴、良种补贴和农机具购置补贴资金 1214 亿元，占预算安排 80.5%。二是较大幅度提高农产品收购价格，增加农民收入。小麦最低收购价提高 13%—15%，稻谷最低收购价提高 16%左右，1—4 月全国三种粮食平均收购价格同比上升 5.7%。及时启动防止生猪价格过度下跌调控预案，保护了农民养猪积极性。三是大幅度增加就业、教育、卫生、住房和社会保障等领域投入，减少中低收入群体消费后顾之忧。1—4 月，全国财政社会保障和就业支出 2454.21

亿元，同比增长 45.3%；教育支出 2569.2 亿元，增长 17.6%；医疗卫生支出 710.49 亿元，增长 41.4%。到 4 月底，全国城镇新增就业 365 万人，农民外出打工人数也有较大恢复，扭转了去年第四季度以来的下滑趋势。增加对家庭经济困难学生的生活补助，启动实施全国中小学校舍安全工程，改造农村初中校舍面积约 150 万平方米。医药卫生体制改革方案正式实施，基本医疗保障覆盖面持续扩大，县乡基层医疗卫生机构设施建设进展顺利，6 个重大公共卫生服务项目已经启动。截至 5 月末，全国基本建成基层医疗卫生服务项目约 6500 个。同时，在一定时限内降低医疗、失业、工伤、生育保险费率，减轻困难企业和职工缴费负担；扩大失业保险金使用范围，除用于失业保险和就业服务外，还可用于社保补贴和其他岗位补贴。抓紧制定农民工参加养老保险办法和养老保险关系转移接续办法。保障性住房建设加快，中央财政安排保障性安居工程补助资金 493 亿元，比上年增长 1.7 倍。采取多项措施帮助高校毕业生、农民工和城镇就业困难群体就业。四是实施家电、汽车、农机下乡和鼓励汽车、家电"以旧换新"补贴政策，直接扩大了中低收入群体消费尤其是农民消费。今年中央财政用于老旧汽车报废更新补贴资金 50 亿元，家电"以旧换新"补贴 20 亿元，直接增强了中低收入居民消费能力。由于上述措施，1—5 月，全国社会消费品零售总额同比增长 15.2%，其中城市增长 15%，县及县以下农村增长 15.6%，农村消费增幅高于城市。前 5 个月，全国商品房销售面积增长 25.5%，其中商品住宅销售面积增长 26.7%；全国汽车销售 495.7 万辆，同比增长 14.3%。消费成为拉动经济增长的重要力量。

二、当前影响中低收入群体提高消费能力的主要障碍

一是多数企业生产、效益下滑，职工收入增幅回落。由于国际金融危机导致全球经济低迷，外部需求萎缩，企业出口订单锐减，出口大幅下降，企业赢利减少、亏损上升。4 月份，工业和信息化部重点监测的 55 种产品产量同比下降的 37 种，占总数的 67.3%；增速比上月回落或降幅扩大的 33 种，占 60%。1—4 月，在 39 个工业大类中，有 16 个行业利润增幅比一季度回落或降幅进一步扩大，其中钢铁行业利润同比下降 97.5%，企业亏损面达 25%；全国国有及国有控股企业利润下降 32.3%，22 个省份工业企业利润下降 27.9%。由于企业效益下降，一季度全国城镇单位在岗职工平均工资同比增长

13.4%，增幅回落 4.9 个百分点；其中，居民服务和其他服务业平均工资增幅回落 15.7 个百分点，制造业回落 10.6 个百分点。目前仍有相当多的出口加工企业、资源型企业以及中小企业尚未摆脱困境，二季度部分中小企业订单同比下降幅度仍然较大，企业效益仍不乐观。二是新增就业下降、登记失业率上升，直接减少中低收入群体收入。据人力资源和社会保障部调查，一季度，全国城镇新增就业平均每月比去年同期减少 101 万人，下降 11%；4 月份，全国城镇新增就业比 3 月份减少 9 万人，东部地区减幅最大，上海减 45%，福建减 23%，中西部 16 省新增就业下滑。3 月末，全国城镇登记失业人员 915 万人，比去年四季度增加 29 万人。21 个省份登记失业率上升，全国登记失业率达 4.3%，为 2004 年以来最高。3 月份，全国 31 个大城市调查失业率达 6.84%，其中城镇失业率 8.39%。由于失业者主要是就业困难人员，直接减少低收入者收入。三是部分行业产能过剩严重，价格下行压力加大，影响居民收入预期。据工业和信息化部发布，2008 年底，我国钢铁年产能已达 6.6 亿吨，占到世界钢铁产能的近一半，预计今年供需平衡量不足 5 亿吨，产能过剩逾亿吨。4 月末，全国 26 个大中城市 5 类钢材库存总量达 947 万吨，同比增长 17.3%；电解铝生产能力放空 40% 左右。前 5 个月，全国居民消费价格、工业品出厂价格和原材料、燃料、动力购进价格持续走低，抑制企业生产和投资。特别是农产品价格持续下跌，部分重要农产品价格大幅下降。1—5 月全国肉禽及其制品价格同比下降 10.2%，其中猪肉价格下降 23.1%；5 月份当月肉禽及其制品价格比去年同月下降 15.5%，猪肉价格下降 32%，食用油价格下降 23.1%。据农业部调查，今年以来大豆、花生等原料和食用植物油价格同比降幅都在 30% 左右。四是国民收入分配格局不合理，居民消费增长后续乏力。突出表现在，一方面政府、企业、居民三者分配比例中，居民分配比例持续下降、偏低；另一方面居民收入内部贫富差距过大，以中等收入为主体的合理分配结构远未形成。据国家统计局最新资料，2007 年，政府、企业、居民三者收入初次分配比例为 19.5%、22.6%、57.9%，与 1995 年相比，政府收入比重上升 4.3 个百分点，企业收入比重上升 1.9 个百分点，居民收入比重下降 7.2 个百分点；在国民收入再分配中，政府、企业、居民三者分配比例为 24.1%、18.4%、57.5%，居民收入可支配比重由 1996 年的 69.5% 下降至 2007 年的 57.5%，下降 12 个百分点，平均每年下降 1.1 个百分点。居民可支配收入占国民可支配收入比重下降的主要原因是劳动者报酬占 GDP 比重持续下降。同时，由于企业储蓄即国民收入账户中企业未分配利润增长过快，企业收入占国民收入比重快速上升，挤占居民收入比重。特别是城镇低收入群体扩大和农村居民收入增长缓慢，严重制约了城乡市场开拓和消费增长，阻碍了经济良性循环。

三、宏观政策取向

第一，进一步促进经济企稳回升。这是提高中低收入居民消费能力的根本措施。继续实行积极的财政政策和适度宽松的货币政策，根据经济运行新情况、新变化把握好政策力度。进一步扩大国内外需求，加快推进结构调整，着力提高经济增长质量，改善宏观经济环境，从根本上扭转企业效益下滑趋势。第二，提高中低收入群体就业能力。尽快下拨第二批就业专项资金，重点支持受金融危机影响较大和需要扶持的地区和行业。加快实施特别职业培训计划，支持和鼓励企业开展上岗培训和技能提升培训。突出抓好高校毕业生就业工作，发挥国家重大投资项目带动就业的作用，鼓励支持各类企业和科研项目聘用高校毕业生。进一步完善鼓励创业政策。多渠道转移农村劳动力，扶持农民工就近就地就业和返乡创业。加强对就业困难人员和零就业家庭的就业援助，大力开发公益性岗位。第三，提高中低收入群体社会保障水平。开展新型农村社会养老保险试点，推进建立新型农村社会养老保险制度；制定适合农民工特点的养老保险办法；扩大基本养老保险制度覆盖面；加快解决关闭破产及困难企业职工和退休人员医疗保障问题；切实落实被征地农民的社会保障政策。加强社会保障统筹。加大各级财政社会保障投入，进一步提高社会保障水平。第四，认真落实直接提高中低收入居民消费能力的各项措施。继续落实好家电下乡、农机下乡、汽车(摩托车)下乡和家电以旧换新政策，组织实施"节能产品惠民工程"，引导企业加强售后服务，努力开发适销对路产品。研究推动其他工业品下乡的措施，进一步开拓农村市场。大力发展个人消费信贷，促进房地产、汽车等大宗商品消费。落实职工带薪休假制度，拓宽服务消费领域。稳定居民收入预期，增加即期消费。第五，继续多渠道增加农民收入。进一步增加对种粮农民的各项直接补贴，继续提高粮食等农产品价格，探索改革农村土地管理制度，更大幅度地增加对农村基础设施、义务教育、医疗卫生和社会保障的投入，逐步提高新型农村合作医疗中农民个人医疗费报销比例，强化金融对农业农村的支持和服务。第六，加快建立企业职工工资正常增长和支付保障机制。尽快建立全国统一的工资监管体系，建立完善企业工资正常增长机制，完善工资保证金制度，建立工资支付重点监控制度和欠薪报告制度，建立预防和解决拖欠工资的长效机制。健全并落实最低工资制度，规范最低工资内涵和计算方法，及时调整提高最低工资标准，并将职工个人缴纳社会保险费和住房公积金等因素纳入其中，对各地制定、执行最低工资标准情况加强监督检查。加强政府对企业工资水平的监管和指导，确保平均工资落到实处。如 2008 年全国城镇单位在岗职工年平均工资为 24725 元，应尽可能地使更多企业和更多职工达到这一标准。建立劳动力市场工资指导价位和行业人工成本信息服务，及时发布相关信息，为企业合理确定工资水平提供参考。建立劳动定额标准管理体制，加强对企业劳动定额和工时劳动标准的科学管理和监督，完善特殊工时审批办法，实行动态监管，推动落实艰苦岗位津贴制度。建立可行的劳资利益谈判机制。第七，抓紧调整国民收入分配格局。既要防止财政收入快速增长挤压居民收入增长，又要防止政府转移支付和社会保障支出不足导致居民消费倾向下降。加大国有企业红利分配及转移支付力度，在公开透明的基础上，将大部分国企红利转移至公共支出领域。更加注重社会公平，加大居民收入分配调节力度。既要保护发达地区、优势产业和先富群体的发展活力，更要高度重视和关心欠发达地区、比较困难的行业和低收入群众，着力提高欠发达地区和城乡低收入者的收入，坚决遏制不合理高收入和收入分配差距扩大趋势，加快形成以中等收入者为主体的收入分配结构。较大幅度提高扶贫标准，给予低收入阶层更多的投资创富机会。降低企业和个人社保缴费额，由国家承担更多社保费用，减少企业和居民社保支出。

（2009 年 5 月）

本轮价格上涨的原因、机理与对策（上）

2011 年以来，我国商品和服务价格全面上涨成为经济运行中的突出矛盾。正确认识本轮价格上涨的主要原因与深层机理，采取综合对策抑制通胀，对于实现"十二五"良好开局，保持经济平稳健康发展极为重要。

一、本轮价格全面上涨使通胀预期变为现实压力

2011 年一季度，全国居民消费价格同比上涨 5%，其中食品价格上涨 11%，居住价格上涨 6.5%；在食品价格中，粮食、肉禽及其制品、蛋分别上涨 14.9%、13.7%、17.1%；工业生产者出厂价格同比平均上涨 7.1%，工业生产者购进价格平均上涨 10.2%。从新近发布的 1—4 月数据看，价格上涨走势没有明显改变。商品价格上涨推动服务价格上涨，教育和医疗支出、家政服务费用、企业用工成本等较快上升。居住价格上涨成为拉动价格上涨的重要因素。虽然目前总体价格涨幅低于 2008 年同期水平，但衡量通胀程度不能仅看 CPI 涨幅，还要看价格上涨与居民收入增长的比例，看物价上涨对中低收入居民生活的影响。据人民银行储户问卷调查，城乡居民对本轮物价上涨的实际感受日益强烈。

二、本轮价格全面上涨的原因

本轮价格全面上涨是在全球经济逐步复苏、我国经济重新较快增长后不久出现的。为什么从 2009 年初到今年一季度仅两年时间，宏观经济形势会由防止经济下滑、治理通货紧缩，迅速演变为防范通胀风险呢？综合分析，本轮价格全面上涨是国际因素与国内因素、短期因素与长期因素、正常合理因素与非

正常不合理因素共同作用的结果。

（一）国际因素与国内因素。从国际因素看，一是全球性通胀压力加大。新兴经济体通胀加剧，发达经济体通胀抬头。2011年3月份，巴西、俄罗斯、韩国和越南消费物价同比涨幅分别达到6.3%、9.5%、4.7%和13.9%；美国消费价格上升2.7%，是2009年12月以来最高涨幅；欧元区消费价格上涨2.6%，创2008年10月以来新高，超过欧洲央行2%的警戒线。二是国际大宗商品价格迅猛上涨。2011年3月末，BRENT与WTI原油收盘价分别为117.30美元/桶和106.72美元/桶，创下2008年9月以来该合约最高结算价；伦敦金属交易所（LME）铜、锡、铅、铝的价格同比分别上涨21.4%、72.3%、25.7%、13.9%；芝加哥交易所玉米、小麦、大豆、豆油价格分别上涨96.2%、61.2%、44%和48.6%。截至4月27日，国际现货黄金创下1530.37美元/盎司的历史最高收盘价格，白银价格一季度累计上涨22.8%。国际大宗商品价格上涨直接拉升我国进口价格，推动国内成本上升，输入性通胀加剧。从国内因素看，一是农业生产成本上升，推动农产品价格上涨和食品价格上涨。2011年一季度，农业生产资料价格同比上涨6.9%，化肥、柴油、农药、种子等价格全面上涨，据农业部调查，今年小麦抗旱浇水成本平均每亩比上年增加40—50元。二是工业生产成本上升，上游产品涨价迅速向下游居民消费价格传导，推动日用消费品价格上涨。1—3月，工业生产者出厂价格、购进价格同比分别上涨7.1%和10.4%，工业生产者出厂价格统计调查涵盖了39个工业行业大类、191个工业行业中类和525个工业行业小类；工业生产者购进价格统计调查涵盖了900多个基本分类的6000多种工业产品价格。因此，能够反映工业生产成本上升的全貌。三是劳动力成本上升，推动农产品、工业品和服务业价格全面上涨。继2010年全国30个省市上调企业用工最低工资标准后，今年山东、广东、上海、浙江等12个地区再次上调企业最低工资标准，半数地区涨幅超过20%。

（二）短期因素与长期因素。从短期因素看，一是极端天气导致国际农产品供求趋紧、价格上涨。2010年下半年以来，受俄罗斯干旱、北欧严寒、澳大利亚飓风、北美暴风雪及南美洪水等恶劣气候影响，全球粮食减产、库存下降，国际粮价屡创新高，由于产量增加不敌需求激增，今年国际粮价继续冲高。二是突发事件推动国际石油价格大幅上涨。日本地震、海啸与核灾难，西亚北非局势动荡，加剧国际市场对石油供应担忧。特别是日本核泄漏事件令全球重新审视未来核电发展，加剧原油价格高涨。三是国内货币存量对价格上涨显现滞后效应。2009年至2010年，金融机构新增人民币贷款17万亿元，今年一季度虽同比少增3524亿元，但3月份当月又多增1727亿元。货币存量大成为推动价格上涨的重要因素。四是去年价格翘尾影响较大。据测算，一季度价格上涨中翘尾影响占2.5个百分点，二季度将占3.3个百分点，成为今年价格上涨的既定因素。五是通胀预期仍然较强。当前价格形势严峻复杂，居民对价格全面上涨的预期在短期内难以改变。从长期因素看，一是全球人口需求增长，资源供给下降，推动粮食、石油等大宗商品价格持续上涨。欧佩克最新预测，2011年世界石油日需求量将达到120万桶，恢复到国际金融危机前水平。目前全球68亿人口，到2050年将达92亿，人口增加对粮食、能源呈刚性需求。特别是新兴市场国家城市化、工业化进程加快，食品结构升级、耕地减少，都加剧粮食、能源等供求紧张，全球已进入高粮价、高油价时代。如果我国不能减少原油、铁矿石、大豆、食用植物油、棉花等进口量，国际大宗商品价格上涨对我国的影响势必越来越大。二是土地、工资、能源、环境等要素成本不断上升，推动价格总水平攀升。国际经验表明，新兴市场国家通胀率之所以普遍较高，主要是成本推动的价格上涨压力越来越大。随着我国经济从过去30多年超常增长走向常规发展，各项成本快速上涨，推动商品服务价格刚性上升。统计数据显示，2007年至2009年，我国水稻、小麦、玉米总生产成本年均提高11.7%，未来成本上升将进一步推动农产品价格上涨。三是"刘易斯拐点"到来，我国高增长、低通胀时代终结。2007年以来，我国农村劳动人口逐年减少，劳动力供大于求状况开始逆转，人口红利渐趋消失，低工资廉价劳动力支持经济增长已不可能。提高劳动工资必然提高生产成本和劳动者消费能力，进而从成本和需求两个方面推动价格总水平上涨。虽然目前食品和居住价格上涨仍是拉动居民消费价格上涨的主要因素，但以核心通胀为特征的全面价格上涨已难以避免。四是经济结构变化带来结构性通胀。主要是消费结构升级引起居民非食品支出比重提高，非食品价格加快上涨，核心通胀率上升；产业结构升级导致服务业比重提高，加大工资成本对价格上涨的压力；能源原材料成本上升使PPI与CPI关联性更强并加快传导。

（三）正常合理因素与非正常不合理因素。综合分析本轮价格上涨的国际国内因素、短期长期因素，其中既有正常、合理的部分，也有非正常、不合理的部分。不能一概而论都认为不正常、不合理。对于符合经济规律正常、合理的价格上涨，应当理解、容忍、承受并积极消化；对于违背经济规律非正常、不合理的价格上涨，应当采取措施坚决控制、抑制、遏制，以保持宏观经济健康稳定运行。从正常、合理因素看，一是由真实供求关系推动的价格上涨。如去年以来，中国、印度、巴西、俄罗斯等新兴经济体增长势头强劲，拉动全球需求回升，由此推动国际大宗商品价格上涨。二是由产业和消费结构升级、合理成本上升推动的价格上涨。如提高最低劳动工资、提高资源利用和环境保护成本推动的国内农产品价格、工业品价格和服务业价格上涨，既是节约能源资源、保护生态环境的需要，也是提高低收入群体收入和消费能力的需要，更是推进经济结构调整、转变经济发展方式的需要。三是由理顺价格关系以反映资源稀缺程度带来的价格上涨。长期以来，发展中国家与发达国家一直存在大宗商品价格体系差距。随着发展中国家经济市场化、国际化加快，国内市场国际化，客观上要求消除与发达国家的价格差距，因此，在推进国内价格与国际大宗商品价格接轨中必然出现价格上涨。从非正常、不合理因素看，一是由国际投机资本操纵造成的大宗商品价格过快上涨。在投机资本推动下，粮食、石油等大宗商品已经成为国际金融和商品市场主要的投资投机工具，大宗商品的金融属性越来越强。2007—2008年和2011年两次国际粮价大幅上涨，都是在供求关系基本稳定的情况下，国际投机资本兴风作浪造成的。另据相关统计，国际原油价格每上涨10美元，投机炒作因素就占6美元至8美元。显然，大宗商品的金融属性和资本化运作，直接导致价格形成机制具有强烈的杠杆效应，投机资本炒作成为今年以来国际粮价、油价暴涨的主要推手。二是由"印钞机现象"推动的资产价格和商品价格过快上涨。美国作为世界主要储备货币发行国，滥用美元特殊地位，通过向其它国家销售美国国债，大量供应美元，直接输出通货膨胀，稀释别国财富，转嫁内部危机；又通过推高国际大宗商品价格和资本市场价格，给自身带来巨大利益。据分析，如果剔除美元贬值因素，目前国际油价应在每桶65—70美元之间。三是由流通费用过高、运输成本太大造成的价格上涨。据发改委公开数字，2010年我国物流总费用占国内生产总值的比重高达18%，比发达国家高出一倍。今年一季度全国社会物流总费用中，运输、保管、管理三项费用又分别大幅上涨13.6%、24.2%和20.8%。这是年初蔬菜产地价格不高但运到销地后却成倍上涨的主要原因。四是由市场秩序混乱、跟风搭车涨价造成的价格上涨。3月份以来，国内一些日化、方便面、饮料、酒类等企业以成本上涨为由，发布涨价信息，推升价格和市场预期，引发个别地方抢购；还有一些企业为维持高利润，变相涨价。这些非正常、不合理的涨价因素是抑制通货膨胀的主要障碍。综上所述，今年以来，在商品与服务价格全面上涨中，国际因素与国内因素、短期因素与长期因素、正常合理因素与非正常不合理因素交织缠绕在一起，形势相当复杂。

（2011 年 5 月）

本轮价格上涨的原因、机理与对策（中）

鉴于本轮价格全面上涨的原因错综复杂，需要深入分析其形成和作用的内在机理。

国际因素机理：

（一）世界范围货币宽松政策特别是美国量化宽松货币政策，加剧全球流动性过剩。2008 年四季度以来，为应对国际金融危机，发达经济体和新兴经济体普遍实施宽松货币政策，向金融市场注入大量货币。2008—2010 年三年时间，全球十大经济体（以 2010 年 GDP 排名）中，除德国、法国、意大利不公布货币供应量数据外，美国、中国、日本、英国、巴西、印度、加拿大七个国家，货币供应量共增加了 8.96 万亿美元，增幅高达 43.16%；尤其美联储先后实施两轮量化宽松货币政策，注入了高达 2.3 万亿美元的巨额资金，占 7 大经济体注入资金的 25.7%。巨额增发货币导致全球流动性空前过剩，美元等主要计价货币总体贬值，国际大宗商品价格快速上涨，推动新一轮全球性通货膨胀，特别给新兴经济体带来严重输入性通胀、短期资本流入和汇率升值等压力。2010 年，我国以美元计价的进口价格平均上涨 13.7%，出口价格上涨 2.4%，进口价格涨幅高出出口价格涨幅 11.3 个百分点；从 2010 年 12 月至 2011 年 3 月，流入我国的境外热钱约 2207 亿美元，输入性通胀压力空前加大。由于我国资本管制，人民币不能自由流动，对全球流动性没有直接影响。

（二）大量新增货币没有进入实体经济，国际金融市场投机再度膨胀。由于引发国际金融危机的深层矛盾依然存在，特别是未能真正消除国际金融市场过度投机机制，全球大量新增流动性远远超过实体经济需求，美元流动性再度泛滥，国际资本投机需求再次膨胀。据有关资料，近十年，世界货币供应量平均每年增长 10% 到 15%，而实体经济增长只有 2%—3%，导致金融与实体经济严重脱节。目前，在实体经济增长远没有恢复到危机前水平的情况下，资本市场投机交易已经大大超过危机前，致使国际市场石油，粮食，黄金和其他原材料价格纷纷达到、逼近或超过历史最高水平。据国际清算银行资料，目前全球大宗商品衍生品交易量远远高于现货交易量，如果商品价格发生变化，在现货市场上引起的利益转移和交割，要远远小于在衍生品市场上引起的利益转移和交割。正如美联储主席伯南克在《货币政策和资产价格波动》一文中所指出："非基本面因素时常左右资产价格，与基本面毫无关系的资产价格反过来对经济整体具有潜在的重大影响。某种程度上，资产价格波动就是左右经济稳定的独立变量。"由于目前国际金融市场仍然运用大量杠杆套利交易，大宗商品市场泡沫化再次加剧，衡量整体价格涨幅的 CRB 指数也已超过金融危机前。2010 年全球"影子银行"存量贷款高达 20 万亿美元，占全球 GDP 的三分之一。因此，较之 2006—2008 年本世纪第一轮全球性通胀，新一轮全球性通胀势头更为凶猛。

（三）美国巨额财政赤字和债务、欧洲主权债务危机，成为全球性通胀的总根源。据美国财政部资料，美国 2011 财年财政赤字将达 1.65 万亿美元，占 GDP 的 11%；截止 2011 年 2 月末，其他国家持有的美国国债总额 44743 亿美元，今后几个月，美国国债累计余额即将达到 14.3 万亿美元的法定上限。目前美国一年赤字就超过 1 万亿美元，不断借贷导致债务负担愈来愈重。巨额赤字和债务对美元汇率形成持续贬值压力。最近，国际货币基金组织指出，美国是 2011 年唯一增加基础预算赤字的发达经济体，特别是缺乏"可信的战略"遏制其日益膨胀的公共债务。要兑现 20 国集团在 2010 年做出的所有发达经济体（除日本外）到 2013 年将其预算赤字在现有基础上减少 50% 的承诺，美国需要实施比以往更为严厉的财政紧缩措施。欧洲主权债务危机爆发后，欧洲央行从 2010 年 5 月开始购买欧元区国债，以增加市场流动性，为发生危机国家提供救助资金。今年 3 月，欧元区通胀率达 2008 年 10 月以来最高值。最近，西班牙、希腊主权债务危机再次加剧，预计欧元区通胀率将继续上升。一些发达经济体危机前即存在过度消费和负债行为，为应对金融危机又密集出台了大规模金融救助和经济刺激措施，在拉动经济复苏的同时使私人部门债务向政府公共债务转化。据 IMF 统计，2010 年美国、日本、欧元区、英国的公共债务余额和财政赤字占 GDP 比重都比危机前大幅提高，明显高于中国、印度、巴西、俄罗斯等新兴经济体。在全球经济尚未完全复苏的情况下，国际大宗商品价格再次大幅上涨，美元大幅贬值，根源就在于美、欧巨额债务。

国内因素机理：

（一）重要能源原材料进口依存度过高，推动进口价格快速上涨。2008 年以来，国际大宗商品价格上涨对推动国内价格上涨的作用日益明显。其机理在于，我国进口需求量越来越大，"中国购买"已经成为推动国际大宗商品价格上涨的重要因素，形成了中国到国际市场购买哪种商品，就会推动这种商品价格大幅上涨的局面。目前，虽然我国已经成为全球第二大原油进口国，铁矿石进口占全球海运贸易量的 70%，但在国际原油、铁矿石市场上却缺少话语权，议价能力弱，多数情况下只能被迫接受别人议定的价格，输入型通胀压力渐趋刚性。进一步分析，我国能源资源利用效率低、消耗大是导致大量进口的重要深层原因。2009 年我国单位 GDP 能耗是世界平均水平的 2.78 倍，电力消耗是 OECD 国家的 3.5 倍。因此，国际大宗商品价格上涨对我国的影响必然大于其它国家。

（二）房地产等部分行业投资需求过大，推动价格过快上涨。多年来，我国以房地产为中心的城市建设投资高速增长，房地产投资占到全社会固定资产投资的 25%，有些特大城市高达 60%；在房地产投资和大规模城市建设带动下，钢铁、石化等部分重化工业投资持续扩张，二者相互促进、互为市场，导致部分行业产能过剩严重，房地产价格过快上涨，带动居民消费价格全面上涨。2011 年是实施"十二五"规划第一年，各地发展热情高涨，部分地区投资冲动强烈。不少投资项目缺乏市场前景，部分行业产能过剩依然突出。电解铝、平板玻璃、钢铁、水泥、煤化工等行业在产能过剩的情况下，一些地方还在投资扩张。缺乏最终消费支撑的投资需求必然推动价格上涨，引发未来通胀。

（三）外汇占款增长过快，推动价格过快上涨。2005 年 7 月人民币汇率形成机制改革以来至 2011 年 3 月末，人民币对美元汇率累计升值 26.24%。人民币渐进升值吸引国际热钱大量流入。据有关部门估计，仅 2010 年净流入我国的热钱达 755 亿美元，由此推动外汇储备超常增长。目前国家外汇储备高达 3 万亿美元。庞大外汇储备迫使中央银行不断发行基础货币购买，同时通过公开市场操作和发行票据进行对冲，但对冲压力越来越大，完全冲销日益困难。

（四）货币存量过大、社会融资规模快速扩张，推动价格过快上涨。随着我国经济货币化进程加快，连续多年的固定资产投资规模过大，银行体系积累了较大的货币存量；在经济走出危机后，由于内在机制作用，仍然存在被动或主动的货币供应量过度增长，推动社会融资规模过度扩张。2010年金融机构新增人民币贷款7.95万亿元，同比少增1.65万亿元，但实体经济通过银行承兑汇票和委托贷款从金融体系新增的融资高达3.47万亿元，占全社会融资规模的24.2%。可见货币过多仍然是本轮价格全面上涨的主因。特别需要指出，近年来，不愿搞实体经济、热衷追求"以钱生钱"，成为一些民间资本的主流投资理念。一些企业通过IPO上市、一些上市公司通过配股、增发再融资大规模"圈钱"，社会投机氛围严重。2008年金融危机之后，国内共有124支明确投资内地的私募股权基金完成募集，募资总额超过251亿美元。由于私募股权基金以非公开方式募集设立，以未上市公司股权（包括上市公司非公开募集的股权）为主要投资对象，在限定时间内选择适当时机退出，吸引民间资本大举进入。一些企业融资圈钱之后，很快变为企业投资，或把超募资金存入银行。无论哪种方式，都通过货币乘数不断创生新的广义货币，纸面财富爆发式增长。这一切都使得治理通胀难度更大。

（2011年5月）

本轮价格上涨的原因、机理与对策（下）

本轮价格全面上涨对宏观经济带来很大影响。

（一）宏观调控难控输入性通胀。由于国际大宗商品价格上涨对国内生产者价格以及依赖能源、原材料投入的工业制成品价格影响很大，又以美元计价，与美元密切相关，如果美联储不改变量化宽松货币政策，全球流动性过剩将难以改变，包括我国在内的新兴市场国家输入性通胀就难以避免。今年以来，中央银行连续提高商业银行存款准备金率和存贷款基准利率，严格控制信贷规模，但未能阻止价格全面上涨，存款负利率仍未改变。显然，货币政策对输入性通胀作用有限。只有美国提高利率，促使美元升值，才能迫使国际投机资本降低金融杠杆率、减少美元投机，促使国际粮食、石油等大宗商品价格趋于稳定，输入性通胀才能得到控制。

（二）工资成本上升难与提高劳动生产率同步。目前我国企业总体上仍处于国际产业链的低端，一些加工贸易企业利润很薄。由于短期内推进技术进步、提高劳动者素质困难较大，而应对劳动力短缺和通货膨胀又要求提高工资，因此，很可能造成劳动生产率没有提高但工资成本大幅上升，进而形成低劳动生产率下的工资上涨。据有关专家对珠三角地区中小企业食品、鞋袜、印刷、IT、物流等行业调研测算，2010年企业平均成本上升50%到60%，其中，人力成本上升30%，原材料成本上升20%到30%，不少企业难以为继。基于目前情况，实现"十二五"规划提出的工资收入增长与经济增长同步、劳动报酬增长与劳动生产率提高同步，需要从两个方面同时推进。

（三）经济运行面临"滞胀"风险。首先，由于国际大宗商品价格上涨，全球通胀预期增强，输入性通胀在一定程度上抑制需求、拖累经济增长。一季度，我国 GDP 实际增长 9.7%，GDP 缩减指数(按当年价格计算的 GDP 与按不变价格计算的 GDP 的比率)变动率 7.2%，比上年同期升高 2.4 个百分点，表明实际产出相对下降。与此同时，国内能源、资源、劳动力、土地等成本全面上升，直接影响微观经济活动，制约企业扩大生产经营。今年是"十二五"第一年，各地大干快上，新的投资扩张加大价格上涨压力。目前社会通胀预期普遍较强，通胀压力尚未实质性缓解。如果输入性通胀短期内难以控制，CPI 持续高位徘徊，将使宏观政策陷入两难。一旦经济减速与价格高企并存，将对调整经济结构、转变发展方式造成更大困难。由于控制价格过快上涨与保持经济平稳较快增长同等重要，防止发生滞胀就显得更加重要。

宏观政策建议：

第一，努力把握保持经济增长与控制价格过快上涨之间的平衡，继续管理好通胀预期。当前我国经济运行总体良好，经济增长适度回落符合预期。宏观调控首要任务是控制价格总水平过快上涨，保持宏观经济大局稳定。为此，应继续实施积极的财政政策和稳健的货币政策，千方百计保持价格总水平基本稳定。正确把握保持经济增长与控制价格上涨的关系，价格合理上涨与提高居民收入的关系，提高居民平均收入与提高中低收入居民收入比重的关系，加快建立健全社会救助、社会保障标准与物价上涨挂钩的联动机制。应当看到，我国总供给与总需求基本平衡，工业消费品仍处于供大于求格局，控制价格过快上涨完全具备物质基础和有利条件。关键在于引导地方政府经济行为，把房地产投资和城市建设规模保持在适度合理水平，不过分追求经济增长速度。从实际出发、量力而行，不能一哄而起、盲目铺摊子。应稳定和正确引导社会预期。完善重要商品调控和应急预案，加强市场和价格监管，严厉打击发布虚假信息、囤积居奇、哄抬价格、变相涨价以及恶意炒作等违法行为。

第二，多管齐下治理输入性通胀，减缓进口价格上涨压力。加快经济结构调整和发展方式转变，通过减少过度需求、提高能源资源利用效率，减少对外部资源的依赖，减少能源原材料进口，降低进口依存度。这是阻断国际通胀向国内输入的根本途径和治本之策。进一步健全完善重要能源、原材料储备体系，增加重要物资国家储备。同时，开拓多元化国际资源市场，保障供给安全。

第三，保障粮食等农产品供给，着力降低流通成本。全力促进粮食稳定增产。努力夺取今年夏粮丰收。落实小麦、早稻最低收购价政策。抓好"菜蓝子"产品生产，加快发展无公害、绿色、有机等安全优质"菜蓝子"产品。加大农田水利建设力度，建设更多更好旱涝保收高标准农田。认真研究农产品价格、成本、收益与补贴的比率关系，进一步完善长期补贴机制。全面落实蔬菜等鲜活农产品运输绿色通道政策，推动更多的城市大型连锁超市与农产品流通企业、农民专业合作社实行订单生产和农超对接，加快产地农产品批发市场建设，采取财政补贴、价格调节基金支持等方式，规范、降低农贸市场摊位费和超市进场费，切实提高农产品流通效率。规范粮棉油糖等主要农产品收购秩序，完善期货市场交易规则。当前，特别要加强农产品质量安全监管，加快建立各级政府食品安全质量责任制，切实建立从田间到餐桌的全程监管，尽快实现食品质量安全形势根本好转。

第四，着力优化投资、信贷结构，提高经济增长质量。有序推进"十二五"规划确定的重大项目，调整优化重点领域生产力布局，推进重点产业转型升级，支持中小企业和民间资本扩大投资。促进、规范中西部地区承接产业转移，继续严控"两高"和产能过剩行业盲目投资，加快落后产能退出市场。引导金融机构加大对"三农"、中小企业、就业、节能环保、战略性新兴产业的支持，保证重点项目贷款需要，支持向有市场、有效益和劳动密集型中小企业发放贷款，特别要支持初创期科技型小企业。

第五，继续加强流动性管理，控制社会融资总规模。大量剩余流动性滞留在银行体系内、外持币待购，是推动通胀最大的"笼中之虎"。为保持物价总水平基本稳定，应交替使用数量型和价格型货币政策工具以及宏观审慎政策工具，加强货币信贷总量调控，灵活搭配公开市场操作、存款准备金率等对冲工具，加大力度回收流动性。通盘考虑全社会融资总量对全社会流动性的影响，深入研究企业短期融资券、中期票据、企业债、公司债对信用创造和货币供应量的作用，将金融机构表外融资业务全部纳入统计范畴，加强社会融资总量监控，保持合理社会融资规模。加强外汇储备管理和多渠道运用，逐步减少外汇占款。

第六，进一步完善人民币汇率形成机制，防范热钱冲击。我国承担全球贸易总量的 10%，外汇储备占全球三分之一，推动人民币国际化势在必行。应加大汇率浮动弹性，更多发挥市场供求及蓝子货币在汇率调节中的作用，促进国际收支平衡。尽快推出国际板，允许外资企业发行人民币计价股票，允许中国大陆居民购买在香港上市股票，进一步向海外投资者开放金融市场，鼓励国内投资者到海外投资。加强跨境资金流动监测和预警，严厉打击地下钱庄等违法违规外汇交易。继续推进人民币在跨境贸易和投资中的作用，推进境外直接投资外汇管理改革。综合运用宏观审慎和资本管制等调控政策，通过经济、法律和必要行政手段，提高国内外投机套利资金流入、流出的成本。

第七，高度重视防控金融风险。进一步加强系统性风险防范。关注银行表外资产潜藏的风险。继续加强地方融资平台公司贷款风险管理。严格控制对地方政府融资平台新开工项目贷款，研究通过出售和证券化等办法降低某些银行地方平台贷款集中度，建立透明规范的市政债制度。加强房地产贷款风险管理。重点加强土地储备贷款和房地产开发贷款的风险防控。严禁信贷资金用于购地，严防集团公司通过母子公司借款和其他关联交易将信贷资金违规流入房地产市场。严密防范未来国际投机资本"大进大出"带来的冲击和风险，借鉴一些国家做法准备好应急预案。

（2011 年 5 月）

有效整合国家支农资金

目前国家支农资金分配使用机制不尽合理，效率不高，需要加强整合。

一、多部门分头管理，资金使用效益低

国家支农资金是指中央财政用于支持农业和农村发展的建设性资金，包括固定资产投资（含国债投资和水利建设基金）、农业综合开发、财政扶贫、支援农村生产支出、农业科技投入、农村公路建设、农村电网改造、农产品加工、农产品市场体系建设，以及支持农村教育、卫生、文化等社会事业发展的专项资金。目前中央政府参与支农资金分配与管理的，有财政部、国家发改委、农业部、水利部、科技部、国家林业局、国家气象局、国土资源部、国务院扶贫办、国家防汛抗旱办、民政部、交通部、商务部、建设部、教育部、卫生部、文化部等多个部门。其中一些部门内部，又由多个司、局分别管理。如农村水利建设资金，包括基本建设投资、科技事业费、支援农村生产支出、水利建设基金和农业综合开发资金等，分别由发改委、财政部、水利部、科技部管理；农业科技进步资金，包括基本建设投资、科学事业费、农业科技成果转化资金、科技三项费用、支援农村生产支出、农林水事业费、农业综合开发资金等，分别由财政部、国家发改委、科技部、农业部、水利部、国家林业局管理。国家支农资金多头管理格局，造成横向部门各自为政、画地为牢；纵向多条渠道下伸、条条分割；相互之间缺乏沟通，不同渠道的支农资金在使用方向、项目布局上难以统筹安排，在建设内容、管理方法上难以协调一致；项目数量多、资金额度小、使用过于分散；即使同一用途支农资金下到一个县，也被不同的部门分管支配；一些地方多头申报、虚假申报支农资金的现象时有发

生。目前用于农村小型基础设施建设、农业综合开发、扶贫、生态建设方面的支农资金，分散、低效问题尤为突出。以山东省为例，2005 年国家有关部门拨付该省支农资金 88.68 亿元，占全省支农资金总额的 28.8%；但由于下达到 20 个支农类别，分散问题比较突出。

2005 年国家有关部门下达山东省支农资金明细表

支农资金项目	金 额
财政部农村税费改革转移支付资金	54.9 亿元
财政部粮食直补、良种补贴、农机具补贴	6.5 亿元
财政部农业综合开发资金	2.6 亿元
国家发改委农田水利建设国债资金	7.1 亿元
农业部、科技部农业科技、农业产业化、农民培训、动植物防疫等资金	1.9 亿元
农业部土地整理资金	9.1 亿元
教育部农村教育资金	1.1 亿元
民政部农村抚恤和安置补助资金	2.2 亿元
民政部自然灾害生活救助资金	1.0 亿元
民政部特大自然灾害救助资金	1.04 亿元
国家林业局林业资金	6000 万元
水利部水利资金	5000 万元
国务院扶贫办扶贫资金	4000 万元
财政部农村计划生育资金	3000 万元
国家林业局林业基本建设及病虫害防治资金	1883 万元
国家海洋局、农业部海洋与渔业资金	1593 万元
农业部农业专项资金	1710 万元
农业部农机专项资金	172 万元
农业部畜牧专项资金	150 万元
有关部门其它资金	5000 万元

从以上列项看出，像山东这样一个农业大省，除农村税费改革、粮食补贴和农田水利建设等少数几项支农资金数额较大外，其它项目数额都比较小，如同"撒胡椒面"，很难集中力量办大事。而政府支农政策目标宽泛，职能定位不明确，是造成国家支农资金管理分散、低效的深层原因。

二、采用部门审批项目方式分配支农资金，难以科学合理

目前中央政府部门支农资金大多采取审批方式直接定到项目，资金分配权和审批权主要集中在国家有关部门。一是财政部审批分配的支农资金。每年由财政部向各省财政厅下达支农项目资金申报指南，各省（区、市）财政厅（局）据此向财政部申报本省支农资金项目，再由财政部审批确定项目并下达

资金。这是目前中央财政支农资金的大头。二是国家发改委审批分配的支农资金。主要是用于农业农村的中央预算内投资和国债专项资金。每年由各省发改委向国家发改委上报投资计划，再由国家发改委审批确定投资项目并向各省（区、市）发改委下达计划，如农田水利基本建设资金、农村电网改造资金和农村中小学危房改造资金等。三是国家农口部门审批分配的支农资金。每年农业部、水利部等国家农口部门，向各省（区、市）农口部门下达支农资金项目指南；各地据此申报项目，再由国家农口部门审批项目下达资金。国家支农资金采取项目审批方式下达，实际仍是沿袭计划经济的老办法。按投资额度确定审批权限，审批手续复杂、程序繁琐；投资项目量多面广，掌握资金审批权的部门并不完全了解各地农业农村发展实际，尤其是难以掌握每个省（区、市）申报支农项目的具体情况，项目审批缺乏科学依据，资金分配与项目需要经常脱节，有限资金难以用到"刀刃"上；经常是应立项的没有立项，应多给资金的项目给的少，不应多给资金的项目给的多，本应集中使用的资金分散使用。支农资金重分配、轻管理，中间环节多，运行成本高，到位速度慢，经常跨年度结转，一些支农项目效果差；有的支农项目前期工作未完成就下达了投资计划，造成资金闲置；有的支农项目急需资金，却迟迟不下达；有的支农项目中央财政投资比重过低，地方配套资金跟不上；有的地方搞"假配套"套取中央支农资金。同时，地方政府支农资金管理也很分散。整个支农资金管理和使用都存在低效和浪费的问题。

三、缺乏有效监督机制，一些支农专项资金被截流或挪用

据国家审计署对水利部及长江水利委员会等 7 个流域机构和湖南、湖北等 15 个省（区、市）2002 年至 2003 年水利建设资金管理、使用情况审计，在抽查的 15 个国债水利项目中，有 35.85 亿元专项资金被截留、12.64 亿元被挪用。另据国家审计署公报，从 2003 年起国家投入 500 亿元实施的县乡公路改造工程，有 10.7 亿元资金被地方截留。其中，安徽、河南、贵州、陕西、广东、四川、江西、新疆、山西等 9 省（区）505 个县乡公路改造项目中，有近 1/5 的项目存在重复申报、虚假申报问题，地方从中多获取中央财政专项资金 4.8 亿元。另据审计署对 15 个省抽查，到 2004 年底，县乡公路改造和通达工程应到位的地方配套资金 344 亿元，实际到位只有 170 亿元，资金到位率

不足 50%；其中由于前期工作滞后、配套资金不到位等原因，有 338 个项目未能开工建设，337 个项目未按期完工。尤其是不少支农资金被用于农口事业单位行政开支，变成了"养人钱"。

四、整合国家支农资金的措施

第一，明确中央政府的支农职能和政策目标，着眼于集中力量办大事，提高国家支农资金的整体合力和使用效益。整合国家支农资金不是简单的归并，或单纯将某类资金划归哪个部门管理，重点在于整合国家有关部门的支农资金管理职能。一是中央政府的支农职能取决于国家对农业的扶持政策和对农村提供的公共产品与服务。主要包括：农业直接补贴、农田水利基本建设、农村基础设施建设、农业科技进步、农产品质量标准和质量安全检测体系建设、农业生态建设、抗灾救灾、援助贫困地区、农村教育、卫生、文化等社会事业；农产品市场体系和农村商业流通设施建设、农民就业技能培训、农村社会保障等。二是正确把握现阶段国家支农资金的使用方向和重点。应立足统筹城乡发展和建设社会主义新农村的全局，加强对国家支农资金的统筹协调。中央各部门、各渠道的支农资金，要集中用于加强以小型水利设施为重点的农田基本建设；加强防汛抗旱和减灾体系建设；加强农村道路、饮水、电网、沼气、通信等基础设施和人居环境建设；加强教育、卫生、文化等农村公共事业建设。中央政府支农投资应以基础性、公益性、能够显著提高农业生产力水平、直接增加农民收入的项目为主。三是逐步理顺支农投资主管部门与农业建设资金主管部门的职能，重点整合财政部、国家发改委两大部门管理的支农资金。严格区分农业行政经费支出与支农建设支出，逐步将财政部管理的支农建设资金与国家发改委管理的政府农村固定资产投资合为一体，将目前的农业固定资产投资、农业综合开发资金、土地有偿使用费、各类农村小型公益设施投资等，统一归并为农业基础设施建设专项资金；加强部门内部和部门之间的协调、监督，做到支农投资项目不交叉、不重复。四是分类整合各农口部门和其他部门管理的专项支农资金。清晰界定各专项支农资金管理部门的职责，对不同部门、同一用途的支农资金进行归类整合，通过一条渠道下到地方。比如，合并目前分散在多部门的农业生态建设资金、扶贫资金；将分散在几个部门的用于农村教育、卫生、文化的支农资金，归并为农村社会事业发展专项资金，实行

"一个漏斗"对下。

第二，加快深化改革，着力创新支农资金管理体制和运行机制。整合支农资金的目标，是建立高效合理的政府配置支农资源的管理体制，形成协调配合、良性互动的工作机制，涉及多方面利益关系的调整。因此，必须以改革为动力推进整合工作。一是改革政府农业资金管理体制。通过归并国家有关部门支农职能，从体制上解决中央农业财政资金重复、分散使用，资金配置效率不高，管理责任不明确的问题。逐步改变目前农业基本建设投资、农业科研开发投资与其他农业财政资金分割管理的格局，形成分类科学、分工明确、管理规范的支农资金管理体制，构建投入稳定增长、投入结构合理的运行机制。除救灾资金、粮食直接补贴资金等特殊用途支农资金外，财政部门管理分配的支农资金以及农口部门预算中用于各类项目的支出，都应纳入支农资金整合的范围，以提高政府农业财政资金的有效性。二是改进支农资金分配方式。对与农民切身利益密切相关的项目，如小型农田水利设施建设、农民工就业培训、扶贫开发等资金，国家有关部门应当直接下达资金规模，由各省统筹安排使用，形成资金合力。三是现阶段可以建立由发展改革委、财政部、科技部以及扶贫、农林水利、国土、交通等部门组成的支农投资政策部际联席会议制度，集中审议农业和农村发展重大建设规划，确定年度支农投资的安排原则和使用方向。同时，可选择若干县，将中央、省两级安排的支农资金"打捆"下达，推进基层支农资金整合。

第三，加快健全、完善支农法规，依法依规整合、管理支农资金。建立完善的支农法律体系，是建立支农资金管理长效机制的根本措施。目前在法律层面上，《农业法》和《预算法》中基本没有涉及支农资金管理的政策目标、年度预算、项目分类、机构职责和资金运行监控等重要内容；在行政法规层面上，除一些单项资金管理办法外，也没有形成支农资金管理的法规体系；而且单项资金管理办法大都是由各部门自行制定的，约束力不强；有的行政法规带有较强的部门利益色彩；法规之间有的相互矛盾；即使由几个部门联合制定的管理制度由于部门利益和讨价还价也难以完全实施。从国际比较看，欧美发达国家的政府农业财政资金绩效之所以比较好，除了得益于科学合理的政府机构和职能设置，更重要的是具有健全的法律保障。整合支农资金作为完善社会主义市场经济体制的一项重要内容，必须从完善支农法律法规入手，注重运用法律手段调整政府支农事务中各方面的利益关系，实现中央政府支农资金管理的法制化、规范化、透明化。

第四，编制中央政府年度支农投资指南，加强统筹规划。当前，应按照国家"十一五"规划关于统筹城乡发展和建设社会主义新农村的总体布局，推动支农资金整合。在充分调查研究的基础上，确定阶段性和年度国家支农政策的主要目标，制定年度国家支农资金的投资方向和重点，协调安排各部门、各渠道的支农资金；并引导各地区、各部门科学合理地申报和使用。继续搞好县级单位支农资金整合试点。

第五，提高地方财政支农资金比重，引导、鼓励社会资金进入农业农村建设领域。目前地方财政农业支出比重较低。据财政部资料，中央财政支农资金在中部地区支农投入中占到40%—60%，在西部地区占到50%—70%，一些市、县的本级财政基本没有新增支农投入。应在继续加大中央财政对中西部特别是欠发达地区支持力度的同时，提高地方财政用于"三农"的资金比重，改变支农投入过度依靠中央财政的状况。同时，要制定强有力的政策措施如"以奖代补"等特定扶持政策，支持社会资金进入发展现代农业和农村社会事业等领域。对由社会资本牵头的新农村建设项目和一些基础设施投资、公益性投资，政府要给予鼓励、奖励和补偿。加快改革和创新农村金融体制，加大对"三农"的信贷支持力度，专门研究一套对农业企业的金融支持办法，建立面向农业农村的中长期融资政策。

第六，从实际出发，分步骤整合国家支农资金。坚持循序渐进，在统一各方面认识的基础上，国家支农资金整合可与政府机构改革和职能调整同步进行。建议先由国务院组织跨部门研究小组，在具体分析国家有关部门支农资金职能的基础上，提出整合总体方案，再按先易后难原则逐步实施。

（2006 年 8 月）

国家外汇储备超常增长研究

近几年国家外汇储备急剧增长。2005 年、2006 年、2007 年，国家外汇储备增加额分别为 2090 亿美元、2474 亿美元和 4619 亿美元；2008 年 1—5 月外汇储备增加 2688 亿美元[①]，为 2007 年全年增量的 58%。最近，我们对国家外汇储备超常增长问题作了研究，听取了部门、行业协会、金融机构等方面意见，并到上海、浙江、广东等地调研。

一、国家外汇储备急剧增长的原因

（一）正常、直接的原因。一是贸易顺差较大。2008 年以来出口企业克服多种困难，保持出口增长。1—5 月，全国外贸出口增长 22.9%，同比回落 4.9 个百分点；贸易顺差虽同比减少 77 亿美元，但仍达 780 亿美元，占外汇储备增量比重 29%。从相关经济指标和上海、浙江等省份调查情况看，出口和顺差数据基本真实可靠。二是外商直接投资（FDI）较快增长。1—5 月全国累计实际利用外资 427.8 亿美元，同比增长 55%。高新技术产业、先进制造业及现代服务业，实际使用外资增幅更高。1—5 月，浙江省高技术产业实际利用外资同比增长 75.6%。三是个人结汇较快增长。我国海外务工人员劳务收入增长迅速，海外留学并就业人员不断增加，赡家款、捐赠等资金流入进一步扩大。1—5 月个人净结汇 470 亿美元，同比增长 49%，浙江省个人资金净流入和净结汇同比分别增长 57.4%和 72.1%。CEPA（内地与香港更紧密经贸关系安排）

[①]如果考虑中央银行与商业银行的外汇掉期操作和存款准备金率上调后银行需用外汇缴纳部分存款准备金（今年一季度缴存外汇 360 亿美元），外汇储备的实际增加额还会更多。

签署后，港澳地区流入资金明显增多。四是境内外机构继续增持美元负债、减持美元资产，短期外债增多。在减少汇率风险驱动下，"负债美元化、资产人民币化"趋势明显，企业加大资产负债结构调整和金融避险工具运用，预收货款、提前结汇、增加美元贷款、境外融资、进口延迟付汇、进出口押汇等财务安排增多。同时，在国内货币政策取向趋紧、本外币利率倒挂的情况下，境内企业对外债资金需求不断增加。截至4月，全国短期外债余额2378亿美元，比上年末增加177亿美元；贸易信贷余额1398亿美元，比上年末增加67亿美元。由于贸易信贷申报不实等原因，外债规模还存在低估可能。五是海外上市增多、引入合格境外机构投资者（QFII）加快。国际资本看好中国经济，企业和银行海外上市增多，银行自身的资本金（营运资金）、投资收益结汇和国内企业海外融资结汇进一步增加。2007年银行上述两项结汇668亿美元，同比增长近3倍；企业证券筹资结汇236亿美元。此外，QFII投资和境外证券投资项下的资金流入加大。外汇局上海分局和浙江分局反映，受前期合格境内机构投资者（QDII）投资产品表现不佳的影响，QDII本金汇回的资金流入猛增。六是外汇资产投资收益增加。对外资产规模持续扩大，外汇储备投资收益不断增加。以5%的年收益率估算，我国外汇储备年收益近900亿美元。同时，外汇储备资产以不同币种构成、以美元计价公布。据中国银行测算，假定外汇储备中美元、欧元、日元资产分别占70%、20%和10%，今年一季度因欧元、日元升值带来的账面收益达462亿美元。

（二）非正常、不能全部解释的因素。在美国次贷危机加深、国际经济增长放缓、国际金融市场动荡加剧、中美利差扩大、人民币升值加速和升值预期不断强化的宏观背景下[1]，境外资本大量流入我国既有投资避险的一面，也有投机谋利的一面。人民币升值过程中，大量企业、个人投资和投机行为难以区分，有的是在法律法规允许范围内资产负债变动，可以作出解释，但数量上不易估算；有的则明显违法违规，如超过额度或高报出口、假投资等不可解释，数量上难以估算。从国际收支项目和结售汇统计数据看，主要表现在：一是货物贸易结售汇顺差继续高于贸易顺差。今年1—5月贸易结售汇顺差1852亿美

---

[1]目前境外一年期美元兑人民币无本金交割远期汇率（NDF）为1：6.43左右，据此计算，一年后人民币兑美元还会升值7%左右，加上国内一年期人民币存款利率4.14%，持有人民币资产将获得超过10%的年收益率，收益相当稳定并且可观。

元，高出海关统计的进出口顺差 1070 亿美元，超过去年全年差额。这其中有企业基于人民币升值预期而增加预收款、贸易信贷和延迟付汇的合理原因，但也不排除存在以贸易形式流入的投机套利资金。二是外商投资资本金结汇高于实际利用外资金额。今年 1—5 月外商直接投资资本金结汇 507 亿美元，同比增长 49%，高于商务部统计的实际使用外资额 79 亿美元。这其中有企业为减少结汇损失，降低投资成本，加快到资进度、推迟利润汇出的合理原因，同时也不排除有异常资金通过 FDI 渠道流入境内。另一方面，在外商直接投资较大幅度增长的同时，新增项目数却明显下降，浙江等省份合同利用外资出现负增长。三是服务贸易、收益和经常转移及个人等非传统项下境外资金流入明显加快。外汇局上海分局反映，服务贸易项下的其他商业服务、收益和经常转移项下的其他部门经常转移、其他投资项下资产的其他项和负债的贸易信贷项，该类资金规模占上海境外资金流入总规模的 20% 以上，个人涉汇行为活跃，在结售汇顺差中的占比明显提高。基于内地和香港的特殊关系，借道港币、通过"蚂蚁"搬家方式流入境内的资金迅速增加。一季度，港澳地区在内地银行间外汇市场卖出外汇达 48 亿美元，比 2006—2007 年合计卖出还多 9 亿美元。四是境内机构变相借用外债，外汇贷款激增。为解决外汇资金紧张问题，今年 1—4 月，仅工、农、中、建四家银行通过境外债券回购融入 128 亿美元。1—5 月全国外汇贷款激增 539 亿美元。人民银行杭州中心支行反映，外汇贷款迅猛增加主要原因是：外汇贷款利率低，能规避汇率风险，出口时申请贸易融资并结汇，进口时以外汇贷款替代即期购汇支付货款，未来可获得汇兑收益。外汇局上海分局反映，1—5 月上海外债转贷款、跨境贷款、国内外汇贷款项下结汇均呈快速增长势头，同比分别增长 36.7%、50%、47%。五是进口购汇需求减少。外汇局浙江分局反映，1—5 月浙江省进口付汇率有所下降，主要原因是企业购汇需求减少，延期支付、现汇支付和海外代付规模扩大。

（三）境外投机资金流入规模和主要渠道。投机性资本一般指期限在一年以内、以套利和投机为主要目的的跨境资金，具有较强的投机性、短期性和不稳定性，也被称为"热钱"或国际游资。1.投机资金流入规模。大多数研究认为2005 年人民币汇率改革后"热钱"流入规模呈明显扩大趋势。估算方法基本采用的是世界银行的残差法，即用外汇储备的增加量减去贸易顺差和 FDI 的净流入量，有的还加上通过贸易渠道、FDI 渠道、外债渠道的流入量，加上外汇缴存准备金的数额，扣减外汇储备投资收益及非美元汇率升值带来的账面收益，目前估算的金额大约在 5000 亿—8000 亿美元左右，今年 1—5 月不可解释的外汇流入为 1500 亿—1700 亿美元左右，月平均 300 多亿美元，约占外汇储备增量的 60%。这一数额存在偏颇和夸大的成份，主要理由：一是这些数据大多是估算得来，个案比较多，缺乏确凿的数量依据；二是没有考虑到企业、银行和个人正常合理的资产负债调整需要，混淆了避险性资金和投机性资金的区别。有分析认为目前月平均流入的"热钱"只有上述估算量的一半不到，约 160 亿美元，但也没有具体的依据。2.投机资金流入渠道。尽管我国实行较为严格的资本项目管制，但经常项目已经放开，经常项下和资本项下都可能有异常资金混入。主要包括：一是货物贸易渠道。从上海、浙江调研的情况看，贸易项下的资金流入绝大多数有真实贸易背景，有关部门基本按照有关规定进行进出口和结售汇管理，"热钱"流入的表面证据不充分。但是，由于税务、海关、银行等部门网络互不联通，对企业单据的真实性难以及时核查，有漏洞可钻，也有一些虚假贸易发生，如一些无贸易经营权的企业以出口名义大量收汇，一些有贸易经营权的企业有大量出口收汇却没有实际出口，通过高报出口、低报进口等混入异常资金。交通银行分析认为，商务部和香港特别行政区统计的进出口存在明显差额，表明一些不规范企业通过"高报出口、低报进口"夹带"热钱"流入呈上升趋势，其中进口低报的数额较大。二是服务贸易渠道。服务贸易由于不能像货物贸易那样逐一核查交易的真实性，服务类、无形资产等交易定价较难控制，不排除有异常资金通过支付运保费、咨询费、专利使用费等混入。三是 FDI 渠道。主要是通过境内外资企业采用提前注资、虚假投资以及追加投资等方式，将境外资金汇回并结汇。有的外商以直接投资名义通过设立空壳企业等方式汇入资金并结汇，一些企业内外串通通过虚假并购、溢价转让股权等增加资本流入，一些地方违规越权审批并且不上报数字，少数会计师事务所和银行把关不严。四是收益和经常转移渠道。一些企业通过投资利润汇回，将留滞境外的利润汇回并结汇。有的海外机构利用向内地老少边穷地区捐助渠道，附加捐助条件，要求当地政府帮助境外资金汇入。五是个人渠道。个人外汇流入中约 2/3 属于职工报酬、赡家款、捐赠结汇，这类资金随意性大，真实性缺乏标准，可能成为异常资金流入的渠道。个人结汇中外币现钞结汇占 1/4，主要包括境外携入的外币现钞，以及境外汇入后通过提钞借用他人名义分拆结汇，规避个人年度结汇 5 万美元的总额管理。不少研究人员认为，香港在很大程度上已经成为"热钱"流入境内的桥头堡。六是外债渠道。一些外商投资企业通过调整注册资本和投资总额扩大"投注差"，即外商投资企业的注册资本小于投资总额的不足部分用外债补足，大量借用外债并部分结汇。七是金融机构渠道。一些银行利用海外资产回购等手段变相规避外债管理，或以海外分支机构名义向国内企业海外子公司大量放款，国内企业以贸易名义收结汇。此外，还有"外存内贷"，即外资银行利用境内分行的人民币业务优势，以离岸账户吸收存款，并从国内分行以该笔存款为抵押提供相应的人民币贷款。八是关联交易渠道。一些跨国公司境外关联企业以垫付形式向境内企业提供诸如培训费、研发费、代摊费用等资金支持，或者推迟向母公司汇回利润等，相当于应付款未付，一笔等值资金流入。九是地下钱庄渠道。如通过境外机构转移资金等，属于违法违规，运作上缺乏透明度。外汇局绘制的2007 年国际收支平衡表，净误差与遗漏为正 164 亿美元，从一个侧面说明大量资金既未纳入经常项目也未纳入资本和金融项目统计范畴，通过各种渠道流入境内。

二、外汇储备超常增长对国民经济的影响

（一）出口成本上升、增幅下降。2007 年 1—5 月外贸出口增长 22.9%，增幅同比回落 4.9 个百分点。其中对美国出口下降幅度最大，从去年同期增长20.4%下降到 5.4%，回落 15 个百分点。据中国银行分析，中美贸易顺差缩减占今年前 5 个月全国贸易顺差缩减的 20%。重点出口地区大幅回落，前 5 个月，占全国出口总额比重超过 1/4 的广东省，工业出口交货值、出口额同比分别增长 11.9%、13.8%，增幅同比分别回落 4.7 个百分点、9.7 个百分点；浙江省出口增长 24.6%，增速回落 5.3 个百分点。1—4 月，全国纺织服装行业出口同比增长 17%，增速低于全国出口增速 4.46 个百分点；扣除涨价因素，出口同比仅增长 8.2%，增速下降 5.9 个百分点；受人民币升值影响，1—4 月纺织行业出口发生汇兑损失 300 亿元，如果全年升值 10%，全行业汇兑损失将达到 1430 亿元。据轻工业协会反映，超过 9 成企业认为人民币升值是导致本行业成本上升的首要原因；超过 7 成企业反映，过去一年中人民币升值导致利润下降 5%—20%。围绕人民币升值针对中国企业的各种贸易制裁和摩擦频繁发

生。据世贸组织最新统计报告，尽管全球新立案的反倾销调查已经呈现明显下降趋势，但中国仍然是全球反倾销调查的首要目标国，中国企业遭遇的反倾销调查数量不断增加。

（二）直接影响基础货币投放。在开放经济条件下，一国基础货币量主要由国内贷款和外汇储备两个途径产生；基础货币余额等于外汇占款余额与国内贷款余额之和；基础货币增量等于外汇占款增量与国内贷款增量之和；外汇储备增加必然引起外汇占款增加，进而引起基础货币和货币供应量的增加。提高法定存款准备金率未能从根本上遏制流动性过剩。法定存款准备金率通常被认为是深度冻结流动性的有效手段，准备金率提高将使货币乘数缩小，减少货币供给。但在我国现阶段，存款准备金率提高不具有紧缩乘数的效应。

（三）中央银行调控难度增加。从货币政策角度看，为避免通货膨胀，早已应当提高利率，实施紧缩政策；然而，在人民币持续升值背景下，如果提高利率就会吸引更多的境外资本流入，结汇后又将带来更多的基础货币投放，通货膨胀压力将进一步增大；特别是去年以来，美国次贷危机不断加深，美元持续贬值，美联储多次降息，人民币与美元的利差、汇差不断扩大，吸引境外资本大量流入我国；在这种情况下，如果提高利率，对于整个宏观经济无疑是雪上加霜。因此，货币政策受到很大掣肘，客观上失去自主性。国际流动性输入对人民币升值和基础货币扩张的压力越来越大，人民银行冲销流入境内美元的成本越来越高，实施从紧的货币政策受到严重制约。由于投机性资本流入和其他交易之间界限模糊、难以区分，投机性资本流入的数额难以估算，特别是难以确定转入其他机构的外汇储备数额，更加大了货币政策复杂程度和中央银行调控难度。综观国际经验，在一国外贸出口快速增长、本国汇率持续升值的情况下，外国货币必然大量流入该经济体，造成该经济体外汇市场供大于求，本币汇率不断上升；如果这个经济体不希望本国货币过快升值，为维护汇率稳定，就必须通过中央银行发行本币购买流入的外币；其结果就会导致货币供应量的被动增长。

（四）通货膨胀压力增大。通货膨胀本质上是一种货币现象。货币供给量持续超过市场上对应的商品供给量必然导致货币贬值。当前我国通货膨胀既是近几年全球流动性过剩、全球通货膨胀蔓延并输入我国的结果，也是国内流动性过剩不断加剧、通货膨胀压力日益积累的结果。国际国内综合因素的积聚作用，最终通过需求拉动和成本推动释放出来：虽然实施从紧的货币政策，但广义货币 M2 和狭义货币 M1 的增长率仍超过预期目标。由于新增贷款不断加大货币乘数（M2 与央行发行基础货币的比率）效应,创造更多的流动性；大量境外资本通过多种渠道进入我国投机套利，被动结汇不断新增流动性；来自这两个渠道的新增流动性,远远超出了经济正常运行所需要的货币供应量，成为加剧通货膨胀的总根源。未来一段时间由于美元难以明显升值，国际大宗商品价格仍将高位震荡，食品涨价可能继续带动 CPI 上涨，资源价格及劳动力成本价格将进一步上升，全球通货膨胀短期内不会缓解，我国物价仍可能高位运行。特别是，国际经济金融领域蕴藏极大的不确定性和风险，全球经济衰退可能会加重，持续时间可能较长；然而，即使世界经济进一步走弱，国际大宗商品和石油价格仍可能继续上涨。同时，国内经济中一些深层次矛盾依然存在，物价全面上涨压力加大。宏观政策层面受到一系列相互掣肘的"两难"困扰：经济过热与经济放缓同时共存；通胀的货币因素与成本因素同在，既要防止资本大进、又要防止资本大出，而最大的两难是，既不能放松调控力度，导致物价过快上涨；又不能加大紧缩力度，造成经济明显下滑。

（五）强化人民币单边升值预期。近几年外汇储备增长成为国际资本观察人民币升值的风向标。海外市场上人民币对美元"单边升值"预期不断强化，吸引国际资本通过多种渠道大规模涌入我国境内，使得人民币升值压力进一步积累扩大。有专家指出，海外市场人民币升值预期，主要是"人民币不可交割远期市场"(NDF)的远期合约价格预期，这种 NDF 市场预期价格主要来自国际资本对人民币的投机需求。因为在 NDF 市场上并没有人民币交易，只是按照人民币汇率预期价格换成美元后进行价差交割，最终是美元交易，是典型的投机市场。这种海外市场预期所引导的投机需求，严重扭曲了以市场供求为基础的汇率形成机制，严重干扰阻碍了更灵活的人民币汇率形成机制的改革进程。现在需要注意的是，人民币对美元"单边升值"预期可能发生逆转——出现人民币贬值预期，推动国际资本大规模流出，对我国经济造成冲击和危害。从国际教训看，如果本币在汇率形成机制扭曲下加快升值，将通过以下几种传导机制酿成危机：(1)本币升值→单边预期强烈→热钱大规模流入→流动性泛滥→股市和房地产市场出现严重泡沫→泡沫破灭、金融危机爆发；(2)本币升值→单边预期强烈→热钱大量流入→经济过热、总供求失衡→原材料和商品价格大幅上涨→产业失去竞争力；(3)本币大幅升值→制造业渐失竞争力→经济增速下降、失业率上升。(4)在美国压力下开放金融市场→外资流入更加便利→本币在市场力量和资金流入的压力下加快升值→经济危机爆发→外资大规模抽逃而且更加便利。上世纪八十年代日本"失去的十年"，从根本上说是由日元在汇率形成机制扭曲下盲目快速升值造成的。

（六）价格调整陷于"两难"困境。今年以来，随着国际原油、煤炭价格快速上涨，国内成品油和电力价格承受越来越大压力。一方面，国际油价、煤价上涨推高国内炼油企业和发电企业成本；另一方面，受国内物价总水平较快上涨制约，成品油价格、电力价格难以放开或上调；原油与成品油价格倒挂、煤电价格倒挂，导致一些炼油、发电企业经营困难，柴油、电煤供应紧张，部分地区煤电油运供应偏紧，成为影响经济运行的突出矛盾。从宏观层面看，外汇储备急剧增长、流动性过剩加剧，推动价格总水平过快上涨，是影响制约油价、电价调整迟迟难以出台的重要原因。

（七）引发股市、房地产市场大幅波动。调查显示，一些大的国际对冲基金和私募基金，通过多种途径入境后，立即兑换为人民币，一是进入股市，"坐庄"操纵股价，制造一波又一波大涨大跌行情，从中谋取暴利；二是进入少数大城市房地产市场，通过推高房价投机套利；三是进入"地下钱庄"，向一些中小企业提供高利贷款，操控民间借贷市场。这些行为严重破坏了股市和房地产市场健康稳定发展，扰乱了金融秩序，投资者信心严重受挫。各方调查一致反映，境外投机资本恶意操纵是造成我国股市大起大落和房地产市场价格过快上涨的重要原因。

（八）外汇储备经营压力加大。大规模持有外汇储备带来较高的机会成本。现在我国外汇储备美元所占比例较大，在持有巨额外汇储备资产的同时，买入大量美国国债等于是以低价将国内资金转到国外给外国人使用；流入大量外国资本，又等于以高价从国外借入资金；因此，美元贬值和美国国债收益率下跌都会带来我国外汇储备资产缩水和收益率的下降，其潜在风险不容忽视。虽然不否认"热钱"流入主要是看好中国经济基本面和增长潜力，看好中国资产价格长期上升趋势，并且不少"热钱"流入也是通过合法合规的渠道；但必须看到，"热钱"作为纯粹以套利为目的的短期流动资本，主要目的不是长期投资，而是短期投机，追逐高额利润永远是资本的本质；一旦市场预期发生变化，必然快速抽逃，极易酿成我国经济金融的系统性风险。如果说在两三个月前，由于人民币加速升值，"热钱"流出的动力还比较小，但现在情况已经发生变化：因为下半年美元反弹的可能性上升，投资者预期出现分化，离岸市场NDF一年远期报价人民币升值幅度已经收缩，一部分已大大获利的"热钱"行将撤离，可能发生货币冲击已经由潜在的隐患演变为现实的风险：即一旦境外奖金大规模抽逃，人民币升值压力将转化为贬值压力。由于外汇储备增减更多的是一种市场信心标杆，它增加时会刺激本币升值预期，而下降时又会强化本币贬值预期。而一旦爆发金融危机，将给资本市场、金融体系、国民经济、社会稳定等，带来的是不可估量的冲击和破坏，付出的代价巨大。

三、宏观政策建议

第一，加强对跨境资本流入流出的监管，打击各种形式的违规套汇套利交易行为。加强海关、税务、外汇等部门与银行的信息交换，实行出口收入结汇联网核查。加强和改进对金融机构及国内企业境外分支机构借用外债的管理。加强对个人经常性转移的监管，规范个人资本项下外汇交易。调整对外币现钞及个人携带大额现钞入境的管理办法。借鉴瑞士、智利等国经验，研究对非居民存款实行低利率或零利率，对外汇流入实行无息准备金等制度。加大对非法钱庄和虚假出口、虚假外商直接投资、无真实贸易背景的"贸易信贷"等的打击力度。改进管理的过程中要尽量不增加或少增加影响经常项目可兑换的行政审批项目。第二，鉴于目前国内外经济形势复杂多变，注重引导全社会形成有利于保持物价和汇率稳定的预期。加强"热钱"流入流出监管，阻遏"热钱"套利、套汇，减弱人民币升值预期。第三，外汇储备投资需特别注意防范市场风险、公司治理风险、道德风险。合理规模以内的外汇储备，首先要考虑安全性、流动性、兼顾盈利性。超过合理规模的外汇储备，要按照依法合规、有偿使用、提高效益、有效监管的原则，进行多元化投资。第四，制定应对外部环境发生急剧变化的多种预案。包括外部市场环境进一步恶化后出口急剧下滑的政策预案；美欧提高利率、美元转向升值，引发"热钱"大规模流出的应急预案；资本市场、房地产市场发生异常波动的预案等。

（2008 年 7 月）

国家外汇储备投资策略研究

近年来，我国积极探索拓宽国家外汇储备投资渠道。其中，对美欧股市的投资，已有不少尝试，包括建立高端投资团队、运用成熟交易技术等，旨在提高个股投资赢利水平。从实践效果看，由于个股投资需要经常买进卖出股票，支付较多交易成本；购买优质企业股权往往遭遇某些国家政治阻力，在市场博弈中获赢机率较低；因此，目前我国外汇储备在美欧股市的投资回报率，总体低于市场平均水平。同时，我国有相当部分外汇储备购买了美国国债。虽然美国政府多次表示投资美国国债是安全的，但是，由于美元不断贬值，这部分外汇储备很可能缩水。研究探索外汇储备投资如何减少损失、保值增值，极为重要而紧迫。

根据美欧成熟专业投资机构的经验做法，我们认为，采取"购买和持有"策略，即投资购买美、欧股市大盘指数，买入后长期持有，可获得稳定回报率并降低风险，应当作为我国外汇储备投资美、欧市场的重要策略。具体地说，可以考虑将我国一定数额的外汇储备，投资于美欧股市中占主导地位的综合性指数基金，这些基金对应于综合性的(非行业性的)股市指数：（1）标准普尔500 指数，美国 500 家最大的上市公司的市值加权平均指数；（2）RUSSEL2000 指数，美国 2000 家最大公司的市值加权平均指数；（3）WILSHIRE5000 指数，美国 5000 家最大公司的市值加权平均指数，基本涵盖美国整个股市：（4）金融时报 350 指数，即伦敦证券交易所 350 家最大上市公司的市值加权平均指数。通过购买这些综合性股市指数基金，我国可以在美、欧股市大盘中占有一定比例，相当于在美、欧全部生产性资产中持有一定比例，意味着拥有美、欧经济的某些所有权，与其形成实质性紧密经济关系。

设想，如果中国在 2009 年底将 1500 亿美元投资美国股市大盘，当时美国股市总市值约 15 万亿美元，相当于中国购买美国所有上市公司 1％的股权，并相当于美国 2009 年国内生产总值 14.12 万亿美元的 1.06％。采用股市大盘投资策略，也称"购买和持有"策略，具有六个方面优势：

第一，有利于降低我国外汇储备投资风险。中国已成为美国国债最大持有国。虽然国债账面价值短期波动较小，但由于通胀和美元对人民币贬值因素，其对应的实物资产不断耗蚀。粗略估计，中国以美元计价的储备资产大约相当于 GDP 的 1/3，如果美元兑人民币贬值 10％，将造成约 3.33％的账面亏损。虽然中国对美国国债投资具有名义流动性，但如果中国大量赎回投资势必引发美国及整个国际金融市场动荡，直接影响中美关系和世界经济。如果对投资美国的外汇储备存量资产，以少量、渐进的方式，调整资产组合，逐步将一定存量转至投资美国股市大盘；同时，新增外汇储备投资逐步转至投资世界其他股市大盘(如伦敦、东京)，将有利于降低我国外汇储备过多投资美国国债的风险。当前世界经济缓慢复苏，全球股市总体估值水平趋于正常，投资美欧股市大盘时机较好。从短期看，虽然股市波动会带来账面投资价值波动，但从中长期看，股市大盘指数所对应的实物资产，即其代表的一定比例的美国生产能力，却不会随账面价值波动而波动。目前国际上一些偏于保守的投资机构，如政府养老基金和大学捐赠基金，在其投资组合中都大量持有大盘股权投资。如哈佛大学捐赠基金投资组合中持有 46％的大盘股权投资，而包括政府和私人债券的固定收益账户只占 13％；挪威政府养老基金投资组合中，也持有 60％的大盘股权投资。还需指出，目前中国、日本等国家大量购买持有美国国债，客观上有利于美国实施宽松的货币政策——因为大量印发美元可以使其他国家持有的美国国债实际价值缩水。实施投资美国股市大盘策略，将使美国以出售未来产能为代价承受其滥发货币的后果，从而抑制其流动性泛滥。如果说，美国扩张性货币政策是我国输入性通胀压力的重要外部原因，调整我国外汇储备投资策略，则是应对美国扩张性货币政策的有效选择。

第二，有利于增强我国外汇储备资产流动性。与单个股权投资相比，股市大盘投资市场规模容量大、流动性强。其基金指数交易额远远超过任何单一股票交易额。据 2011 年初统计，仅美国纽约证交所和纳斯达克两大证交所，就拥有约 18 万亿美元市值，超过美国国债总规模。一般情况下，每年纽约证交所交易换手率都在 100% 以上，纳斯达克证交所交易换手率更高达 200% 以上。也就是说，一年之内会有超过 18 万亿美元的巨额资金在这两个交易所交易换手。如此大规模交易使得中国可以在这两大证交所进行大盘投资操作，而无需担心大量资金流动对市场造成过大冲击。目前，世界主要股票交易所的总市值接近 50 万亿美元，客观上为中国在全球主要股市进行大盘投资操作，提供了足够的交易规模和市场容量，可大大增强我国外汇储备投资的流动性。

第三，有利于我国外汇储备资产保值增值。本次国际金融危机至今，美联储资产负债表负债一栏已增加两倍以上，货币供应量大幅度增加。虽然目前美国通胀率不高，但大量美元流动性已导致中国等新兴经济体通胀压力急剧增加。由于对美国国债投资不与美国通货膨胀率挂钩，随着美联储大量增发货币，美国通胀率上升，中国持有的美国国债将对应越来越少的实际购买力。特别是，我国积累的超额外汇储备，仍不断投资美国国债市场，投资收益已经并将继续受到损害。如果改换投资策略，由投资美国国债转为投资美国股市大盘，即使美国通胀率上升，我国仍会持有美国生产能力的相应百分比。根据历史经验，投资美国股市大盘，对应的实际购买力将随期限延长而增加，对应的实际资产占美国 GDP 的份额也会增加，对应的占美国国内产能的比重也会增加，从而真正实现我国外汇储备保值增值。据相关资料，从 1790 年至 2010 年，美国实际 GDP 年均增长 3.75%；在有记录的股价历史中，1926 年至 2009 年，小公司股票年均收益 11.9%，大公司股票年均收益 9.8%，政府债券（如长期国债）年均收益 5.4%。在此期间，通胀率平均每年 3%。很明显，随着时间推移，一个美国股市大盘指数的投资将代表不断增加的美国实际 GDP 份额，至少平均每年增长约 3%(≈9.8%-3.75%-3%)。假设 1926 年投资购买相当于美国当年 GDP1% 的大公司的股票大盘，无需追加投资，到 2009 年，其价值已相当于美国当年 GDP 的 11% 左右；其真实购买力按照美国经济实际产能衡量，不仅没有随时间缩水，反而持续增加。

第四，有利于我国外汇储备投资优化组合。在经济全球化背景下，我国外汇储备投资应该形成地理分布多元、资产品种丰富、门类齐全的优化组合。分析美国股市历史数据，在超过 20 年以上的较长时期内，投资股市大盘的回报率，一般总是高于投资债券的回报率；而投资美国国债的回报率总是低于通胀率和经济增长率（国债投资所代表的美国 GDP 份额将随时间延长变得越来小）。鉴于我国外汇储备投资周期较长，应当借鉴国际大型基金会和捐赠基金的投资管理模式，把优化投资组合作为战略目标。由于投资美国股市大盘可以获得高于投资美国国债的回报率，应当对我国在美外汇资产重新调整组合，逐步将对美国国债投资转移至美国股市大盘投资；在未来外汇储备投资中，逐步提高美国股市大盘投资比例，逐步降低美国国债投资比例。

第五，有利于打破针对中国主权财富基金设置的"政治动机投资"障碍。目前，国际金融市场对主权财富基金的偏见和戒备很强，尤其对中国外汇储备投资设置重重政治阻力。在此形势下，将一定数量的外汇储备投资美、欧股市大盘，由于不针对任何公司或项目，即便遭遇政治"狙击"，也可以减少损失；因为美、欧一旦试图打压中国投资，势必直接拖累其整个股市；换言之，东道国的股市和经济将成为我国投资的"人质"，形成股市大盘中"你中有我，我中有你"的格局，从而确保我国投资安全。

第六，易于投资操作和管理。股市大盘投资不需要实时考虑资金如何在个股之间分配以及频繁交易，基金经理人易于操作，一个投资经理可以管理大量资金。目前我国已经具有吸引高端金融人才的能力，完全能够管好此类投资。由于股市大盘投资没有选股过程，一次买入后无需大量后续交易，许多基金公司对大客户仅收取每年少于 20 个基点(0.2%)的管理费用；中国持有资金数额大，可以要求基金公司进一步降低费用。也可让世界著名基金管理公司投标管理股市大盘投资，进而以较低管理费用获取较高投资回报率。

（2011 年 8 月，本文与金李、潘功胜合写）

第五章

经济转型的根本途径是全面推进改革开放

1994－2001 年改革开放取得重要进展

1993 年底，中共十四届三中全会通过的《中共中央关于建立社会主义市场经济体制若干问题的决定》，系统地提出了中国经济体制改革的总体框架。1994 年开始，以城市为中心的经济体制改革加快推进；从 1994—2001 年，改革开放取得重要进展。

一、国有企业改革重要进展

中共十五大关于调整和完善所有制结构、从战略上调整国有经济布局和全面认识公有制含义等重大论述，实现了国有企业改革理论上的突破。1999 年，十五届四中全会通过的《中共中央关于国有企业改革和发展的有关重大问题的决定》，进一步指明了国有企业改革和发展的方向目标和任务，特别是作出推进国有企业战略性改组、建立和完善现代企业制度等重大决定，按照"产权清晰、权责明确、政企分开、管理科学"的原则，有步骤地对国有大中型企业实行规范的公司制改造。包括：将改革与改组、改造、加强管理结合起来，着眼于搞好整个国有经济；"抓大放小"，对国有企业实行战略性改组；鼓励兼并、规范破产、下岗分流、减员增效、实施再就业；政企分开，中央党政机关、军队、武警部队和政法机关与所办企业脱钩。对重点行业与重点企业进行战略性调整与改组；纺织、煤炭、石油石化、冶金等行业重组取得重要进展；实行稽查特派员制度，探索新的国有企业监管方式；1999 年开始，通过债转股缓解国有企业长期以来由于缺少资本金而导致的负债过高、财务费用支出过大的问题。通过这些重要改革，使大多数国有大中型亏损企业逐步摆脱困境，初步建立现代企业制度，基本实现国有企业改革与脱困的阶段性目标。

二、金融体制改革重要进展

"八五"即国民经济和社会发展第八个五年（1991—1995）计划期间，确立了中国人民银行作为以稳定货币为目标，独立执行货币政策的中央银行体制。政策银行与商业银行分离初步完成。汇率并轨、改进汇率形成机制等外汇管理体制改革迈出重大步伐。清理"三角债"取得重要成绩。"九五"（1996—2000）期间，金融体制改革进入新阶段。1997 年 11 月中央召开金融工作会议，加快整顿金融秩序、化解金融风险、改革金融体制的步伐，进一步改革中央银行体制及内部运行机制，央行宏观调控能力得到加强。包括：改革中央银行存款准备金制度，恢复了存款准备金清算和作为货币政策工具的职能；理顺利率体系，向市场化方向迈进；改革中央银行及其他金融机构管理体制，成立中共中央金融工作委员会和金融机构系统党委，对金融机构实行垂直领导，对干部实行垂直管理；中国人民银行在全国成立了九个跨省区市的分行，增强了中央银行执行货币政策的权威性，增强了中央银行金融监管的独立性、统一性和效能。四大国有商业银行实行商业化改革。商业银行自主审查贷款，取消贷款规模；增加国家资本金，提高商业银行抵御金融风险的能力；改进金融资产分类方法，将贷款按风险进行管理；大力整顿资不抵债的银行和非金融机构，坚决关闭严重违规经营、资产质量过差、不能支付到期债务的金融机构。规范和加强证券市场监管，成立中国证监会，推出证券投资基金，出台《证券法》，制定了《中国证券业协会会员公约》和《证券从业人员行为守则》，加强了行业自律。改革和规范保险市场，成立中国保险业监督管理委员会，批准保险公司加入全国同业拆借市场，颁布实施《保险经纪人管理规定》，实行寿险与财险分开经营。

三、财税体制改革重要进展

1994 年开始，本着"简化税种，统一税率，便于管理"的原则，改变了财政分级包干体制，实行中央与地方分税的财政管理体制，并实行了复式预算。全面调整税制和改革征管体制，调整流转税制，建立了以增值税为主体、消费税与营业税为补充的流转税制调节体系；归并和统一了所得税制；实行费改税，规范了税收体制；改革了税收征管体制，以统一税收，调动中央地方两个积极性为原则，明确划分了中央与地方税种及征收管理权限，实行中央税与地方税分开征收、两条线垂直管理的体制，有力地配合了分税制体制的实施。不断下调关税税率，使中国税制进一步与国际接轨。加快建立公共财政体系，支持建设社会保障体系；稳妥推进农村税费改革；建立完善中央财政对地方财政的税收返还和转移支付制度；改革国债发行方式，实行国债发行市场化。

四、社会保障制度改革重要进展

提出社会保障体系是社会主义市场经济体制的重要支柱。中共十四大特别是十五大以来，改革明显加快。国务院颁布了一系列有关社会保险的法规，范围涉及养老、医疗、工伤、失业、下岗职工基本生活和再就业等多方面。确立了社会保障的基本目标、原则和运作方式，基本建立了有中国特色的社会保障制度框架。建立城市居民最低生活保障制度，形成互为补充的养老、失业和"低保"三条社会保障线。开始了完善社会保障体系试点。推进了城镇职工基本医疗保险制度、医疗机构和药品流通体制改革。

五、粮食流通体制改革重要进展

确定粮食流通体制改革的目标是建立起适应社会主义市场经济要求、符合中国国情的粮食流通体制。坚持"四分开一完善"的原则，即实行政企分开，中央与地方责任分开、储备与经营分开、新老财务账目分开和完善粮食流通体制。改革主要内容是"三项政策，一项改革"，即按保护价敞开收购农民余粮，粮食收购企业实行顺价销售，粮食收购资金封闭运营和加快粮食企业自身改革。以后改革不断深化。2001 年下半年，决定对浙江等粮食主销区粮食流通体制进行改革。

六、住房制度改革重要进展

1993 年全国人大八届一次会议提出大力推进城镇住房制度改革。1994 年 7 月国务院做出《关于深化城镇住房制度改革的决定》，提出建立与社会主义市场经济相适应的新的城镇住房制度。1998 年 7 月，国务院发出《关于进一步深化城镇住房制度改革和加快住房建设》的通知，明确规定，停止住房实物分配，逐步实现住房分配货币化，坚持"新房新办法，老房老办法"，平稳过渡，综合配套的基本原则。1996年起普遍建立住房公积金制度；1998年下半年开始停止住房实物福利分配；加快发展住房金融，商业银行优先发放经济适用房开发建设贷款，向个人发放住房抵押贷款。开发住房二级和三级市场。

七、计划、价格体制改革重要进展

国家计划转向以市场为基础，变指令性计划为指导性计划，实现由直接调控为主向间接调控为主，计划重点放在中长期规划上，突出战略性、宏观性和政策性。价格改革在商品市场上基本形成了市场决定价格的新机制。整顿和规范市场经济秩。1989年提出治理经济环境，整顿经济秩序。2000年提出整顿和规范市场经济秩序。

八、行政体制和政府机构改革重要进展

1992年以来多次进行机构改革。1998年3月举行的第九届全国人民代表大会通过了国务院机构改革方案。改革的目标是：建立办事高效、运转协调、行为规范的行政管理体系，完善国家公务员制度，建设高素质的专业化行政管理干部队伍，逐步建立适应社会主义市场经济体制的有中国特色的行政管理体制。1998年进行的国务院政府机构改革，是新中国成立以来幅度最大，行动最为迅速的一次。本次改革提出建立廉洁、勤政、务实、高效政府目标。改革行政审批制度。实行"收支两条线"管理。建立规范政府采购制度和建设项目招投标制度。

九、对外开放重要进展

有效克服1989年政治风波和1997年亚洲金融危机冲击，不断扩大对外开放，对外经贸全面恢复，规模持续扩大，质量不断提高。对外开放领域明显扩大，开放地区由沿海向内地拓展；开放产业由农业、加工工业为主向基础产业、基础设施和金融、保险、商业等领域延伸，形成了全方位、宽领域、多层次的对外开放格局。在亚洲金融危机中做出"人民币不贬值"的郑重承诺，为维护亚洲乃至世界经济稳定做出了重要贡献。一是扩大地区开放。1990年决定加快开放开发上海浦东新区，1999年提出西部大开发战略，内地对外开放进一步扩大。二是扩大对外贸易。实施"以质取胜"、"市场多元化"和"科

技兴贸"战略，鼓励扩大出口；大幅度减少了配额许可证管理和统一联合经营的出口商品；对国有大中型生产型企业、商业企业和科研院所的进出口实行了登记备案制，放开了私营生产企业的进出口经营权；主动大幅降低进口关税；调整、提高部分商品的出口退税率，对服装和机械设备、仪器仪表、运输设备、电子电器等四大类机电产品实行了出口零税率。在世界贸易中的排名2001年已上升到第6位。国家外汇储备大幅增加。出口商品结构进一步优化，进口商品结构趋于合理。机电产品成为第一大类出口商品。高新技术产品出口从无到有，初具规模。国民经济发展和结构调整所需的技术设备、资源类商品进口大幅度增加。三是扩大利用外资。规模不断扩大，多年稳居发展中国家首位。同时，利用外资结构和质量不断优化。陆续在商业、金融、保险、外贸、旅游等服务领域对外商开放市场。1996年允许外资银行试办人民币业务，1997年批准外商试办连锁商业、外贸公司，1999年取消对营业性外资金融机构设立的地域限制。入世后外商投资领域进一步扩大。四是对外投资。实施"走出去"战略，不断扩大境外投资范围，从小型贸易和机电轻纺项目为主逐步扩展到大型资源开发、高新技术和服务贸易等项目，涉及的投资领域包括石油、矿产开发、木材、粮食油料、食品加工，以及家电、服装生产、卫星通信、软件开发和大型商业设施等多类项目。五是加入世贸组织。1995年世界贸易组织成立，中国"复关"谈判随之转变成"入世"谈判；经过艰苦努力，终于在2001年12月21日正式加入世界贸易组织。这是中国对外开放的重大里程碑，推动中国改革开放进入新阶段。

（2001 年 12 月）

深化投融资体制改革的思考

一、深化投融资体制改革的紧迫性

第一，从根本上改革以行政审批为核心、政府配置资源的投融资体制，消除软预算约束下投资决策失误的弊端。随着市场在资源配置中的基础性作用越来越强，计划经济时代的投资行政审批制度应该走进历史。第二，从源头上制止盲目投资和低水平重复建设，优化投资结构，提高投资效益。国有投资产权不清晰，权责不明确，地区封锁、市场分割，是我国经济发展中长期存在盲目投资和低水平重复建设固疾的重要根源。总结多年教训，一些技术起点低、规模效益差、缺乏市场前景的非理性投资屡禁不止，各种严重背离市场需求的"房地产热"、"开发区热"反复出现，都是国有产权所有者缺位、投资决策软预算约束的结果。从根本上解决这一深层次矛盾，必须深化投融资体制改革。第三，从政府投融资管理制度上堵塞漏洞，遏制腐败。传统投融资体制的突出弊端是，行政主管部门在批租土地、决策项目、分配资金、提供贷款等方面权力过大，存在严重的利益关系隐性操纵、以权谋私问题。政府投资工程管理中，官商一体、项目负责人既当业主又当工程监管的现象相当普遍。这是投资领域发生许多重大腐败案件的根木原因。近几年来，虽然加快行政审批制度改革，在建筑领域推行招标投标制、工程监理制、合同管理制等，但由于政府投资管理体制未脱旧巢，权钱交易机制依然存在，问题仍未解决。投融资体制不改，腐败难除。第四，从体制和政策上清除民间投资障碍，促进公平竞争。近年来，个体、私营等非公有制经济迅速发展，民间投资日益成为支持全社会投资增长的重要力量。清除对民间投资不合理限制，既是促进非公有制经济发展的迫切需要，也是深化投融资体制改革的重大突破口。五是从直接融资和间接融资两方面建立国有企业融资约束机制，拓宽企业融资渠道。现行融资体制存在三大弊端：一是国有商业银行对国有企业投资和政府直接投资贷款缺乏约束机制。二是证券市场功能扭曲。三是民间融资障碍重重。

二、深化投融资体制改革的目标与思路

现阶段投融资体制改革可以初步确立为五大目标：第一，建立国有固定资产投资出资人制度，使出资人和企业法人享有完全投资自主权。按照现代企业制度要求，建立产权清晰、权责一致的投资决策体制和风险约束机制。第二，减少政府审批，合理界定政府固定资产投资审批范围，简化项目审批程序，落实各类企业投资自主权。严格市场竞争规则，放宽市场准入条件，进一步放开投资市场。第三，减少政府投资，规范政府投资行为，建立公开透明的投资决策机制和科学、民主的决策制度。明确公共投资活动范围，逐步建立以公共投资为核心的政府投资体制。第四，加强和改善对全社会投资活动宏观调控，依法规范企业投资行为。加强固定资产投资监管，确保工程质量，维护公共利益。第五，建立国有投资出资人信用等级评价体系，以信用等级为依据，形成银行和证券市场上财务投资者与固定资产投资者之间良性互动的资金供求机制，建立国有企业直接融资和间接融资约束机制，创造中小企业融资制度。根据五大目标，从六个方面构建投融资体制改革框架思路：

（一）按照谁决策、谁投资、谁负责的原则，建立国有企业投资出资人制度。由国资委作为代表机构，履行国有资产出资人职责。国资委依照《民法通则》、《公司法》和公司章程对企业行使所有者权利，包括重大投资决策权。与此同时，出资人代表机构必须独立承担民事责任。加快国有企业公司化改制，建立完善法人治理结构，建立企业投资预算硬约束机制和亏损风险承担机制。建立收益与风险对称、产权人对投资人形成根本制约的国有投资新体制。

（二）改革项目审批制度，缩小政府审批范围，简化审批程序，全面落实企业投资自主权。放宽固定资产投资市场准入条件，严格市场竞争规则，规范竞争秩序。投融资体制改革的最终目标是取消项目审批制，实现企业投资行为的市场化、法制化（任何一个成熟的市场经济国家，都没有投资项目行政审批制）。虽然现阶段，我国市场经济体系还不完善，不能完全取消项目审批制。

但必须大幅度缩小政府审批范围，简化审批程序。

（三）对国有企业投资实行备案制与公开透明的审批制。对外商投资和国内企业境外投资，简化审批环节，放宽审批限额。对个体、私营等非公有制企业投资，实行项目登记备案制。鼓励非公有制企业投资交通、能源、水利、城建、通信、环境保护等基础设施建设，特别是城市供水、供气、供热、污水和垃圾处理、道路、桥梁等经营性基础设施建设；放宽对地方铁路、公路、港口、机场等市场准入限制；鼓励个体私营企业以兼并、收购、控股、参股、知识产权入股等股权投资方式参与国有企业改制和重组。改革前置审批办法，在土地使用、城建、环保、工商登记、进出口等方面，简化审批手续，取消一切不合理限制和收费。

（四）改革政府投资决策体制，建立完善科学、民主的决策程序；改革政府投资管理方式，强化风险约束机制。合理确定政府投资范围。在一般市场经济条件下，全部社会投资分为营利性投资和非营利性投资两大类。政府投资主要在非营利性的公共品领域。我国正处在全面建设小康社会、加速推进工业化、现代化过程中，城市发展与农村发展、中西部地区发展与东部地区发展、经济发展与社会发展存在很大的不平衡性，社会主义市场经济体制还不完善。因此，政府投资还不能仅限于一般性公共投资范围，应当承担包括支持产业结构调整优化，促进欠发达地区经济和社会发展，推进科技进步和高新技术产业化等方面重大项目的投资责任。同时，政府投资应更加注重促进经济与社会协调发展、城乡协调发展、人与自然协调发展，更加注重强化政府的社会管理和公共服务职能，逐步建立以公共投资为核心的政府投资体制。根据上述原则，现阶段政府投资的范围：一是农业、水利、铁路、民航、电力、电信等基础产业和重大基础设施；二是教育、科学、公共卫生等公益性事业和其他非经营性基础设施；三是中西部欠发达地区经济和社会事业；四是高新技术产业重大项目；五是重大装备国产化工程。建立科学的政府投资决策机制。按公益类重大项目和其它类重大项目建立不同的决策机制。对公益类重大项目，各级政府要将公共投资纳入公共财政范畴，将每年的公共投资计划列入预算报经人大批准，公共投资计划实施情况也要纳入决算报人大审批。在重大项目决策前，应委托具备资质的投资咨询中介机构进行论证评估，同时明确中介机构法律责任。实行政务公开，对涉及人民群众切身利益的重大项目，要将决策依据、投资目标、预期收益等公之于众，并以听证会等方式，广泛征求社会各界意见。四是规范政府部门决策程序，强化对利益关系人的责任约束，遏制少数利益关系人操纵决策、以权谋私行为。同时，改革政府投资管理。采取有利于提高投资效益、分散风险的投资方式。实行严格规范的招投标制度。严格执行建筑设计标准，确保工程质量。加强和改善对全社会投资活动的宏观调控，有效规范、正确引导政府和企业投资行为。确立投融资宏观调控主要目标。改进投融资宏观调控方式、、依法维护投资市场秩序。以加强信用建设为核心，构建国有企业固定资产投资信贷融资、上市融资约束机制，加强国有投资出资人代表机构信用建设，建立由中央银行评定出资人代表机构信用等级、商业银行和政策性银行依据信用等级决定国有企业投资贷款、由出资人代表机构与企业共同承担贷款风险的间接融资体制。建立中央政府对省、市（地）两级地方政府融资信用评价等级，调控地方政府融资行为。

（2005 年 7 月）

大力发展资本市场

一、我国资本市场发展的基本成效

从 1990 年 12 月 19 日上海证券交易所开业、1991 年 4 月 3 日深圳证券交易所试营业以来，伴随改革开放进程，我国资本市场在 12 年时间里已经走过了发达国家数十年的历程。截至 2003 年 6 月底，我国境内上市公司已达 1250 家，总市值约 4.16 万亿元，境内筹资总额超过 7000 亿元，在促进经济发展和经济体制改革中发挥了重要作用。

一是推动了一大批国有大中型企业改制上市，为建立现代企业制度起到重要的先导和示范作用。目前，我国资本市场已拥有一批发展前景良好、受投资者青睐的优秀企业，如一汽大众、青岛海尔、深圳发展银行等，它们在转换经营机制、促进结构优化和产业升级、提高盈利水平和竞争能力等方面都处于领先地位。

二是拓宽了国内居民投资渠道，改善了我国金融结构，培育了证券业这一重要新兴行业。目前我国证券市场投资者开户数已达到 6884 万户，股票、债券成为越来越多的城乡居民重要的投资品种。目前城乡居民持有的股票、债券总额已超过数万亿元。特别是经过十几年努力，证券业已成长为国民经济的重要行业，一大批证券公司、基金管理公司、律师事务所、会计师事务所、财务公司、评估公司、投资咨询公司等市场中介机构，如雨后春笋般涌现出来，并获得了较快发展。目前全国共有证券公司 130 家，总资产约 5700 亿元，营业网点 2900 多个，基金管理公司 29 家，证券投资基金 78 只，基金规模 1375 亿元。他们创造的价值成为拉动国民经济增长的重要因素。

三是证券市场法制和信息系统建设进展迅速。到 2002 年底，我国已颁布实施了 200 多项法律法规，初步形成了以《公司法》、《证券法》、《期货交易管理暂行条例》为核心多层次的证券期货法律法规体系。确立了全国集中统一的监管体制，增强了监管协调性。同时，通过加强证券信息系统建设，发展网上交易，建立集中统一的中央登记结算系统等，大大提高了证券市场的运行效率和资源配置效率。

二、我国资本市场发展中的突出问题

我国资本市场的发展历史很短，某些方面还很不成熟，在前进中存在不少问题。

一是市场功能扭曲。在相当一段时间内，发展资本市场不是为优化资源配置，而是为国有企业筹资服务。一些长期亏损的国有企业被"包装上市"；上市后继续亏损的企业，又由政府组织各种题材的"资产重组"，使融资成本外部化。证券市场优化资源配置功能受到极大抑制。据统计，自 2001 年我国股市回落调整以来，全国股市总市值共损失 26000 亿元，其中流通股市值损失 9600 亿元。一些上市公司把从证券市场融到的资本金，错误地看作最低成本融资方式，把股市作为一个"圈钱"场所甚至"提款机"。由此导致不少企业为争取上市或增发配股、发行可转换债券，不惜弄虚作假，制造不实的财务信息，很难建立优胜劣汰机制。实行配额制和审核制，使绩效优良的个体、私营企业难以进入证券市场，全部上市公司中个体、私营企业不到 5%。

二是国有上市公司法人治理结构不完善。国有上市公司的资产归国家所有，政府与企业很难分离，企业没有充分自主权，无法成为真正的市场主体。国有股东代表大多是公司负责人，他们往往既是总经理又是董事长，公司的一切都由其决定。这些上市公司仍继续保留国有企业管理体制。同时，国有股、法人股（大多也是国有股）占相当大比重，而且不能流通，这使得其他公司无法通过收购和兼并控股。目前，各级国资委面对的一级企业大部分仍然保持国有独资企业原状，没有真正建立法人治理结构。由此产生的公司内部人控制、信息不透明以及关联交易等问题日益突出。与此同时，许多"授权投资机构"并未与其所控股或参股的上市公司在资产、人员、账目上分离，仍把上市公司当作下属企业管理，人员交叉任职，上市公司法人独立性得不到保证，非控股股东权益受到损害。尤其是一些作为"授权投资机构"的集团公司，采取各种不正当方式将优质国有资产转移出去，甚至转到某些个人名下，而将债务留在集团公司，最后由集团公司申请破产，逃废债务，将风险转嫁给政府或银行，造成国有资产大量流失。

三是投资者结构不合理，机构投资者比重偏低。我国证券市场投资者大多是收入低、资金量小的个人投资者，其中不少是下岗职工。他们参与股票买卖，目的是急于摆脱生活困难，迅速赚点钱，不想也无力作长期投资。据统计，在股市投资者中，72%的个人投资者属于10万元以下的小额投资者。2000年末上海证券交易所股票累计账户总数中，个人投资者比重高达99.56%，机构投资者比重仅占0.44%。深圳交易所情况与此相似。由此决定中国证券市场具有很强的投机性，而投资性很弱。四是市场中介机构缺乏诚信观念，法制意识淡薄。有的证券公司违规参与坐庄、操纵股价，严重扰乱交易秩序；有的透支、挪用客户保证金；还有的参与恶意炒作，并为客户提供融资、代客户买卖股票、开立个人账户进行股票自营；有的会计师事务所为上市企业搞假"包装"，等等。这些违法违规行为严重损害了广大投资者的利益，阻碍了资本市场健康发展

三、以深化改革促进资本市场健康发展

第一，明确资本市场功能定位。不再片面强调筹资功能。发展资本市场首先必须有利于全社会资源优化配置，坚决遏止通过上市进行"圈钱"的不道德行为。一方面要让投资者资金在股市上真正投入有投资价值的企业，另一方面要让有良好赢利能力但资本不足的企业在股市上融到所需资金。要建立多层次资本市场体系，完善资本市场结构，丰富资本市场产品，规范和发展主板市场，推进风险投资和创业板市场建设。积极拓展债券市场，完善和规范发行程序，扩大公司债券发行规模，以充分发挥资本市场优化资源配置作用。

第二，加强证券公司和国有上市公司信用建设，通过实行保荐人制度，建立以证券公司保荐等级为依据、由证券市场优胜劣汰、上市公司独立承担股市风险的资本市场运作机制。为完善资本市场功能，要加快建立证券市场保荐人制度，建立证券公司对上市公司的质量评价等级。切实提高上市公司质量，优化国有上市公司股权结构，增强证券市场资源配置功能。由具备资质的证券公

司推荐符合条件的公司公开发行股票和上市，并对所推荐的证券及发行人信息披露质量和所作承诺，提供法律规定范围内的持续跟踪、督促、指导和一定程度的质量信用担保。保荐人制度将加大证券商的连带风险责任，迫使其不仅考虑自身商业利益，还必须考虑普通投资者权益，从而最大限度地保证上市公司质量，减少市场欺诈行为。作为保荐人的证券公司，必须把被保荐企业的综合素质、法人治理结构、经营业绩和发展潜力作为能否上市的第一标准，依此评定上市公司质量等级。与此同时，还要建立证监会对证券公司保荐行为的评价等级。证监会应依据券商推荐合格和优良上市公司的多少，评定其保荐行为信用等级。券商推荐上市公司的质量高、数量多，其保荐等级高；反之，推荐上市公司质量差，其保荐等级低。同时，证监会行为本身也要受到监督和制约。证监会在评价券商保荐行为时，应职责清晰、工作透明，做到公平、公正、公开、公信。宏观调控部门将定期向券商、上市公司、股东作调查，了解市场对证监会履行职能的看法，确保公正性。要继续调整国有上市公司股权结构，尽快改变国有股"一股独大"局面，稳步推进国有股减持和非流通股流通。

第三，加快推进国有企业改革，抓紧建立现代企业制度，真正落实国有投资出资人制度。为解决国有上市公司机制问题，国资委成立后，应抓紧所属一级企业改革，或者继续保持它们"授权投资机构"地位，使其成为国资委派出机构；或者对其进行公司化改制，使其能够在现代企业制度基础上做大做强。同时，应鼓励个体、私营和外商资本以兼并、收购、控股、参股、托管等方式参与国有企业改制和重组。加快推进国有股权转让、投资主体多元化和非公有资本进入。坚决切断国有上市公司将直接融资成本转嫁给国家信用的途径，消除政府对国有上市公司的隐性担保。

第四，加快培育机构投资者。这对改善我国证券市场投资结构至关重要。首先要进一步发展证券投资基金，着重发展开放式基金，力争在未来5年内使开放式基金成为我国基金业主流。要逐步实行基金设立和发行的注册制，探索适合保险、社会保障等资金的基金创新品种，适时推出债券市场基金和货币市场基金。要研究拓宽基金管理公司业务范围，允许其从事私募基金、委托资产管理等业务。要研究放宽对基金管理公司和基金发起人的资格限制，逐步允许各类机构和自然人参与设立基金管理公司，探索新的管理公司股权结构，选择具备条件的基金管理公司进行上市试点。加快培育保险机构投资者，探索灵活多样的保险资金入市方式。

第五，强化中介机构行业自律，提高从业人员职业道德水平。会计师事务所、律师事务所、资产和评估事务所要依法为证券发行上市提供相关服务。对因违约、过失或欺诈而给被审计单位或其他利益关系人造成损失者，要依法追究其行政、民事和刑事责任。同时严格资质考试及认定，尽快建立适合我国需要并与国际接轨的特许财务分析师（CFA）制度。

（2004 年 7 月）

人民币升值对上海市出口企业的影响及建议

一、人民币升值对出口企业的影响

总体上看，不同行业、企业情况有所不同。（一）对加工贸易企业、产品附加值高的企业和外资企业影响较小。2007 年上海市外贸出口增长 25.2%，其中加工贸易出口、机电产品出口、高新技术产品出口和外资企业出口分别占 56.2%、66.4%、39% 和 66.9%。（二）对劳动密集型、产品附加值低的企业影响较大。一是轻工行业出口下降。2005 年、2006 年出口额分别下降 3.2%、2.2%；其中，自行车、玩具、钟表、日用五金、塑料制品、不锈钢器皿等主要产品出口额都比升值前下降 10 个百分点左右。二是造船、纺织企业出口效益下降。截至 2007 年 3 月末，上海外高桥造船有限公司 85 艘全部以美元计价的订单合同，按目前人民币升值幅度，预计汇率损失 11 亿元人民币；其中收汇部分已发生汇率损失 2.92 亿元人民币。另据上海市外经贸委统计测算，人民币每升值 1%，棉纺织、毛纺织、服装三个行业出口利润分别下降 3.19%、2.27% 和 6.18%。如上海协大国际贸易公司，2005 年出口净利润损失 370 万元，2006 年损失 390 万元，今年一季度已损失 150 万元。三是一些出口企业外籍员工要求以人民币支付工资，加大工资成本。如展讯（上海）通信有限公司聘用外籍高层技术和管理人员 50 人左右，年薪平均 10 万美元，近两年人民币持续升值，外籍员工要求企业仍然按照升值前的人民币对美元汇率，以人民币支付工资。为此，2006 年公司增加工资成本 25 万美元。四是出口企业积极采取措施消化人民币升值压力。一些大型出口企业都成立了专门汇率风险管理小组，跟踪分析汇率变动和外汇市场变化，控制远期汇率风险。多数出口企业能够运用远期结售汇、外汇掉期等金融工具消化部分升值压力。同时，加快调整出口产品结构，挖掘潜力降低出口成本，大力开拓有利于规避汇率风险的非美元结汇出口市场（如欧盟市场）。出口企业经营和财务状况总体良好，出口换汇成本下降，出口销售利润率提高。如外高桥造船有限公司、三枪进出口有限公司，平均出口换汇成本分别由 2005 下半年的 8.13 人民币／美元、7.93 人民币／美元，下降到今年一季度的 7.68 人民币／美元、7.58 人民币／美元；出口销售利润率分别由 2005 下半年的 1.14%、0.8%，提高到今年一季度的 2.32%、1.07%。

二、人民币升值对企业进口和利用外资的影响

1.外资企业设备投资进口大幅下降。由于预期人民币继续升值，部分外资企业用作投资的设备和物品推迟进口。2.对外资吸引力减弱，但赌人民币升值的境外投机资本大量涌入房地产市场。2006 年全市合同利用外资增长 5.4%，但房地产业合同利用外资增长 30%；2006 年房地产业合同利用外资占全部合同利用外资的 25.6%，2007 年一季度仍占 19.3%。市外经贸委反映，外资进入房地产市场情况相当复杂，究竟有哪些渠道，目前很难搞清楚。

三、进一步完善人民币汇率改革的建议

1.保持近两年人民币升值的幅度和节奏，不宜大幅快速升值。上海市外经贸委、发改委、经委、金融办、政府研究室等部门和主要出口行业及重点出口企业一致认为，应充分考虑出口企业承受能力，继续稳步推进汇率改革。如果短期内人民币升值过快，将对出口企业生产经营造成严重影响，导致企业效益下降、亏损增加、失业加剧。特别是目前美国对人民币汇率升值的"胃口"很大，即使人民币升值再加快几个百分点，也难以满足其要求；相反，只会给国际投机资本更强的升值预期，从而导致更多"热钱"流入。2.采取综合配套措施帮助企业消化人民币升值压力。企业一致反映，金融机构应大力开发汇率风险管理工具，加快推出外汇期货、期权、互换等汇率类金融衍生品，银行应适度降低远期结售汇、人民币与外币掉期等汇率避险产品的价格，拓宽出口企业外汇融资渠道，为企业规避和管理汇率风险创造有利条件。同时，加强对出口企业掌握、运用外汇衍生品的培训，鼓励企业增加使用汇率避险工具和品种，

充分利用银行提供的押汇、保理等贸易融资工具提前锁定汇率风险。3.设立出口企业"汇率风险准备金"。东方国际（集团）有限公司、上海宝山钢铁股份有限公司、上海汽车工业（集团）总公司建议，仿效企业坏账准备金的做法，允许出口企业按全年出口额的一定比例提取"汇率风险准备金"，用于弥补企业因汇率波动造成的损失，为企业增强抗风险能力提供保障。4.对受影响大的出口行业和企业给予政策扶持。上海外高桥造船有限公司提出，应给予造船业优惠低息贷款政策，延长国家"船舶优惠贷款"的期限，维持现行出口船舶退税率及对国产船舶的财政补贴，给予船舶出口企业固定资产投资增值税抵扣政策，以减少固定成本，降低换汇成本。汽车、化工、电子等行业和企业提出，应进一步加大对高新技术和高附加值出口产品的政策扶持力度。5.企业应主动适应汇率形成机制改革，将汇率风险管理纳入采购、接单、谈判、成交、收付汇等全过程。上海市政府办公厅今年3月16日下发了《关于进一步适应汇率形成机制改革促进本市外向型企业又好又快发展的指导意见》，要求企业加强对汇率风险的分析，把汇率风险管理费用作为必要的成本支出；合理选择结算币种，采取有利的结算方式，减少汇差损失；对收付汇的时间差、币种差以及金额差可能形成的汇率风险，企业可根据收付汇时序，利用外汇帐户进行收支匹配管理。同时，要求企业多元化开拓国内外市场，注重国内需求，扩大内销、减少外销。

（2007年7月，本文与王飞合写）

人民币汇率改革的理论分析与政策建议（上）

人民币汇率是近一时期国内外关注议论的热点问题。考察现代主要汇率理论，分析研究相关汇率政策，对于积极稳步地推进人民币汇率改革，建立健全适合我国国情的汇率制度，具有重要现实意义。

一、汇率决定理论

（一）实际汇率和均衡的实际汇率。汇率决定理论认为，汇率分为实际汇率和均衡的实际汇率。实际汇率是指，可贸易品（国内生产用于出口的商品和用于消费的进口商品）与非贸易品（国内生产用于国内消费的商品）的相对价格比，即实际汇率 = 可贸易品价格 / 非贸易品价格。在市场经济条件下，如果贸易品价格相对非贸易品价格上升，则资源配置将主要流向贸易品生产部门；反之，如果非贸易品价格相对贸易品价格上升，则资源配置将主要流向非贸易品生产部门。在其他国家相对价格不变的情况下，如果一国生产可贸易品的国内成本下降，则实际汇率上升，并相应改善国际贸易收支，提高国际竞争力；反之，如果一国生产可贸易品的国内成本上升，则实际汇率下降，将引起国际贸易收支恶化，削弱国际竞争力。因此，实际汇率是一个国家国际竞争力的直接体现，也是评估一国对外竞争力的一项重要实用性指标。

均衡的实际汇率是指，当一个国家或地区内部经济和外部经济同时达到均衡时的可贸易品与非贸易品的相对价格比。所谓内部均衡是指，在当前和可预见的未来，一个国家或地区 GDP（或 GNP）实际产出水平与其潜在产出能力基本相符、通货膨胀率保持较低水平的状况；所谓外部均衡是指，在当前和可预见的未来，一个国家或地区的国际收支经常账户保持基本平衡，同时伴随长期和可持续的资本流动。均衡的实际汇率不是固定不变的，而是随着一个国家或地区内部和外部经济基本面诸因素的变化而变化。其中，内部经济基本面因素主要有政策因素和非政策因素。政策因素包括，进口关税政策、出口税收政策、外汇和资本管制政策、政府支出政策等。非政策因素包括资源禀赋因素、人口变动因素和技术进步因素。外部经济基本面因素主要包括国际商品市场价格、国际资本市场利率及重大国际事件影响等。显然，均衡的实际汇率，是根据一国内部经济和外部经济的平衡关系计算出来的，因此，也可称为宏观经济平衡汇率法。

在现实经济运行中，实际汇率是一个可以同时反映实物经济和货币经济的变量，而均衡的实际汇率由于受到多种可变因素的影响，是一种趋势性的状态，事实上不可能达到，只能逐步逼近。通常情况下，一国的实际汇率总是偏离其均衡的实际汇率水平或至少在短期内偏离其均衡的实际汇率水平。在汇率决定理论中，这种宏观经济平衡汇率法是判断一国实际汇率是否合理、是否存在大幅度错位的比较科学的方法。

（二）购买力平价汇率决定理论与名义有效汇率理论、实际有效汇率理论。汇率决定理论认为，一国汇率水平是否合理，应当依据该国货币与外国货币购买同等数量商品时相对价格的比较，即购买力平价。其中，又可分为绝对购买力平价汇率和相对购买力平价汇率。绝对购买力平价汇率是指，在两个贸易伙伴国的内部经济和外部经济同时处于均衡的状态下，作为两种货币间相对价格的汇率，必须能够反映这两个贸易伙伴国在商品市场上的相对购买力，其汇率等于这两个国家价格水平的比率。价格水平既可以用国内生产总值平减指数来表示，也可以用批发物价指数、制造业价格指数或单位劳动力成本来表示。相对购买力平价汇率是指，两种货币在任何时期汇率百分比的变动都等于两国间价格变动百分比的差额。价格和汇率的变动在一定程度上维持每种货币在国内和国外购买力的比率。

当一国实际汇率偏离购买力平价时，将导致经常项目失衡（即出现贸易顺差或逆差）。如果汇率是钉住（某一种或几种货币）的，则这种钉住水平需要逐渐调整，以回复到购买力平价水平；如果汇率是浮动的，则这种偏离会在未来时期自动得到纠正，因为偏离引起的经常项目失衡将导致汇率自动逐渐回复到均衡水平。在现代汇率理论中，购买力平价汇率理论是评价汇率政策的一个重要理论，购买力平价汇率指标是测量实际汇率偏离均衡汇率程度的一个重要尺度。国际货币基金组织、各国政府和金融机构经常使用国内生产总值缩减指数、批发物价指数、制造业价格指数、单位劳动力成本来测算购买力平价汇率，以反映一国相对其贸易伙伴的汇价变化。

在实际操作中，购买力平价汇率决定理论存在几个明显缺陷：一是购买力平价不是决定均衡汇率的唯一变量因素，必须同时考虑资本流动、市场对价格和利率的预期、技术变化和贸易限制等因素的影响。二是购买力平价理论的运用有一定局限性。因为它假设存在一个不变的均衡汇率，即假设两个贸易伙伴国的经济都不发生结构性变化。但事实上，每个国家的经济结构都在不断地发生变动，这种假设不变的均衡汇率是不存在的。特别是均衡汇率受到多种因素的影响，如贸易条件（即一国出口产品价格与其进口产品价格的比价，如果该比价下降，表明该国贸易条件恶化，反之亦然）、可贸易品与非贸易品的相对价格，等等。三是两个贸易伙伴国都难以选择合适的最具有代表性的商品价格进行比较，并难以确定适合同种商品价格比较的基期。

名义有效汇率理论和实际有效汇率理论是由购买力平价汇率决定理论派生出来的两个汇率监测指标理论。名义有效汇率是用来衡量一国货币相对一组其他国家货币汇率变化的加权平均值，用以观察该国货币的总体波动程度。名义有效汇率指标的变化称之为"名义有效升值或贬值"，是用来反映价格水平的指标，即反映该国货币相对一系列其他国家货币的升值或贬值。实际有效汇率是根据价格变化对名义有效汇率进行调整后的有效汇率。一国实际有效汇率上升（称为实际有效升值），就意味着本国外部竞争力下降；反之，一国实际有效汇率下降（称为实际有效贬值），则意味着本国外部竞争力上升。因此，实际有效汇率是一项指标，用以评价一国与其贸易伙伴国之间由相对价格变动所引起的外部竞争力的变动，并据此对名义汇率进行调整；实际有效汇率也是一种工具，用以衡量一国在其国内通货膨胀水平偏离其贸易伙伴国通货膨胀水平的情况下，汇率是否合理，是否需要采取措施，对其名义有效汇率进行持续主动的调整，以促使实际有效汇率不断接近其均衡汇率水平。

二、汇率失调与汇率升值

（一）汇率失调。汇率失调是指一国实际汇率严重偏离其均衡汇率水平的状况。发展中国家往往容易发生汇率失调，其主要表现为对本国币值即实际汇率的高估（如上世纪 70 年代后期南美一些国家由于采用高估本币的汇率政策导致了 80 年代初期的国际债务危机）。造成汇率失调主要有两种原因，一种是，由于一国宏观经济政策主要是财政政策和货币政策与汇率政策不一致引起的宏观性失调。例如，在固定名义汇率下，如果一国出现大量的财政赤字、贸易赤字、货币过度供给和外汇储备下降，就是宏观经济政策与汇率政策不协调的典型表现。另一种是，由于决定均衡实际汇率的基本经济因素发生变化、但在短期内又未能反映到实际汇率变化上所引起的结构性失调。例如，一国的国际贸易条件恶化（即出口商品价格下降、进口商品价格上升），则均衡的实际汇率将会随之变化，这时必须在较高的贸易品价格水平上维持外部经济平衡，如果实际汇率变化与均衡的实际汇率不一致，就会出现失调。经验表明，决定均衡实际汇率的基本经济因素在短期内出现变化，往往导致实际汇率与均衡的实际汇率呈现重大不一致。如果一国持续发生汇率失调，将在国际经贸关系中遭受重大的经济福利损失（如由汇率高估造成的出口下降、失业率上升）。纠正汇率失调一般采取两种方法，一是调整宏观经济政策。通过消除宏观经济政策与名义汇率之间的不一致，如减少财政赤字、消除贸易赤字、控制货币供给，促使实际汇率回复到均衡汇率水平。二是调整汇率。如果一个国家的实际汇率被大大高估了，就必须对名义汇率实行贬值，这种贬值有助于恢复汇率均衡。如果在贬值的同时实施合理的宏观经济政策，则会对实际汇率和整个经济运行产生中长期的积极影响。

（二）汇率升值。汇率升值是指对因本国币值低估所引起的汇率失调进行的名义汇率调整。判断名义汇率是否应当升值即本国币值是否低估主要有三个标准：一是汇率基期定值是否合理。一些国家由于对本国经济竞争力缺乏信心和某种特殊政治原因（如二战后日本），在基期往往对本币币值有所低估。在此情况下，名义汇率一定程度上升值是对基期币值低估的纠正，是合理性的升值。二是如果一国汇率升值确实伴随着本国技术进步和生产率提高，不表现为币值高估，也是合理的。三是如果本国的国际收支状况可以保持基本平衡（从一个时期而不是从一个时点判断），外国投资者对本国经济充满信心，外资不断大量流入，促进本国生产力水平提高，这时汇率升值也不表现为高估。总之，一国汇率升值的基础必须是本币币值存在低估，升值的原则是不损害本国经济竞争力，且有利于对外贸易、技术进步和劳动就业。在汇率固定的前提下，一国汇率的低估或高估都不利于经济稳定增长。本币高估会直接造成出口竞争力下降，扩大经常项目收支赤字；本币低估则容易过度保护国内落后的出口部门，加剧与主要进口国的贸易摩擦。同时，中央银行被迫干预外汇市场，不得不增加基础货币投放，加大国内通货膨胀压力。在正常合理的情况下，一国汇率升值有利于增加进口，从国际上获得短缺资源，弥补本国供给瓶颈约束，抑制国内通货膨胀。

（2005 年 5 月）

人民币汇率改革的理论分析与政策建议（下）

三、汇率制度与汇率政策

（一）汇率制度安排。一个国家选择什么样的汇率制度，首先需要考虑与本国经济发展水平、本国经济国际竞争力相适应，特别是能够保持本国宏观经济稳定特别是金融市场的稳定，避免发生严重通货膨胀，避免发生金融危机。一般情况下，发展中国家主要采取盯住单一货币的汇率制度和盯住一篮子货币的汇率制度。在金融市场不发达、金融风险约束机制不健全的国家，其汇率安排往往采取盯住单一货币汇率制度。这是因为，如果本国汇率盯住单一货币例如盯住美元，那么用美元进行交易的市场参与者的风险就会消除；如果盯住一个通货膨胀率很低国家的货币，则本国的通货膨胀率也可能很低；在国内金融市场不发达的情况下，如果对外贸易的绝大部分是以一种主要货币进行的，那么就有充分的理由盯住这种主要货币。

发展中国家在 70 年代和 80 年代的经历表明，实行盯住汇率国家的平均通货膨胀率几乎都低于实行弹性汇率的国家。当然，也有某些实行盯住汇率的国家由于实行过度扩张的货币政策导致了高通胀；而某些实行弹性汇率的国家由于采取审慎的金融政策而保持了低通胀。实行盯住货币篮子的汇率制度安排，其优点是，可以减少本国货币对其他货币的平均波动，从而减少风险。当本国货币所盯住的主要货币与同是本国重要贸易伙伴的其他国家货币发生大幅度的实际汇率变动时，这种盯住货币篮子的汇率制度，可以通过改变所盯住货币的盯住程度来抑制通货膨胀。如果本国贸易不是以一种货币而是以多种货币进行的，并且主要贸易伙伴之间的实际汇率趋向大变动，就更应当盯住贸易加权的货币篮子。采取盯住货币篮子的汇率制度，一般选择由几种主要货币组成的篮子，这种安排有易于汇率管理。上世纪 70 年代以来，许多发展中国家改变了汇率制度，从盯住单一货币转向盯住货币"篮子"（几种主要货币），"管理的汇率"或"弹性固定的汇率"成为普遍的汇率制度选择。实际经验表明，在金融市场比较发达、金融体制和风险约束机制较为健全的国家，实行盯住汇率或弹性汇率无关紧要；而在金融市场不发达、金融体制和风险约束机制不健全的国家，在一定时期内采用单一盯住汇率制度，进而采用盯住一定弹性的货币篮子汇率制度，最后过渡到更弹性的汇率制度，是比较安全可靠的选择。

（二）汇率政策选择。发展中国家的汇率政策选择主要有两种方式，一种是"实际目标"方式，或称为实物汇率模型；另一种是"名义锚"方式，或称为货币汇率模型。如果一国汇率仅是经常项目可兑换，采取实物汇率模型比较合理，即汇率主要由商品市场均衡状况决定；如果一国实现了货币完全可兑换，汇率决定就需要考虑金融市场的均衡状况，因此，采用与利率相关的货币汇率模型较为合理。具体分析，实际目标方式是运用名义汇率和其他政策工具达到某些宏观经济目标，包括低通胀下的合理国内需求和有盈余的对外经常账户。如果一国选择了实际目标方式，汇率将随其宏观经济运行的变化而变化。例如，假设一国财政政策不变，国内经济保持均衡，达到充分就业，同时，经常项目逆差，外汇储备较低，外部融资能力较差，这时要达到本国经济外部均衡，只有通过实际汇率贬值来实现。反之，上述其他条件不变，如果经常项目顺差，外汇储备较高，外部融资能力较强，这时要达到本国经济外部均衡，就要通过实际汇率升值来实现。名义锚方式是把汇率作为名义锚、运用汇率作为反通货膨胀政策的工具。实行这种方式，首先是政府明确支持本国名义汇率，并对坚持名义汇率作出承诺；同时，政府为履行承诺不断调整国内的财政政策和货币政策。名义锚方式是一种很直观的方式，当一国货币与某种具体货币（如美元）挂钩，而不是与一揽子货币挂钩时，这种方式的直观性更强。名义锚方式比较适合于采取固定汇率制度或钉住汇率制度的国家，通过以汇率作为名义锚，表示政府达到宏观经济政策目标的决心，以增强人们的信心。

如果比较一下实际目标方式和名义锚方式这两种汇率政策选择，可以看到，在名义锚方式下，汇率政策起引导作用，财政政策随从汇率政策；而在实际目标方式下，财政政策起引导作用，汇率政策随从财政政策，两者恰好相反。这两种汇率政策选择方式，都与实施恰当的无通货膨胀货币政策密切相关。在正常情况下，一国为避免高通货膨胀，必须依据反通货膨胀目标对名义汇率作出直接承诺；在没有这种承诺的情况下，汇率政策仍需要瞄准实际汇率目标。特别是，由于当今世界资本的流动性、投机性很强，如果一国需要调整汇率政策，必须善于选准时机、迅速行动，避免拖延、贻误汇率调整的有利时机。

四、资本流动自由化的先决条件与先后次序

（一）资本流动自由化的先决条件。自由开放的资本流动有助于全球储蓄的有效分配。资本流动自由化是一国金融体制改革的重要组成部分，对于获取外部资源和有效配置国内外两种资源具有极为重要的意义。当一国实现经常项目可兑换后，由于取消了对利息和投资利润等资本项下收益转移和少量资本项目外汇转移的限制，资本项下的自由化进程实际上已经开始。在经济全球化背景下，对任何国家尤其是发展中国家而言，实行资本流动自由化必须具备几个先决条件：

第一，为了保证本国财政政策、货币政策和汇率政策的自主性，资本流动自由化必须在宏观经济稳定的基础上实施。因此，资本流动自由化的出台时机，应当选择本国经济由快速增长转入稳定增长之后。因为，通常经济快速增长时期的投资回报率较高，国内利率也维持较高水平，如果此时允许资本自由流动，将导致国外资本大量流入，加大本币升值压力，进而损害本国国际竞争力。而当经济转入稳定增长期后再实施资本自由化，就可以有效地缓解和避免这类问题。由于资本自由化不是一蹴而就的，在经济快速增长时期可以积极创造条件，作好必要准备。

第二，资本流动自由化应当在国际经常项目收支稳定的情况下进行。当本国经常项目即国际贸易收支失衡时实施资本流动自由化政策，可能引发大量投机性"热钱"的流入和流出。

第三，资本流动自由化必须与国内金融体制改革进程相适应。在实施之前，必须抓紧健全完善国内金融体系，使金融市场具备应对大量外国资本流入的能力。此外，中央银行还要选择合适的间接货币政策调控工具，采取相应有效的政策使本国汇率和利率具有国际竞争力。如果本国汇率过多的偏离均衡汇

率水平，必须先期对汇率进行调整，但要避免仓促调整，以确保宏观经济的稳定性。

大多数国家在实施资本流动自由化进程中采取了渐进式、分阶段的方式，即先进行国内外贸体制和金融体制的改革，然后再实行资本账户自由化。然而，上世纪 70 年代末和 80 年代初，也有某些国家采取一步到位式的改革，在不具备条件的情况下过快开放资本账户，给本国金融体系带来很大冲击，对本国经济造成重大损失。

（二）资本流动自由化的先后次序。资本流动自由化本质上即是金融交易的自由化。金融交易可分为金融服务交易、长期和短期的资本交易、外汇兑换交易三大类。具体来看，金融服务交易包括支付工具（支票、旅行支票、现金卡、信用卡和其他信用工具的签发和使用）、资金划拨服务（如信汇、电汇等形式的资金划拨）、承销、经纪、金融资讯、结算或清算、受托或保管服务、资产管理或信托服务、咨询或代理服务等。长期和短期的资本交易包括信贷或贷款、存款、证券发行、直接投资和有价证券投资、议付票据、无证券债权（例如除外汇交易外的金融期权、期货、掉期和远期交易）、见证、担保和金融支持服务等等。外汇兑换交易包括外币兑换、有交易背景的本币买卖、套利目的的外币交易、外币期权、期货或远期交易。

资本流动自由化的先后次序，应当首先是长期和短期资本交易的自由化，然后是与资本交易有关的金融服务交易和外汇兑换交易的自由化，再次之是无交易背景的金融服务交易的自由化，最后是无交易背景的外汇兑换交易的自由化。上述自由化次序的选择先是基于资本账户、金融服务和外汇交易的顺序，然后又根据与资本交易有关和无关的顺序。

五、主要启示与政策取向

第一，汇率决定理论为判断人民币汇率水平提供了比较科学的依据。实际汇率、均衡的实际汇率、名义有效汇率、实际有效汇率、购买力平价汇率，把国内价格与国际平均价格、国内通货膨胀水平与国际通货膨胀水平、外部经济环境与贸易条件的变化等因素结合起来，成为综合判断一国汇率水平和对外竞争力的科学依据，对判断人民币汇率水平和汇率调整很有启示。人民币汇率是否达到均衡水平，是否应当升值，如何确定升值的幅度和步骤，这些都需要在对人民币汇率水平进行综合深入分析的基础上作出判断，立足国家当前和长远利益的需要研究其现实可行性。

第二，从盯住单一货币的联系汇率制度，过渡到盯住具有一定弹性的货币篮子汇率制度，最后过渡到更有弹性的汇率制度，为人民币汇率制度改革提供了重要参考路径。我国从 1994 年开始实行以市场供求为基础的、单一的、有管理的人民币浮动汇率制度，其基本点是汇率形成机制由市场机制决定，汇率水平高低以市场供求关系为基础。但是，由于实行强制结售汇制度和中央银行对外汇市场的被动干预，对人民币汇率形成机制产生了重大影响。尤其是1997 年亚洲金融危机之后，我国转而实行盯住美元的联系汇率制度，人民币汇率波动幅度很小，事实上离开了有管理的浮动汇率制度。在当前国内外形势下，应当首先恢复以市场为基础的、有管理的浮动汇率制，保持人民币汇率在合理、均衡水平上的基本稳定，再逐步形成更加适应市场供求变化、更加灵活的人民币汇率形成机制。

第三，应当把调控名义有效汇率作为运用汇率杠杆调控宏观经济的重要工具。由于名义有效汇率的变化直接反映本国价格水平相对其他一组国家价格水平的变化，调控名义有效汇率，使其在（贸易加权汇率）政策许可范围内波动，是支持经济发展、抑制通货膨胀的直接手段。在这方面，新加坡取得了成功经验。新加坡在实行与一揽子按贸易关系加权的货币挂钩、有管理的浮动汇率制的前提下，通过灵活调控名义有效汇率，让新元汇率在一定时期内小幅适度升值，既为经济增长提供了有力支持，又在较长时间中将通货膨胀稳定在较低水平。

第四，正确处理推进人民币汇率改革与保持国内金融稳定的关系。调整汇率与汇率制度改革必须有步骤、分阶段进行，不能快速推进。在调整人民币与美元汇率关系的过程中，既要把握好国际协调尺度，又必须顾及国内金融秩序的稳定，在这方面应汲取日本的教训。随着我国资本市场日益开放，国内汇率政策和货币政策不可避免地将受到国际关键货币国家——美国的影响，因此，我国应比以往任何时期都更加注重保持国内金融秩序的稳定。从国家长远根本利益出发，冷静分析外部压力，制定科学、可行的改革方案，绝不能迫于外部压力匆忙推出汇率改革，造成国内金融不稳定。

第五，资本流动自由化是一个长期渐进过程，必须具备先决条件，遵循先后次序。现阶段最重要的是，努力保持稳定的宏观经济环境，加快建立完善的市场体系和健全的金融体系，建立严格规范的金融监管体系。在当前大量国际投机资本涌入我国觊觎人民币升值的情况下，必须采取有效措施控制短期投机资本的流动。包括要求外国短期资本缴交无息储备、对短期资本交易征税或收费、限制短期外汇信贷或持有外汇头寸的规模、外资需经过中央银行批准才能进行某种类型的外汇交易或金融资产交易、对某些类型的金融资产交易提出最低持有期限的要求等。

（2005 年 5 月）

从改革金融体系入手治理经济结构失衡

深化金融改革是我国经济体制改革的重要内容，也是调整经济结构的重要手段。

一、我国金融体系存在结构性矛盾

我国金融体系由银行主导，资本市场作用相对较小；银行集中度高，平均规模大；银行偏好为大企业融资，中小企业贷款难；银行存贷差大，盈利模式单一；证券市场债券数量少，资产种类有限。这些特征是宏观经济结构性矛盾的反映，是我国高储蓄、高投资与巨额经常项目顺差并存的重要原因。

（一）融资结构失衡加剧宏观经济失衡。一是间接融资为主，直接融资严重滞后。2011 年末，我国银行业资产规模突破 110 万亿元，占金融业总资产的 90%。长期以来，我国资本市场融资与银行融资比例一直维持在 1:9 水平，银行融资比重是"金砖四国"中最高的；而每千人拥有上市公司数量，在金砖四国中最低，资本市场处于从属地位。上市公司中民营企业比重偏低，截止 2009 年末只占 37%。最突出的问题是债券市场不发达，企业债券规模很小。自 2007 年推出公司债以来，由于综合发行成本偏高，审批准入过严等原因，公司债发展缓慢，严重抑制企业直接融资。二是银行业垄断经营，金融资产高度集中于大型国有控股银行。目前全国银行总量不到四千家，与我国世界第二大经济体的地位很不相称。我国银行不仅数量少，而且平均规模大。目前工商、农业、建设、中银四大国有控股商业银行总资产占全部商业银行总资产的近 50%。虽然近年来银行存款业务面临多方竞争压力，吸收存款成本不断上升，但国有控股银行凭借占有大量金融资源，利润率不降反升。三是企业储蓄率偏高，加剧经常账户失衡。国际经验表明，一国银行的集中度越高，企业利用自身储蓄作为投融资手段的比重越大。我国金融机构的存款规模远大于贷款规模，出于规避风险，大银行都偏向给大企业贷款，即"垒大户"；但大企业本身资金需求有限，不可能吸纳所有银行信贷，因此银行存贷差提高。尽管银行有若干非贷款盈利方式，可以消化一部分存贷差，但还有很大一部分存贷差消化不了，作为商业银行在人民银行的存款即存款准备金。同时，占全国企业总数99%的中小企业由于得不到银行贷款，不得不主要依靠自身储蓄融资。因此，企业储蓄存款余额成为我国经常项目盈余的一部分。四是居民缺乏投资渠道，难以获得资产性收入。金融体系特别是资本市场的重要作用之一，是为居民提供金融资产能够保值增值的投资渠道。但我国居民金融资产长期以银行储蓄为主，居民储蓄存款占全部银行存款的60—80%。由于直接投资不发达，股票市场投机性严重，大多数居民无法直接从企业利润增长中获得收益，分享经济增长成果。因此，虽然国民生产总值不断增长，但普通居民的投资和财产收入增长缓慢，消费难以提升。

（二）信贷结构失衡导致中小微企业贷款难。目前国有企业和政府融资平台贷款占到全部银行信贷总额的60%—70%。房地产、城建、公路、电力等大项目和地方投资公司成为国有大银行贷款的主要对象，民营企业所获信贷只占全部信贷总额的20%—30%。分析深层原因：一是中小微企业面临较大的市场风险和不确定性，银行在为其项目融资时持严格谨慎态度，不愿为风险高的小项目融资，容易发生融资抑制。二是大银行要求中小微企业提供足额抵押品担保，而中小微企业往往缺乏抵押资产。三是中小微企业拥有的诸如企业家的经营能力、个人品质、项目市场环境等"软"信息，在结构复杂的银行系统中难以及时验证和传递。同时，相对具有较长历史和完整信用记录的大企业，中小企业信用记录较短。这些都造成中小微企业融资难。四是银行贷款无论数额大小，都需经过申报、授信、分析、审批、贷后管理与监控的全过程，需要付出一定交易成本。这种交易成本并不随企业贷款规模变化而改变，具有固定成本性质，因而存在规模效益。小企业由于资金需求规模小，分摊到单位资本的交易成本相对高，银行为中小企业贷款很难利用规模效益节约成本，因此不愿为中小企业贷款。

（三）金融业利润过高挤压实体经济。现行金融体系下，存贷款利差是银行利润的主要来源。商业银行高利润不但导致物价上涨侵蚀百姓财富，民间借贷规模不断扩张，积聚金融风险，还推高实体企业融资成本，挤压其他行业利润空间。虽然受外部出口需求减少和内部通胀压力影响，近两年我国经济增速放缓，一些实体经济出现困难，但银行业利润却大幅增长。据中国银监会数字，2011年全国银行业净利润达1.04万亿元，比2010年增加2775亿元。2011年前三季度，全国16家上市银行净利差收入超过1.2万亿元，占总营业收入80%，其中五大国有商业银行占71.7%，股份制商业银行占90%。某银行行长甚至感叹："银行利润太高了，都不好意思公布。"另据银监会资料，2010年前三季度，全国商业银行累计实现利润8173亿元，同比增长35.4%，平均资本利润率22.1%，人均利润近40万元；同期，全国规模以上工业企业实现利润3.68万亿元，人均利润不到4万元，银行人均净利润是工业企业的12倍！2011年末，我国本外币存款余额82.67万亿元，商业银行理财业务呈爆发式增长，各商业银行共发行2.24万款理财产品，较2010年增长97%。银行业过度高额利润导致虚拟经济与实体经济平均利润率严重失衡，长期专注实业领域获取微薄利润远不如从事金融投机获得短期高额收益。在资本逐利推动下，许多企业不愿搞实体经济，热衷于"以钱生钱"的所谓资本经营，一些实体企业放弃主营业务，大量资本撤出。据2011年中国企业家调查，73.1%的受访者认为"目前愿意做实业的企业家越来越少"。这是当前宏观经济结构失衡的突出表现，也是潜在金融风险的重大隐患和根源。

二、推进金融体系结构性改革的建议

第一，改革以银行间接融资为主的金融体系，大力发展资本市场直接融资。首先要改变单纯发展银行业或仅从银行体系内部发展金融体系的现状，着力发展由大、中、小银行和小金融机构组成的立体化、多层次金融体系，充分发挥储蓄转化为投资的功能，提高金融体系运行效率。特别要加速拓宽直接融资渠道，充分发展证券市场，重点发展中小板市场，为中小企业融资提供更多渠道。加快发展壮大债券市场，使其成为企业融资主要来源，减少对自身储蓄依赖，建立与企业构成相匹配多层次的正"金字塔"型资本市场体系。鼓励企业发行公司债券，扭转资本市场股票市场独大局面。建立多层次股权投资体系，通过政府引导基金吸引社会资本投向实体经济。当前发展债券市场时机良好。截至 2011 年末，全国债务融资工具存量规模突破 3 万亿元人民币，债市融资已成金融市场优选渠道。应尽快成立国家债券市场统一监管协调委员会，将银行间债券市场和交易所债券市场实行统一监管，尽快解决多头管理问题。统一债市监管标准，促进债券市场互相连通。统一短期融资券、中期票据、中小企业集合债、企业债、市政债以及公司债、可转债和可分离公司债等审批主体，减少审批环节，公开透明审批。通过直接融资与间接融资平衡发展，降低企业融资成本，有效控制银行风险。

第二，改革以大银行为主导的银行体系，大力发展民营中小银行。金融体制改革首先要对民间资本开放金融市场，允许民间资本设立银行，破除民间资本办银行的各种制度障碍。尽快制订民间资本设立金融机构资格审核办法，实现民办金融机构审批法制化。鼓励民间资本开办更多区域性的中小银行和村镇银行，积极培育"只贷不存"的贷款"零售商"和非吸储类信贷组织，包括小额贷款公司、融资租赁公司、典当行等，为中小企业提供个性化、差异化服务，从体制上解决中小企业融资难。通过降低中小企业储蓄率，降低整个国民储蓄率，改善经常账户失衡。将中小银行纳入金融监管范畴，充实监管力量，制定科学的监管办法。

第三，改革银行固定利差，加快推进利率市场化。利率既是资金的价格，更是银行风险组合的重要工具。利率应随资金供求而变化。稳步推进利率市场化改革，需分阶段有步骤进行。最重要的是，加快培育市场基准利率体系，引导金融机构增强风险定价能力。当前可先从加大贷款利率下浮幅度开始，增强贷款利率的灵活性。扩大存款利率浮动区间、实现存款利率市场化是未来利率市场化改革的主要内容。社会资金充裕为推进存款利率市场化提供了机遇。具体操作上，首先金融机构要实现财务硬约束，保持并加强对银行货币信贷和表外融资行为的监管，引导商业银行加快转型，夯实利率市场化微观基础。随着存贷款利率全面开放，利率定价既要立足于自身运营成本，又要充分考虑市场竞争性价格，银行需进一步改革内部成本管理，使运营成本尽量低于同行业标准，为市场竞争赢得先决条件。在利率定价机制上，需进一步完善风险评价体系，加强行业研究和对非系统性风险识别能力，通过金融创新有效化解风险敞口。应选择具有硬约束的金融机构，让他们在竞争性市场中产生定价，排除财务软约束。确立达标金融企业必须具备的硬约束条件，对达到自我约束标准的金融机构给予更多资金定价权。在放开存贷款利率的同时，其它一系列上、下游产品和替代产品的定价权也同时交由市场决定。建立健全自律性竞争秩序，制约违规行为。基准利率是利率体系中的核心和关键，应加快培育市场基准利率体系。作为货币市场的基准利率，Shibor 既是金融市场基准利率体系的重要组成部分，又是推进利率市场化的重要基础，对提高商业银行定价能力、促进金融市场发展和完善央行利率调控机制十分重要。应继续强化 Shibor 报价指导和管理，提高 Shibor 报价质量。进一步加强对 Shibor 报价情况的监测分析和考核，建立自主经营、自担风险的正向激励机制。

第四，金融以支持实体经济为主，促进虚拟经济与实体经济协调发展。立足发展实体经济这一坚实基础，从多方面采取措施，进一步优化银行信贷结构，确保金融服务实体经济，确保银行信贷资金投向实体产业。银行资金重点支持科技创新型企业，重点支持能够扩大就业的小微企业，重点支持现代农业、先进制造业和现代服务业。坚决遏制"以钱生钱"的投机炒作。目前，发达国家正把绿色、低碳技术及其产业化作为突破口，支持新能源、生物医药、信息网络等产业加快发展。我国要紧紧把握世界经济结构大调整机遇，积极发展战略性新兴产业，把培育和发展节能环保、新一代信息技术、新能源、新材料等作为金融支持实体经济的重中之重，充分发挥现代金融在促进战略性新兴产业发展中的重大作用。

(2011 年 3 月，本文与姚洋合写)

社会信用体系建设的主要任务

一、建立完善信用法律法规体系

这是社会信用体系建设的核心。信用立法是建立市场经济秩序的重要内容，是规范企业经济行为、保护守信企业合法权益不受侵犯的迫切需要，也是制约和惩戒信用违法行为、防止信用欺诈的根本保证。当代发达市场经济国家都建立了比较完善的信用法律法规体系。美国在信用管理上的相关法律法规已有16部，涉及信息采集、加工、传播、使用等主要环节。欧盟成员国不仅制定了与信用有关的国内法律，而且制定了共同信用法规。我国的《民法通则》、《刑法》、《民事诉讼法》、《公司法》、《合同法》、《担保法》、《票据法》、《商业银行法》、《企业破产法》等法律，都涉及到了信用问题，但对信用信息的开放没有明确规定。审议中的《民法通则》修正案，增加了有关信用权的规定，其中涉及信用信息开放的有四条：一是征信机构可以搜集各方面信用信息，但要合法和合理使用，并依法公开信用资料；二是司法、银行、工商等部门建立相应的信用档案并互相联通共享；三是自然人和法人有权查阅、抄录、复制、查阅个人信用资料；四是在公开和充分利用信用信息的同时，必须保护个人隐私。《民法通则》修正案有望对信用信息的开放做出框架性规定，但其出台还需要一段时间。加快信用立法，关键是界定和处理好三个关系：一是界定和处理好政府行政公开与保护国家经济安全的关系；二是界定和处理好保守商业秘密与公开信用信息的关系；三是界定和处理好消费者个人隐私与公开信用信息的关系。从实践角度考虑，我国的信用立法工作难以在短期内完成，但建立完善的社会信用体系客观上又需要以较为完备的法律体系为保障。在这种情况下，应主要从两方面推进信用立法工作：第一，充分借鉴发达国家在信用管理方面的法律法规，在此基础上形成我国比较完备的信用行政法规，尽快为信用中介机构的发展提供基本制度框架。第二，抓紧研究、率先出台与信用行业直接相关的基本法，规范促进信用行业健康发展。具体来说，近5年内应首先出台《征信管理条例》、《政府信用信息公开管理办法》、《信用信息互联互通管理办法》、《企业信用管理条例》、《个人信用管理条例》等，同时抓紧修改《商业银行法》、《商标法》、《知识产权保护条例》和《储蓄存款管理条例》中的相关条款，其他有关法律法规也应同时着手制定和修订完善。各部门、各地方也可根据实际工作需要，先行制定部门和地方的法规规章。总之，我国社会信用体系建设，一定要强调法制先行，在开始建设之前就形成最基本的法律框架，这样才能保证社会信用制度的健康发展。

二、建立信用数据技术支撑体系

这是建立社会信用体系的重要基础设施。对市场主体的信用评估主要建立在信用历史记录上，信用信息的完整性直接决定信用信息的有效性。因此功能完善的信用数据库就成为建立社会信用体系必备的基础设施。例如，了解一个企业的信用状况，所需要收集的主要信息来自工商、财政、税务、统计、金融、劳动人事、企业财务、海关、法院、技术监督、公用事业、房管等部门管理的数据源，而反映消费者个人信用的信息则分散在公安、商业银行、公用事业单位、法院、人事等部门之中。据调查，我国信用信息80%分散在银行、工商、税务、海关、公安、司法、财政、审计、证券监管、质检、环保等政府部门手中，这些部门是最大的信用信息拥有者。由于缺乏法律强制，政府部门对信用信息严格屏蔽，专业信用机构难以全面获得涉及企业信用的数据和资料，更无法得到消费者个人的信用信息，从而无法依靠信用信息进行商业化、社会化和公正独立的信用调查、评级、报告以及提供信用管理服务，由此导致信用信息开发利用不充分，资源割裂和浪费。建立信用数据技术支撑体系，首先要从整合行政资源入手，把政府有关部门掌握的企业和个人信用数据资料，作为主要的信用信息资源，有序开放，充分利用。可考虑用国债资金支持信用基础设施建设。一是建设政府各部门标准基础数据库。如工商注册数据库及工商年检数据库、工业企业普查资料数据库、法院诉讼数据库、人民银行的企业还款记录数据库、企业产品质量投诉数据库等。部门和地方建立的信用信息数据库，应打破部门垄断和地区封锁，向其他部门和地区开放。二是在建立各部门基础数据库的同时，建立国家级和省级信用信息数据库和信息交换平台。三是国家、部门和省级信用信息数据库都可以有偿地(政府定价)向信用服务企业和社会提供客观公正的原始数据信息，将收费用于信用信息系统的更新和维护。也可无偿提供给信用服务企业，或与信用服务企业共享。为实现各部门、地区和企业的信用数据互联互通，促进资料交换和共享，必须积极推动数据库建设中的标准化体系的建立，包括数据库结构和标准，信用数据格式、内容、指标和标识等都应建立相应的标准，数据库技术支持软件等应通用或相互兼容。需要特别注意的是，政府部门公开的信用信息，应当主要是对市场主体身份及其行为客观描述的原始记录。而政府部门内部对市场主体或监管对象确定的信用分类等级，主要是为本部门工作服务的，其数据资料应只在内部使用，不宜随意对外发布，以免引起混乱或引发纠纷。应积极鼓励信用服务企业建立自己的数据库，开发适合我国市场主体特点的评分模型，设计各具特色的征信产品，形成自己的核心竞争力。

三、培育现代信用服务体系

这是建设社会信用体系的关键。信用服务业具有智力密集、技术密集、专业化程度高、市场集中度高的特点。信用服务企业作为第三方，承担着信用信息收集、加工、处理和传递的专业功能。必须大力培育和发展一批具备较高执业资质和道德水准的专业化信用服务机构，为社会提供高质量的信用服务。信用服务业中，要重点发展大型信用评级公司、企业信用服务企业和消费者信用服务企业。对这三类企业要区分情况，采用不同的政策。对信用评级企业，要做到严格规范市场准入，加强管理；对企业信用服务企业，设置必要的准入标准，同时提倡适度竞争，限制垄断，鼓励业务向规模大、实力强的公司集中；对消费者信用服务企业，要设置比较严格的资质要求，加强准入管理，防止个人信用信息被滥用。信用服务企业不能成为政府的职能部门或附属机构，也不能变相成为带有行政或行业垄断色彩的企业，而应该是完全按照市场化原则运作的商业机构。在目前信用服务业发展的初期阶段，可以先由政府出面组织和推动，由政府委托或授权的信用服务企业经营，待条件成熟后再与政府完全脱离，实行市场化、商业化运作。政府应通过制定政策、协调有关部门开放数据、组织建立统一的数据检索平台等措施，积极推动信用体系发展，为信用中介行业提供政策扶持和制度保障。正确处理政府管理部门与信用服务企业的关系，坚持实行"政府推动、市场运作"的模式。在推进信用服务体系建设中，必须充分发挥市场机制配置资源的基础性作用，能由市场和企业做的，尽量让市场和企业去做。政府主要发挥规划、指导、组织、协调、服务的作用，为信用服务企业创造公平竞争的市场环境，参与制定行业规范与标准，监督管理信用服务市场主体的行为，而不应过多介入具体的、微观的信用服务活动，不应投资组建面向社会的信用服务机构，不应参与信用服务机构的经营活动，以保证信用服务行业作为第三方独立、中立、客观、公正的立场和性质，提高信用服务行业的"信用"度。信用服务企业要成立行业协会，完善自律维权功能，建立行业信用体系。行业协会的作用，主要是加强行业自律，制定行业规划和从业标准以及各种行业规章制度；提出立法建议或接受委托研究立法、提出有关信用管理法律草案；协调行业与政府及各方面的关系；开展国际交流活动等。行业协会还可组织信用管理专业教育，举办从业培训和从业执照考试，开展学术研究和交流活动等。

四、培育信用产品市场体系

这是建立现代信用体系的市场基础。目前我国信用市场发育滞后，供求矛盾十分突出，既存在总量问题，更存在质量和结构问题。一方面社会和企业信用意识不强，对信用产品需求不足，制约了信用服务行业发展壮大；另一方面信用服务企业总体水平偏低，资质参差不齐，信用评估方法不规范，难以提供高质量的信用产品。因此，增强全社会的信用意识，引导和创造信用需求，对促进和推动信用服务行业发展，十分紧迫。要通过政府立法、制定行业组织规则引导、扩大全社会信用服务需求。政府有关部门要带头在登记注册、行政审批、经营许可、日常监督、政府委托中介机构承办事项、资质认定管理等工作中，金融和商业机构在与企业和个人发生信用交易、信用消费、商业赊销和租赁等业务时，都要按照授权和规范流程，积极利用信用评级、信用报告等信用产品，查询企业信用报告或要求企业提供信用报告。对上市公司发行股票，企业发行债券，以及上市公司的信用状况等，可以实行强制评级或评估。信用服务企业要适应市场需求的变化，尽快建立完整而科学的信用调查和评价体系，增强技术创新、产品创新和市场创新能力，努力提供各具特色、多样化、高质量的信用产品，充分满足社会不断增加的对各类信用产品的市场需求。

五、建立企业信用管理体系

在市场经济条件下，企业既是授信的主体，也是受信的主体，是信用风险的主要承担者之一。因此，引导企业加强信用管理，成为有效发挥信用功能、防范信用风险的必然选择。信用是企业生存之本和竞争力之源，是企业最宝贵的无形资产。加强企业信用管理，可以大幅度减少因授信不当导致不能履行合约，增强信用风险的防范能力；可以加强受信企业自我信用控制能力，加强履约计划管理，防范出现偿债能力不足，无法按时履约等情况；可以形成对失信企业和机构的市场约束机制，使其没有参与市场经济活动和交易的机会和空间。企业内部信用管理制度的规范化，还会进一步加大对信用调查咨询和信用评估等信用产品的需求，促进信用服务行业的发展。为提高信用风险防范能力，必须对企业的经营交易全过程进行信用管理。要研究制定适宜中小企业的财务会计制度，为企业建立健全财务会计制度提供标准；要以资金、质量、营销等管理为核心，引导企业强化内部管理制度和责任追究制度；要引导企业建立以客户资信管理制度、内部授信制度和应收账款管理制度等为主要内容的信用管理制度，提升企业的信用管理水平。

六、建立政府信用市场管理体系

与社会信用体系建设关系密切的行政执法和司法部门主要包括：工商、税务、海关、外汇、质量技术监督、人事、社会保障等行政执法和管理部门，公用事业部门（通讯、供水、供气、供热），公安、法院等司法部门，银行、保险等金融部门。这些重点部门的主要工作：一是尽快普遍建立信用等级分类制度。要结合部门特点和管理要求，建立信用等级分类方法和标准，提高监管工作效率和质量。例如工商部门企业信用分类监管制度，外汇管理部门的企业和个人外汇业务资信管理体系，税务部门的税收信用管理体系，海关的企业守法管理体系，质检系统的企业质量档案等。二是建立行业或部门基础数据库。要广泛收集和及时加工处理监管对象身份和经营行为的信用数据，建立行业或部门内部共享的数据库。例如，工商部门建立工商注册数据库和工商年检数据库、统计部门的普查资料数据库、人民银行的企业还款记录数据库、质检部门的企业产品投诉数据库、法院的诉讼记录和判决数据库。三是建立信息公开制度。要依法向其他执法部门和社会信用中介机构开放在执法和履行公务过程中收集或产生的有关信用信息，实现资源共享。目前信用体系建设上多头领导、政出多门的问题比较突出，缺少综合性的领导和组织机构。各地既有整规办、发改委、信息办或工商局牵头这项工作的，也有另行设立机构领导这项工作的。这种状况不利于加强领导，统一规划，加快建立社会信用体系。中央已经明确由全国整顿和规范市场经济秩序领导小组办公室负责建立和完善社会信用体系的职能，地方政府也应按照上下一致对口的要求，尽快明确地方信用管理机构设置，减少职能重叠交叉。

七、建立社会诚信教育体系

这是建立社会信用体系的一项长期性和基础性的工作。全体社会成员的诚信意识提高了，市场主体的守法意识增强了，现代信用知识增加了，自我约束和自我保护能力增强了，社会信用体系的建立和完善就有了坚实的基础。当前开展诚信教育，应主要从四方面入手：一是认真贯彻《关于开展社会诚信宣传教育工作的意见》，利用广播、电视、图书、报刊、网络等现代传播工具，开展形式多样、内容丰富、通俗易懂的宣传教育活动，宣传诚信守法的典型，提高全社会的诚信水平，在全社会营造形成守信光荣、失信可耻的社会氛围。二是组织编写现代信用知识普及性教材，普及现代信用知识，开设面向政府信用管理机构公务员、企业内部信用管理机构负责人、试点地区负责人、试点部门负责人和试点企业负责人等多种类型的短期培训和在职教育。行业协会等中介机构可以组织一些信用服务高级培训项目，提高从业人员的业务素质和水平。三是在大学开设信用管理本科及研究生专业，培养高层次的信用管理专门人才，满足全社会对高级信用管理、信用教育、信用服务的需求，提高社会信用科研能力和水平。四是试点单位要带头诚信守法，建立企业内部信用管理机制，提高自我保护能力。

八、建立失信惩戒机制

这是建立社会信用体系中不可缺少的重要环节，是社会信用体系正常发挥作用的重要保障。必须对失信者和失信行为给予及时、有力的惩戒，否则就是对守信者和守信行为的惩罚。要切实形成一套完整有效的制度措施，综合运用法律、行政、经济、道德等多种手段，使失信者付出与其失信行为相称的经济和名誉代价，直至被市场淘汰；使守信者得到各种方便和利益，获得更多的市场机会，不断发展壮大，这样才能切实鼓励诚实守信的行为，在全社会形成诚实守信的风尚。失信惩戒机制主要有五类：一是由政府综合管理部门实施的行政性惩戒。二是由政府专业监管部门实施的监管性惩戒。这两类惩戒都是采取记录、警告、处罚、取消市场准入、依法追究责任等行政管理手段，惩罚或制止违法违规或失信行为。三是由金融、商业和社会服务机构实施的市场性惩戒。主要是对信用记录好的企业和个人，给予优惠和便利，对信用记录不好的企业和个人，给予严格限制。四是通过信用信息广泛传播形成的社会性惩戒。主要是使失信者一处失信，处处受到制约。五是由司法部门实施的司法性惩戒。主要是依法追究严重失信者的民事或刑事责任。这里特别要强调建立对信用服务企业的惩戒机制。要明确信用服务行业规则，提高其行业自律能力和自我管理能力。对那些不遵守行业规则、自身就不讲信用的信用服务企业，出现失信行为、造成严重损失的，要承担无限责任。要建立与失信惩戒要求相适应的司法配合体系。如社区义务劳动、社区矫正、罚款、监狱各类短期刑罚等，使失信者付出各种形式足以抵补其造成的社会危害的代价。政府部门公布"黑名单"、"不良记录"等，要严格依法办事，讲究程序，避免侵犯个人隐私和商业秘密。

（2004 年 9 月）

发挥金融在建立现代信用体系中的重要作用

第一，进一步加强和完善中小企业信用担保机制。信用缺失是阻碍银企联系的重要原因。实现中小金融机构促进民营中小企业发展的作用，保证中小金融机构运营的安全性，必须有相应的信用机制作为支撑。积极探索中小企业信用担保模式是促进中小企业发展的重要组织部分，是解决中小企业融资的关键。在中小企业信用担保体系中，中小企业信用担保机构是核心，为政府间接支持中小企业发展的政策性扶持机构，属非金融机构，不得从事金融业务和财政信用，不以盈利为主要目的，设立具有法人实体资格的独立担保机构（企业法人、事业法人、社团法人），实现市场化公开运作，接受政府机构的监管。城市中小企业信用担保机构以社区商业担保机构和互相担保机构为再担保服务对象并从事授信担保业务。首先搞好中小企业信用担保基金的试点。它的服务对象限于中小企业，而且是符合国家产业政策的、有产品、有市场、有前景的中小企业，尤其是高技术的中小企业；相对控制担保规模，对中小企业的担保额一般是几十万元，最多几百万元，提供担保的对象，主要是中小企业的流动资金和短期贷款；在运作方式上，可以采取市场原则制、银行协商制、反担保、再担保、强制担保制等方式。应通过增资扩股增加担保基金，扩大担保机构规模。担保公司增资扩股，可以争取政府资金支持，但更重要的是招募战略资本投资，相应提高经营能力。完善担保公司的治理结构，实行所有权与经营权相分离，规范担保经营，严格限制股东贷款的关联担保，保持担保公司自身的信誉。尽快建立起以中小企业为突破口，包括信用征集、信用评价、信用担保在内的社会化信用体系。

第二，建立中小金融机构存款保险制度。建立存款保险制度可以消除存款者对金融机构的顾虑，从而有效地提高中小金融机构在吸收存款业务上的竞争力，提高金融市场的效率。对民营中小金融机构应该实行强制性存款保险制度，规定其必须向存款保险公司购买保险。同时存款保险也可以提高广大存款者对金融机构的信心、防止银行挤兑和银行危机，最大限度地降低局部危机可能造成的负面影响，提高整个金融机构的信誉。中小金融机构应以地区或社区内民营企业为主要服务对象，并兼顾国有中小企业。在开拓市场时，应主动接近民营企业，与民营企业建立长期、稳定的合作关系。通过长期合作，对地方中小企业经营状况了解逐渐加深，不仅有助于解决中小金融机构与中小企业信息不对称的问题，而且也可以填补金融服务的真空，促进自身的发展。中小金融机构针对其抗风险能力弱、可信度低等问题，应加强资产负债管理，实行资产负债比例管理；针对中小企业提供财务信息不全等缺陷，主动到中小企业的经营场所调查生产经营状况、设备利用情况、原材料及产品情况，为准确测算每笔贷款风险度及贷款决策提供可靠的信息；建立内部控制制度，建立贷款管理责任制与贷款激励机制，使风险约束和风险激励相对称，并要强化贷后跟踪监测，提高经营的效率和效益。

第三，积极培育信用产品市场需求。基于金融活动的信用形式包括商业信用、银行信用、国家信用、民间信用、消费信用、国际信用等，所涉及市场包括间接金融市场、债券市场、生产要素市场、消费品市场等，基于金融活动的信用体系，包括股权式信用活动体系、债权式信用活动体系、信用评价体系、信用监管体系。其中使用评级结果的主体包括投资者、银行和政府部门。在金融活动中，信用有调剂资金余缺的功能、把货币转化为资本的功能、资金积聚和再分配功能以及创造信用货币的功能。

(1) 积极培育金融机构对信用产品的市场需求。金融机构既掌握着大量信用信息，又是信用信息的主要需求主体。为降低金融机构风险，要率先建立完整的信用产品信息系统。包括企业资信调查报告、标准企业资信调查报告、深层次企业资信调查报告、企业资信调查后续报告、特殊资信调查报告；还要包括个人标准信用报告、购房贷款信用报告、就业报告、商业报告、人事报告、信用评分报告等。要建立金融机构信息共享机制。可采取三种模式：一是协议约定模式。各商业银行、信用卡公司和财务公司等信用授予方将信息提供给征信机构，然后从征信机构购买完整的信贷申请者信息，二是会员制模式，即有关金融机构组建一个俱乐部形式的信息共享平台，共享信用信息。三是公共登记系统模式，即由人民银行强制要求商业银行将贷款信息向公共登记系统提供。

（2）完善金融机构关于客户信息的公开机制。结合温州实际，在建立金融机构公开客户信息机制中必须体现以下原则：一是金融机构向社会公开客户信息遵循自愿原则，不强制金融机构必须向社会公开客户信息，但也不能限制金融机构向社会公开客户信息，更不能指定金融机构只能向特定对象公开客户信息。二是保护客户利益与惩罚失信者相结合。金融机构公开其客户的正面金融信息需征得客户的同意，但是金融机构有权在不征得客户同意的情况下，向社会公布客户的逾期贷款等负面信息。三是鼓励竞争。不能限制金融机构在自愿原则基础上合法地向社会其他征信机构提供信息，以便为第三方机构的发展创造条件，保持一定的竞争压力，防止形成垄断。

（3）对企业和个人信用服务机构设置准入标准。一是对信用服务市场的准入实行业务许可，而非实行机构许可；二是对信用服务业务的特许经营不设置过高的注册资本标准，而将准入标准重点放在对公司管理层和从业人员的要求方面；三是从信用服务机构违法次数和程度上设置退出标准。

（4）建立信用同业监督机制。支持和鼓励成立行业组织，各类征信机构、资信评估机构和信用担保机构应当相互监督，强化会员的守信和维权意识，制订行业信用发展规划和行业信用守则，督促会员提高产品和服务质量，对会员的违规行为依照协会章程进行处理。征信、评估机构提供、披露虚假或者失实的信用信息，造成公民、法人和其他组织名誉损害、经济损失的，应当依法承担民事责任。

（5）有组织地开放和培育信用服务市场。对各种信用评估评级活动进行清理，制定有关评估、评级的规定，规范信用评估、评级活动。完善企事业单位信用分类监管制度，对长期守法的诚信企事业单位和个人给予表彰，并在产品宣传、融资授信、年检商检、招标投标、报关通关等方面给予支持，建立长效保护和激励机制。支持和鼓励一些重要行业内部建立信用信息共享的平台，在行业内部开展联合征信活动。通过对行业内相关信息的收集、更新和规范传播，大大提高行业内信息对称度，减少失信行为。更多地发挥行业协会的作用，通过市场化方式建设信息数据库，并建立一套规范的更新、检索和使用程序。金融机构掌握的社会成员的部分信用信息，在法律规定的范围内，也应通过合法的渠道和方式向有关机构提供并允许合法传播。在法律规范下，建立起社会化的社会信用信息的共享机制，努力减少社会信用信息的不对称性。

第四，培育发展信用服务产业。主要包括资信调查、联合征信、同业征信、资信评估、信用担保、信用管理咨询、信用风险管理和商账催收等服务内容，这些都是知识型、高附加值的现代新型服务产业，具有十分广阔的发展前景。完善个人信用联合征信服务系统，采集市民信用记录，包括个人消费信贷、水电煤电信缴费、大学生助学贷款、租赁、司法以及会计师执业注册等方面的信用记录，出具个人信用报告。商业银行在消费信贷和信用卡发放时要使用该评分系统，开展低保、公积金、人才业绩等方面个人信息的采集。采集要覆盖全市各种类型企业信用记录，建立企业信用联合征信服务系统，现阶段的信息来源主要是工商、技监、统计、国资、海关、央行等政府相关监管部门。在企业贷款、信用评估、等级评定等环节开始使用企业信用报告。开发中小企业资信评估模型。在数据库平台建设、评分模型的开发、征信产品的设计、征信服务流程的安排等方面，实行市场化运作，交由专业机构承担。

第五，大力发展民营征信机构。面向全社会提供信用信息咨询服务。信用中介结构、信用评估机构、信用征集与调查机构、信用担保机构。信用保险、国际保理等信用服务业务。促使民营机构不断开发创新信用产品，并为社会提供个性化的服务和多样化的增值服务。

（2004 年 9 月）

深化经济体制改革的重大举措

2012 年 7 月，我调研整理了社会各界对深化经济体制改革的看法和建议。综述如下：

一、关于总体思路

中国当前的经济体制，是一种既有市场经济因素、又有大量旧体制残余的过渡性的经济体制。它必须通过进一步改革前进到法治的市场经济。过去 30 年高速增长的奇迹来源于新生的市场经济制度解放了人们的创业精神，而靠政府强化行政管制和大量投入资源实现的增长不可持续。第一，与强势政府控制整个社会的体制相适应的粗放增长方式不可持续。在这种增长方式下，虽然在一段时间内能够依靠政府强制动员和大量投入社会资源，加上从国外引进先进设备和技术来维持高速增长，但这只是一种短期效应。近年来，这种增长方式造成的资源枯竭、环境破坏、内需不足、居民生活水平提高缓慢等问题愈演愈烈。必须尽快打破体制性障碍，实现经济增长方式的真正转变。第二，各级政府日益强化的资源配置的权力和对经济活动的干预，强化了寻租活动的制度基础。第三，当务之急，是排除特殊利益的干扰，重启改革议程，切实推进市场化的经济改革，全面建立和完善市场经济的制度基础。

二、关于财税体制改革

通过财政体制的民主化、法制化，推进经济社会生活的民主化、法制化、现代化。重点搞好十项改革：

（一）财政预算体制改革。按照公共财政体制目标，规范财政预算分配体制，建立完善财政资金分配、使用、管理机制。深化预算管理制度改革，建立健全预算编制、报送、监督相互协调和有机制衡的机制。强化公共财政预算，增加公共服务领域投入，着力保障和改善民生。规范预算编制程序，不断扩大预算领域，深化预算内容。改进预算编制的方法，推进中长期预算编制。以中期预算指导年度预算的编制。进一步推进预算公开，增强预算分配和执行的透明度。构建预算执行监控体系，完善动态监控系统，建立预算绩效评价体系。

（二）分税制改革。理顺中央与地方及地方各级政府间财政分配关系，更好地调动中央和地方两个积极性。一是中央政府收入以社会保障税为主，另加关税、增值税、消费税、证券交易税、个人所得税、企业所得税、海洋石油资源税等税种。二是省政府收入以营业税为主，另加部分资源税、增值税、公司所得税等税种。三是县市政府以房地产税为主，另加契税、土地增值税、遗产税、排污税、城市建设维护税、车船牌照税等税种，以及其它较小税种。

（三）省以下财政管理体制改革。重点推进省直管县财政体制改革，理顺省以下政府财政分配关系，推动市县政府加快职能转变，更好地提供公共服务。一是适当统一省以下主要事权和支出责任划分，将部分适合更高一级政府承担的事权和支出责任上移。探索建立县级最低支出保障制度，对财政困难县实行"托底"。建立财力差异调控机制，强化省级财政调节辖区内财力差异的责任。二是创新省以下财政管理方式，重点做实县级财政。鼓励地方正税清费，允许地方试点设置财产税、资源税等地方税种，取消不合理收费。三是建立县、乡政府最低财力保障机制。省级政府应承担保障县、乡最低财力需求责任，中央财政要帮助财力薄弱地区建立县、乡最低财力保障制度，确保基层政府和行政事业单位人员工资及时发放和政权运转的基本需要。四是强化省级政府义务教育、公共卫生、社会保障等基本公共服务的支出责任，提高民生支出保障程度。完善地区间财力差异控制机制，形成合理的省以下横向、纵向财力分布格局，促进省以下财力均衡。

（四）税收制度改革。在适当降低宏观税负水平的前提下，减少间接税，增加直接税，减少企业缴纳税，增加居民缴纳税。实施"有增有减，重在减税"的结构性减税政策。对民生消费减税，对奢侈消费增税；对大型垄断企业增税，对中小型企业减税；对低碳经济减税，对高投入高污染企业增税；对高技术产品减税，对高消耗、高污染的粗放式生产增税。

（五）财政转移支付制度改革。一是逐步建立公共服务标准体系与均等化标准。对各项公共服务所应达到的水平建立量化标准，充分考虑各地自然、地理、人文等因素所导致的成本差异，形成依据社会经济发展情况自动调整的机制。在此基础上，研究制订基本公共服务均等化的明确目标与具体时间表。二是简化中央对地方转移支付方式，减少资金的上划下转。对中央财政转移支付特别是专项转移支付进行整合，改变各部门各自为政、设立项目众多的状况；改变层层报批的管理方法。在明晰中央地方事权的基础上，凡地方事权范围支出，原则上通过一般性转移支付实施均衡；凡中央委托事务，由中央足额安排；凡中央和地方共同事务，明确中央和地方各自承担支出比例。中央财政专项转移支付项目不宜过多、数额不宜过大。三是完善一般性转移支付。提高一般性转移支付规模和比例。四是规范专项转移支付，进一步提高转移支付规范性和透明度。五是抓紧研究制定《政府间财政关系法》、《一般性转移支付法》。

（六）消费型增值税改革。一是调整消费税的征收范围。二是完善消费税征税环节。综合考虑税额、税负、公开性等多个因素，按照国际惯例，将消费税由价内税改为价外税。三是适当调整消费税税率。

（七）个人收入所得税改革。实行综合和分类相结合的个人所得税制度。对工资薪金所得、经营所得、劳务报酬所得三项经常性收入实行综合课征；对财产租赁所得、财产转让以及其他各项所得等非经常性收入实行分项课征。在初期阶段分类所得税制的成分可多一些，随着各方面条件的成熟和完善，综合所得税制的成分慢慢增加，最终使中国的个人所得税制走向完善，全部实行综合课征。在此过程中，调整超额累进税率制度。三是采用反列举法扩大税基。将其他一切没有明确规定免税的所得项目全都纳入征税范围。

（八）资源税改革。按照价、税、费、租联动的思路，整合现行资源税费政策，实行从价计征，适当提高资源税税负。一是扩大资源税征收范围。先扩大到非金属矿原矿和利用价值比较高的水资源，逐步扩大到其他非矿产资源，并将现有的矿产资源使用费、土地使用税和水资源使用费等各种同类税费整合并入资源税。将所有不可再生资源或再生周期较长、难度较大的资源纳入征收范围，包括耕地资源、滩涂资源、地热资源等。将中国较为稀缺的可再生资源纳入征收范围。将水资源纳入征收范围，包括河流、湖泊、地下水、人工水库等资源。加大资源税对草原、森林、海洋等资源的保护力度。二是改变征税方式。将过去从量定额征税改为从价定率征税和二者结合征税。

（九）环境税改革。第一，设立方式。可考虑单设环境税，列入特定目的税范畴，并将其他税种中的环保税目纳入进来，如将新城建税合并入环境税。第二，征税、纳税主体。应是国内所有企业和个人。可先对污染企业实施环境税，再渐次扩大到全体受益人，形成完整的环境税。第三，课税客体。应是纳税主体在中国境内从事生产、经营活动所获得的收入额，包括销售额和营业额等。第四，税率。国家可制定一定的税率幅度，由地方自行在幅度范围内选择。

（十）物业税改革。两个要点：一是税基。中国城市土地的所有者是国家，物业产权所有者拥有的并不是土地的所有权而是 70 年的使用权，因此，中国物业税的税基应是土地使用权的资产价值与房屋价值的总和，其中土地使用权的资产价值可使用预期收益现金流折现的方法予以确定。二是税率。按其特征可以分为累进税率、比例税率和定额税率三种。可以固定比例税率为基本形式，兼顾考虑人均住宅面积和人均土地面积，增设物业税超额建筑面积税目和超额土地占用税目，以实现物业税的累进性，增强物业税的调控职能。

三、关于金融体制改革

健全金融体制，加强金融监管，防范金融风险，维护金融稳定和安全。

（一）金融体制改革六个重点。一是健全金融宏观调控体系，建立和完善逆周期的金融宏观审慎管理制度框架。二是稳步推进利率市场化改革。三是进一步完善人民币汇率形成机制。四是建立健全系统性金融风险防范预警体系和处置机制。强化国有控股大型金融机构内部治理和风险管理。提升金融业稳健标准。五是继续深化金融机构改革。积极培育面向小型微型企业和"三农"的小型金融机构。建立存款保险制度。六是深化外汇管理体制改革，稳步推进人民币资本项目可兑换。

（二）利率市场化改革。要点是体现金融机构在竞争性市场中的自主定价权和客户选择权。通过利率市场化，促进金融机构提供多样化的金融产品和服务。一是选择具有硬约束的金融机构，让它们在竞争性市场中产生定价，在一定程度上把财务软约束机构排除在外。二是按照宏观审慎管理原则，确立达标金融企业必须具备的硬约束条件，只有达到自我约束标准的金融机构方可给予更多定价权。三是培育实现正当公平竞争的市场主体。既包括银行，也包括客户等市场竞争者。无论是银行还是客户，如果还有若干历史问题没有消化，这些机构的定价行为就可能有违背公平竞争，需被排除在选择范围之外。四是逐步放开替代性金融产品价格。在放开存贷款利率的同时，其他一系列上下游产品和替代产品的定价权也应同时交由市场决定。五是尽量避免银行产品过分交叉补贴。六是加强对客户宣传教育。除一些大型客户对金融产品具有一定议价能力外，多数中小企业和居民客户只是价格接受者，他们需要适应竞争性市场的价格形成，也要让他们了解有自主选择和自我保护的权利，而不是指望政府行政干预来实现自己的期望值。七是建立健全自律性竞争秩序，制约违规行为。八是进一步确立市场定价权，使金融机构进一步增强风险定价能力。为金融机构实现财务硬约束和自主经营、自担风险提供正向激励机制。我国还是转轨经济，仍然存在财务软约束，货币政策传导机制还不充分畅通和健全，进一步推进利率市场化改革要求在多个领域互动和相互促进。

（三）国有控股大型金融机构改革。一是依托资本市场减持国有商业银行尤其是四大国有商业银行的国有股，通过金融国有股变现设立金融风险平衡基金，用作非常时期商业银行的国有资本注资。二是积极培育中小金融机构，促进资本市场特别是债券市场健康发展，更加注重对小企业和微小企业的金融服务。三是商业银行必须严格坚守授信集中度底线，从"傍大款"、"垒大户"的传统发展模式中走出来。四是提升金融业服务功能。更加注重个人金融服务，提供简单方便、值得信赖、长期具有正的风险调整收益率的金融理财产品。

（四）加强金融监管，切实防范系统性风险。银行、证券和保险行业要进一步完善监管机制。防范化解地方政府性债务风险，构建地方政府债务规模控制和风险预警机制。加强资本市场和保险市场建设，推动金融市场协调发展。发展存款保险，通过兴办各类存款保险公司，用市场机制化解金融风险。继续推进政策性金融机构改革。完善金融宏观调控体系，有效促进经济发展和金融稳定。扩大金融对外开放，提高资源配置能力和金融安全保障水平。引入宏观审慎性政策框架，加强宏观审慎管理。建立以增强金融稳定、特别是防止系统性的金融风险为中心，以逆周期的宏观调节为特征的政策体系。金融机构要有更加充实的资本，特别是大型、有系统性作用的金融机构，应有更高的资本要求。

（五）放宽金融业市场准入，规范发展民间信贷。发展多层次信贷市场，建立多元化资金供给体系。允许成立各种规模的信贷公司，允许成立金融合作社，鼓励民间资金互助机构成立。各级政府适度放权，允许个人、集体设立财务公司，不设过高门槛，把地下钱庄，转为地上"钱行"。抓紧完善相关法律法规，明确民间借贷的法律界限和规范，建立小额融资的刑事豁免制度，对小额民间融资只追究欠债还钱的民事责任，不追究刑事责任。

（六）人民币汇率形成机制改革。经过几年渐进调整，人民币汇率离均衡水平越来越近。应以尊重市场规律为主，以市场供求关系为主，扩大汇率浮动区间，通过浮动渐进走向均衡。随着浮动区间进一步扩大，管制进一步减少，创造条件最终实现人民币资本项目可兑换。

四、关于发展民营经济、扩大民间投资

总体思路是"两个毫不动摇"：毫不动摇地巩固和发展公有制经济的同时，毫不动摇地鼓励、支持和引导非公有制经济发展。鼓励和引导民间资本进入法律法规未明确禁止准入的行业和领域。规范设置投资准入门槛，创造公平竞争、平等准入的市场环境。明确界定政府投资范围。政府投资主要用于关系国家安全、市场不能有效配置资源的经济和社会领域。对于可以实行市场化运作的基础设施、市政工程和其他公共服务领域，应鼓励和支持民间资本进入。鼓励民间资本以独资、控股、参股等方式投资建设公路、水运、港口码头、民用机场、通用航空设施等项目。允许民间资本参股建设煤运通道、客运专线、城际轨道交通等项目。拓宽民间资本进入铁路建设领域的渠道和途径。鼓励民间资本参与水利、电力、石油天然气、电信建设。鼓励民间资本参与土地整治和矿产资源勘探开发、市政公用事业建设、政策性住房、医疗、教育和社会培训、社会福利事业、文化、旅游和体育产业。允许民间资本兴办金融机构，鼓励民间资本投资连锁经营、电子商务等新型流通业态。鼓励民间资本进入国防科技工业投资建设领域。鼓励和引导民营企业通过参股、控股、资产收购等多种形式，参与国有企业的改制重组。对待。支持民营企业的产品和服务进入政府采购目录。抓紧出台鼓励引导民间投资健康发展的配套措施和实施细则。

（五、关于投融资体制改革。

（一）构建多层次信贷体系。拓宽金融体系的广度和深度，构建由大、中、小银行和小金融机构组成的多层次信贷供给体系，特别要增加中小规模的信贷

供给机构数量。建立面向中小企业的政策性银行；鼓励民间资本发起成立更多的区域性中小银行和村镇银行，为小微企业提供小额、量多、面广的个性化、差异化金融服务。

（二）完善以政策性信用担保为主体、商业担保和互助担保相互支持的多层次信用担保体系。加快研究制定由各级政府共同出资组建的贷款担保基金办法，解决新兴产业企业融资过程中的担保难和抵押难问题。完善征信体系，健全担保制度，构建包括政策性、商业性和互助型担保体系在内的多层次信用担保体系。加强对专利、商标权、版权等无形资产的评估能力，大力发展知识产权质押融资担保模式。通过财税政策优惠鼓励各类担保机构对战略性新兴产业融资提供担保，通过再担保、联合担保以及担保与保险相结合等方式多渠道分散风险，完善融资担保体系。

（三）构建以 BA（天使投资）、VC（风险投资）、PE（私募基金）为主体的多层次股权投资体系。强化新兴产业要素集成，推进产业孵化与培育。构建完整的股权投资链，完善天使投资机制，大力发展风险投资和私募股权基金，打造以高新区为载体的股权投资聚集地，通过天使投资、VC、和 PE 引导热钱进入战略性新兴产业。通过构建网络和信息平台、健全相关政策和法律法规、优化区域市场环境等一系列措施完善天使投资机制，发挥其多轮融资效应。避免出现 VC 的 PE 化以及私募基金大量通过上市前投资（Pre—IPO）的投机现象。

（四）构建与企业构成相匹配的多层次的正"金字塔"型资本市场体系。显著提高对新兴产业的直接融资，资本市场既要壮"大"，培育在战略性新兴产业中具有国际影响力的领袖企业，又要扶"小"，扶持科技型中小企业发展战略性新兴产业。改变"倒金字塔型"的股票市场结构，把"金字塔"的底部加宽。鼓励企业发行公司债券，扭转资本市场上股票市场独大的"跛足"局面。

（五）中央和地方政府积极推动建立"政策性资金、市场化运作、专业化管理、信贷式放大"的创新机制。以"政策性资金"带动政策性融资进行"市场化运作"，实现资金乘数作用下的"四两拨千斤"效应。

六、关于收入分配体制改革

（一）缩小居民收入分配差距。一是改革薪酬分配制度。重点逐步健全企业职工薪酬支付制度、职工薪酬正常增长机制，健全国有企业高管薪酬监管制度，加快研究建立非国有上市公司高管薪酬监管制度，改进完善公务员工资制度，建立健全地区附加津贴等制度，深化事业单位收入分配制度改革。二是健全社会保障制度。实现新农保和城镇居民养老保险制度全覆盖；大力推进养老、医疗保险城乡统筹，提高统筹层次，完善接续办法；积极推进事业单位养老保险制度改革试点，完善被征地农民社会保障政策；逐步取消公费医疗，探索改变社会保险双规制等。三是提低控高，遏制收入分配差距扩大。加大对垄断行业高收入的调控力度，对其全部职工的全口径收入进行调控，推行工资总额和职工薪酬预算管理制度，控制其工资福利水平的过快增长。加强对国有企业高管薪酬的监管，使国企负责人与普通职工工资收入控制在合理倍数之内，加快研究建立非国有上市公司高管薪酬监管制度，主要通过改进完善有关法律法规来健全上市公司内部制衡机制，防止其高管实质上自定薪酬。

（二）加强税收对个人收入调节力度。加强对社会上高收入者收入的个税调节，重点是对其财产性收入、经营性收入等非劳动收入征收个人所得税。一是适时开征遗产税。遗产税作为个人所得税的补充，征收起点较高，征收对象主要是高收入者，同时开征赠与税作为补充，防止被继承人将财产以赠与方式逃避缴纳遗产税。二是完善个人所得税制度。使其在调整收入分配、缩小收入差距方面发挥积极作用。实行综合和分类相结合的个人所得税模式，对劳动所得、经营所得和财产所得实行综合课税，对资本所得和偶然所得实行分类课税，与综合课税相分离，以便于征管和调节。开征社会保障税。从法律上明确建立完善的社会保障制度是政府对公民所负有的不可推卸的责任。

（三）突破现实政策选择困境。第一，尽快出台一些可以解决当前实际问题的政策；第二，收入分配政策和生产要素市场建设紧密结合起来，包括资本市场、劳动力市场等；第三，出台收入分配政策与解决农村剩余劳动力和城镇失业问题要具有高度相容性；第四，更应迫切考虑消除收入分配不公，加紧出台遏制腐败、寻租和垄断性收入的制度和政策。

七、关于国有企业和垄断行业改革

（一）深入推进国有经济战略性调整。坚持政企分开、政资分开，推动国有资本从一般竞争性领域有序退出。将国有资本收益更多用于社会公共支出。鼓励、引导民间资本进行重组联合和参与国有企业改革。

（二）改革国企公司治理结构，建立国企分红制度。

（三）用赦免和赎买打破国企垄断。承认现有权力和利益。用赦免解决历史遗留问题。

（四）打破金融业垄断。放宽信贷市场准入的门槛。允许更多的中小企业金融机构进入市场。放宽村镇银行发起人资格限制，不要让它必须是 20% 的资本金都在银行的控制之下。放宽贷款公司股东资格限制。

（五）打破电信业垄断。进一步放开市场准入，让新竞争者参与竞争。重新架构电信市场结构，在三网融合背景下，通过电信和广电相互融合来引入新竞争者，不但可以解决竞争体制问题，也是三网融合破冰的关键。要解决电信业的产权结构。

八、关于价格体制改革

（一）深化电力、成品油和水资源价格改革。理顺煤、电、油、气、水、矿产等资源性产品价格关系，使其更好反映市场供求关系、资源稀缺程度和环境损害成本。建立健全排污权有偿使用和交易制度。试行居民阶梯电价制度，对水、天然气等产品的阶梯价格改革方案，也要抓紧研究。对居民基本需求范围内的价格，应合理控制，对非基本需求方面的价格，则应更多采取市场调节的手段。继续完善煤电价格联动机制。

（二）深化能源价格改革。第一步是核清能源企业运行成本。能源定价要允许能源企业回收成本和一定利润，政府对能源企业的成本和利润要严格监管，政府依据能源消费类别进行成本评估，计算出各种消费群体的成本，确认补贴群体，量化能源补贴。

九、关于涉外经济体制改革

（一）推动贸易便利化。改进经常项目外汇账户管理，充分满足企业保留和灵活使用外汇需求。实施进口核销制度改革，便利企业贸易对外支付。试点出口收入存放境外，提高企业资金利用效率。简化服务贸易真实性审核程序，便利服务贸易等项目对外付汇。

（二）推进境外直接投资外汇管理改革。扩大境外放款的主体和资金来源，简化相关核准和汇兑手续，加大对境外投资企业的融资支持，允许跨国公司以外币资金池、内部结售汇等方式开展外汇资金集中管理，放宽企业境外运用限制。促进证券投资资金双向流动。有序拓宽对外投资金融渠道。有序扩大境内证券市场开放。鼓励境外中长期投资者在境内进行证券投资。切实加强对异常外汇资金流动的监测分析和管理，有效防范跨境资金流动冲击。

（三）加强和改进货物贸易外汇真实性审核。加强个人分拆购结汇和服务贸易外汇流入管理。逐步构建服务贸易外汇收支非现场监管体系，与税务部门建立协同监管机制，提高服务贸易外汇资金真实性审核的效率和水平。

（四）丰富外汇市场交易品种，满足市场主体多种避险需求。

（五）积极构建适应大规模外汇储备经营管理的体制，确保外汇储备资产总体安全、流动和保值增值。一是在严格防范风险的基础上，审慎优化货币和资产结构，基本形成适应大规模外汇储备和我国国情的经营管理理念和模式，确立了较为成熟和完善的多元化经营格局。二是坚持科学有效的投资基准模式，搭建包括策略研究、投资决策、交易执行、风险管理、业绩评价、清算托管、内部控制等较为完整的业务架构。三是按照"依法合规、有偿使用、提高效益、有效监管"的原则，支持和配合中国投资有限公司，参与各种形式国际合作，探索拓展外汇储备多层次使用渠道和方式。

（2012 年 7 月）

加强政府自身改革和建设

一、大力加强政府自身改革和建设势在必行

上层建筑对经济基础起两种反作用：一是与经济基础相适应并对其起促进作用，二是与经济基础不相适应并对其起阻碍作用。政府自身改革和建设是上层建筑领域的重要内容，对经济基础同样具有两种反作用。在社会主义市场经济条件下，加强政府自身改革和建设，既是经济基础对上层建筑的内在要求，也是上层建筑自我完善的内在要求。要从促进上层建筑适应经济基础的高度，深刻认识大力加强政府自身改革和建设的重要性、紧迫性。大力加强政府自身改革和建设是落实科学发展观的迫切需要。一是落实科学发展观迫切要求推进行政管理体制改革、加快政府职能转变。实践证明，只有真正实现政企分开、政资分开、政事分开，把不该由政府管的事交给市场、企业、社会组织和中介机构，才能切实转变政府管理经济的方式；只有坚决取消、调整不必要或不适当的行政审批事项，才能真正建设服务型政府；只有建立行为规范、运转协调、公正透明、廉洁高效的行政管理体制，才能为落实科学发展观提供制度保障。二是落实科学发展观迫切要求政府在全面履行职能的同时，强化公共管理和社会服务职能，切实把经济社会发展转入以人为本、全面协调可持续发展的轨道。根据现代市场经济体制下政府履行职能的一般规律，政府日常工作要更多地放在公共管理和社会服务上。由于长期以来我国经济发展与社会发展"一条腿长、一条腿短"的问题比较突出，因此，当前和今后一个时期，政府工作的着力点必须更多地放在促进社会事业发展和建设和谐社会上。只有政府履行好公共管理和社会服务职能，才能促进经济社会全面协调发展。三是落实科学

发展观迫切要求全面推进依法行政，建设法治政府。现代市场经济是法治经济。落实科学发展观，既要建立健全与社会主义市场经济相适应的法律制度，又要严格依法行政。只有依法界定和规范政府的经济调节职能，才能真正实现政企分开、政事分开、政府宏观调控职能与履行出资人职能分开；只有依法履行政府的市场监管职能，才能保证市场秩序的公正性和合理性；只有大力推进政务公开，才能使政府工作置于广大人民群众的监督之下。（三）大力加强政府自身改革和建设是构建社会主义和谐社会的重要内容。构建社会主义和谐社会是建设中国特色社会主义的重大任务。各级政府是构建和谐社会的主体，构建和谐社会的所有工作，都与政府自身改革和建设直接相关。政府能否正确履行宏观调控职能，直接关系到能否保持经济平稳较快发展；政府能否有效履行社会管理和公共服务职能，直接关系到就业、社会保障和科技、教育、卫生、文化等社会事业发展，关系到和谐社区、和谐村镇建设；政府能否依法行政、严格执法、公正执法，直接关系到行政权力是否授予有据、行使有规、监督有效并保护公民、法人和其他经济组织的正当权益；政府能否有效预防和处置突发公共事件，直接关系到维护人民群众利益和社会稳定大局；政府能否做到恪尽职守、敢于负责、求真务实、清正廉明，直接关系到政府的形象和各项工作能否落到实处。总之，只有大力加强政府自身改革和建设，才能构建社会主义和谐社会。（四）大力加强政府自身改革和建设是完善社会主义市场经济体制的必要条件。行政管理体制改革是政府自身改革和建设的中心任务，也是各项改革的连接点和交汇点。在现阶段，推进行政管理体制改革，既是加强政府自身改革和建设的核心内容，也是完善社会主义市场经济体制的客观需要。只有从我国国情出发，学习借鉴国外有益的经验和做法，敢于触及行政管理体制中的深层次矛盾和问题，敢于合理调整错综复杂的利益关系，才能从根本上巩固和完善社会主义市场经济体制。

二、大力加强政府自身改革和建设任重道远

本届政府大力加强自身改革和建设取得明显成效。坚持科学民主决策形成制度；推进依法行政迈出坚实步伐；注重全面履行政府职能；高度重视反腐倡廉工作。同时必须看到，各级政府自身改革和建设与形势发展、人民群众的要求还有不小差距。一是政府职能转变滞后，仍管着许多不该管的事情，一些该

管的事情却没有管好。例如，投资体制改革还没有进入正常轨道。《国务院关于投资体制改革的决定》已下发近两年，但至今未能取得实质性进展。一方面地方和企业仍感觉项目审批手续繁多，另一方面各地不断出现新的盲目重复建设。再如，国有资产监管、金融监管、市场监管依然薄弱。国有资产不断流失，金融重大案件接连发生，给国家和人民造成严重损失；社会缺乏诚信，市场秩序不规范，假冒伪劣防不胜防，老百姓对食品、药品安全忧心忡忡。二是一些地方和部门依法行政观念淡薄，仍存在有法不依、执法不严、违法不究的现象。土地征用、国企改制、环境污染等方面损害群众利益的问题时有发生；有的地方和部门从局部利益出发，有令不行、有禁不止，教育乱收费、医疗高收费等问题比较突出；对行政权力的监督、制约机制不健全，违法行政行为得不到及时制止和纠正。经济社会发展中迫切需要的一些法规尚未出台，特别是社会发展领域立法相对滞后。三是政府机构设置不尽合理，办事效率不高。主要是部门职能交叉、职责不清、权责脱节、推诿塞责、相互掣肘，一些工作部署很好，但落实不够。四是腐败现象尚未得到有效遏制。商业贿赂在一些行业和领域严重存在，毒化政风、行风和社会风气；一些地方重特大安全事故频繁发生，其中许多与政府工作人员玩忽职守、甚至与不法分子勾结有直接关系；一些地方和部门官僚主义、形式主义严重，直接影响干群关系和政府形象。

三、大力加强政府自身改革和建设的主要举措

（一）大力推进行政管理体制改革，加快转变政府职能。这是政府自身改革和建设的核心问题。行政管理体制改革是对行政权力的自我约束，必然触及行政机关的权力和利益。无论土地管理制度改革、投资体制改革、财税体制改革或社会管理体制改革，都会触及相关行政机关的利益。改革能否顺利进行，关键在于能否建立对行政权力的监督和制约机制，尤其是建立防止行政权力和职能自我扩张的长效机制。改革开放以来，我国先后进行过五次大的行政管理体制改革，每次改革都提高了政府行政效率；同时，每次改革之后，又都出现行政权力重新扩张的问题。实践证明，行政机构本身总是存在扩张权力和利益、减少责任和义务的惯性，特别是当权力被削减、利益被限制后，总是出现权力的再度扩张，职能便随之恢复或变相恢复。因此，必须通过深化行政管理体制改革，从根本上转变政府职能。

1.加快推进政市分开、政企分开、政事分开以及政府与行业组织和中介机构分开。当前，要突出抓好两个方面：一是政府不该管的事，坚决交给市场、企业、行业组织和中介机构；二是政府该管的事一定要管好，要依法管理，主要运用经济手段和法律手段管理。在政府与市场关系上，政府最重要的是制定市场规则，实施宏观调控，着力建设统一、开放、竞争、有序的现代市场体系。在政府与企业关系上，政府既不能直接介入和干预企业生产经营，也不能以出资人身份参与企业投资决策；必须履行出资人职能时，要实行所有权与经营权分离，并加强对经营权的监管。在政府与事业单位关系上，要以有利于社会事业发展为原则，分类推进事业单位改革。必须由国家创办的纯粹公益性事业，应划入公共部门系列；能够走向市场的应转制为企业。在政府与行业组织和中介机构的关系上，应将目前政府承担的某些技术性、行业性、协调性职能转交给行业组织和中介机构。总之，政府要着力为各类市场主体创造宽松和平等竞争的环境。

2.进一步减少、规范行政许可和行政审批。巩固近几年行政审批制度改革成果，尽快把已经取消、调整的行政审批项目落实到位；对保留的行政审批项目，要规范审批行为，完善审批方式，提高审批效率；对取消审批后需要监管的事项，特别是涉及多个部门的事项，要明确责任，理顺关系，防止管理脱节；对交由行业组织、中介机构管理的事项，要制定监督制约措施。当前，要重点推进投资审批制度改革，对已经取消和放下去的投资审批事项，决不能又以"备案"名义搞变相审批和权力上收。

3.全面履行政府职能，努力建设服务型政府。第一，正确履行经济调节职能，依法加强和改善宏观调控，保持经济平稳较快发展。第二，强化市场监管职能。突出四个重点：一是强化国有资产监管。进一步完善国有资产监管的法规体系、管理体制和监管方式，重点加强对国有企业产权交易的监管，加强对境外企业国有产权的监管，健全国有资产经营责任制度，防止国有资产流失。二是强化金融监管。切实加强完善银行内控机制和各项规章制度，加强内部管理和监督，依法严厉打击内外勾结的金融犯罪，确保金融安全和稳定。三是强化政府投资监管。完善政府投资项目的决策机制、公示制度、招投标制度和项目代建制度。四是强化市场监管。坚决打击假冒伪劣、坑蒙拐骗等违法行为。第三，继续强化社会管理和公共服务职能。政府财力物力等公共资源要更多的向社会发展领域倾斜，政府日常工作要更多地放在建设和谐社会上，加快教育、卫生、科技、文化等社会事业特别是农村社会事业的发展。进一步完善社会管理体制，建立健全处理新形势下人民内部矛盾和各种社会矛盾的有效机制、社会治安综合治理机制、城乡社区管理机制；建立健全分类管理、分级负责、条块结合、属地管理为主的应急管理体制。

4.继续推行政务公开，提高政府工作透明度。政务公开是提高政府效能、防止腐败的有效措施。要使政务公开成为各级政府施政的一项基本制度。各级政府机关办理行政事项，凡能公开的都要向社会公开，公开是原则，不公开是例外。要从社会普遍关心和涉及群众切身利益的问题入手，充分保障人民群众的知情权、参与权和监督权。学校、医院和供水、供电、供气、供热、环保、公交等与群众利益密切相关的公共部门和单位，要全面推行办事公开制度，向群众公开服务承诺、收费项目和标准。充分利用电子政务系统和报刊、广播、电视等媒体公开政务信息，完善政府信息发布制度，建立政务公开监督机制。

（二）全面提高依法行政能力和水平，加快建设法治政府。按照合法行政、合理行政、程序正当、高效便民、诚实守信、权责一致的要求行使行政权力，强化责任意识。一是深入贯彻《全面实施依法行政纲要》。依法界定政府与企业、市场、社会的关系，规范各类市场主体行为，界定政府各部门职能，落实依法行政工作责任，提高政府公信力。二是着力建立健全利益平衡机制、权利诉求机制和权益保障机制。依法纠正农村土地征用、城镇房屋拆迁、企业重组改制和破产中各种损害群众利益的问题。政府工作人员要学会善于依法处理经济社会事务，引导人民群众以理性、合法的形式表达利益诉求。三是加快建立权责明确、行为规范、监督有效、保障有力的行政执法体制，重点加强对行政权力的制约和监督，切实做到有权必有责、用权受监督、侵权要赔偿、违法要追究。政府行政部门要自觉接受人大及其常委会的监督,接受政协的民主监督,接受司法监督，加强审计、监察专项监督，扩大公民、社会和新闻舆论等社会监督。四是加强政府立法工作。在继续加强经济调节、市场监管方面立法的同时,更加重视社会管理、公共服务方面的立法，高度重视人民群众关注的热点、难点问题的立法，注重提高立法质量。五是所有行政机关工作人员特别是领导干部，都要加强法律知识学习，树立宪法和法律观念，提高依法决策、依法行政、依法管理的能力和水平。

（三）建立健全行政问责制，提高政府执行力。各级政府要积极推行岗位责任制、办事时限制、公开承诺制、首问负责制、效能告诫制、过错追究制。完善和遵守行政决策程序，坚持重大问题集体决策制度、专家咨询论证制度、社会公示和听证制度。按照"谁决策、谁负责"的原则，明确决策权限，落实决策责任制度。对不依照法定权限、违反法定程序、造成重大损失的决策，要严肃追究决策者责任。特别要建立政府投资项目后评价制度和责任追究制度，因失职渎职、滥用权力和违法违纪等造成政府投资重大损失，要跟踪追究投资决策人的责任。要严肃查处有令不行、有禁不止或不认真、不及时履行职责的行为，确保政令畅通。

（四）深化政府机构改革，推进政府管理创新。立足我国国情，认真总结已往政府机构改革的经验教训，注重研究借鉴国外政府管理的成功做法。一是按照精简、统一、效能的原则，设置规模适度、权责明确、结构优化的行政机构。一方面，可以考虑借鉴国外大部制的经验，将职能相近、职权交叉重叠的部门重新整合，以此解决职能交叉、职责不清、权责脱节的问题。二是按照决策、执行、监督相协调的要求，科学规范部门职能，合理设置内部机构，相对集中行政决策权、执行权和监督权，实现政府机构和编制的法定化。三是不断创新管理方式，提高行政效率。重点是正确处理中央和地方的关系，合理划分中央和地方的事权、财权，建立科学的财政转移支付制度。探索建立合理的行政区划管理幅度，逐步解决管辖范围过宽、幅度过大的问题。

（五）认真实施《公务员法》，努力建设高素质公务员队伍。公务员法是一部规范公务员从政行为、促进公务员队伍建设的重要法律。公务员是治国理政的主体，其素质和能力决定政府的管理水平和效率。要依法加强对公务员的教育、管理和监督，努力建设一支政治坚定、业务精湛、作风过硬、人民满意的公务员队伍。一是加强公务员思想政治建设，增强贯彻执行党的基本理论、基本路线、基本纲领的自觉性和坚定性，着力解决好世界观、人生观、价值观以及权力观、地位观、利益观问题，不断提高政治素质。二是加强公务员能力建设，提高治国理政的本领，包括促进发展、推动改革、维护稳定的本领，公共行政、公共管理和公共服务的本领，组织群众、宣传群众、服务群众的本领，依法行政、依法办事的本领，学习知识、调查研究和自主创新的本领。三是培育弘扬中国特色公务员精神，即：热爱祖国、忠于人民、恪尽职守、廉洁奉公，求真务实、开拓创新，顾全大局、团结协作。四是督促公务员按照法定程序和纪律履行职责、行使权力，做到严格执法、公正执法、文明执法。各级领导干部要树立高度的政治责任感和使命感，全心全意为人民服务。

（六）坚持标本兼治，深入开展廉政建设和反腐败斗争。一是认真落实惩治和预防腐败的各项任务和措施。今年要集中开展治理商业贿赂专项工作，重点治理工程建设、土地出让、产权交易、医药购销、政府采购以及资源开发和经销等领域的商业贿赂行为。要通过专项治理，坚决遏制商业贿赂蔓延的势头，进一步规范市场秩序、企业行为和行政权力，加快建立防治商业贿赂的有效机制。二是着力解决损害人民群众利益的突出问题。在继续解决土地征用、房屋拆迁、环境污染、企业重组改制和破产中损害群众利益问题的同时，下更大的决心、花更大的力气，在解决教育、医疗、安全生产等方面群众反映强烈的问题上取得新进展。三是注重用改革办法解决滋生腐败的深层次问题。加大从源头上预防和治理腐败的力度，进一步完善对权力实施有效监督的体制和机制，堵塞漏洞，做到权力运行到哪里监督就延伸到哪里。

（2008 年 3 月）

纵横捭阖构建大国战略关系新格局

中华民族具有 5000 多年灿烂文明。从秦、汉时代至清代中期，中国一直都是名副其实的世界大国。当今中国迅猛发展，并非新兴大国的崛起，而是历史大国的复兴。作为正在复兴中的大国，如何处理好与其它大国的关系，是中国对外战略的重大课题。

中美关系是当今世界最重要的大国关系，也是最复杂的双边关系。中国领导人提出与美国建立新型大国关系，是基于自身及整个世界和平发展的需要。其核心是，相互尊重，全面合作，互利共赢。中美建交 30 多年来，一路风风雨雨，但两国利益关系日益紧密。现在，越来越多的中美两国精英人士认识到，推动中美关系健康稳定发展，必须摒弃不合时宜的陈旧思维。

第一，摒弃零和思维。零和思维的最大危险在于其具有"自我实现"预言的性质。"当一个守成大国与一个崛起大国相遇时是否必然发生冲突？"这是近几年中美关系中最流行的问题。美国新保守主义思想家把中国视为美国的"战略对手"，依据历史上大国之间碰撞、冲突的案例，推断中美关系也将循此定律。但中美两国主流民意对此并不认同。美国哈佛大学教授、著名战略分析家约瑟夫·奈指出："相信冲突不可避免的想法，本身就是冲突的根源。美国若是把中国当成敌人，可能就为自己树立了一个敌人。"许多中方学者认为，中美两国并无大的利害冲突，而且，在维护全球经济稳定、应对气候变化、打击恐怖主义、制止大规模杀伤性武器扩散等方面，拥有巨大共同利益。双方都应客观理性地看待对方发展，防止出现所谓"修昔底德陷阱"。

第二，摒弃冷战思维。冷战思维源于不同政治社会制度和价值观的对立。美国的对外战略是在近 50 年的冷战期间形成的，一些人偏好以冷战思维看待中国与中美关系。他们一面臆断中国崛起带来威胁，一面贬评"中国是一个被动回应型的国家，缺乏真正的盟友"；"在安全防卫领域，中国没有全球范围的军事基地网络以及盟国"；"中国甚至未在自身所处区域建立起主导地位"，等等。冷战时代已经结束，冷战思维早已过时。中美两国不应以对立、排斥的眼光看待对方，更不应以敌视思维判断对方实力与发展趋势，避免战略对抗和误判。

第三，摒弃狭隘思维。中美作为两个世界大国，应当胸襟宽阔，包容豁达。处理双方关系应大度大气，善良睿智。战略互疑是思维狭隘的表现。应奉行"己所不欲、勿施于人"，不以一己私利处理两国关系。中美应相互尊重核心利益和各自在亚太地区的正当利益，辽阔的太平洋完全容得下中美两个大国。一个成功的中国只会使美国更加繁荣。

第四，摒弃傲慢思维。中华民族与美利坚民族同为世界优秀民族，彼此都有许多优点和长处。中美两国应增强相互认同感，处理双边或国际事务，应相互尊重、平等相待，以谦虚态度互相借鉴、取长补短。中国应当学习美国人民的创造精神，了解美国内外政策的客观原因与深层逻辑；美国也应当了解中国由本国国情所决定的发展道路，了解中国的历史、哲学与文化。

在摒弃陈旧思维的同时，中美双方应以创新思维构建新型大国关系。第一，构建尊重差异、超越分歧的新型大国关系。尊重差异，就是尊重不同文化包括不同制度文化的差异。中美两国国情不同，处在不同发展阶段，彼此相处应以礼为重，和而不同，求同存异；超越分歧，就是中美双方在处理相互关系时，应当超越政治制度障碍，超越意识形态分歧，具体问题具体分析，不把一般分歧扩大化，不把经贸问题政治化。在利益一致时积极推动合作，在利益不一致时有效管控分歧。

第二，构建同舟共济、互利共赢的新型大国关系。同舟共济，就是中美双方都要重视维护两国关系大局，重视维护双方共同利益，不断扩大交汇利益，携手应对风险挑战；互利共赢，就是推动中美各领域开展全面、平衡、高效的合作，使双方同等受惠、共同获利。经贸关系是中美关系的压舱石，应精心培育、构筑两国经贸合作新根基。一是自由贸易根基，双方应坚定奉行自由贸易原则，反对各种形式的保护主义；二是结构平衡根基，双方都要推进深层次结构改革，使各自国内经济和两国经贸关系更均衡、更可持续；三是平等公正根基，双方开展贸易投资合作要排除政治因素干扰，切实做到平等无歧视，公正无排斥。

第三，构建基于健康竞争而非战略博弈的新型大国关系。健康竞争，就是鉴于中美在经济和安全领域相互依赖程度很深，不可对抗。两国在政治、经贸、军事、外交等领域，应善意看待对方，不敌视、不排斥、不损害对方，企业竞争应遵守世贸组织规则。非战略博弈，就是中美不是战略对手，不搞零和游戏，不搞针对对方的军事或政治同盟，不搞军事威胁，在国际事务中不给对方施加压力。总之，健康竞争应是非对抗性的、良性的竞争。

第四，构建与时俱进、前瞻未来的新型大国关系。与时俱进，就是应顺应时代潮流，推动中美关系在变革和创新中发展。前瞻未来，就是双方要登高望远，以长远战略眼光把握两国关系发展的大方向。应当看到，中美在战略上相互依存，任何旨在损害对方的行为结果也会损害自己。美国著名战略家布热津斯基指出，只有美中都"接受对方在全球事务中扮演中心角色的事实"，两国关系才能持久稳定；"美中之间的关系必须真正是一种与美欧、美日关系类似的全面的全球伙伴关系"。在中国看来，中美新型大国关系归根结底应当是相互尊重的朋友关系，合作共赢的伙伴关系。

中俄关系是与中美关系并驾齐驱、同等重要的大国关系。俄罗斯是中国最大的邻国，是当今世界的重要一极。上世纪 70 年代，美苏冷战、中苏对立，推动中美接触，联手抗衡苏联。斗转星移。今天中俄两国为共同应对西方压力而走到一起。这是国际战略格局的重大变化，也是中国对外战略的现实选择。中国国家主席习近平上任后首访定在俄罗斯，将其作为中国外交的优先方向，突显俄罗斯在中国对外战略中的重要地位。冷战结束后，西方国家通过北约东扩等手段一再挤压俄罗斯战略空间，对俄罗斯在许多重大国际和地区问题上采取与西方不同的立场表示不满，并不断批评俄内部事务，视俄为战略对手，这使俄罗斯深感加强与中国合作的必要性。同时，中国一直受到西方政治压力，又面临美国战略重心东移压力。因此，在中美俄三边关系中，客观上形成了中俄共同应对美国的态势。由于中俄不存在重大政治分歧，在核心利益上相互支持，双方能够互为最主要、最重要的战略协作伙伴，成为新型大国关系的典范。

对中国而言，维护发展中美、中俄两组、三方大国关系，是 21 世纪第 2

个 10 年对外战略的基石。同时，高度重视与其他金砖国家、与 20 国集团建立良好关系。支持金砖国家成为就重大国际问题开展对话与合作的机制，支持二十国集团内部的协调与合作。充分利用中国同时与美、俄两大国保持重要关系的优势，与日本、印度等亚洲大国和其他地区大国，构建新型大国关系，实现全方位、多层次的互利共赢。

（2013 年 3 月）

广结善缘扩大全球战略合作新空间

　　人类社会正处于历史长河中的一次重大转向，长期以来预言的多极世界正逐渐变为现实。面向未来，中国对外战略应更加强化和睦、和平、合作的意识，以更开放、更包容的姿态融入世界，以更富有亲和力的优雅形象活跃于国际舞台，争取更多朋友，赢得广泛尊敬。

　　第一，以和为贵，友善至上。中国要努力成为世界各国的好朋友、好邻居、好伙伴。这既是基于中华民族几千年来奉行的与人为善、亲仁善邻的世界观，也是从近代中国饱受列强欺辱中得出的坚定信念，更是当今中国自身发展的需要。发展是硬道理、硬实力。中国复兴最根本的要以经济建设为中心，保持经济长期持续稳定发展。这是中国最重大、最核心、最根本的利益。正如邓小平在上世纪80年代所告诫的：除了爆发大规模战争外，以经济建设为中心不受任何干扰。中国应继续遵循邓小平教导，坚决维护发展复兴的大局，一切有利于中国发展复兴的事，坚决地、毫不犹豫地去做，一切与此不利的事坚决不做。在国际事务中，既不当头，也不树敌；无论国家大小、贫富、强弱，一视同仁，平等相待。妥善处理涉及自身的争端，无论钓鱼岛或南海诸岛争端，都应在维护国家主权的原则下，坚持以和平手段解决。推动亚太地区建立开放、透明的安全与合作架构。真诚传达中国善意，努力与对方构建共同善意，在善意的氛围中协商谈判，以善意和智慧解决争端。与所有利益攸关方加强战略互信，努力减少并消除战略互疑。巩固老朋友，结交新朋友，不断扩大朋友队伍，真正做到"我们的朋友遍天下"。

　　第二，包容互助，利益共享。中国现代化进程为全球发展带来机遇，应与各国共享。鉴于中国可能在未来数年成为全球最大经济体，应主动担当世界经济增长的引擎和稳定器。特别是，在参与全球资源配置与产业分工中，中国应当更加注意照顾他国利益，特别是广大发展中国家利益和周边国家利益，更加自觉地保护全球自然资源与生存环境，无论从别国进口能源原材料、向其他国家出口制造业产品，或企业对外投资，都要考虑对方利益，尊重别国合理关切，坚持平等互利共赢，绝不自私自利。要与所有国家发展合作伙伴关系，使自身发展更多更好地惠及其他国家。

第三，力戒僵化，避免僵硬。中国正在国际舞台上扮演越来越重要的角色。虽然中国不同任何国家结盟，但必须与所有国家交好。在国际事务中应"因事结盟"，谁正义就支持谁，谁正确就和谁站在一起，按照事情本身的是非曲直作出选择。妥善处理复杂敏感问题，灵活应对各种政治、军事同盟和区域性贸易协定。例如，接受邀请参加环太平洋军事演习；以开放态度对待跨太平洋伙伴关系协议（TPP），应将其视为倒逼中国经济转型的外部机制，加紧适应其在劳工、环保、知识产权和政府采购等方面的标准，择机加入。应增强中国对外交往的柔韧性，注意放下身段，倾听不同声音，少说空话套话，不说生硬话，改变自说自话，全面加强沟通对话。在全球重大议题和地区热点问题上，提出更多受人尊敬的"中国倡议"、"中国方案"。

第四，谦虚自信，真诚豁达。中国完全实现现代化直至最终复兴，还有很长的路要走。目前中国经济转型处于决定性阶段，改革攻坚进入关键时期，面临跨越"中等收入陷阱"的严峻挑战。中国必须头脑清醒、内外兼修，透彻认知中国国情，准确把握世界大势。正确宣传中国发展对世界的影响，批评劝阻少数人的盲目自满情绪、民族主义情绪和悲观主义情绪。学习借鉴人类文明的一切优秀成果，积极寻求中国价值观与西方价值观的共同点，深刻阐明中华文明与价值观的普世性，阐明中国全球合作战略的思想内涵，致力于减轻、消除国际社会对中国发展的困惑、误解和疑虑。树立大而不骄、强而不霸的形象，把中国和平发展的真诚愿望，化为外部世界对中国的普遍信任，实现与世界的共同繁荣。

（2013 年 3 月）

第六章
经济转型的全球视野

重点加强基础设施建设的国际比较

纵观发达国家的现代化进程，在经济起飞阶段，几乎都经历了基础设施快速发展的时期，而增加政府公共支出用于基础设施建设，也是市场经济国家在经济衰退时期刺激国内需求的普遍做法。从一些国家的历史经验看，在需要增强经济景气、促进经济增长的时期，一般都采用加快基础设施建设扩大国内需求。

一、20 世纪 30 年代美国罗斯福政府实施以扩大公共支出推进基础设施建设的"新经济政策"

1933 年罗斯福政府执政之初，美国正处于经济危机最严重的时刻。全国大多数银行停业，工业生产下降到 1929 年的 56%，农产品价格惨跌，农村一片萧条。财政收入从 1929 年的 874 亿美元急剧下降到 417 亿美元，全国失业人口超过 1200 万，占整个劳工队伍的 1 ／ 4。据估计，当时美国有 2750 万人没有固定收入，100 万失业者流浪，国家笼罩在悲观失望之中，整个经济结构濒临崩溃边缘。从 1933 年到 1939 年，罗斯福政府实施了一系列旨在解救大萧条困难与危机、复兴经济的社会经济法案及相关措施，统称为"新经济政策"。其中，扩大政府直接投资，兴建公共工程，进行大规模基础设施建设，以工代赈，扩大就业，刺激经济景气回升，是这一新政的重要内容。基础设施，经济学上称为"公共物品"、"公共消费品"、或"准公共物品"、"准公共消费品"。在现代市场经济国家，生产和提供"公共物品"或"公共消费品"即基础设施，是政府配置资源的重要职能，政府生产、提供公共物品的能力，取决于国家财政收支规模即财力强弱。因此，加强基础设施建设是市场经济条件下政府的重要职能。在经历了 1929—1933 年的经济大危机之后，罗斯福政府抛弃了传统的平衡预算政策，转而采用凯恩斯主义的扩大公共支出的赤字预算政策。按照凯恩斯主义理论，有效需求是指包括投资需求和消费需求在内的市场上有支付能力并决定就业量的总需求。在自由放任、国家不干预经济的条件下，单纯依靠市场自发的供给与需求或储蓄与投资机制，不可能实现充分就业；反之，在国家干预经济的条件下，只要政府设法刺激有效需求，就能实现充分就业。在短期内由于消费倾向比较稳定，扩大有效需求主要取决于投资量；而增加投资不能完全依赖私人资本，必须实行"投资社会化"，扩大政府公共投资；公共投资资金应当通过政府"举债支出"即推行赤字财政政策获得。他认为，虽然举债支出会增加财政赤字，但能够促进经济增长，最终增加社会财富和国民福利。正是借鉴运用了凯恩斯主义的国家干预政策，罗斯福政府通过举债兴建了大批公共工程，带动了增加就业和经济复苏。从 1933—1936 四年间，美国联邦政府共支出 90 亿美元用于修建道路、堤坝、电站、医院等基础设施，并对落后的田纳西河流域进行了重点治理开发。通过在该地区进行道路交通、环境治理、供电、供水等基础设施建设，改变了昔日因泥沙冲刷河水混浊不清、沿河流域水土流失严重的状况。四年间，通过扩大政府公共投资，使全国基础设施总资产增长了 6 倍，新创造 600 万个就业岗位，失业人数减少 400 万，制造业平均工资和股票价格上涨一倍多。更为重要的是，"新政"对美国人民而言，"不只是一张数字的清单，它意味着一群农民在密苏里州奥扎克高原架起电线，意味着加利福尼亚州巍峨的大坝，科罗拉多州灌溉渠道的水闸……匹兹堡的人们蜂拥回去工作，芝加哥的黑人看着贫民窟被拆除，佐治亚州的荒山上植树种草保护水土，田纳西州的河水清澈明亮，畅流不息。"①"受益于新政慷慨赠予的不仅有千百万农民和产业工人，还有小产业主、艺术家、作家、演员、教师和成千上万经济困难的中学生和大学生以及获得养老金的老人们。"②新政的成功，为美国战后经济高速发展奠定了重要基础。无论从当时或历史的角度看，实施大规模公共投资刺激内需的做法都是正确有效的选择。

---

① [美] 詹姆斯·麦格雷戈·伯恩斯著《罗斯福传》第 350 页，商务印书馆 1995 年
② [美] 詹姆斯·麦格雷戈·伯恩斯著《罗斯福传》第 349 页，商务印书馆 1995 年

二、20 世纪 60—70 年代联邦德国增加政府公共投资的"经济促进纲领"

20 世纪 60 年代，联邦德国政府为克服经济衰退，从艾哈德时期的自由主义财政政策转向以调节需求为目标的积极财政政策。1967 年，联邦德国议会先后通过两个"经济促进纲领"，共增加 78 亿马克投资性财政支出，用于公共基础设施建设，很快实现经济复苏。1968 年经济增长率由上年的零上升到 5.8%，1969 年又提高到 7.5%。从 1967 年到 1980 年，联邦德国通过在预算中建立经济协调储备金、发行特别国债等方式，持续增加政府直接投资，重点增加对建筑业及公路、铁路等基础设施项目投资，增加"创造就业岗位"投资，增加对私人投资的补贴，累计公共支出投资总额 422 亿马克。这些巨额投资成为促进战后德国经济崛起的重要因素。

三、20 世纪 70 年代日本政府增加公共事业投资的反危机"萧条对策"

在经历 1973—1975 年的经济危机后，日本政府采取了一系列扩张性经济政策，通过发行长期建设国债，大量增加公共事业投资，刺激经济恢复增长成为主要举措。从 1975—1980 年，日本长期建设国债发行总额由 31900 亿日元增加到 69550 亿日元，5 年增加 37650 亿日元。巨额国债投入公共基础设施，拉动日本 1975、1976 两年工业生产增长了 10.8%；1975—1980 年 GDP 平均增长率达 4.2%，名列发达国家前列。

四、20 世纪 60—80 年代新加坡政府扩大公共建设支出摆脱经济萧条

新加坡在"经济成长与发展的 30 年"（1959—1989 年）中，曾经历过两次石油危机和 1985—1986 年的经济衰退。在几次经济萧条中，新加坡政府主要采取提高企业雇主和个人交纳的公积金比率，然后用公积金购买国债，再把国债资金以低廉利率，贷给基础设施产业部门的办法，扩大国内需求，刺激经济增长。1973、1974 两年，新加坡用公积金购买国债总额达 8.8 亿新元，1979 年增加到 16.9 亿新元，1980 年又增加到 21.6 亿新元。这些国债资金以很低利率贷给基础产业部门用于建设道路、港口、电信、住宅等基础设施；同时，国债投资大大吸引、增加了外国资本投资，1973 年、1974 年、1979 年和 1980 年，国民积累率分别达到 40%、45.9%、42% 和 47%，其中外国资本比例分

别占 12.7 个、20.4 个、7.9 个和 14.4 个百分点。

五、20 世纪 90 年代，英国、芬兰、墨西哥、泰国、马来西亚、菲律宾等国，普遍采用增加政府公共投资、促进经济增长

从投资方向看，墨西哥、菲律宾和马来西亚主要投资于农田水利、城市建设、交通运输、邮电通讯、矿业和石油开采等公共基础设施和一些基础产业项目，英国、芬兰则主要投资于学校、医院等一些准公共品建设。从资金来源看，有的国家是在财政预算中扩大公共支出规模，有的国家则通过举借国债或利用社会保障资金扩大公共支出。在实施扩大公共支出政策过程中，各国政府不断总结经验，努力提高投资效益。主要是：加强对中央政府公共支出预算审计，减少商品和劳务成本；对政府公共投资项目设定回报率；在成本核算中引入"折旧"；建立质量指标考核体系，全面衡量公共设施效用；加强对地方政府公共支出审计和现金管理等。国际经验充分表明，尽管各国国情不同，具体实施方法各异，但以加强基础设施建设为重点扩大国内需求，是现代市场经济国家刺激经济增长的通常做法，完全符合市场经济运行规律。

（2002 年 12 月）

借鉴国际经验促进区域协调发展

纵观世界现代经济史，西方发达国家在实现工业化、现代化进程中，几乎都经历了地区差别扩大到逐步缩小的过程，通过政府干预加快改变落后地区面貌，是发达国家促进区域协调发展的普遍做法。

一、制定专门法律

上世纪 30 年代，美国罗斯福新政把开发落后地区作为重要内容。为加快田纳西河流域和密西西比河中下游一带发展，1933 年，美国国会通过了《麻梭浅滩与田纳西河流域开发法》，依法成立了田纳西河流域管理局(TVA)，对该地区展开大规模综合治理，该工程持续了半个多世纪，田纳西河流域年人均收入由 1933 年的 168 美元上升到 1980 年的 7378 美元，接近全美平均水平。1960—1980 年代，美国又先后颁布了《地区再开发法》、《公共工程与经济发展法》和《阿巴拉契亚区域发展法》等多项法案，推动落后地区发展。二战后，日本在恢复经济中颁布实施《国土综合开发法》，此后又陆续制定《北海道开发法》、《孤岛振兴法》、《过疏地区振兴特别措施法》、《东北地区开发促进法》等振兴落后地区法律，此后无论任何党派执政，落后地区开发都依法进行。

二、加大财政转移支付力度

两德统一后，为尽快缩小东西德之间发展差距，德国联邦政府于 1990 年制定实施"紧急救援计划"，1995 年制定《团结公约》，2005 年启动《团结公约》二期，从改善德国东部地区基础设施入手，逐渐向科研、文化、教育、环保领域扩展，逐渐形成了涵盖 15 个领域完善的资助政策体系。特别是 1990 年筹集和设立了 1600 亿马克的 5 年专项基金——德国统一基金，其中 700 亿马克为联邦及各州政府拨款，其余 900 亿马克通过金融市场借贷，债务由联邦政府与原属西德的 11 个州各负担 50%。《团结公约》一期从 1995 年实施至 2004 年结束，共 1000 亿欧元，主要用于改善东部地区的基础设施及经济结构；《团结公约》二期自 2005 年生效，至 2019 年结束，在实施《团结公约》一期基础上，由联邦政府继续向东部地区提供约 1560 亿欧元的财政资助。通过加大中央财政对落后地区的转移支付，促进了地区协调发展。上世纪 90 年代后，随着欧盟一体化不断加深，欧盟成员国之间经济发展不平衡日益突出。从 1994 年开始，欧盟对 11 个相对欠发达国家和地区，提供输血性与开发性相结合的援助，经过多年努力，逐步缩小了发展差距，增强了欧盟凝聚力。不过，欧洲发生主权债务危机后，欧盟内部平衡发展面临新挑战。

三、运用投资激励机制

二战后，意大利政府通过直接投资、合资入股等方式在落后地区举办国有企业。据统计，中央政府曾将 40% 投资投向南方欠发达地区，并强制要求国家参股企业必须将工业投资的 40% 和新建工业企业投资的 60% 投向南方，以后又将这两个比例分别提高到 60% 和 80%。统一后的德国制定了一系列投资促进政策：通过现金补贴、优惠贷款、提供担保、国家参股等方式，资助新建企业和收购企业、扩大就业、环境保护、市场开拓和人员培训等。资助资金主要来自德国联邦政府面向经济欠发达地区设立的投资补助、国家政策性银行向企业提供的优惠投资贷款以及一些富裕州政府提供的投资补助资金。资助重点是落后地区加工制造业和服务行业的中小企业，其中最高投资补贴占到总投资额 50%。

四、实行税收、信贷优惠政策

主要是对欠发达地区企业和投资者实行增值税减免、营业税减免、所得税减免、进口环节税减免以及鼓励加速折旧等税收优惠。美国联邦政府给予不发达地区税收豁免权；澳大利亚政府对欠发达地区居民实行所得税减让。美国联邦政府在向两个主要铁路公司颁发修筑第一条横贯东西铁路的执照时，制定了一系列优惠政策。包括：铁路公司每修筑 1 英里铁路，可得到铁路沿线左侧或右侧纵深 10 平方英里土地；铁路公司购买政府铁路建设债券，在平原地带每英里铁路可获得政府贷款 1.6 万美元，在丘陵地带可获得贷款 3.2 万美元，在山区可获得贷款 4.8 万美元；并允许铁路公司用政府贷款进行第二次抵押贷款。这种融资方式大大加快了落后地区交通业发展。1962—1982 年，日本政府设立了产煤地区振兴事业团，在全国各产煤区建立了 113 个工业开发区，对在开发区内设立的企业给予优惠财税政策：如直接减少或免除其负担的地方税和法人税；允许加速折旧；减少对企业卖掉陈旧设备的课税；对准备培训并雇用失业煤矿工人的企业政府给予专门资助等。

（2009 年 3 月）

借鉴国际经验促进中小企业发展

世界各国特别是发达国家十分重视发展中小企业，一些做法值得我们借鉴。

一、大力支持投资创办中小企业和微型企业特别是科技小企业

美国把中小企业视为"经济的脊梁"。美国国会 1953 年通过《小企业法》，随后成立美国小企业管理局（SBA），是推动小企业发展的专门政府机构，其前身是 1932 年大萧条时期设立的"重建金融公司"。SBA 从 1958 年开始推出小企业投资公司项目，作为风险投资家和小企业之间的纽带，目前该项目已成为全球典范。像苹果、康柏、英特尔等著名公司都是在该项目扶持下成长起来的。1964 年国会通过《机会均等法》，进一步完善向微型企业提供资金援助的机制，鼓励公民投资创业。1982 年 7 月，国会又通过《小企业发展创新法》，决定设立小企业创新研究项目(SBIR)，目前每年 SBIR 项目可用资金达 12 亿美元。克林顿政府时期，为解决股权融资在中低收入地区失灵问题，实施了新兴市场风险投资项目，为小企业成长提供长期资本和技术援助。奥巴马政府上任后，提出应对金融危机的《复兴法案》，把扶持小企业作为政策重点；前不久他在国情咨文中再次强调，"美国创造就业的动力始终源于企业。""我们应该开始于主要创建新就业岗位的小型企业。"德国政府一直致力于为中小企业发展创造良好环境。建立由科学、商业和行政专家组成的创新和增长委员会，主要帮助创业初期中小企业。对刚成立的创新型公司免除社会保险费。对研究开发新技术的中小企业每年补助 15 万马克，对创新产品的中小企业补助 50% 研究经费。上世纪 70 年代以来，英国政府在贸工部设立中小企业管理局，专

门负责中小企业政策协调。在英国各郡和村镇设立中小企业服务中心，为地方中小企业提供政策咨询和信息服务。成立"中小企业委员会"、"中小企业发展工作组"和"政策法规监督小组"等行业组织，指导中小企业发展。在全国10多所大学设立小企业人员培训中心，按企业性质有针对性地设置培训课程。近年来一些北欧国家小企业发展迅速，许多小企业依靠创新和专利技术迅速成长为著名跨国企业。其成功原因主要是该地区具有良好的创业创新环境。在芬兰，如果个人打算创办企业，只要提供切实可行的商业计划，便可以从政府获得资助。芬兰政府还设立国家技术开发中心，推动中小企业新技术新产品开发，该中心以风险投资或低息贷款支持研发项目，逐步形成企业、大学、研究机构三位一体的创新模式。

二、对中小微型企业实行财政扶持、税收优惠政策

为扶持微型企业发展，美国政府在不同时期采取不同的税收优惠政策。如减少企业新投资税收，降低企业所得税率，实行特别科技税收优惠，企业科研经费增长额税收抵免，降低个人所得税率和资本收益税，等等。2008 年以来，英国政府共投入 37.5 亿英镑资金，用于支持中小企业技术创新。巴西于 2007年颁布"微型和小型企业法"，规定对微型和小型企业征收"超简单优惠税"；还以财政贴息鼓励银行向微型企业提供贷款，并鼓励微型企业出口。芬兰政府每年都有专项财政预算，向新创企业提供启动资金，投资最多可达企业创立资金的 50%。

三、建立专门支持中小微型企业的融资体系

美国有上万家专门从事为中小企业提供金融服务的投资公司，如妇女投资公司、企业金融服务公司、社区投资公司、街道投资所等，有效解决了创办中小企业的资金需求。美国纳斯达克市场源源不断地为大量高科技中小企业成长提供融资，许多中小企业上市后成为全球顶级公司。美国在 20 世纪 30 年代建立征信评信制度，目前信用管理体系已融入全社会，信用良好的中小企业更容易取得金融机构贷款，同时降低了银行的信用调查成本和信用风险。为帮助中小科技企业融资，德国政府对中小企业直接投资从 2005 年 45 亿欧元上升到2009 年 67 亿欧元。德国政府还利用欧洲复兴计划专项基金、德国复兴信贷银

行和农业抵押银行的专项贷款，帮助高科技中小企业融资。英国政府采取多项措施，支持中小企业从不同渠道获得发展资金。包括由政府向中小企业提供"风险投资基金"，向有发展潜力的中小企业提供"企业资本基金"，对新建小企业给予"早期发展基金"等。日本专门设立面向中小企业的国民金融公库、中小企业金融公库、商工组合中央金库等金融机构，为中小企业提供融资便利。芬兰政府实行政府资助和民间融资相结合，建立完善一整套扶持中小企业发展的融资政策。特别是由政府建立中小企业信用担保体系，为新创建小企业从协作银行获得贷款提供担保，并代企业偿还一半贷款利息。

四、政府尽力为中小微型企业发展提供良好服务

近年来，为帮助小企业取得竞争新优势，美国政府制定了电子商务小企业战略，主要培训为小企业服务的政府官员，将政府指定普遍使用的产品和表格搬上因特网，大力宣传成功使用因特网和电子商务的小企业。为使中小企业通过因特网在全球范围内开展营销活动，美国商务部下属的国际贸易署组织开展了虚拟贸易展览或电子博览会，目前已有1000多家企业通过这一媒体向全球购买者展示其产品。国际贸易署下设的电子商务小组通过电子邮件向小企业即时自动地传递市场调查和贸易导向信息。商务部还在全美组织了面向出口商的电子商务系列会议，惠及20个城市1000多个出口商。美国小企业管理局SBA还为小企业提供在线培训，在网上以"小企业教室"栏目开设电子商务课程。

（2010年3月）

泰国"金融管制"风波对我国的启示

今年是亚洲金融危机十周年。当年的"风眼"泰国又出现了金融动荡。面对货币升值、资产泡沫和外资大举进入的压力，泰国政府决定实施"金融管制"，由此引发外汇、股票市场剧烈动荡。从泰国教训中得到的启示是：（1）推进金融开放必须依据本国国情，循序渐进，有备而行；（2）完全浮动汇率制并不能阻止热钱流入；（3）注重加强国际合作，积极参与国际金融体系改革，争取构建国际金融新秩序的话语权。

一、泰国"金融管制"的内容及后果

2006 年 12 月 18 日，泰国央行宣布，从 12 月 19 日起，对所有超过 2 万美元的国外流入资金收取 30%的准备金，交存于泰国央行，存期一年，满一年后将悉数归还，但无利息收入；如在一年之内提取，则将扣减其中 1/3 作为罚金；与商品和服务贸易有关的资金流动及本国居民汇回的海外投资收益不在限制之内。这一资本管制政策被称作无息存款准备金制度。据测算，30%的无息准备金率相当于向投资者征收 10%税负。这项针对外资大量流入、旨在打击外汇投机交易的严厉管制措施，却直接诱发了泰国金融市场震荡。12 月 19 日，海外投资者净卖出 251 亿泰铢（6.99 亿美元）泰国股票，为 1999 年 1 月以来最高纪录；当天泰国 SET 指数下跌 108.4 点，跌幅达 14.8%，创 31 年来最大单日跌幅；股市市值一日之内蒸发 8200 亿铢（225 亿美元）；外汇市场快速走贬，最低跌至 36 泰铢兑 1 美元，当日跌幅达 2.85%，创近 3 年之最。

泰国金融震荡也波及周边国家和地区，新加坡、马来西亚、印尼菲律宾股市同时下滑，东南亚各国货币对美元群体下挫。这一后果令泰国政府措手不及。在管制措施生效后第二天，泰国财政部被迫宣布，限制措施只针对进出泰国债券和商业票据市场的外资；泰国央行也随后补发放宽外汇管制条例文件，规定除对冲基金外，投资于泰国证券交易所、期货交易所和农业期货交易所的外币资金和投资收益，不受资本管制条例约束。受政策修改激励，12 月 20 日泰国股市大幅回升，SET 指数上涨 69.4 点，东南亚股市全线反弹。泰国央行朝令夕改的举措不仅令本地和亚洲市场在两个交易日内大起大落，而且引来了海内外投资者的强烈批评。

在采取资本管制措施三周后，泰国政府又宣布对外资在泰国企业中的所有权采取限制措施。2007 年 1 月 9 日，泰国临时政府内阁会议批准《外商经营法》修订案，限制外资在电讯、媒体和房地产等领域中的控股比例,要求在电信和其他事关国家安全的重要部门减持外资大股东股份，并放弃超过 50%部分的投票权。修订法案规定，海外投资者需在一年之内披露他们在泰国公司的持股情况，并在接下来的 12 个月中将基于投票权的持股份额削减到 50%以下；外国投资者的本土合资企业即名义持股者，需在 90 天内披露他们的持股状况，并在接下来的 12 个月中调整持股比例，使之符合修订法规。受《外商经营法》修订草案影响，刚刚平稳的证券市场又出现动荡，股票综合指数当天创下新低。泰国政府实行"金融管制"的初衷，是为了稳定汇率、阻击热钱流入、维护金融体系稳定，但由于采取一系列过激的管制政策却造成适得其反的负面效果。全球信用评级机构标准普尔公司认为，泰国对于短期资金进出的管制已经严重损害政府声誉，投资泰国的外国共同基金可能大量撤出；海外投资者将对继续投资泰国金融市场产生疑虑，由此将增加泰国的融资成本，并对其债券和资产价格形成压力。

二、泰国"金融管制"失效的主要原因

一是金融体系脆弱。泰国金融体系自 1940 年建立之后,经历了上个世纪 60—70 年代政府严格保护时期和 80 年代末、90 年代初的金融自由化时期。其突出特点为商业银行和金融公司在金融系统中占主导地位，由此奠定了间接融资的主体地位。虽然泰国股票市场在 1975 年就已成立,但整个资本市场发展相对缓慢，为企业筹措长期资本功能很弱,国内资本运作主要依赖商业银行,国内企业融资结构相对单一。亚洲金融危机爆发时，泰国银行贷款金额占 GDP 的

比率达 125.5%,股票融资金额占 23%,企业债券金额仅占 3.8%。此外，银行系统受到政府显性和隐性担保，少数几家大型银行处于垄断地位，盘谷银行、泰华农民银行、汇商银行和大城银行等四大银行合计资产总额和贷款比率长期占到全国商业银行系统总额 50%以上。

二是金融自由化步伐过快。泰国 1992 年就取消了资本市场投资管制，使海外短期资金流入畅通无阻；1995 年又宣布将在 2000 年前完全实现资本账户全面开放，实现资本自由输出入；1997 年 7 月 2 日亚洲金融危机爆发后，泰国被迫宣布放弃实行了近 14 年之久的美元联系汇率制度,改行自由浮动汇率制。在资本市场迅速开放的同时，监管部门缺乏有效的管控能力，致使热钱大量流入，推动国内资产价格过快上涨，泡沫压力不断增大。自 2006 年以来，泰国的股市和房地产行情大幅上涨，其中资金主要来自国际投机资本。据泰国央行测算，仅 2006 年 12 月第一周，就有 9 亿美元国际短期资本流入泰国，比前一个月增加 2 倍；在 12 月 19 日实施"金融新政"之前的三个星期里，大约有 1000 亿铢游资流入。此外，相对于周边国家，泰国资本开放程度高，利率比他国高，由此增加了泰铢对国际资本的吸引力，并加大了泰国政府抑制泰铢涨幅的难度。

三、泰国"金融管制"失效对我国的启示

（一）制定金融开放政策必须依据本国国情，不能盲目照搬别国做法。泰国央行实施的无息存款准备金制度（Unremunerated Reserve Requirement），相当于对国际资本流动征收间接税。其隐含的税率，可以由本国金融当局根据国内外利差通过调整无息存款准备金率和存期来改变。国际上运用无息存款准备金制度比较成功的是智利。它于 1991 年实施，最初管制的范围是除贸易信贷以外的所有国外借款，比率为 20%；此后无息存款准备金率逐渐上升，覆盖范围扩展到除外商直接投资以外的多数外资流入。智利实施无息存款准备金制度后，流入智利的国际资本期限变长，有效地降低了市场的脆弱性，提高了国内金融体系的稳定性，使智利在 20 世纪 90 年代全球金融危机频发中幸免于难。因此智利所实施的无息存款准备金制度得到了包括国际货币基金组织在内的国际社会的肯定。智利的成功之处在于，政策实施遵循谨慎有序的原则，有步骤、分阶段地推广；充分注意市场反应和国内外经济环境的变化；及时调整

政策适用范围。泰国实施无息存款准备金制度失败的主要原因是，没有遵循谨慎有序的原则，事前对市场反应估计不足，管制措施过于严厉；仓促出台。同时，由于热钱流入规模过大，投机资金流动性过强，管制效果下降。泰国"金融新政"的教训说明，并不存在"放之四海而皆准"的资本管制措施，必须充分认清本国国情，不能盲目照搬他国经验；即使有他国成功先例，也必须结合本国情况谨慎选择。

（二）汇率自由浮动并不能阻止热钱流入，汇率改革必须稳步推进。近年来，国际上普遍存在一种误解，认为人民币币值被低估是中国金融体系发展滞后的根本原因，只要人民币升值一次到位，许多贸易和金融问题就会迎刃而解。在这种观点引导下，西方国家将其自身的经济问题也归咎于我国人民币汇率制度，指责中国政府为谋求贸易顺差操纵人民币汇率。实际上，在金融全球化和资本高速流动的背景下，汇率自由浮动并不能防止金融风险发生。泰国"金融管制"失效就是例证。目前泰国实行的正是浮动汇率制度，但是国际短期投机资金仍以各种方式源源流入，推动本币和金融资产快速升值。泰国政府之所以出台严厉措施，正是为了遏制国际游资对泰铢的炒作，预防热钱大进之后再大出，导致金融悲剧重演。从其他发展中国家的实践看，盲目放开汇率不仅无助于金融稳定，而且很可能给本国经济带来灾难。例如，亚洲金融危机之前，印度尼西亚是东南亚为数不多的几个实行浮动汇率制度的国家之一，许多经济学家，包括国际货币基金组织的专家都认为，印尼的浮动汇率制是根据外汇市场供求状况自动调整汇率水平，因此不会受亚洲金融冲击。但是，印尼最终却成为东南亚国家中危机最深重的国家，货币贬值500%－600%，以致发生了银行挤兑、社会暴乱和政权更迭。从我国情况看，目前金融体系尚不健全，抵御金融风险的能力比较弱，实施完全浮动汇率制度更不具备条件。必须以加快市场机制建设、增强抵御风险能力为重点，稳步推进外汇体制改革，不断增加人民币汇率的灵活性。

（三）资本账户开放要循序渐进、有备而行。泰国"金融管制"失效的教训说明，完全放开资本账户、实行金融自由化是一个渐进的过程，不能拔苗助长。对我国而言，目前资本账户完全开放的基本条件尚未具备，如银行业改革有待深化，利率市场化刚刚起步，资本市场规模有限、运作不够规范，缺乏健全、有效的金融监管机制，等等。因此，应当坚持对外开放的大方向，着力优化金融业开放结构，有步骤有秩序地推进开放。首先，必须提高金融监管能力，强化金融监管手段，加强对跨境短期资本流动特别是投机资本的有效监控，要研究"地下钱庄"和国际热钱流入的规模、渠道；金融监管部门要加强协作，制定防范金融危机的应急处置预案，实现金融调控与审慎监管的有机结合。金融监管部门要建立突发事件应急机制，明确职责、合理分工、加强配合，提高整个国家和金融系统应对突发性金融风险的能力。中国是一个负责任的大国，资本市场放开和金融自由化的进程应该循序渐进，出台任何金融开放与管制的政策都必须谨慎，充分考虑各种外部影响和国际社会可能的反应。

（四）加强国际监管合作，积极参与国际金融体系改革，争取构建国际金融新秩序的话语权。从本质上看，泰国金融管制风波的根源在于全球经济结构失衡造成全球流动性过剩，投机性资本从欧美等发达国家金融市场向亚洲新兴市场大规模转移。据国际货币基金组织的粗略统计，目前在国际金融市场上流动的短期银行资金和其他短期证券至少有 7.2 万亿美元，并呈与日俱增趋势。全球金融市场每天的交易量高达 1.5 万亿美元，其中 95%的交易与商品和服务贸易无关。由此可见，一旦国际金融市场出现动荡，单靠一个国家央行力量与全球投机资本博弈是很难取胜的。因此，加强各国金融监管部门的国际合作是必由之路。从根本上防范国际游资冲击新兴经济体金融市场，必须从金融全球化的大局着眼，关注全球流动性过剩等短期现象和国际经济结构失衡等长期问题的内在关联。泰国事件说明，金融波动的传递效应日益明显，维护金融稳定是各国监管机构的共同责任。这方面，我国应该积极主动地加强与国际监管组织和外国监管当局的合作，从独立监管向跨境监管转变，加强对国际投机资本的全球监控，防范金融风险的跨境传递。同时，我国也要积极参与国际金融体系改革，代表发展中国家争取话语权，督促美、欧、日等发达国家解决其经济发展中结构失衡的问题，建立公平、稳定的国际金融新秩序，不断增强对国际游资的监管能力。

（2007 年 5 月，本文与范文仲合写）

英国的经济社会发展与政府职能

——市场经济体制下政府职能考察报告之一

　　英国是当今世界比较典型的君主立宪制与议会民主制并存共处的国家，也是比较典型的集传统与现代、中央集权与地方自治、自由市场经济与政府宏观调控于一体的西方国家。经历几个世纪沧桑巨变，昔日的大英帝国已经从一流国家位置上滑落下来，但其经济社会发展总体水平和综合国力仍处于世界前列。特别是经过 20 世纪 80 年代以来的持续政治变革和大规模经济结构调整，传统的制造业已荡然无存、全部转型，整个英国已经完成了由传统工业向现代服务业的转变，完成了由工业化社会向后工业化社会的转变。与 17 世纪率先发动工业革命并大步走在世界前列相比，在 20 世纪全球信息技术革命浪潮中，英国这个老牌工业巨人显得有些力不从心，甚至步履蹒跚，但其工业基础依然雄厚并显示出坚实底蕴。我们所到之处，城市外观面貌（英国人称为"物理特征"）大多一般，很少有在新兴工业化国家常见的鳞次栉比的高楼大厦，相反，不少旧式建筑因年代久远已黯然失色，几乎透不出任何现代气息。然而深入考察就会发现，在这些古老建筑的内部，人们的生产方式和生活方式已经发生了深刻变化。在英伦三岛，17 世纪中叶建立起来、蓬勃发展两个多世纪的钢铁、棉纺、造船等工业制造中心，如今已经被电子信息、生物、纳米、环保等高技术产业和运动、娱乐、休闲等现代服务业取代；经济增长内涵也已由依靠扩大工业生产规模和产量，转变为追求高效率、环保型的生产方式，生产高科技产品，提供高质量服务，经营销售简约、高品质的现代生活方式。在我们驱车从伦敦前往纽卡索、从曼彻斯特前往格拉斯哥的途中，一路上，湛蓝的天空，清新的空气，放牧牛羊的绿色原野，大片覆盖的森林，城乡无别的基础设施，优美怡人的田园风光，都给我们留下了深刻印象。1997 年工党执政以来，英国经济同整个欧洲经济一起，经历了从低迷走向复苏的过程。布莱尔政府在基本延续撒切尔时代政治经济改革方针的同时，提出了"第三条道路"等新的意识形态主张，推行了一系列经济社会"新政"，在加强与欧洲一体化进程中促进英国自身发展。综观近年来英国经济社会发展和政府职能，呈现几个明显特征：

（一）低失业率、低通胀率下的经济持续增长。1997 年至 2003 年，英国通货膨胀率一直控制在 2%左右；其中 2001—2003 年通胀率分别为 1.2%、1.3%、1.4%，分别比欧元区国家低 1.3 个、0.9 个和 0.7 个百分点。2004 年第一、二、三季度，居民平均消费价格指数分别上涨 1.3%、1.4%、1.3%，分别比欧元区国家低 0.4 个、0.9 个、0.9 个百分点；平均失业率分别为 4.7%、4.8%、4.6%，分别比欧元区国家低 4.2 个、4.1 个、4.3 个百分点，比美国低 0.9、0.8 个、0.8 个百分点。2000—2003 年，英国经济增长率分别为 3.8%、2.2%、1.6%、2.2%，在欧盟国家中是比较稳定的。同时，经济增长质量较高。从中央政府到地方政府，普遍重视科技创新，重视企业国际竞争力，重视以人为本，重视生活满意指数、生命健康指数等人文指标状况。据 2001 年"全球开放度评估"，英国在许多领域表现良好。尤其是快速普及的电子信息技术，发达的国民教育，良好的生态环境，这些都使英国成为目前欧盟国家中经济竞争力较强、生活质量较高的国家。

（二）高技术产业和现代服务业发展迅猛。在经济全球化和欧洲一体化的强力推动下，近年来电子信息技术迅速扩散并覆盖到英国经济社会生活的一切领域，仅在西北地区就建立了 5 个政府信息数据发展署。电子商务、电子政务如同两条巨大的社会中枢神经，把整个英国经济社会管理纳入信息化轨道。与此同时，以适应多元文化需求和促进人的全面发展为核心的现代服务业蓬勃兴起，教育、科学、医疗、文艺、体育、休闲、旅游等基础设施项目大规模展开。实行政府规划与咨询商、投资商结合，科研、教育产业与服务业结合，商业开发与保护历史遗迹和生态环境结合，吸引了大量国内外风险资本前来投资。特别是工党执政后在全国范围内实施"城市复兴计划"和"新千年"项目，大力推进信息基础设施建设，并由副首相办公室直接领导老工业基地改造，加速改变了一些城市和地区的面貌。我们所到几个老工业基地城市近年来都完成了大量再改造工程。如纽卡索的 Tyne 河两岸改造项目，已建成"生命科学研究中心"、"教育资源研究中心"、"纳米研究中心"和多个文化艺术设施；曼彻斯特市以宽带互联网为主的信息基础设施、以足球为中心的体育运动设施、将大型购物中心和娱乐、休闲活动融为一体的商业服务设施；格拉斯哥市的健康型居民住宅工程、环保工程、儿童教育设施，以及堪称世界一流的博物馆工程；这些都标志着英国产业升级达到了相当高度。在全英最大的工业城市曼彻斯特，2003 年电子信息产业增加值已占到 GDP 的 80%。目前英国按三次产业划分的就业构成中，第三产业就业比重已高达 74%。

（三）注重社会公平与和谐，政府行政效率较高。布莱尔政府积极推进政治改革，注重完善公民的就业、养老、医疗等社会保障，取得明显成效。近年来英国加强保护儿童的受教育权利，"确保人生良好开端"；广泛实行不同种族文化融合、教育平等的政策；加强对老年人、残疾人的关怀照顾；加强对贫困群体的扶助；提高政府公信度和社会诚信度。社会保障水平不断提高，公民参与社会事务管理的热情上升，犯罪率较低，社会治安状况明显好于意大利、西班牙、法国等其他欧洲国家。这是工党能够在大选中连任的重要原因。布莱尔政府还一直致力于政府管理现代化，注重提高政府行政效率和公共服务质量，加快推进政府和整个社会的信息化建设，特别是注重发挥执行机构和非政府部门公共实体在社会管理和公共服务中的作用，这是英国政府机构设置的重要特征，也是行政效率较高的重要原因。（1）注重执行机构作用。诞生于 20 世纪 80 年代的执行机构(Executive Agency)，是在政府内部设立并履行政府行政职能的独立系统，其主要职能是向公众或政府提供服务，某些执行机构还扮演公共服务监管者的角色。每个执行机构设立一个管理委员会，由一位部长任命的首席执行官领导。目前全英共有 131 个执行机构。根据不同行业特点，各个执行机构的具体目标不同，但其共同目标是：关注社会公众需求，最大限度地增加政府公共政策透明度，不断打破"平庸管理"，致力于公共管理创新。目前，英国已经有 3/4 的政府公共服务职能由执行机构承担，主要采取向公众承担"公共服务合同"和向政府承担"服务提供合同"的方式。为提高执行机构公共服务的质量和效率，近年来英国采取了多项改革措施。如打破执行机构的部门界限加强合作，共同应对减少犯罪、增进健康、提高学校教育水平等重大社会问题；对政府承担的主要公共服务职能增加资金投入并确保合理使用，如投资建设海关网上贸易平台和数据库；加强对公共服务合同执行结果的监督检查；消除部门合作中的怠惰和官僚主义，强化官员问责制；等等。通过这些改革，激励、约束执行机构在社会管理和公共服务中卓有成效地发挥作用。

(2) 注重非政府部门作用。在英国，非政府部门公共实体是不属于政府部门但受到政府管理并承担一定政府职能的机构，被称作"准自治管理机构"。它分为两类：一类是直接行使政府行政管理和监管职能的执行性公共实体，通常雇佣自己的员工，经济上独立核算；另一类是由部长设立、就特定事务为部长及其部门提供咨询的顾问性公共实体，通常得到出资部门的支持。在苏格兰、威尔士和北爱尔兰等授权区 (devolvedareas) 的顾问性非政府部门公共实体，分别隶属于苏格兰执行委员会 (Scottish Executive)、威尔士国家联盟 (National Assembly for Wales) 和北爱尔兰联盟 (Northern Ireland Assembly)；在非授权区的顾问性非政府部门公共实体，仍然受英国政府管理。非政府部门公共实体的作用在于，它在履行职能时可以独立于相关部门和部长，确保在研究决定向特定公共项目提供政府资金时不受政治因素的干扰。在履行与健康、安全和环境相关的监管职能时，在制定为艺术、体育、科学等项目提供资金的决策时，非政府部门公共实体可以向部长提供专业、独立的建议，从而使部长获得在政府内部无法获得的专家建议（例如关于艾滋病、转基因食品和人类基因等方面的专家建议），基于这些建议，部长能够对备受关注的社会问题作出快速反应：1997 年以来，为迅速处理公共生活中的"垃圾"问题，设立了"公共生活标准委员会"；为推进与减少失业有关的新政计划，设立了"新政特别工作小组"。非政府部门公共实体是一种灵活的执行职能模式，通过多种方式设立：可根据法规设立、作为公司设立（经人担保或发行股票建立有限公司）、或以管理机构形式设立。其规模可大可小，小的甚至没有雇员，日常支出很少；大的可雇佣数百人，支出数亿英镑。所有的非政府部门公共实体，无论其建立是否经过议会批准，在成立后都必须接受议会的监督（接受"议会巡视官"、"国家审计署"的监督），并接受议会委员会的审查。目前全英共有 1000 多个非政府部门公共实体，雇员 11 万多人。非政府部门公共实体由内设的管理委员会领导。多数管理委员会成员都是兼职，不收取报酬。经过 15 年的发展，非政府部门公共实体已经成为英国政府现代化运动中持久而充满活力的一个组成部分。

（四）主要问题。与美国和欧洲一些国家相比，目前英国企业的总体竞争力不够强，社会成员收入分配两极分化问题比较突出，尤其是一些贫困人口被隔离在信息化社会之外；老年贫困、儿童肥胖、教育不平衡现象依然存在；公民对政府信任度还不高；恐怖主义和跨国犯罪严重威胁社会和公共安全。同时，英国政府在履行公共服务方面仍存在包揽过多、忽视公众多样化需求等问题；尤其一些政府机构官僚化导致行政效率低下。

（2004 年 11 月）

英国政府履行职能的主要经验

——市场经济体制下政府职能考察报告之二

通过赴英国进行 3 周考察，我们对现代市场经济体制下的政府职能获得了比较全面清晰的认识。主要启示如下：

第一，所谓发达市场经济并非完全自由的市场经济，仍然需要国家宏观调控。市场在资源配置中的基础性作用与国家宏观调控并行不悖、相辅相成。政府宏观调控政策的重要目标是低通胀率、低失业率和经济稳定增长；是全国城乡、地区之间的经济均衡增长。英国是具有几百年发展历史的成熟的市场经济国家。微观经济实行充分自由竞争体制，宏观经济则实行中央集权的财政体制。在财政政策上严格执行"黄金准则"（Golden Role），即中央财政的公共支出与税收相符，不打赤字；同时，地方政府经常性预算支出的 80% 由中央政府财政转移支付提供，即地方政府的大部分资金来源掌握在中央政府手里。特别是经过长期探索，建立起一套完整规范的中央财政对地方财政的转移支付制度：实行分税制、合理划分中央与地方事权、"钱随事走"；根据各地人口数量，设立全国统一的转移支付计算公式；按此公式核定各个地区转移支付数额并由议会批准拨付。这种高度中央集权的财政体制，不仅没有妨碍微观经济发展活力，相反，有效地促进了宏观经济稳定增长，促进了地区之间、城市之间、城乡之间经济社会均衡发展。英国中央政府履行宏观调控职能的重要特征是：致力于低通胀率、低失业率下的经济稳定增长，不特别看重 GDP 增长率指标。主要运用相机抉择的财政政策和货币政策，强化、发挥中央财政的转移支付能力，通过支持地方政府与私人资本合作，通过为产业升级、为高技术产业和现代服务业发展创造良好环境，激发一切企业的活力和全社会创造财富的动力，促进经济稳定增长，促进充分就业，保持物价在低水平上稳定。并致力于城乡、地区之间全面均衡发展。经济发展完全为了满足人的需求。政府宏观经济政策同时致力于提高公民的生活满意指数、生命健康指数即公民的生活质量。如近年来电子信息技术迅速扩散并覆盖到英国经济社会生活的一切领域，仅在西北地区就建立了 5 个政府信息数据发展署。电子商务、电子政务像两条巨大的中枢神经，把整个英国纳入信息化管理。同时，以适应多元文化需求和促进人的全面发展为核心的现代服务业蓬勃兴起，教育、科学、医疗、文艺、体育、休闲、旅游等基础设施项目大规模展开。特别是工党执政后在全国范围内实施"城市复兴计划"和"新千年"项目，由地方政府吸引私人资本共同组建投资公司，加强信息基础设施建设，推进老工业基地改造，迅速改变了一些城市和地区的面貌。如纽卡索的 Tyne 河两岸改造项目；曼彻斯特市以宽带互联网为主的信息基础设施、以足球为中心的体育运动设施、集购物、娱乐、休闲为一体的大型商业服务设施；格拉斯哥市的健康居民住宅工程、环保工程、儿童教育设施，以及堪称世界一流的博物馆工程；这些都标志着英国产业升级达到了相当高度。在全英最大的工业城市曼彻斯特，2003 年电子信息产业增加值已占到 GDP 的 80%。目前英国按三次产业划分的就业构成中，第三产业就业比重已高达 74%。整个英国在完成了由传统工业向现代服务业、由工业化社会向后工业化社会的转变之后，经济增长内涵也已由依靠扩大工业生产规模和产量，转变为追求高效率、环保型的生产方式，生产高科技的产品，提供高质量的服务，崇尚简约而高品质的生活方式。英国公民无论居住在哪个地区，都能够享受到同一水平的教育、医疗、文化等公共服务，享受同一水平的社会保障。

英国现实情况表明，市场机制与宏观调控都是市场经济发展的内在要求。即使在自由市场经济体制下，完全自由的市场经济也是不存在的；即使在发达的市场经济国家，宏观调控也是完全必要的。国家采取何种方式实行宏观调控，需要从国情出发，遵循市场经济规律。一国市场经济体制是否合理、政府宏观调控是否有效，最根本的要看宏观经济运行是否平稳；是否实现了城乡之间、地区之间和经济社会全面协调可持续发展；是否不断增进了全体公民利益、促进了社会公平与正义。

第二，在发达市场经济体制下，社会管理和公共服务是政府的主要职能。政府有效履行这两项职能，最根本的是以人为本，在更大程度上发挥市场配置资源的基础性作用。政府需要履行哪些社会管理和公共服务职能、采取何种方式履行职能，都要从满足全体公民的利益和需要出发，遵循市场经济中社会管理和公共服务的内在规律，注重提高质量和效率。公共管理和社会服务是英国政府的主要职能。其履行职能的突出特征是，注重完善公民的就业、养老、医疗等社会保障；保护儿童受教育权利，"确保人生良好开端"；实行不同种族文化融合、教育平等；加强对老年人、残疾人的关怀照顾；扶助贫困群体；致力于政府管理现代化，不断提高政府行政效率和公共服务质量，提高政府公信度。政府在履行职能时，首先确认政府是否必须提供某项服务；再研究这项服务采取何种方式提供；有的公共服务由政府直接组织提供，有的则转给私营机构或社会机构完成。无论采取哪种方式，都把公众视为公共服务的核心，坚持给公众更多选择权，确保公众享受高质量服务。例如，在英国许多城市，都组建了由政府出资的就业促进中心（Job Center Plus），主要职能是为技能较差的无业人员、身患轻微疾病的失业人员及劳改释放人员等就业"边缘化"人员提供帮助，包括提供信息、介绍单位、无偿提供就业培训等。同时，把政府公共部门的某些事务和业务，通过公开招标，承包给私营部门或非盈利机构，提高公共服务的多样性和可选择性，降低服务成本，提高服务质量。特别是注重发挥执行机构和非政府部门公共实体在社会管理和公共服务中的作用，这是英国政府机构设置的重要特征，也是行政效率较高的重要原因。在英国，政府公共服务职能的 3/4 由执行机构承担。在减少犯罪、增进健康、提高学校教育水平等重大社会问题上，执行机构都卓有成效地发挥了作用。非政府部门公共实体相对独立，在履行与健康、安全和环境相关的管理和服务职能时，在制定为艺术、体育、科学等项目提供资金的决策时，它可以向政府部长提供专业性、独立性的建议，确保政府在向特定公共项目提供资金援助时不受政治因素的干扰；政府部长能够基于这些建议，对备受关注的社会问题作出快速反应：如1997 年以来，为迅速处理公共生活中的"垃圾"问题，设立了"公共生活标准委员会"；为推进与减少失业有关的新政计划，设立了"新政特别工作小组"。经过 15 年的发展，目前全英共有 1000 多个非政府部门公共实体，雇员11 万多人，成为英国社会管理和公共服务中一个富有活力的系统。虽然各个执行机构和非政府部门公共实体的具体目标不同，但其共同目标是，关注社会公众需求，最大限度地增加政府公共政策透明度，不断打破"平庸管理"，推进政府社会管理和公共服务职能创新。近年来，英国社会保障水平提高，公民参与社会事务管理的热情上升，犯罪率较低，社会治安状况明显好于意大利、西班牙、法国等其他欧洲国家。这是工党能够在大选中连任的重要原因。布莱尔政府一直致力于政府管理现代化，注重提高政府行政效率和公共服务质量，加快推进政府和整个社会的信息化建设，既有效履行了政府职能，又充分发挥市场机制在公共服务领域配置资源的作用，打破国有机构垄断，不断满足公众多样化需求，促进了社会经济、政治和文化事业发展。

英国的做法表明，政府有效履行社会管理和公共服务职能，并非由政府机构直接承担或包揽一切具体事务；必须建立社会力量参与机制，正确引入市场竞争机制，既充分发挥政府机构的主导示范作用，又充分发挥非政府机构的具体执行作用；通过政府机构与非政府机构在履行职能过程中的相互补充、适度竞争，不断提高整个国家的社会管理和公共服务水平。

第三，强化市场监管、创造公平竞争的市场环境和良好的市场秩序，是市场经济健康发展的必要条件，是市场经济体制下政府必须认真履行的重大职能。在市场经济体制建立初期和不完善阶段，特别需要强化政府的这一职能。经过几个世纪不懈探索，英国政府在履行市场监管职能方面积累了一套成熟、完善的规则和制度，在全社会范围内基本形成了诚信文明的市场环境和公平竞争的市场秩序。一些发生在市场经济不发达国家和市场经济初级阶段的不讲信誉、假冒伪劣、坑蒙拐骗等现象已基本消失。尽管如此，英国政府仍把加强市场监管作为重要职能，而且，议会与内阁、中央政府与地方政府一直在这方面保持十分密切的合作。

（1）建立完善而强有力的监管机构。英国市场监管机构由议会选举产生，中央监管机构负责制定市场监管规则，地方监管部门具体执行监管职能。对一些带有垄断性质的基础产业和公用事业，如电力、铁道、天然气等，由议会设立专门的监管机构。

（2）制定专门的严格的法律。议会通过的每项市场监管法案，都针对特定领域违法行为和需要限制的行为制定严厉条款，

（3）坚决严格执法。依法监督市场主体行为，依法管理和规范社会组织及

社会事务，违法者将受到重罚。

（4）制定并严格执行市场准入标准。根据不同行业情况，制定严格的安全、卫生、环保、技术、质量等市场准入标准。

（5）强化市场主体自我监管。重视增强各个行业组织的自律性，加强对自律行为的监督，重点加强对证券交易等服务业自律行为的监督。加强对公共服务合同执行结果的监督检查。

英国经验表明，即使在市场经济发达国家，良好的市场环境和市场秩序也不会自然形成，需要依靠政府监管。最重要的是，必须建立强有力的依法行政的政府；完善法制，依法监管；严格市场准入条件，加强行业自律；建立健全社会信用体系，实行信用监督和失信惩戒制度。鉴于市场本身自发的盲目性、破坏性是造成市场环境恶化、竞争秩序混乱的主要根源，在市场经济不发达阶段，必须全面强化政府的市场监管职能。可以说，加强市场监管、创造公平竞争的市场环境和良好的市场秩序，是政府最迫切、最重要的任务。

第四，持续进行政府自身改革、不断转变政府职能，是上层建筑必须适应经济基础的内在要求。改革的目标，是构造具有强大执行力的政府；建设高素质公务员队伍；提高政府的执行能力和行政效率。近二三十年来，英国政府多次进行改革。从1979年撒切尔政府的"下一步行动计划"到布莱尔政府的"管理现代化"，其核心都在于贯彻执政党的施政纲领，建立有效的执行机构，提高政府的执行力、公信力和行政能力，建设现代政府。特别是设立执行机构给英国传统文官制度带来重大变革。实现行政执行职能专业化，旨在改变政府只重视提出和制定政策而忽视政策执行和行政效率的倾向。为提高执行机构公共服务的质量和效率，近年来英国采取了多项改革措施：打破执行机构的部门界限加强合作；对政府承担的主要公共服务职能增加资金投入并确保合理使用，如投资建设海关网上贸易平台和数据库，消除部门合作中的怠惰和官僚主义，强化官员问责制。等等。这些情况表明，建设现代政府，必须更加重视提高政策执行能力，更加重视降低行政成本，更加重视提高行政效率。为此，必须更加重视提高公务员素质，建设一支具备专业技术知识、业务知识、法律知识，懂得现代行政管理的高素质公务员队伍。

第五，英国经济社会发展和政府职能存在不少需要我们引以为戒的问题。与美国和欧洲一些国家相比，英国企业的总体竞争力还不强，一些贫困人口仍被隔离在信息化社会之外；老年贫困、儿童肥胖、教育不平衡现象比较突出；公民对政府信任度不高；恐怖主义和跨国犯罪严重威胁社会和公共安全。同时，政府在履行公共服务职能方面仍存在包揽过多问题；一些政府机构官僚化导致行政效率低下。

（2004 年 12 月）

欧洲经济增长与结构变化的总体印象

——德国、瑞典、意大利三国考察报告之一

2010 年 5 月 10 日至 20 日，我们一行 5 人赴德国、瑞典、意大利访问，重点考察后危机时期欧洲经济增长与结构变化。这次考察是在国际金融危机进入后期、但欧洲部分国家爆发主权债务危机并日益加剧的形势下进行的。通过直接接触各方面人士，获得以下总体印象。

印象之一：福利主义根深蒂固，生活安逸、节奏缓慢是欧洲社会主要特征。二战后，福利主义渗透欧洲特别是北欧和西欧，任何政党上台执政，都把公民福利放在首位。瑞典堪称欧洲福利社会的典范。这个只有 900 多万人口的北欧国家，长期实行高工资、高税收、高福利政策，国家几乎包揽了"从摇篮到坟墓"的人生全过程，每人每年享受 130 多天带薪休假，可以说，瑞典人一年有三分之一时间不劳而获、享受生活。收入分配结构以中产阶层为主体呈橄榄型，穷人、富人所占比例都很小。走在首都斯德哥尔摩大街上，街道两旁人们一边喝着咖啡、一边轻松聊天的情景随处可见，看不到窘迫邋遢或行色匆匆的人。多年来，瑞典的生活质量综合指数一直排名世界前 10 位。在柏林、法兰克福、慕尼黑、威尼斯，虽然福利水平不如斯德哥尔摩，但都有完善的社会保障制度，绝大多数欧洲人过着悠闲、体面的生活。

印象之二：国际金融危机对欧洲人的生活方式冲击不大，消费水平仍然较高。虽然近两年欧洲经济下滑，失业率上升，福利主义面临严峻挑战，但我们所到城市，看到家庭度假旅游相当普遍，机场、航班和下榻酒店到处客满，大小商店生意兴隆、销售旺盛。特别是意大利首都罗马繁华商业街，陈列高档时

装、皮鞋和名牌奢侈品的橱窗鳞次栉比、光鲜亮丽，购物人群熙熙攘攘、摩肩接踵，透射出古老欧洲深厚的财富底蕴、现代消费主义价值理念和引领世界潮流的时尚气息。站在罗马街头，面对市场繁荣景象，很难相信这里刚刚经历了百年不遇的国际金融危机，并且正在发生严重的主权债务危机。显然，双重危机并没有降低欧洲人追求高品质的生活水准，更没有影响国民正常消费。

印象之三：自然风光秀美，生态环境良好。从飞机上俯瞰欧洲大陆，植被茂密，河流纵横。星罗棋布的小型水电站，迎风旋转的风力发电塔，展示着欧洲在清洁能源领域已经全球领先。在我们乘火车从德国巴伐利亚州首府慕尼黑去法兰克福的途中，一片片平展碧绿的原野，一座座错落有致的小镇，一幢幢红顶白墙的民宅，不时从车窗外飞驰掠过，在蓝天白云和午后阳光映衬下，犹如一幅幅绚丽多彩的水墨画。身临其境，我们不禁感叹：欧洲，这个资本主义的堡垒和工业革命的摇篮，虽然经历了漫长曲折的先污染、后治理，并为此付出沉重的代价，但终究率先步入了后工业化社会——城乡无别、人与自然和谐，成为欧洲现代化的突出特征。

印象之四：城市外貌大多老旧，基础设施和人文环境差别较大。我们所到6个城市，很少见到高楼大厦尤其是摩天大楼，特别是任何城市都看不到塔吊林立、尘土飞扬的建筑工地。除德国柏林、法兰克福大多是二战后在废墟上兴建的火柴盒式楼房，意大利水城威尼斯有几个现代建筑风格的小岛，其它3个城市几乎都是灰暗楼群，据说这是保留了欧洲人的古典主义情怀，不少建筑物都有一、两百年的历史，经历岁月风雨依然坚固耐用。从城市交通、市政设施和整体环境看，瑞典最好，德国较好，意大利较差。瑞典首都斯德哥尔摩街道整洁，安静有序，行人彬彬有礼，给人留下良好印象；与意大利首都罗马到处都是停车场、一些街区脏乱差、满城嘈杂，形成强烈反差。而刻意保留、满是涂鸦的德国"柏林墙"，则更多凝聚了历史的复杂与沧桑。

印象之五：发展清洁和可再生能源、保护生态环境、推动集成创新，成为后危机时期三国经济战略重点。瑞典、德国、意大利都把发展清洁和可再生能源、推动节能环保和集成创新，作为引领新一轮经济增长的重中之重。我们参观斯德哥尔摩的哈马比生态模范城时，只见鲜花盛开、绿草如茵、清水潺潺。该区通过一体化垃圾处理，统筹解决供排水和生产清洁能源，成功实现了从老工业区和港口区向现代生态居民区的转型，营造出人与自然亲密和谐的良好氛围。在德国巴伐利亚州，当地政府官员介绍，依托集群创新，该州已形成新能源、节能环保、生物医药、信息通信等 19 个产业集群，是欧洲和全球最具竞争力和增长活力的地区。在罗马以北 40 公里的意大利国家新技术、能源和可持续发展署，我们看到，太阳能、生物能、地热能等清洁能源技术已开始大规模推广应用。

印象之六：主权债务危机导致欧盟向心力下降。今年以来希腊等国家爆发的主权债务危机对欧盟特别是欧元区造成沉重打击。1993 年《马斯特里赫特条约》和 1997 年《稳定与增长公约》，明确规定欧盟各成员国财政赤字占 GDP 比重不得超过 3%，政府债务占 GDP 比重不得超过 60%。但 2001 年以来，随着人口老龄化加剧，欧洲经济持续滑坡。欧盟主要成员国不顾《公约》规定和警告，采取增加政府开支或大规模减税的方式刺激消费和投资，财政预算状况不断恶化。当初欧元区建立在三个核心假设之上：（1）设定的财政赤字上限能够约束各成员国；（2）如果财政赤字突破上限可执行"不救助"条款；（3）各成员国经济发展水平将逐渐趋同。现在这三点都没有成为现实。由于没有统一的财政政策，缺乏有效的财政监督，某些国家财政赤字率和债务率严重超标。如意大利财政赤字多年得不到解决，庞大的社会福利支出令政府债台高筑。2010 年意大利公共债务将达到国内生产总值的 116.7%，远超过《公约》规定的 60%上限，紧随希腊之后排在欧洲第二位。欧洲主流观点认为，除非进行大刀阔斧的财政改革，否则欧元前景堪忧。

印象之七：市场机制主导经济运行，政府工作比较超脱。二战后，欧洲一些老牌资本主义国家开始探索"第三条道路"，不断强化政府的公共管理和社会服务职能。同时，作为资本主义发源地，欧洲本质上仍是自由市场经济体制，政府不直接干预微观经济，不管理日常经济运行，企业经营活动完全遵循市场规律。欧元区成立后，欧洲中央银行承担了宏观调控职能，负责与各成员国政府协调宏观经济政策。我们参观瑞典爱利信公司和德国西门子公司时，切实感受到，企业是市场的主体，政府主要为企业服务，并以帮助企业创造良好环境为己任。这是欧洲能够产生一批全球著名跨国公司的根本原因。与欧洲社会生活类似，政府工作总体上节奏缓慢、相对轻松。同时，部分政府机构效率低下，官员素质参差不齐。

印象之八：三国高度关注中国发展，中国企业在欧洲发展迅速。经过双方共同努力，目前欧盟已经成为中国第一大贸易伙伴。作为欧盟成员国的德国、瑞典、意大利，多年来积极发展对华经贸关系。我们接触到的三国政府和企业界人士，都表示十分钦佩中国经济发展取得的巨大成就，都把中国视为推动世界经济复苏的重要力量，一些已经在中国扎根成长的跨国公司更对未来充满期待。与此同时，越来越多的中国企业尤其民营企业"走出去"到欧洲投资发展，如华为公司在德国、瑞典都设立了研发机构。特别是每个城市都有中国城、中餐馆遍布各地、广受欢迎。

（2010 年 7 月）

欧洲经济增长与结构变化的主要启示

——德国、瑞典、意大利三国考察报告之二

主要启示：兼顾当前长远,妥善处理"两难",推动创新、绿色、安全、和谐发展。

第一,欧洲主权债务危机是国际金融危机的继续,将对欧洲未来产生深远影响。欧洲主权债务危机本质上是财政危机,是国际金融危机在政府债务领域的延续。对这些国家而言,降低赤字、削减债务必须实行财政紧缩,而推动经济复苏又要求继续实施财政刺激政策,因此,减赤字与保增长成为当前的"两难"选择。近几个月,一些欧盟成员国相继出台了财政紧缩政策,一方面表明了消除财政赤字的决心,但客观上也影响了经济复苏进程,尤其在高失业率的情况下削减赤字,引发了社会广泛不满和抗议。欧洲前车之鉴对我国十分重要。当前,中国经济需要立足当前、着眼长远,着力解决面临的诸多"两难"问题。

第二,高赤字、高福利是欧洲主权债务危机的重要根源。一国社会保障及福利水平必须与经济发展水平相适应,正确处理发展与享受的关系。这次欧洲主权债务危机的导火线是希腊,作为欧洲文明发源地,多元文化与城邦文明相结合,使希腊很早就产生了讲休闲、重享受的生活方式,逐步形成高福利社会制度,并扩展到整个欧洲。显然,维持这种生活方式,需要经济实力作支撑,必须以劳动创造财富为前提,否则不可持续。但希腊、西班牙、葡萄牙、意大利等国的经济实力早已不能支撑这种生活方式;而一届又一届政府为赢得选民支持都采取发新债、还旧债的财政赤字政策支撑局面,当还债能力受到质疑、

政府债券在国际金融市场上再也找不到买家时，最终酿成了主权债务危机。现在，无论欧盟内部或国际社会，没有任何国家愿意将自己人民辛苦劳动积累的财富以极低的收益去援助那些因懒惰而没有创造力的国家。尽管欧盟决定实施救助计划，但要求受援国必须实施财政紧缩政策，为以往的寅吃卯粮付出代价并偿还欠账。同时，这些国家要彻底摆脱危机，必须从根本上改革财政和社会福利制度，提高经济效率。立足我国国情和经济发展阶段，一方面，要加快建立完善社会保障制度，不断提高社会保障和福利水平，使广大群众充分享受经济发展成果，逐步将全体公民纳入社会保障覆盖范围；另一方面，现阶段国家经济实力和财力还不允许为全体公民提供较高的社会保障和福利，只能在低标准、广覆盖的基础上逐步提高；即使将来经济发展达到中等发达国家水平，也必须正确处理发展与享受的关系，决不能重蹈高赤字、高福利酿成财政危机的覆辙。

第三，政府负债率过高、缺少有效财政监督，是导致欧洲主权债务危机的两大直接原因。近年来，欧盟一些成员国财政赤字率和债务率持续超标，虽然欧洲央行多次发出警告，但各国仍自行其是，得过且过，最终导致国家主权债务信用被国际评级机构大幅下调。欧债危机给我国地方政府债务问题敲响了警钟。吸取欧债危机教训，我国必须高度重视金融安全，切实化解地方政府融资平台风险。

第四，发展生态效益型经济是后危机时期世界经济实现可持续增长的必然选择，是实现人与自然和谐的必由之路。生态效益型经济是指以可持续的生产方式和生活方式为特征的高效能、低排放和资源效率型的经济，是对绿色经济、绿色工业革命的本质概括。新能源、节能环保已经成为后危机时期欧洲新兴战略产业的主体，包括风能、太阳能、可持续生物能源、智能电网等的"欧洲产业行动"，正在推动欧洲向生态效益型经济全面转型。在新一轮全球新能源、节能环保产业竞争中，我国要大力发展节能环保的生态效益型经济。

第五，建立创新体制，营造创新环境，推动产业集群创新，是提高国家竞争力的根本。欧洲三国经验表明，企业是创新的主体，政府要做企业创新的后盾和桥梁。最重要的是为企业创造良好的市场环境，特别是良好的基础设施，不断完善的法律法规，规范有序、公平竞争的市场秩序，高质量、高效率的公共服务。优势企业在一个地区的聚集和发展，可以极大地推进产业集群创新。

通过产业集群内企业彼此形成互动关联，互动产生的竞争压力形成集群企业的创新动力；高度聚集的企业和生产要素使资源配置效率得以提高，从而为集群企业创新提供便利，增强企业创新能力。

第六，中等收入阶层为主体、橄榄型收入分配结构，是社会和谐稳定的重要前提。瑞典之所以能在短短50年时间里取得较大成功，其中很重要的经验，就是培养了对社会稳定和经济发展起到越来越大推动作用的中产阶层，比较成功地实现了社会福利国家与高效率生产部门的结合，实现了人的发展机会公平与收入分配公平的结合。中国要实现现代化，必须加快推进收入分配制度改革，加快推进社会公平与正义，培育中等收入为主体的分配结构。为此，要更大力度地实施对中小企业的减税政策，进一步放宽垄断行业对民间资本开放，加大国企分红比重，采取有效措施抑制不合理高收入，实行有利于培育中等收入群体的税收政策，从体制和制度上创造机会公平和收入分配公平。

第七，统筹城乡发展，缩小城乡差别，实行城乡一体化，是欧洲现代化的重要经验。欧洲在实现工业化、现代化进程中，形成了城乡统筹、分布合理、均衡发展的独特模式，让农民在工作条件、就业机会、工资收入、居住环境、社会待遇等方面，与城市形态不同但质量等值，建设既体现工业文明、又保存传统"田园式"的现代农村，使农村经济与城市经济平衡发展。欧洲经验表明，平衡增长最重要的是城乡平衡增长，缩小地区差别最重要的是缩小城乡差别，加强政府宏观调控的基本思路是先增加国家对农业、农村的补贴、而后逐步建立完善制度。就我国而言，统筹城乡发展，最重要的是加快城乡统筹的制度建设，特别要制定推进城乡协调发展的法律，为加快农村发展提供制度保障。同时，切实加大国家对农村基础设施建设的投入，加快建设城乡同质的生活环境，加快发展农村社会事业，推动城乡教育、医疗、文化公平，持续增加中央财政对中西部地区农村的转移支付，推动落后地区加快发展。

（2010 年 7 月）

第七章
经济转型的理论思考

2001－2050 年我国现代化建设若干阶段划分依据与构想

一、依据工业化水平划分经济发展阶段

根据发展经济学理论和国际通行标准，一国实现现代化包括经济发展和社会发展两大领域，即包括实现经济现代化和社会现代化两个同时并进的过程。由于经济发展和社会发展都具有明显的阶段性，不同的经济、社会发展阶段，具有不同的特征和任务。因此，一国现代化进程也具有阶段性，需要经历若干相互联系的发展阶段。经济发展是社会发展的基础，经济现代化是一国现代化的核心。划分现代化发展阶段必须从划分经济发展阶段入手。关于经济发展阶段的划分，国际上有多种标准。其中，人们常用的是美国经济学家 H.钱纳里的划分标准。钱纳里划分经济发展阶段的主要依据是工业化水平或工业化程度。他提出，判断一国工业化水平或程度主要依据三个变量指标：一是人均经济总量（即人均 GDP 或 GNP）的变动；二是三次产业结构及其就业结构的变动；三是工业内部结构的变动。

（一）依据人均 GDP 变动判断工业化水平和经济发展阶段。按 1980 年美元计算，共划分六个阶段：

1.当一国人均 GDP300－600 美元时，经济发展处于初级产品生产阶段；

2.人均 GDP600－1200 美元时，经济发展处于工业化初级阶段；

注：此文为 2001 年承担的国家重大研究课题，所有数字均为当时口径。

3.人均 GDP1200—2400 美元时，经济发展处于工业化中级阶段；

4.人均 GDP2400—4500 美元时，经济发展处于工业化高级阶段；

5.人均 GDP4500—7200 美元时，经济发展处于发达经济初级阶段；

6.人均 GDP7200—10800 美元时，经济发展处于发达经济高级阶段。

（二）依据三次产业结构及其就业结构的变动判断工业化水平和经济发展阶段。根据发达国家和新兴工业化国家的经验，在工业化初级阶段，第一、第二、第三产业占 GDP 比重大约为 23%、39%、38%；在工业化中级阶段，第一、第二、第三产业所占比重大约为 16%、43%、41%；在工业化高级阶段，第一、第二、第三产业所占比重大约为 10%、46%、44%。在工业化初级阶段，第一产业就业比重一般占 50%，第二产业就业比重占 20%，第三产业就业比重占 30%；在工业化中级阶段，第一、第二、第三产业的就业比重大约为 38%、26%、36%；在工业化高级阶段，第一、第二、第三产业的就业比重大约为 28%，31%，41%。

（三）依据工业内部结构变动判断工业化水平和经济发展阶段。在整个工业化过程中，工业内部结构变动一般要经历三个阶段四个时期。第一阶段是重工业化阶段，包括以原材料工业为重心和以加工装配工业为重心两个时期；第二阶段是高加工度阶段，包括一般（或资源密集型）加工工业为重心和技术密集型加工工业为重心两个时期；第三阶段是技术集约化阶段，也包括一般技术密集型工业为重心和高新技术密集型工业为重心两个时期。其中前一阶段的第二时期同时是后一阶段的第一时期。从新兴工业化国家及地区的经验看，这三个阶段四个时期既存在演进的先后顺序，又往往受到国家发展战略的影响而交错在一起。一般说来，在原材料工业为重心的重工业化时期，工业化处于初级阶段；当工业结构转向以加工装配工业为重心，高加工度化迅速推进时，工业化便进入中级阶段；而当工业结构转向技术集约化阶段，技术密集型产业对工业增长起主要支撑作用时，标志着工业化进入高级阶段。

（四）对我国工业化水平和经济发展阶段的基本判断。1.从人均 GDP 看，目前我国经济仍处于工业化初级阶段。根据世界银行《世界发展报告 1999 / 2000》，按汇率法计算，1998 年我国人均 GDP 为 750 美元（1999 年人均 GDP788 美元，2000 年人均 GDP854 美元），大体相当于日本 50 年代末水平，巴西 70 年代初水平，韩国 70 年代中期水平。如果到 2010 年人均 GDP 比

2000 年翻一番，达到 1700 美元（考虑美元币值因素，预计届时可达 2000 美元），方进入工业化中级阶段。2.从三次产业比重看，我国经济仍处于工业化中期，工业化任务远未完成。我国 2000 年 GDP 总值中，第一产业增加值所占比重 15.9%，第二产业比重 51%，其中工业比重 44.3%，第三产业比重 33.2%。单从总量比重看，我国经济已经进入工业化中、后期，而实际并非如此。与其他发展中国家比较，我国工业化进程具有明显特殊性。建国后我国长期推行重工业优先发展战略，尤其是优先发展制造业，依靠扩大工农产品剪刀差为工业发展积累资金。这一战略有利有弊。利的一面是，使得我国在较短时期内建成独立的工业体系和国民经济体系，顶住战胜了帝国主义的压力封锁；弊的一面是，导致加工工业规模过大，大量重复建设、无效投资和资源浪费，工业增长质量不高，产业升级缓慢。由于结构性矛盾突出，我国工业化任务远未完成，任重道远。3.从三次产业就业结构看，我国经济仍处于工业化初级阶段。2000 年，第一产业就业人员比重占 50%，第二产业就业比重 22.5%，第三产业就业比重 27.5%。综合以上三方面，人均 GDP 水平是决定工业化进程的基本动因，是判断经济发展阶段的最重要指标；三次产业结构和工业内部结构变动受到一国经济发展战略、宏观经济政策的影响，带有一定主观因素；我国工业化的特殊道路造成工业比重过高，难以完全作为判断工业化水平和经济发展阶段的依据；三次产业就业结构是判断工业化水平和经济发展阶段的重要依据。因此，应以人均 GDP 指标为主要依据，以就业结构为重要参考，以产业比重结构和工业内部结构为辅助依据，判断我国工业化水平和经济发展阶段。据此，我国经济大体处于工业化中期阶段的上半期。或者说，我国仍处于工业化快速发展时期。推进工业化、提高生产力水平仍然是现阶段经济发展的主要任务。在我国工业化任务尚未完成的情况下，西方发达国家已经率先进入信息化和知识经济时代。信息化和知识经济正在对我国工业化进程产生日益深刻的影响，为我国加快实现工业化、现代化提供了重大历史机遇。在新的时代背景下，我国工业化不必也不可能再沿袭发达国家传统工业化的老路，应当而且必须要趟走新型工业化的道路。

二、依据工业化水平和经济发展阶段划分现代化发展阶段

从新世纪开始，我国将进入全面建设小康社会，加快推进社会主义现代化

的新的发展阶段。由于小康生活是介于温饱和富裕之间的一个发展阶段，在基本实现小康和尚未达到富裕之前，都属于小康社会阶段。根据工业化一般规律和工业化水平与经济发展阶段的必然联系，一国完成工业化的过程就是实现现代化的过程。因此，依据工业化进程判断、划分经济发展阶段和现代化发展阶段是科学的、可行的。由于我国正处于工业化中级阶段上半期，在从 2001—2050 年的长过程中，完成工业化还要经历中级阶段下半期、高级阶段上半期、高级阶段下半期、发达经济初级时期等若干发展阶段。与此相应，我国经济发展和社会发展，将要经历全面建设小康社会、建设更加宽裕的小康生活、基本实现现代化、全面建设现代化社会从而进入中等发达社会等若干发展阶段。按汇率法和 2000 年美元测算，2050 年我国人均 GDP 需达到 9000 美元以上才能进入中等发达国家行列。人均 GDP 从 2000 年 854 美元达到 2050 年 9000 美元，需翻三番多。由于国际上中等发达国家的标准不断提高，2050 年中等发达国家人均 GDP 标准肯定要大大高于 2000 年人均 GDP 标准。鉴于从 1970—1998 的 28 年间，中等发达国家人均 GDP 标准已经从 2100 美元、4500 美元提高到 9000 美元，推测从 2001—2050 年，中等发达国家人均 GDP 标准将提高到 3 万—4 万美元。按此标准，今后 50 年我国人均 GDP 需比 2000 年翻 4 番以上才能达到目标。在经济总量翻番的同时，还必须把社会发展放在更加突出的位置。基本消除贫困，实现充分就业，享受更好的医疗卫生保健，更高的教育水平，更多的闲暇时间和更和谐的社会氛围，提高全体人民生活质量。

（一）2001—2020 年我国工业化水平和经济增长趋势预测。1.根据现阶段我国人均 GDP 水平、产业结构和就业结构状况，我国完成工业化至少还需要30 年左右的时间。虽然我国具有工业化后发优势，但由于人口过多，资源与环境压力过大，尤其是农业就业人口比重过高，城市化进程严重滞后，工业竞争力不强，决定了我国工业化必然要经历相当长的历史阶段。有关专家预测，到 2020 年，我国第一产业农业在 GDP 中比重将由 2000 年 11.9% 下降到8.5%，农业部门就业比重将由 52.1% 下降到 27%；第二产业在 GDP 中比重将由 2000 年 65.5% 下降到 61.5%，就业比重将由 25.2% 上升到 32.6%；第三产业在 GDP 中比重将由 2000 年 22.6% 上升到 30%，就业比重将由 22.7% 上升到 40.4%。从就业比重可看出，到 2020 年，农业劳动力比重约下降一半。但尽管如此，农业部门仍拥有 2 亿劳动力，约占劳动力总数的 27%。相对于仅有 8.5% 的农业产出比重来说，农业劳动力向外部转移的压力仍然很大。2、中长期内，我国经济仍具有快速增长潜力。初步预测，在 2001—2020 年中，我国 GDP 潜在年均增长率可达 8% 左右。其中，2001—2010 年可达 8%—9%；2011—2020 将在 6%—7%。

（二）2021—2050 年我国经济增长趋势推测。鉴于未来发展的不确定因素很多，可以采用"情景分析法"对 2021—2050 年我国经济增长和结构变化的基本趋势作出推测性描绘。情景分析法有两种类型，一是解释性情景。即以过去为起点，分析当前趋势，据此推测未来，通常被称为基准情景。二是期待情景。它建立在对未来情景作不同想象的基础上。这种想象必须符合相关性、一致性和可能性三条原则。有关专家运用上述方法模拟了 2020—2050 年我国经济增长情景趋势，推测这一时期经济增长将主要依赖由技术创新和劳动者素质提高所推动的生产率提高。由于劳动力在 2020 年之后将停止增长，其对经济增长的贡献将逐步减少到 0；同时，资本积累对经济增长的贡献也将逐步降低；随着信息技术、生物技术等高新技术在国民经济各部门广泛应用，随着全社会科技教育文化水平提高，第一、第二、第三产业部门的生产技术水平、技术创新能力和劳动者素质都将大幅度提高，许多传统生产手段和方式将被新的技术手段和生产方式所取代，全要素生产率对工业增长的贡献将越来越大。同时，基于对未来中国经济发展内外环境的乐观估计，推测 2021—2050 年我国经济年均增长率大体在 5% 左右。其中 2021—2030 年均增长率将在 6% 左右，2031—2040 年均增长率将在 5% 左右，2041—2050 年均增长率将在 4% 左右。推测 2020—2050 年美国、日本、欧盟等主要发达国家和地区年均经济增长率大体在 2% 左右。

（三）2001—2050 年我国现代化发展阶段划分设想。根据党的十五大关于"两个一百年"即到建党一百年（2001—2020）和建国一百年（2001—2050）两大战略目标的构想，从 2001—2050 年的 50 年间，依据工业化水平和经济发展阶段可将我国现代化进程大体划分为四个阶段：1.2001—2010 年全面建设小康社会阶段。在此期间，基本完成工业化中级阶段上半期任务；到 2010 年人均 GDP 比 2000 年翻一番，达到 1800—2000 美元（届时人民币兑美元汇率按 7.5：1 计算）；按 2000 年价格 GDP 总值将达到 178807 亿元。城市化率达到 45%。2.2011—2020 年建设更加宽裕的小康生活阶段。开始进入工业化中级阶段下半期，到 2020 年人均 GDP 力争比 2010 年再翻一番，达到 3600—4000 美元（届时人民币兑美元汇率按 6.9：1 计算）；按 2000 年价格 GDP 总值达到 357614 亿元。城市化率达到 50%。3. 2021—2035 年基本实现现代化阶段。到 2030 年左右完成工业化中级阶段，开始进入高级阶段。人均 GDP 年均增长 3%；城市化率达到 70%。4. 2036—2050 年全面建设现代化社会阶段。完成工业化高级阶段任务，人均 GDP 年均增长 3%。到 2050 年，达到 28571 美元（届时人民币兑美元汇率按 1：3.5 计算），基本达到当时中等发达国家水平；GDP 总值按 2000 年价格达到 1545587 亿元，城市化率达到 80%。

（2001 年 12 月）

继续解放思想、深入研究关系全局的重大问题

一、对解放思想的再认识

（一）关于解放思想的内涵。邓小平同志赋予解放思想极其丰富深刻的内涵。1978 年 12 月 13 日，邓小平同志在具有重大历史意义的党的十一届三中全会上发表了《解放思想，实事求是，团结一致向前看》的重要讲话。其中关于解放思想有一段极为经典的论述：他指出："一个党，一个国家，一个民族，如果一切从本本出发，思想僵化，迷信盛行，那它就不能前进，它的生机就停止了，就要亡党亡国。""什么叫解放思想？我们讲解放思想，是指在马克思主义指导下打破习惯势力和主观偏见的束缚，研究新情况，解决新问题。""解放思想，就是使思想和实际相符合，使主观和客观相符合，就是实事求是。""实事求是，是无产阶级世界观的基础，是马克思主义的思想基础。过去我们搞革命所取得的一切胜利，是靠实事求是；现在我们要实现四个现代化，同样要靠实事求是。"重温邓小平同志关于解放思想的精辟论述，回顾改革开放 30 年波澜壮阔的历史进程，我认为，解放思想主要有四个方面深刻内涵：第一，坚持一切从实际出发，反对本本主义；第二，坚持实践是检验真理的唯一标准，反对盲目崇拜、反对迷信；第三，坚持与时俱进，勇于变革、勇于创新，永不僵化、永不停滞；第四，坚持独立思考、批判思维、探索创造，反对盲从懒惰、因循守旧、固步自封。十七大报告通篇闪耀着解放思想的光芒。其中有两段精彩论述集中体现了解放思想的鲜明特征：一段是，在论述改革开放的伟大历史进程时，《报告》写道："面对十年'文化大革命'造成的危难局面，党的第二代中央领导集体坚持解放思想、实事求是，以巨大的政治

勇气和理论勇气，科学评价毛泽东同志和毛泽东思想，彻底否定"以阶级斗争为纲"的错误理论和实践，作出把党和国家工作中心转移到经济建设上来、实行改革开放的历史性决策，确立社会主义初级阶段基本路线，吹响走自己的路、建设中国特色社会主义的时代号角，创立邓小平理论，指引全党全国各族人民在改革开放的伟大征程上阔步前进。"我亲身经历了这一历史进程，深感这段概括的深刻与厚重。改革开放30年来，我国生产力大幅度跃升、经济实力和综合国力显著增强，我们所取得的一切成就，都深深得益于邓小平同志领导的思想解放运动。另一段是，在论述中国特色社会主义理论体系时，《报告》写到："中国特色社会主义理论体系是不断发展的开放的理论体系。《共产党宣言》发表以来近一百六十年的实践证明，马克思主义只有与本国国情相结合，与时代发展同进步，与人民群众共命运，才能焕发出强大的生命力、创造力、感召力。""实践永无止境，创新永无止境"。解放思想作为党的思想路线的重要内容，已经充分体现到党的十七大报告全篇之中。特别是，通过30年的解放思想和改革开放，已经形成了包括邓小平理论、"三个代表"重要思想以及科学发展观等重大战略思想在内的中国特色社会主义理论体系，走出了中国特色社会主义道路。中国特色社会主义理论体系和中国特色社会主义道路是改革开放30年来解放思想的最大的、最重要的理论成果和实践成果。

（二）关于解放思想的本质。解放思想的本质是什么？如何从马克思主义思想理论的高度、从党和国家工作大局认识解放思想的精神实质？通过学习我感到有三个要点：

第一，从认识论看，解放思想的本质是辩证唯物论的认识论的集中体现。1937年7月，毛泽东同志在《实践论》中指出，"通过实践而发现真理，又通过实践而证实真理和发展真理。从感性认识而能动地发展到理性认识，又从理性认识而能动地指导革命实践，改造主观世界和客观世界。实践、认识、再实践、再认识，这种形式，循环往复以至无穷，而实践和认识之每一循环的内容，都比较地进到了高一级的程度。这就是辩证唯物论的全部认识论，这就是辩证唯物论的知行统一观。"解放思想就是实践、认识、再实践、再认识的过程，是实事求是的过程。辩证唯物论的认识论还认为，世界上没有终极的绝对真理，无数相对真理的总和构成绝对真理。解放思想就是在实践中不断探求相对真理的过程，实践永无止境，解放思想也永无止境。正是不断解放思想、探求相对真理的无穷过程构成了绝对真理。

第二，从方法论看，解放思想是马克思主义方法论的集中体现。1941年5月，毛泽东同志在《改造我们的学习》中指出，"如果一个人只知背诵马克思主义的经济学或哲学，从第一章到第十章都背得烂熟了，但是完全不能应用，这样是不是就算得一个马克思主义的理论家呢？这还是不能算理论家的。我们所要的理论家是什么样的人呢？是要这样的理论家，他们能够依据马克思列宁主义的立场、观点和方法，正确地解释历史中和革命中所发生的实际问题，能够在中国的经济、政治、军事、文化种种问题上给予科学的解释，给予理论的说明。"邓小平同志指出，"按照实际情况决定工作方针，这是一切共产党员所必须牢牢记住的最基本的思想方法、工作方法。"1979年3月，邓小平同志在《坚持四项基本原则》的重要讲话中指出，"我们的现代化建设，必须从中国的实际出发。无论是革命还是建设，都要注意学习和借鉴外国经验。但是，照抄照搬别国经验、别国模式，从来不能得到成功。这方面我们有过不少教训。把马克思主义的普遍真理同我国的具体实际结合起来，走自己的道路，建设有中国特色的社会主义，这就是我们总结长期历史经验得出的基本结论。"我们学习马克思主义最主要、最根本的是学习马克思主义的立场、观点、方法，并用于指导实践、解决问题，而具体情况具体分析是马克思主义最基本、最重要的方法，是马克思主义活的灵魂，也是解放思想的核心。因此，解放思想必须遵循一切从实际出发、对具体情况作具体分析的马克思主义方法论，不能脱离实际，千篇一律，更不能照抄照搬。

第三，解放思想是一个先进政党、一个先进国家保持蓬勃朝气、充满生机活力必须具有的精神状态。1945年4月，毛泽东同志在《中国共产党第七次全国代表大会的工作方针》中指出，"事物总是有始有终的，只有两个无限，时间和空间无限。无限是由有限构成的，各种东西都是逐步发展、逐步变动的。"1987年3月，邓小平同志在《怎样评价一个国家的政治体制》中指出："全世界自古以来，没有任何学问、任何东西是完全的，是再不向前发展的。地球是在发展的，太阳是在发展的，这就是世界。停止了发展就不是世界。"十七大报告强调，"当今世界正在发生广泛而深刻的变化，当代中国正在发生广泛而深刻的变革"。因此，要保持我们党的先进性，推动中国繁荣发展，必须紧跟时代潮流，不断解放思想。第四，解放思想与统一思想是对立统一关系。1979 年 3 月，邓小平同志在《坚持四项基本原则》的重要讲话中明确指出："我们讲解放思想，是指在马克思主义指导下打破习惯势力和主观偏见的束缚，研究新情况，解决新问题。解放思想决不能够偏离四项基本原则的轨道，不能损害安定团结、生动活泼的政治局面。全党对这个问题要有一个统一的认识。"解放思想是统一思想的前提，统一思想是解放思想的目的。我们党的思想理论创新就是在不断解放思想、统一思想的过程中，在解放思想与统一思想的对立统一中实现的。我们要坚持在解放思想中统一思想，善于用发展着的马克思主义指导新的实践。

二、深入研究关系全局的重大问题

第一，十七大报告在谈到农业面临的问题时指出，"农业基础薄弱，农村发展滞后的局面尚未改变。""农业稳定发展和农民持续增收难度加大"。在部署"统筹城乡发展，推进社会主义新农村建设"时，强调"要加强农业基础地位，走中国特色农业现代化道路，建立以工促农、以城带乡长效机制，形成城乡经济社会发展一体化新格局。"并提出了一系列政策措施。我国有 13 亿人口，粮食安全至关重要。保障粮食供给、解决吃饭问题，必须主要立足国内。尽管近几年中央采取了一系列支农惠农政策，特别是连年增加对农民直接补贴，但种粮比较效益仍然偏低，农民收入增长缓慢。2007 年全国农民人均纯收入达到 4040 元，仍仅为城镇居民收入的 1/3。特别是目前世界粮食等主要农产品供求趋紧、价格大幅上涨，全球粮食安全问题日益突出。今年以来，国际市场大米价格创下 19 年来最高，小麦价格创下 28 年来最高，不少国家出现"粮荒"；国际石油价格在过去五年翻了两番，今年每桶油价已经突破 110 美元。这种状况短期内难以扭转。如何切实加大对农业和粮食生产的支持力度，较大幅度地提高粮食生产效益，保护和调动农民种粮积极性，从长期和根本上保证国家粮食安全，需要进一步解放思想。当前尤其要正确处理农产品价格上涨与控制通货膨胀的关系。应当看到，在全球农产品价格大幅上涨并将继续上涨的情况下，我国农产品价格上涨具有必然性、合理性；农产品价格上涨有利于增加农民收入，但又会直接推动物价上涨；解决这个矛盾，要从实际出发，搞好统筹兼顾。我国人均耕地只有世界平均水平的 2/5，水资源只有 1/3，农业和粮食生产基础薄弱，随着工业化、城镇化进程加快，必须把统筹城乡发展放在更加突出的位置。目前城乡发展不平衡，一个重要原因是城乡投资增长不平衡，农村固定资产投资比重过低，路、水、电、气等基础设施投资增长缓慢。近10年，在全社会固定资产投资中，城镇投资比重一直在76%以上，农村投资比重在24%以下；每年城镇新增投资是农村新增投资的近7倍！虽然在工业化、城镇化加快发展阶段城镇投资快速增长有一定的必然性、合理性，但城乡投资增幅连续多年差距过大是不合理的，必然拉大城乡发展差距。近几年国家对"三农"投资逐年增加，但仍未改变城乡投资增长差距过大的格局。如何从根本上统筹城乡发展、切实把国家基础设施投资重点转向农村，加快改变农村生产生活条件，加快农村经济社会发展，需要进一步解放思想。

第二，十七大报告在部署加快转变经济发展方式时强调："这是关系国民经济全局紧迫而重大的战略任务"。"要坚持扩大国内需求特别是消费需求的方针，促进经济增长由主要依靠投资、出口拉动向依靠消费、投资、出口协调拉动转变。"上世纪90年代以来，我国经济增长过度依靠投资和出口拉动，国内消费相对不足，主要是有支付能力的消费需求不足。由于投资增长过快，过度投资形成的过剩生产能力只能依靠大量出口、到国际市场找出路。近十年，我国投资、消费、净出口三大需求中，最终消费对经济增长的贡献率、拉动力明显下降、减弱；投资和净出口的贡献率、拉动力明显上升、偏高。1996年—2005年，最终消费对GDP增长的贡献率从60.1%下降到36.1%，降低24个百分点；对经济增长的拉动从6个百分点下降到3.7个百分点，降低2.3个百分点。从国际比较看，我国最终消费率不仅大大低于高收入国家和世界平均水平，也明显低于中等收入国家和低收入国家。由于外贸和国际收支不平衡，近几年我国贸易顺差不断扩大。2003年254.7亿美元，2004年321亿美元，2005年1020亿美元，2006年1775亿美元，2007年2622亿美元。国际贸易和收支双顺差是造成中央银行被动大量购买外汇的主要原因。从深层次上看，贸易顺差也是造成我国流动性过大的源头，是我国经济结构外部失衡的突出表现。只有把相当一部分出口商品转为国内消费，才能从根本上减少贸易顺差进而解决国际收支不平衡问题。在当前世界经济复杂多变的情况下，如何正确处理三大需求的关系，继续保持我国经济平稳较快增长和又好又快发展，在出口增长受到制约的情况下，如何进一步增强消费对经济增长的拉动作用，在农民收入增长缓慢、扩大国内消费受到制约的情况下，如何保持投资、出口对经济增长的必要拉动，这些都需要进一步解放思想，作出正确的政策选择。

第三，十七大报告在部署"提高自主创新能力，建设创新型国家"时强调："这是国家发展战略的核心，是提高综合国力的关键。要坚持走中国特色自主创新道路，把增强自主创新能力贯彻到现代化建设各个方面"。并作出了一系列具体部署。我国工业大而不强，主要原因是自主创新能力低。集中表现为"三个缺乏"，即：缺乏核心技术、缺乏自主知识产权、缺乏世界知名品牌。目前，我国对外技术依存度在 50% 以上，而发达国家都低于 30%，美国和日本在 5% 以下。我国主要行业的关键设备与核心技术基本依靠进口，全部光纤制造设备、85% 的集成电路芯片制造装备，80% 的石油化工设备，70% 的轿车生产设备都是如此。钢铁工业冷轧硅钢片、轿车用钢板、高档家电钢板，铝工业中高档铝板带箔、航空航天用铝合金等产品基本都靠从国外进口。我国 90% 的药品专利、70% 以上的数控机床专利都是外国的。我国科技创新能力在全世界 49 个主要国家中位居第 28 位，不仅低于发达国家，也落在巴西、印度等发展中国家之后，处于中等偏下水平。十七大报告强调，建设创新型国家要培养造就世界一流科学家和科技领军人才。所谓世界一流科学家和科技领军人才，是指那些具有崇高的价值追求、出类拔萃的科学素养、卓越的领导才能、独特的人格魅力、坚韧的拼搏毅力和强大的团队凝聚力的优秀科技工作者。由于我国将长期面对发达国家在经济科技上占优势的压力，培养造就世界一流科学家和科技领军人才对于提高经济竞争力和综合国力至关重要。目前我国科技领域总体上缺乏领军人才，更缺乏世界一流的科学家，这种状况导致我们难以在激烈的国际科技竞争中占据学术前沿和战略高地，难以把握重大科技发展方向。面向世界、面向现代化、面向未来，如何提高基础教育质量，从小培养学生创造能力？如何提高高等教育质量，改变高分低能、缺乏创新能力的状况？如何深化科技体制改革，创造培养一流科技人才的体制环境？如何大力发展职业教育和技术培训，培养千百万有知识、有创新能力的普通劳动者？如何加快建立以企业为主体、市场为导向、产学研相结合的技术创新体系？如何引导和支持创新要素向企业集聚、促进科技成果向现实生产力转化，完善鼓励技术创新和科技成果产业化的法制保障、政策体系、激励机制和市场环境？如何营造使全社会创新智慧竞相迸发、各方面创新人才大量涌现的良好环境？这些方面都需要进一步解放思想。

第四，十七大报告在部署"加强能源资源节约和生态环境保护，增强可持续发展能力"时强调："必须把建设资源节约型、环境友好型社会放在工业化、现代化发展战略的突出位置，落实到各个单位、每个家庭。"在论述全面建设小康社会目标新要求时，指出"建设生态文明，基本形成节约能源资源和保护生态环境的产业结构、增长方式、消费模式"。目前我国经济发展与人口资源环境的矛盾日益突出。我国 GDP 占世界比重不到 6%，但原油消费量占全球消费量的近 8%，原煤消费量占 40%，粗钢消费量占 30%，水泥消费量占将近一半。我国的化学需氧量和二氧化硫排放量已居世界第一，二氧化硫排放量超过环境承载能力一倍以上，酸雨影响国土面积 1/3 左右，1/5 的城市空气污染严重。显然，以消耗大量能源资源、严重污染环境为代价的增长方式不可持续。美国《外交政策》杂志最近发表一篇文章"新中产阶级将在全球崛起"文章认为，到 2020 年，全球中产阶级人数将从目前占全世界总人口的 30%迅猛上升到 50%以上，中产阶级的消费水平将使全球资源环境面临前所未有的巨大压力。中国作为最大的发展中国家将大幅度提高中等收入者比重，因此将成为全球中产阶级的主要来源，究竟应当提倡推广怎样科学、可持续的生活方式和消费模式？比如，是不是家家都要购买小轿车、住大房子？需要进一步解放思想。

第五，十七大报告在部署"推动区域协调发展，优化国土开发格局"时强调："走中国特色城镇化道路，按照统筹城乡、布局合理、节约土地、功能完善、以大带小的原则，促进大中小城市和小城镇协调发展"。近年来，我国中西部地区与东部地区发展差距继续拉大。一是经济总量差距大。2006 年全国国内生产总值 20.94 万亿元,其中东部十省市 12.75 万亿元，占 55.6%；中部六省区 4.29 万亿元，占 18.7%；东北三省 1.97 万亿元，占 8.6%；西部十二省区市 3.93 万亿元，占 17.1%。也就是说，中西部地区和东北地区 21 个省区市 GDP 总量仅占全国的 44.4%，东部地区十省市 GDP 总量超过中西部和东北地区 21 个省区市 GDP 的总和。二是财政收入差距大。2005 年东部地区十省市地方财政收入 8955 亿元，占全国地方财政收入的 60.2%；而中西部和东北地区 21 个省区市地方财政收入共 5930 亿元，仅占 39.8%；东部地区相当于中、西部和东北地区总和的 1.5 倍。这些年，我国相当一些城市建设过度超前，房地产开发投资规模过大、增长过快，占用大量耕地，城市环境受到严重破坏。

如何把十七大提出的这些要求落实到每个城市建设当中，需要进一步解放思想。

第六，十七大报告在部署"深化财税、金融等体制改革"，完善宏观调控体系"时强调："深化预算制度改革，推进金融体制改革，加强和改进金融监管，完善人民币汇率形成机制。"近两年来，由于国内经济增长偏快，为防止经济过热不断提高存款准备金率和存贷款利率；同时，迫于国内流动性过剩压力，人民币兑美元汇率持续升值；导致大量国际投机资本进入我国股市和房地产市场，这是股市大幅波动、房地产市场价格快速上涨的重要原因。特别是，去年以来美国次贷危机不断加深，美元持续大幅贬值，境外投机资本操纵股市，对我国资本市场平稳健康发展造成严重危害。境外投机资本通过多种渠道进入我国，输入了大量流动性，并通过多种手段转化为人民币，进一步加大了人民币升值压力，减弱了中央银行运用货币政策工具对冲、吸收流动性的效果，加大了银行非理性信贷行为、投资人非理性投资行为，加剧了信贷膨胀，使得治理流动性过剩雪上加霜。尤其值得关注的是，沿海地区大量"地下钱庄"构成庞大的地下金融市场，导致大量资金在银行体系外循环；境外投机资本大多通过"地下钱庄"进入我国境内。这是造成流动性过剩的重要原因，也是金融不稳定的潜在危险所在。今年以来美国利率不断下调，造成购买美国国债的我国国家外汇储备严重缩水，使我国货币政策调控受到更多限制。面对复杂动荡的国际金融形势和风险隐患增加的国内金融市场，如何统筹协调货币政策、汇率政策以及国家外汇投资政策？如何加大对境外投机资本的监管力度、严格监控短期跨境资本流动，特别是严格控制境外投机资本大规模流入流出我国？如何按照主动性、可控性、渐进性原则，调控人民币升值幅度和速度？如何整顿"地下钱庄"、把应当承认的民间金融给予合法地位，同时坚决取缔违法地下金融？等等。这些方面都需要进一步解放思想。

第七，十七大报告在部署'拓展对外开放广度和深度，提高开放型经济水平"时强调："坚持对外开放的基本国策，把"引进来"和"走出去"更好结合起来，扩大开放领域，优化开放结构，提高开放质量，完善内外联动、互利共赢、安全高效的开放型经济体系，形成经济全球化条件下参与国际经济合作和竞争新优势。"并对深化沿海开放、加快内地开放、提升沿边开放、实现对内对外开放相互促进，加快转变外贸增长方式、调整进出口结构，创新利用外资方式、优化利用外资结构等作出部署。目前我国外贸发展方式仍比较粗放。

虽然纺织品、服装、鞋、钟表、自行车、玩具等产品出口额世界第一，但大多是低技术含量、低附加值劳动密集型产品。近年来，虽然高新技术产品出口额增长很快，但大多是跨国公司在我国生产的，而且主要在加工装配环节，多数产品仍属于劳动密集型产品。由于缺少自主品牌，我国出口产品价格长期上不去。据世界银行统计，如果以 1995 年为基数 100，2002 年中国出口价格指数只有 78，7 年间出口价格下降了 22 个百分点，近几年这种状况仍无明显改变。在经济全球化日益加深的形势下，如何形成我国参与国际经济合作和竞争新优势，如何加快转变外贸发展方式，创新利用外资方式，优化进出口结构和利用外资结构，这些方面都需要进一步解放思想。

第八，十七大报告在部署"坚定不移地发展社会主义民主政治"时强调："人民民主是社会主义的生命。发展社会主义民主政治是我们党始终不渝的奋斗目标。政治体制改革作为我国全面改革的重要组成部分，必须随着经济社会发展而不断深化，与人民政治参与积极性不断提高相适应。要坚持中国特色社会主义政治发展道路。深化政治体制改革，必须坚持正确政治方向，以保证人民当家作主为根本，以增强党和国家活力、调动人民积极性为目标。如何坚持党总揽全局、协调各方的领导核心作用，提高党的科学执政、民主执政、依法执政水平？如何从各个层次、各个领域扩大公民有序政治参与，最广泛地动员和组织人民依法管理国家事务和社会事务、管理经济和文化事业？如何坚持依法治国基本方略，实现国家各项工作法治化，保障公民合法权益？如何坚持社会主义政治制度的特点和优势，推进社会主义民主政治制度化、规范化、程序化，为党和国家长治久安提供政治和法律制度保障？解决这些重大问题都需要继续解放思想。

第九，十七大报告在部署"以改革创新精神全面推进党的建设新的伟大工程"时强调："党的执政能力建设关系党的建设和中国特色社会主义事业的全局。""我们党已经成立八十六年，在全国执政五十八年，拥有七千多万党员，党的自身建设任务比过去任何时候都更为繁重。党领导的改革开放既给党注入巨大活力，也使党面临许多前所未有的新课题新考验。世情、国情、党情的发展变化，决定了以改革创新精神加强党的建设既十分重要又十分紧迫。"指出，"党的执政能力同新形势新任务不完全适应。"在当前国际国内形势下，如何提高党的执政能力，特别是如何打击遏制藏独、疆独势力破坏民族地区发展稳定和国家团结统一？如何有效应对、坚决抵制西方敌对势力的干扰破坏？如何切实推进党内民主建设？如何深化干部人事制度改革，造就高素质干部队伍和人才队伍？如何加强基层党的建设，充分发挥广大党员的积极性和创造性？如何改进党的作风、加强反腐倡廉建设？如何弘扬新风正气，以优良的党风促政风带民风？这些重大问题，更需要通过继续解放思想找到正确答案。

（2007 年 12 月）

近代世界大国的兴衰启示

在当今世界日益激烈的以经济、科技为主的综合国力竞争中，西方发达国家较之发展中国家处于明显的优势地位。纵观世界近现代史，发达国家在经济、科技方面的优势地位主要是 15 世纪以来 500 年间形成的。那么，15 世纪之后西方发达国家是如何在国际竞争中取得经济、科技优势进而发达起来的？为什么一些古代先进的东方大国会在近代落伍？大国兴衰交替有哪些深层原因？发展中国家在追赶发达国家的进程中需要汲取哪些历史经验和教训？美国著名历史学家、耶鲁大学教授保罗?肯尼迪于 1988 年推出的学术论著《大国的兴衰》对这些问题作了较为系统的回答。作者认为，15 世纪以来，在欧洲由于没有东方式的中央集权制度和最高权力机构，各王国和城邦之间争战不已，由此推动各国不断寻求经常性的军事变革；这种军事变革直接有力地推动了科学技术和商业贸易在充分竞争和积极进取的环境中发展；由于欧洲社会碰到的变革障碍很少，持续向上的螺旋式的经济、科技发展及军事变革，有力地增强了各国的军事效能，从而增强了军事科技与经济发展之间的良性互动；随着时间推移，这些综合因素最终使得欧洲社会走在世界文明前列。与此同时，世界一流国家在国际事务中的相对地位是不断变化的。其主要原因：一是各国以经济、科技、军事为核心的综合国力增长速度不同；二是由科学技术推动的生产力巨大进步和社会组织形式变革，可使一个大国比另一大国取得更加明显的优势。保罗?肯尼迪不是马克思主义者，但其观察分析问题的方法在相当程度上却是辨证唯物主义和历史唯物主义的。该书是 20 世纪 80 年代以来一部震荡美国政界、学术界并受到国际社会高度关注的重要历史学术著作，代表了 20 世纪 80 年代国际政治领域的主体思潮。

面对 21 世纪经济全球化、政治多极化趋势深入发展，面对当今主要大国在国际舞台上的角色变化，研究借鉴《大国的兴衰》一书中丰富的史料和独到见解，对于我们正确深刻认识把握世界经济、政治发展的历史趋势和现实走向，正确深刻地认识把握当今世界的经济和政治格局，加速我国建设富强、民主、文明的社会主义现代化强国的进程，实现中华民族的伟大复兴，具有重大现实意义。

一、15 世纪以来西方国家经济、科技取得领先地位的综合因素

按照历史唯物主义基本观点，研究探寻 15 世纪以来西方国家在经济、科技方面占据优势地位的原因，必须从地理的、历史的、制度的、军事的以及文化的诸多因素进行综合分析。世界近代史表明，15 世纪初，同亚洲的伟大文明相比，欧洲在文化、数学、工程学及航海和其他技术方面并不具有显著的优势。同时,正如历史学家们所指出的，从地缘政治学的角度看，欧洲"大陆"的地理形状隐含着天然的危险：它的北部和西部与冰天雪地和大海相连，东面容易招致频繁的陆路入侵，而南面易受到战略包围。但到 15 世纪末，欧洲在贸易和技术方面的发展却大大加快了，在经济发展和技术创新领域呈现出不可阻挡的势头。这使得其在世界事务中稳固地成为商业和军事先驱。这是什么原因呢？这个问题引起历史学者和其它评论家们的研究思考长达几个世纪之久。对此，《大国的兴衰》一书提出了以下观点：

（一）主要由于地理原因造成的政治分裂促成了欧洲大陆经济和科技的快速发展。作者指出，15 世纪以来欧洲版图一个最显著的特征是"政治上的分裂"。而且，"欧洲在政治上四分五裂的状态"，可以追溯到公元 10 世纪。即"在罗马陷落后的 1000 年里"，"任何时期绘制的欧洲政治地图，看起来都象一块用杂色布片补缀起来的被单，这块被单的图案每个世纪都可能不同，但从来没有一种单一的颜色可以用来标明一个统一的帝国。"作者进一步认为，"欧洲政治上的这种多样性主要是由它的地理状况造成的。""欧洲的地型支离破碎，众多的山脉和大森林把分散在各地的人口中心隔离开来；"它既使得建立统一的中央集权控制很困难，又大大减小了欧洲大陆遭受外部势力入侵的危险。相反，"这种多样化的地形却促进了分散政权的存在和继续发展。"由于在欧洲不存在阻止自由贸易发展的统一政权，或者说欧洲分散的国家体系是集

权化的巨大障碍，因此，"大部分欧洲政权逐渐地、不平衡地与市场经济形成了一种天然的共生共存关系，"从而为市场经济发展提供了政治秩序和法律制度的保障。

（二）欧洲的地理状况和各国不同的气候条件促进了以海上贸易为先导的自由市场经济的发展。由于欧洲有许多可以通航的河流，水上运输很早发达起来；同时，周围环海的地理特点又刺激了海上运输工具即至关重要的造船工业发展；到中世纪末期时，繁荣的海上贸易已在波罗的海、北海、地中海和黑海之间进行。这种贸易虽然部分地被战争中断，或受局部地区灾害影响，但总体上是持续发展的，它有力地促进了欧洲经济和贸易的繁荣。特别重要的是，这种定期的远距离商品交易率先促进了国际范围内的汇票、信贷制度和银行业的发展。这是欧洲市场经济能够迅速成长的主要推动力。另一方面，欧洲各国不同的气候条件造成了适于交换的不同产品，这些产品沿着河流或通过林间小道从一个村落运送到另一个村落。这种贸易都是由大宗货物组成——木材、粮食、酒类、羊毛、鲱鱼等等。它满足了 15 世纪欧洲日益增长的人口需要。

（三）促进欧洲经济和科技迅速发展的重要军事因素。如果说欧洲分散的国家体系是集权化的巨大障碍，那么，"多个经济和军事实力中心的存在再次成为基本原因"。由于存在诸多竞争政治实体，它们大多具有或能够购买维护自己独立的军事手段，因此，没有一个国家可以在称霸欧洲大陆方面取得绝对优势。由于"每一支竞争力量都可以接触新的军事技术"，所以没有一个政权具有军事上的决定性优势。例如：瑞士军队和其他雇佣兵都准备为任何能够付款的人效力；造船技术从波罗的海到黑海各个港口的传播，使任何一国都极难垄断海上实力。然而，到 16 世纪后期，与东方国家相比，军事实力均势迅速地朝着有利于西方的方向变化。首先在城邦随后在较大的王国之间展开了原始的军备竞赛。"意大利交战的军队不再由封建骑士及其侍从所组成，而是由商人支付和特定城市的行政长官监督的长矛兵、弩手和（侧翼）骑兵组成，因此，该城市不可避免地要求实现其所付金钱的价值，城市也需要能迅速取胜的那种武器和战术，以使战费降下来"。其次，这种建立在自由市场经济机制上的军备竞赛和战争，"不仅迫使大量雇佣军的首领为签订军事合同进行竞争，也促进了手工工匠和发明者不断改进他们所生产武器的性能，以争取更多的订货。"当最初使用大炮时，西方和亚洲在大炮的设计和效力方面没有多大差别，但只有欧洲才具有不断改进大炮设计以提高效能的机制动力。如"在火药粒方面，在用铜和锡合金铸造小得多（但火力同样强大）的大炮方面，在炮管和炮弹的形状及结构方面，在炮架和炮车方面，欧洲各国都不断地加以改进,这一切极大地提高了火炮的火力和机动性，给了这种武器的所有者摧毁最强固堡垒的有效手段。"再次，"远距离武装帆船"的发展更预示了欧洲将在世界上取得优势地位首先取得海上霸权。西方海上强国利用装有火炮的舰船使自己处于绝对优势地位：控制大西洋商路，慑服所有容易受到海上实力攻击的国家。正如在一般经济领域一样，欧洲在军事技术这一特别领域受到繁荣的武器贸易的刺激，从而取得了对其他文明和实力中心的决定性领先地位。这种武器技术螺旋式的上升产生了两个重要后果：一是确保了欧洲政治的多元化，二是它最终使欧洲获得了海上霸权。（虽然历史学家提出的"瓦斯科·达·伽马时代"和"哥伦布时代"即1500年以后的300年或400年的欧洲霸权是一个非常缓慢的过程，因为在1400—1450年前后，中国和土耳其是世界两大海上强国。）关于这一段历史，恩格斯在《社会主义从空想到科学的发展》一文中作了另一个角度的描述："资本主义生产方式结束了旧日的和平的稳定的状态。它在哪一个工业部门被采用，就不容许任何旧的生产方法在那里和它并存。它在哪里控制了手工业，就把那里的手工业消灭掉。劳动场地变成了战场。伟大的地理发现以及随之而来的殖民地的开拓使销售市场扩大了好多倍，并且加速了手工业向工场手工业的转化。""这是从自然界加倍疯狂地搬到社会中来的达尔文的生存竞争。"显然，恩格斯是从资本主义生产方式的迅速建立并全力推进的角度来看待这一时期欧洲的历史的。在他看来，这一时期席卷欧洲的陆上和海上军事竞争，只是资本主义生产方式借助军事手段加速形成确立的必然历史过程。《大国的兴衰》作者则具体地描绘、阐述了从15世纪起，欧洲各国在政治多元化的社会背景下，自由经济和贸易的发展与军事技术特别是海上"火药革命"的技术发展之间的相辅相成、相互促进的内在关系。

（四）欧洲扩张中的竞争、冒险和企业家精神对于促进自由经济、贸易和军事技术的发展，对于欧洲国家获得海上霸权，发挥了至关重要作用。《大国的兴衰》作者多次提及"欧洲扩张中的个人因素"，指出"这方面的内容是极其丰富的"。像航海家亨利等人的执着，造船工匠、武器制造者和学者们的天才创造，商人们的积极进取精神，特别是那些参与海上远航的人们，沿途在战胜恶劣气候、荒凉地形和残暴敌人袭击等种种艰难困苦中所表现出的钢铁意志和大无畏勇气。综合这些个人因素，主要是征服自然、国家荣誉、宗教狂热、冒险意识等各种动机的结合。而最显著的特征是：人们甘冒一切风险。欧洲的船长、船员和探险家们最杰出的地方，在于他们拥有可以用来实现其野心的船舶和火力，在于他们来自笼罩着竞争、冒险和企业家精神的一种政治环境。关于"欧洲人"准确地说是欧洲资产阶级的冒险精神，马克思和恩格斯在其合作撰写的著名的《共产党宣言》中有一段十分精彩的描述和评价："生产的不断变革，一切社会状况不停地动荡，永远的不安定和变动，这就是资产阶级时代不同于过去一切时代的地方。""不断扩大产品销路的需要，驱使资产阶级奔走于全球各地，它必须到处落户，到处开发，到处建立联系。"这些话深刻地揭示了欧洲冒险精神的本质和根源。这就是,欧洲人的冒险精神并非取决于某些个人的品质，而是欧洲资产阶级在特定的地理、政治、经济、军事环境中的必然产物，是处于上升时期的资产阶级竭力推行其生产方式和价值观念的典型特征。

综上所述，15 世纪之后欧洲在经济、科技、军事方面所取得的优势地位是经济和贸易的自由放任、政治和军事的多元化以及自由的思想活动这样几个方面有机结合的结果；是欧洲资产阶级为确立资本主义生产方式率先拼搏奋斗的结果。正是在这些因素持续的相互作用中产生了"欧洲的奇迹"，并确立了西方国家在近代历史发展中的优势地位。

二、近代东方大国特别是中国逐步衰落的历史原因

《大国的兴衰》作者用大量笔墨描述了 15 世纪以后中华帝国、奥斯曼帝国和莫卧王国由盛转衰的历史过程。作者明确指出，"在近代以前时期的所有文明中，没有一个国家的文明比中国文明更发达，更先进。"它有众多的人口（在 15 世纪有 1.3 亿人口，而当时的欧洲只有 5000—5500 万人），有灿烂的文化，有特别肥沃的土壤以及从 11 世纪起就由一个杰出的运河系统连结起来的、有灌溉之利的平原，并且有受到儒家学说良好教育的官吏治理的、统一的、等级制的行政机构。这些使得中国社会富于经验，具有一种内在凝聚力。中国 11 世纪就出现了活字印刷，不久就有大量书籍。商业和工业受到开凿运河和人口压力的促进，同样很发达。中国的城市要比中世纪欧洲的城市大得多，中

国的商路也四通八达。纸币较早地加速了商业的流通和市场的扩大。到11世纪末，中国的北部已有一个可观的冶铁业，每年能生产大约12.5万吨铁，主要为军队和政府所用。当时的封建朝廷拥有近100万人的军队！这是铁制品的一个巨大市场。特别值得指出的是，这一生产数字"要比700年后英国工业革命早期的铁产量还多！"14世纪初期，中国沿海的谷物贸易已经十分发达。1420年明朝海军拥有1350艘战船，其中包括400个大型浮动堡垒和250艘设计用于远洋航行的船舶。从1405年至1433年，海军将领郑和曾率由数百艘船舶和数万人组成的庞大船队进行了七次远洋航行。然而，从15世纪明朝时代起，中国却开始走向封闭。其主要标志和原因是：（1）1436年，明朝皇帝下诏书禁止建造海船，此后又专门敕令禁止保存两桅以上的船舶。在大约一个世纪的时间里，中国沿海甚至长江沿岸的城市不断遭受日本海盗的袭击，却始终没有认真"重建帝国海军"。"尽管有种种机会向海外召唤，但中国还是决定转过身去背对世界"。（2）中国倒退的主要因素是信奉孔子学说的官吏们的保守性。这一保守性在明朝时期因对元代蒙古人强加给汉族的种种变化不满而加强了。"在这种复辟气氛下，所有重要官吏都关心维护和恢复过去，而不是创造基于海外扩张和贸易的更光辉的未来。"（3）封建地主阶级的达官贵人和士大夫阶层既对发展军队和海军十分不满，同时也对商人们的自由交易十分厌恶。特别是对私人资本的积累，贱买贵卖的作法，暴发户商人的阔气等更是极度反感，正是这些封建专制主义的上层建筑和占统治地位的意识形态严重障碍了中国自由市场经济和自由贸易的发展。（4）科学技术成就未能得到有效应用。天文仪器（约建于1090年）缺乏管理，铁制品被废弃。印刷仅限于学术著作，没有用于广泛传播生产技术，更很少用于社会批评。纸币的运用被中断。而这些不仅仅阻碍了经济发展，更阻碍了政治和社会进步。中国城市从来不容许西方城市所享有的自治，特别是从来没有像欧洲国家那种真正意义的自治市民。（5）禁止海外贸易和海洋渔业，进而消除了刺激经济持续发展的重要外部因素。关于中国近代衰落的根本原因，毛泽东同志多次做了深刻、精辟的剖析和论述。如他在1939年12月所写的《中国革命和中国共产党》一文中指出："中国虽然是一个伟大的民族国家，虽然是一个地广人众、历史悠久而又富于革命传统和优秀遗产的国家；可是，中国自从脱离奴隶制度进到封建制度以后，其经济、政治、文化的发展，就长期地陷在发展迟缓的状态中。""在封建国家中，皇帝有至高无尚的权力，在各地方分设官职以掌兵、刑、钱、谷等事，并依靠地主绅士作为全部封建统治的基础。"这从本质上阐明了高度中央集权的封建专制制度和保守的封建主义传统观念是近代中国较之西方国家落伍的根本原因。同样，近代另外两个东方大国奥斯曼帝国和莫卧帝国的衰落也与中华帝国的衰落相类似，即腐朽的封建专制制度和整个社会的巨大传统保守势力严重阻碍了生产力的正常发展。

三、世界大国兴衰交替的深层机理

马克思主义认为，生产力是社会发展中的决定性因素，一国经济实力是其综合国力的基础与核心。纵观 15 世纪以来 500 年间人类社会的历史进程，反思各个大国兴衰交替的深层原因，可以得出一些很有价值的结论：第一，在一定历史阶段上，决定一国经济发展速度和经济实力强弱的主要因素是生产方式和社会制度。近代历史上，凡是资本主义生产方式快速推进和自由竞争制度得以确立的国家，生产力都得到了快速解放和发展，经济实力和综合国力迅速增强；反之，凡是资本主义生产方式受到抵制和阻碍的国家，生产力都受到了束缚和破坏，经济实力急遽衰落。因此，资本主义生产方式首先在欧洲取得成功是近代西方国家在全球竞争中取得优势地位的主要原因。第二，各国综合国力的变化与不同历史时期世界主要大国地位之间有一种内在因果关系。即一国科技、经济力量向另一国的转移预示着新大国的崛起；新大国一旦崛起，总有一天要对世界军事和政治形势施加决定性的影响。20 世纪 40 年代以来发生的全球生产力向"环太平洋地区"的转移以及美国作为世界超级大国的崛起，就是一个典型例证。第三，每个经济大国的兴衰与其作为一个军事大国的兴衰之间，具有十分密切的联系。即支持庞大的军队必须依赖雄厚的经济资源；保卫经济资源必须拥有强大的军事力量。在任何时代的国际体系中，大国财富总是与军事实力联系在一起的，或者说一国的经济力量与军事力量总是相互依存的。经济实力、军事实力、国家安全始终是密不可分的重要整体。第四，一国只有在全球竞争中取得相对其他国家的绝对优势，才能成为真正的世界大国。这就是说，一个国家当前富强与否不取决于它现在比过去拥有更多财富和更强实力，而主要取决于它在同一历史发展阶段相对世界其他国家的力量大小与财富多寡。在《大国的兴衰》一书中，这种观点多次被证实。正如作者所言"如果一个国家比邻国强大，它的日子就好过；如果一个国家比邻国弱小，它就会遇到麻烦。例如，1914 年的法国无疑比 1850 年的法国强大，但与强大得多的德国相比，法国就显得逊色，因此，它决不会由于自己比过去强大而感到慰藉"。第五，一国经济力量与军事力量的增减升降同步进行。在一国经济力量升降曲线与军事影响升降曲线之间，有一个引人注目的"时间滞差"。即任何大国总是在经济迅速发展、实力增强之后，要扩大对世界的影响力和支配力。（如 18 世纪的英国、20 世纪的美国）反之，一国在经济衰落之后，其军事实力也必然衰落，其对世界事务的影响力也必然大为降低（如今日的俄罗斯）。

四、近代世界大国兴衰对我国 21 世纪发展的启示。概括而言，要实现中华民族的伟大复兴，即到 21 世纪中叶把我国建设成为经济上相当于当时世界中等发达国家水平、同时综合国力明显增强的宏伟目标，使中国重新成为世界强国，首要条件是必须拥有强大的物质技术基础和经济科技实力。为此，必须加紧实施"科教兴国"战略；加快建立高效、宽松的市场经济体制，要以我国加入 WTO 为契机，充分发挥市场在资源配置中的主导性作用；要在推进社会主义市场经济体制的进程中，加快建立社会主义民主政治体制的进程，以更好地服务于发展社会主义市场经济的经济基础；要在积极参与经济全球化进程中，高度重视实施可持续发展战略，努力保持较快的经济发展速度，不断扩大经济总量规模，提高经济增长的质量和效益；要通过主动融入世界经济体系，特别是扩大与发达国家的经济贸易合作，积极参加跨国公司的全球生产营销体系，加快引进西方的先进技术和管理；要把增强经济实力和科技实力，作为提高国家综合竞争力的核心目标；要在集中力量发展经济的同时，不断增强能够保障国家安全的军事实力（"落后就要挨打"是近代中国历史的深刻教训），实现科技强军的各项目标，努力实现经济实力、科技实力与国防实力的有机结合；为实现上述目标，要继续执行独立自主的和平外交政策，努力保持和争取一个长期的和平国际环境。重点是在确保国家统一、主权和领土完整的原则基础上，发展同所有国家尤其是周边邻国的友好关系，尽量避免与任何国家尤其是大国发生战争冲突。

（2002 年 4 月）

后 记

　　本书的绝大部分文稿，是我到国务院研究室工作以来，直接承担、参与宏观经济政策研究的成果。由于不同需要，这些文稿长短不一，但相互之间存有紧密逻辑。主要分为两类：一类是为筹备某些重要会议、重要文件而研究起草的文稿；另一类是围绕短期经济运行和国家中长期发展，发表在内部刊物的研究报告。深感欣慰的是，不少研究成果得到国务院领导同志的重要批示，许多政策建议已经融入国家宏观决策。

　　鉴于本书的战略性、政策性、时效性、严谨性，每篇文稿都注明了写作日期；每篇文稿内的引文、数字都已注明出处，因此，没有专列文献索引。

　　近年来，我在一些内部会议和国际会议上，多次阐述了本书有关中国经济转型和改革攻坚的主要观点，受到良好评价。

　　需要指出，在这些研究成果起草过程中，国务院研究室领导同志给予了重要关心和指导；少数文稿是我与同事或其他人士共同撰写；特别是，我的家人、我最心爱的女儿，多年来一直是我为国家人民努力工作的巨大动力；在此，一并送上我最真诚的谢意！

王　敏

2013 年 9 月